教育部人文社会科学重点研究基地2019年度重大项目
“日本道观珍藏汉语文献的回归整理与研究”
（19JJD730003）阶段性成果

四川大学“从0到1”创新研究项目（2022CX34）

林希逸『三子口义』研究

胡瀚霆 著

国家图书馆出版社

图书在版编目(CIP)数据

林希逸"三子口义"研究 / 胡瀚霆著 . —北京：国家图书馆出版社,2025.7

ISBN 978 - 7 - 5013 - 7557 - 8

Ⅰ. ①林… Ⅱ. ①胡… Ⅲ. ①《道德经》—研究 ②《庄子》—研究③《列子》—研究 Ⅳ. ①B223

中国版本图书馆 CIP 数据核字(2022)第 131573 号

书　　名　林希逸"三子口义"研究

著　　者　胡瀚霆　著

责任编辑　潘云侠

出版发行　国家图书馆出版社(北京市西城区文津街 7 号　100034)

(原书目文献出版社　北京图书馆出版社)

010 - 66114536　63802249　nlcpress@ nlc. cn(邮购)

网　　址　http://www. nlcpress. com

排　　版　北京金书堂文化发展有限公司

印　　装　北京建宏印刷有限公司

版次印次　2025 年 7 月第 1 版　2025 年 7 月第 1 次印刷

开　　本　710 × 1000　1/16

印　　张　18. 5

字　　数　330 千字

书　　号　ISBN 978 - 7 - 5013 - 7557 - 8

定　　价　168. 00 元

序　　一

道教，是我国本土的传统宗教。历史的长河中，道教对中华文明的方方面面都产生了深远的影响。在思想理论方面，道教与儒释二家构成了我国传统文化的三大主体。此三者又随着彼此间的互动，相互吸收、相互融合。随着历史的发展，各家的理论著作不断产生，这些经典著作又被人们搜集整理，在道教内部就产生了《道藏》，而儒释亦然。

《道藏》是道教经籍的总集。然而翻阅现存的明万历《道藏》，可以发现其中有不少由儒家人士撰写的“道教经籍”，林希逸“三子口义”便是其中之一。林希逸是南宋的一位理学家，他为何不撰写儒学论著反而注释道家经典？他是如何解读道家经典的？在历史上又产生了什么影响？这些问题无疑会引起人们的好奇，值得探究。

本书即是对这些问题的探索，是学界第一部对林希逸“三子口义”思想理论进行整体研究的学术著作。作者以文献考据为基础，交互使用实地走访、数据分析、阐释学、比较研究等多种研究方法，将林希逸“三子口义”置于南宋学术背景整体下，以相对完善的内在逻辑，从南宋学术背景、林氏学术渊源、三子口义创作、三子诠释特征等方面展开论述，详细论证了“三子口义”的学术价值以及历史地位。瀚霆的研究指出：林希逸虽然承理学艾轩一脉，还受到禅宗大德大慧宗杲与道教神仙吕洞宾的影响，对道教也有较深的了解；以此为因缘，林希逸运用儒释思想注解《老》《庄》《列》，同时特别注重“三子”互解、前后互解这两种方法的运用，从情理与义理两个层面调解儒道间的关系，促进了儒道间的交流。书中结论，大抵可信，行文明白，不作玄谈。

本书是瀚霆在其博士学位论文的基础上修改增删而成。说起来我与瀚霆及其著作还有一些因缘，因为此书从完成到出版，可谓三经我手。我是他博士论文的答辩委员，答辩前四川大学道教与宗教文化研究所将论文送到我手上，以便阅览。过了两天，瀚霆又专门把他的论文给我送了过来，说是之前一稿打印有点问题，进行了调整所以又重送。因此，我当时对这篇论文印象尤深，专门读了几遍，在答辩时予以了中肯的评价。去年，瀚霆联系我说他的博士论文计划出版，请我审读，我欣然接受，并提出了修改建议。如今，他的著作经过修改调整即将付梓，征我为序，我感觉这也是一种特别的缘分，乐意为之。

李远国

2025 年 4 月 13 日

序　二

中华文化源远流长，在这条文化史的长河中，儒释道三家的论争与融会可谓其中泾流之大者。历史上，不乏三教中人就三家思想之异同进行辨析，或是显同和异，抑或攻击诘难，犹如这长河中的浪花与波涛。在这样的文化进程中，三家思想愈是彼此交融。

有宋一代，三教之间的交流融合尤其明显，三教合一成为彼时文化发展的主流。这一主流由理学主导，其中有艾轩一派承伊川之学在东南一带兴盛一时，传至林希逸融会三教思想注解道家经典成"三子口义"而集大成。林希逸的"三子口义"流传到日韩一带，在东亚文化史上产生过重要影响。多年前，我与日本道观交流时便看到日本道观收藏的许多道书中有一些林希逸的珍本。后来，我查考学术界对林希逸的研究现状，发现学界对此有一些研究，但并不多，我认为关于林希逸的著作与思想值得更加深入地探讨。

本书作者胡瀚霆是我 2015 年招收的博士研究生，他硕士阶段在厦门大学学习。林希逸的家乡在福建福清，厦门、福清两地距离不远，他与我谈到在硕士阶段常跟随厦门大学林观潮教授去福清进行田野调查，对福清的山水感觉很亲切。当时我便觉得，莫非冥冥之中有种特殊的因缘。在跟瀚霆谈论博士论文选题时我便建议他尝试研究一下林希逸。瀚霆也很愉快地接受了我的建议，我便和他拟定了以"林希逸'三子口义'研究"为题的博士论文选题。经过 3 年的努力，他完成了这篇博士论文。后来我与日本道观进行学术合作，成功申报了教育部人文社科重点研究基地重大研究项目"日本道观珍藏汉语文献的回归整理与研究"，瀚霆的这部著作也列入了该项目的阶段性研究成果。

瀚霆的著作采用多种研究方法，在政治、地域文化的历史背景中，从内部和外部两个方面，对林希逸"三子口义"做出较为全面的研究，呈现了一个较为完整的"三子口义"。其主要创新体现在对林希逸"三子口义"的文章结构与内涵进行解读，梳理其中的思想脉络，分析了其在中华文化史中的影响，探究了其对不同思想的融合方式与历史影响；又因有日本道观的帮助，还介绍了在日本新发现的相关文献材料，丰富了中国道教思想史的研究。

当然，本书还存在一些不足，比如林希逸"三子口义"在海外的影响远大于国内，本书的研究还没有大量涉及其在海外的情况。这也是有很多现实因素的限制，瀚霆自己也很清楚这一点，并在不断地克服。现在，瀚霆的博士论文即将在国家图书馆出版社出版，作为导师，欣然为序。这是他的第一本著作，希望他不断努力，为这个时代和社会创造有益之作！

是为序。

詹石窗

2025 年 4 月 6 日

前　言

林希逸(1193—1271),字肃翁,号鬳斋,又号竹溪、献机,福清苏田人。南宋理学家。端平二年(1235)进士,历官翰林权直兼崇正殿说书,直秘阁,知兴化军。官终中书舍人。

林希逸的学问传承理学艾轩一脉。作为理学家的林希逸融合儒释道三教思想注解《老子》《庄子》《列子》三部道家[①]核心经典,分别名为《老子鬳斋口义》《庄子鬳斋口义》《列子鬳斋口义》,亦名《老子口义》《庄子口义》《列子口义》。其中《列子鬳斋口义》最后完稿,该书完成后林希逸嘱其门生王庚曰,"自吾闲居十年,而'三子口义'成"[②],此即第一次、也是林希逸亲自将其为三部道家经典所作的注解称为"三子口义"。此后不久,刘辰翁对"三子口义"进行评点,至明朝,有施观民、张四维、何汝成等人将"三子口义"集为一体进行刊刻。历史上,"三子口义"不仅在国内传播,它还流传到海外并产生了很大的影响,尤其在日本与朝鲜半岛,影响远超国内。

当前学界对林希逸已有一些研究。在海外,以日本学界对林希逸的研究较多,如 1951 年出版的芳贺幸四郎《中世禪林の学問および文学関に関する研究》[③],该书第一篇第四章即对林希逸《庄子鬳斋口义》进行了探讨;梅野茂在 1968 年于《支那学研究》第 33 号发表《近世における老子口義》;此后,大野出的《日本の近世と老莊思想——林羅山の思想をめぐって》[④]、荒木见悟的《林希逸の立場》[⑤]等论著都对林希逸思想在日本的研究情况作了考

① 詹石窗教授指出,从广义上看,道家具备了三大形态:一是原初道家,肇始于近五千年前,以黄帝为代表;二是古典道家,形成于公元前五百多年,以老子、庄子、列子为代表;三是制度道教,诞生于东汉末,以张道陵为代表。本文对道家道教概念的界定即采用此种说法。

② (宋)林希逸著,张京华点校:《列子鬳斋口义》,华东师范大学出版社,2016 年,第 6 页。

③ 〔日〕芳贺幸四郎:《中世禪林の学問および文学関に関する研究》,日本学术振兴会,1951 年。

④ 〔日〕大野出:《日本の近世と老莊思想——林羅山の思想をめぐって》,ぺりかん社,1997 年。

⑤ 〔日〕荒木见悟:《林希逸の立場》,载《中国思想史の諸相》,中国书店,1989 年。

察。池田知久在《道家思想的新研究——以庄子为中心》[①]一书中论及了《庄子鬳斋口义》,他的《林希逸庄子鬳斋口义在日本》[②]《林希逸“三子鬳斋口义”与日本朱子学》[③]二文则较全面地介绍了“三子口义”在日本的传播与影响。再者,还有山城喜憲的《〈老子鬳斎口義〉伝本攷略》[④]等相关论文对“三子口义”的版本进行了考察。除此之外,韩国学者崔在穆的《朝鮮時代における林希逸〈三子鬳齋口義〉の受容》[⑤]、김호的“The Entry of the Zhuangzi kouyi 莊子口義 by Lin Xiyi 林希逸 into Joseon, the Publication of the Commentary, and Its Cultural Significance”[⑥]、김형석的《林希逸의〈老子鬳齋口義〉에 드러난 노자사상 이해》[⑦]、노요한的《조선전기莊子書의 유입과 간행》[⑧]等对林希逸及其“三子口义”在朝鲜的流传与影响进行了考察。英语世界对于林希逸的专门研究不多,目前有 Röllicke, Hermann - Josef 的 *Orthodoxy and Heterodoxy in the Exegesis of the Zhuangzi:A Case - Study of Lin Xiyi's*(*ca.* 1210 - *ca.* 1273)*Preface to His Commentary on the Zhuangzi*,*Zhuangzi Kouyi Fati*[⑨],该文以林希逸《庄子鬳斋口义·发题》为案例,对《庄子》注释中所谓正统与异端进行了分析,同时指出林希逸为庄子和佛学进行了儒学角度的辩护。另有 David Machek 的 *Is Freedom in Necessity or in Happiness? Guo Xiang's and Lin Xiyi's Controversial Readings of Zhuangzi's Free Rambling*[⑩],作者通过比较郭象与林希逸对《逍遥游》的注解来讨论《庄子》中的“逍遥”概念。另外,Peipei Qiu 对日本俳句家松尾芭蕉(1644—1694)的研究也涉及林希逸《庄子鬳斋口义》。

---

① 〔日〕池田知久:《道家思想的新研究——以庄子为中心》,王启发、曹峰译,中州古籍出版社,2009 年。

② 〔日〕池田知久:《林希逸庄子鬳斋口义在日本》,载(宋)林希逸著,周启成校注:《庄子鬳斋口义校注》,中华书局,1997 年,第 517—533 页。

③ 〔日〕池田知久:《林希逸“三子鬳斋口义”与日本朱子学》,载王勇等:《中日“书籍之路”研究》,北京图书馆出版社,2003 年,第 62—106 页。

④ 〔日〕山城喜憲:《〈老子鬳齋口義〉伝本攷略》,《斯道文库论集》第 39 辑,2004 年,第 1—68 页。

⑤ 〔韩〕崔在穆. “朝鮮時代における林希逸〈三子鬳齋口義〉の受容,”양명학, no. 10(2003).

⑥ 〔韩〕김호. “The Entry of the Zhuangzi kouyi 莊子口義 by Lin Xiyi 林希逸 into Joseon, the Publication of the Commentary, and Its Cultural Significance,” *Journal of Confucian Philosophy and Culture*, vol. 30 (2018).

⑦ 〔韩〕김형석. “林希逸의〈老子鬳斋口义〉에 드러난 노자사상 이해,”대동문화연구, no. 86(2014).

⑧ 〔韩〕노요한. “조선전기 庄子书 의 유입과 간행,”우리문학연구, no. 64(2019).

⑨ Röllicke, Hermann - Josef. “Orthodoxy and Heterodoxy in the Exegesis of the Zhuangzi: A Case - Study of Lin Xiyi's (ca. 1210 - ca. 1273) Preface to His Commentary on the Zhuangzi, Zhuangzi Kouyi Fati,” *Asiatische Studien I Etudes asiatiques*, vol. 51 (1997).

⑩ Machek, David. “Is Freedom in Necessity or in Happiness? Guo Xiang's and Lin Xiyi's Controversial Readings of Zhuangzi's Free Rambling,” *Studia Orientalia Slovaca*, vol. 9. 2 (2010).

我国学界对林希逸也有一定的研究。在著作方面,2017 年中国社会科学出版社出版了王晚霞的《林希逸文献学研究》,该书是在作者博士论文的基础上修订而成,主要对林希逸现存著作在海内外的知见版本做了详细介绍与统计。2022 年东方出版中心出版了郑天熙的《林希逸〈三子口义〉及其文艺思想研究》,该书探究了林希逸三教融合的思维方式、阐释策略与文艺思想。

学术史著作中对"三子口义"的介绍与探讨主要侧重于《庄子口义》。例如 20 世纪 30 年代,郎擎霄所著《庄子学案》即对林希逸《庄子口义》给予关注。21 世纪初,熊铁基主编《中国庄学史》[①]、方勇著《庄子学史》[②]两部庄学史问世,他们都论述了林希逸《庄子口义》。学术史著作中对林希逸《列子口义》的介绍见于刘佩德著《〈列子〉学史》[③],此书基于作者的博士学位论文《列子学研究》[④]整理出版。以上研究,或是在中国古代学术思想史的脉络中对林希逸的著作进行个案分析,或是在日本近世道家思想史的背景中对林希逸的著作进行介绍。就其论述性质来说,属于通论性、介绍性,尽管还有很多方面没有具体展开,但对于林希逸及其著作的进一步研究,确是有不少帮助。

在期刊论文中有不少关于林希逸的研究内容,这些论文大致可以分为对林希逸著作的研究、对林希逸思想观点的研究以及对林希逸交友情况的研究。

通过对我国学界关于林希逸现有研究成果的考察,笔者发现,关于《庄子口义》的专门研究成果约占总成果的 50%,关于《老子口义》的专门研究约为 15%,关于《列子口义》的专门研究就更少了,约为 6%。此外,对林希逸思想观点以及交友情况的研究约为 20%。

从已有成果来看,学界的研究主要集中在《庄子口义》,对于《老子口义》与《列子口义》,学者们并没有太多关注。对于这样一个现象,有其必然的原因。笔者分析,其一是在"三子口义"中,林希逸对《庄子口义》所花笔墨心思最多,其影响也最大。明代张四维在《重刻三子口义序》中早已提到"所谓庄子义者最优……其注释较诸家为善。若《老》《列》二义则似当时不甚讲究,漫为之者"[⑤]。当代学者也先取其重,主要研究《庄子口义》一书。另外,也正因《庄子口义》在"三子口义"中分量最重,所以其现代校注版最早于 1997 年由周启成校注并出版面世。《老子口义》的点校版由黄曙辉完成并于 2010 年出版,较之《庄子鬳斋口义校注》晚了 13 年。而《列子口义》的点校版则面世更

---

① 刘固盛、肖海燕、熊铁基:《中国庄学史》,湖南人民出版社,2003 年。

② 方勇:《庄子学史》,人民出版社,2008 年。

③ 刘佩德:《〈列子〉学史》,学苑出版社,2015 年。

④ 刘佩德:《列子学研究》,博士学位论文,华东师范大学中国语言文学系,2013 年。

⑤ (明)张四维:《条麓堂集》卷二十,明万历二十三年张泰徵刻本。

晚，由张京华点校，于2016年出版。这也从客观上使得学者们有更多研究《庄子口义》的方便，所以关于《庄子口义》的研究成果相对较多。这一现状对“三子口义”的研究来说，固然是可喜之事，但又因大家主要关注《庄子口义》，不免只取一隅而以偏概全，忽视了《老子口义》《列子口义》的思想特色及历史意义，更没能对“三子口义”进行整体而系统的把握，导致对“三子口义”的研究失衡。

比如，一些研究成果中探讨《庄子口义》的成书原因，都指出是承袭了艾轩学派重视《庄子》的学术传统，但对于林希逸为什么除了注《庄子》外还注《老子》《列子》这一问题没有探讨。而林希逸选择注《老》《庄》《列》，其必然是成系统的，“三子口义”内部思想必然是有贯通之处，因此，有必要对“三子口义”整体进行研究。

对于“三子口义”研究失衡的这一现状，中国台湾南华大学哲学所陈德和教授早有不忍，他于2012年所作的《论林希逸对老子〈道德经〉形上思想的解读——以〈老子鬳斋口义〉为中心》中指出：“中国大陆先后出版过道家思想史或老子学术史的相关著作……它们对于林希逸老子学皆乎视而不见而未作应有的勾勒与介绍；若断代史类亦复如此……至于台湾方面所展示的情况也大致雷同。”①陈德和教授“不忍林希逸此书的长期被冷落，所以有意再探其意蕴”②而作此一文。时至今日，这种情况虽然改变不大，但已有学者认识到并相继撰文发表。

就目前《庄子口义》的研究内容来说，主要关注其解《庄》特色，又集中围绕以儒(理)解庄、以道解庄、以佛(禅)解庄、文学评庄等方面进行展开。另外，关于《庄子口义》的注解特色，周启成在《庄子鬳斋口义校注》的前言中也进行了详细阐述。几篇硕博士学位论文亦是围绕这些方面展开论述，不同的是所论之多寡，而所益之处在于多有涉及《庄子口义》的后续影响。关于《老子口义》的研究也是如此，《列子口义》则更不复论。因此，对于林希逸及其“三子口义”的研究视域还可以更进一步拓展，研究深度有待更加深入。

从学术发展史的角度来考察现有成果可以发现，我国学界对于林希逸的研究先是从《庄子口义》开始，以此带动其生平、诗学、交游等方面的研究。2012年以后研究力量开始增加，研究范围与视野也逐渐拓开，对《老子口义》《列子口义》的研究比重逐渐增加。这些成果的发表是让人欣喜的，然而毕竟

---

①② 陈德和：《论林希逸对老子〈道德经〉形上思想的解读——以〈老子鬳斋口义〉为中心》，载淡江大学中文系主编《第一届“新儒家新道家学术研讨会”论文集》，高雄：春晖出版社，2012年，第266页。

还是在起步阶段,研究的深度还应该跟随广度同步进展。笔者以为,对于林希逸学术研究的逐步加深也是我国经济长足发展以及国际文化交流融合的反映。当今世界,全球化的浪潮早已涌来,各个国家地域间的政治、经济、文化、信仰等正处在前所未有的交流互动之中。此中既有相互吸收与融合,也避免不了碰撞与冲突。而历史能给予人们应对世界变化的经验。我国宋朝就是儒释道三教思想碰撞并融合的主要时期,而对林希逸融合三教思想的研究能为当今世界的文化交流提供一些启发。另外,我国的传统文化在历史上早已传播到海外,特别是对东南亚地区的经济文化产生了极大的影响。在传播到海外的文化典籍中,林希逸的"三子口义"对海外的老、庄、列学产生的影响尤为突出。这也是近几年越来越多的学者关注林希逸及其"三子口义"的原因。同时,这也说明有必要更加深入地研究林希逸及其"三子口义"。

通过对学术现状的了解,我们得知前贤主要从生平、文学、文献学方面以及单本《庄子口义》等角度进行研究,涉及《老子口义》《列子口义》的研究内容不多。至于从社会历史角度分析"三子口义"诞生的原因,从文章学角度分析"三子口义"的阐释特色,从哲学角度分析"三子口义"各自的思想内涵及其内在关系,从文化史角度考察其历史影响,这些方面的研究暂时还属空白。

本书的研究即在于综合性地研究林希逸及其"三子口义",并以此呈现道教典籍在三教合一的潮流中所产生的历史影响,以期在某种意义上充实和丰富中国道教思想史的内容。再者,通过追溯"三子口义"在日本的流传与影响,也可为探索汉籍在海外的流传情况、影响机理做一些铺垫。

就本书采取的研究方法而言,有以下几个特征:

1. 文本精读与文献稽考相结合

文献是研究的基础,没有典籍文献就无法进行科学的考证和阐释,同时,任何观点的提出也必须立足于文献依据。掌握文献典籍,既要精读文本、领悟文献中所体现的思想内容,也要对文献的种类、版本等情况有所稽考。由此才能全面、深入地把握文献,并在此基础上提出有理有据的观点。因此,文本精读与文献稽考相结合是本书的主要研究方法。

2. 实地走访与传世文献相结合

以往对某个历史人物及其著作与思想的研究工作,大抵是在书斋里完成,学者们以相关文献材料为基础,或是考镜源流,或是爬梳史料,或是冥思苦想。这种纯粹依赖传世文献的治学方法有其弊端,那就是单调,对人物及其著作思想的认识没能从鲜活的社会生活和境遇中予以同情的理解。汤用彤先生在《汉魏两晋南北朝佛教史》的"跋"中说道:"中国佛教史未易言也。佛法,亦宗教,亦哲学。宗教情绪,深存人心,往往以莫须有之史实为象征,发挥神妙之作用。故如仅凭陈迹之搜讨，而无同情之默应，必不能得其真。”①汤老认为要深刻理解佛学、佛教史的真谛，仅凭引经据典、烦琐考证是不够的，还需要“同情之默应”，即“同情的理解”。其实，研究佛学如此，研究儒道亦是如此。同样，对于研究理学家林希逸及其“三子口义”更应当如此。因此，本文采用实地走访与传世文献相结合的研究方法，借助实地走访所得资料，结合传世文献，通过再现历史情境和社会境遇，对“三子口义”产生的个人因素与社会基础予以同情的理解。

3. 数据分析与比较研究相结合

数据分析是指用适当的统计分析方法对收集来的数据进行分析，通过运用统计分析方法，对客观事物进行分析研究，由数量的表现来揭示事物的本质及其规律。这是获得对研究对象精准认识的方法。所谓比较研究，即是对研究对象之间的相同点和不同点的寻求，运用逻辑思维过程对研究对象进行对比分析，从而达到反映事物内部联系和本质特征的目的。在本文的研究中，笔者即采用数据分析方法，对“三子口义”中的引书明细、阐释要点等信息进行统计分析，以此获取更精确的认识。同时也通过统计数据间的比较，获取对“三子口义”内部关系的认识。同样，在对“三子口义”的内部解构与思想诠释中，比较研究的方法也是贯穿使用的。

4. 义理阐释与历史语境回归相结合

“三子口义”至今已有七百余年的历史，它的诞生无疑有其时代背景的影响，“三子口义”在历史长河的流传过程中所产生的影响以及后世学人所给予的评价，同样有着特定的历史时代背景。因而对“三子口义”的义理阐释一定不能脱离与之对应的历史语境，否则即是理论与实际不相符合，所得结论也必定会流于空疏。因此，我们在探讨“三子口义”的产生缘由、阐述“三子口义”的义理特点、分析“三子口义”的历史影响等一系列论题时必须紧扣历史语境，如此才能准确理解其中的义理特点，进而发掘其在当代的现实意义。

① 汤用彤：《汉魏两晋南北朝佛教史》，上海人民出版社，2015 年，第 620 页。

目　　录

第一章　林希逸的生平及著述

研究一个人的著作及其思想观点之前，有必要对这个人的生平经历作一个详细的考察，因为一个人的思想观点是在他的生命经历中逐渐形成与发展起来的，可以说，生命的历程是孕育思想之花的土壤。

第一节　林希逸的故乡

林希逸的故乡福清，又称福唐，雅号玉融。福唐，是唐代置县时所用的名字。玉融，则是因县城前面有玉融山，山中有石莹然如玉，故得此雅号。林希逸在他的诗文中亦常以“玉融”指称自己的家乡。为了感受生养林希逸的那一片山水，也期望发现一些与林希逸有关的历史遗迹以增进对林希逸的同情之理解，笔者于 2017 年 7 月前往福清，走访了林希逸的故乡。以下，笔者即以田野走访之见闻结合传世文献，介绍林希逸的故乡以及此行的发现。

一、福清的山水人文

（一）山水

一方山水养一方人，养育着一方人民的物质生命，也养育着这方人民的精神生命。因为“山水”是一种象征，也是一种符号，它哺育着这方人民的思想情感，他们的心灵借助这种独特的自然符号而得以表达。孔子说“智者乐水，仁者乐山”（《论语·雍也》），山水之性灵也体现了中华文化的深刻内涵。因而，我们以福清的山水为切入点，探寻林希逸生命与思想的轨迹。

福清地处东南沿海，境内丘陵分布，低山林立，其中石竹山、黄檗山最具代表。又有燕仔山，位于林希逸出生地福清县（今福清市）渔溪镇苏田村。福清地势西北高东南低，境内溪河源流短促，有近百条大小河流，溪水汇聚成大流，注入海港。溪中有名竹溪者，发源于燕仔山，林希逸当年即生活在燕仔山下、竹溪水边。

石竹山，位于福清市区西郊10公里处。《八闽通志》载：“石竺山，在永寿里。山形峭拔，其巅有石巍然，上粘蛤蛎壳。山不甚多竹，惟竹根盘错，当春夏之交，饥者多于此采笋以济，然欲多则不可得，号济贫笋，亦名石竹山。”①山中有紫磨峰、狮子峰、象玉峰、补陀岩、石室、仙升坛、鹤影石、朝斗石、双鲤石、洗耳泉等。林希逸常游石竹山，并写下了不少关于石竹山的诗作，如：

半山亭

登山才至半，脚倦步宜休。
欲知佛境界，须上到山头。

石竹山

载酒探仙山，仙真何处去。
白云向夕多，忽与樵人遇。

丹灶

灵处何自来，世人迷不醒。
龙虎坎离交，此外无金鼎。

游石竹紫云洞

群峰际东海，一峰凌紫云。
昔人炼丹处，石室莓苔纹。
飘飘龙虎车，即此上丹阙。
唯留白鹤影，宛在青松月。
下有静者庐，其人颇淳庞。
一水落天镜，万化明石窗。
药石有时暇，还来叩岩关。
心与鱼鸟乐，身随天地闲。
伊子困流俗，十载未应还。
长歌赋招隐，梦随天涯山。②

石竹山一直是佛道教文化的栖息地，也是福清风景名胜之一。明代大旅行家、地理学家徐霞客曾慕名游览石竹山，并在游记中记载：“闻横路驿西十里，有石所③山，岩石最胜，亦为九仙祈梦所。闽有‘春游石所，秋游鲤湖’语，虽未

① （明）黄仲昭修纂，福建省地方志编纂委员会主编：《八闽通志》上，福建人民出版社，1990年，第84页。

② 何爱先主编：《福清市道教志》，宗教文化出版社，2009年，第101页。

③ “所”字疑误，应为“竹”。

合其时,然不可失之交臂也。乘兴遂行……”①

福清境内,除石竹山之外,还有一座黄檗山。黄檗山坐落于福清县渔溪镇,《八闽通志》载:“黄檗山在清远里。以山多产黄檗,故名。林峦重复,为邑之胜……上有瀑布泉,下有龙潭泉,垂数十丈,其势甚健,淙崖石为穴,下澯无底。潭口径八九尺,旧传中有龙,祷雨辄应。上绝险处复有一潭,人迹罕至。龙尝自下潭移上潭,所历有爪迹。又有佛座峰、香炉峰、吉祥峰、宝峰、钵盂峰、五云峰、罗汉峰、紫微峰、屏障峰、天柱峰、狮子峰、报雨峰……山有黄檗寺。寺之西有嵩头陀岩,至今犹有乳香出石罅间。”②黄檗寺,是佛教道场,临济宗黄檗派的祖庭,开创于唐贞元年间(785—805)。林希逸当年也曾多次游览家乡的黄檗名山,其有诗作:

游黄檗寺

黄檗山前古梵宫,早年屡宿此山中。
猿啼十二峰头月,鹏送三千里外风。
日者共游因朔老,期而不至有樗翁。
骑鲸人去相如病,更欲攀跻孰与同。③

福清境内除了石竹、黄檗两座名山,与林希逸密切相关的还有其出生地——渔溪镇苏田村的鬳(燕)仔山。有溪流从山中流出,名竹溪,林希逸生活于山下溪水边,自号竹溪,又号鬳斋。林希逸在山下溪边的生活,也自作诗句予以描述:

溪上谣

溪上行吟山里应,山边闲步溪间影。
每因人语识山声,却向溪光见人性。
溪流自漱溪不喧,山鸟相呼山愈静。
野鸡伏卵似养丹,睡鸭依芦如入定。
人生何必学臞仙,我行自乐疑散圣。
无人独赋溪山谣,山能远和溪能听。④

(二)文风

历史上的福清土地贫瘠,人民俭朴,但当地人民致力于物质生产的同时

① (明)徐弘祖:《徐霞客游记》,岳麓书社,1998年,第28页。
② (明)黄仲昭修纂,福建省地方志编纂委员会主编:《八闽通志》上,第84—85页。
③ 林文芳主编:《诗苑撷粹》,海潮摄影艺术出版社,2006年,第31页。
④ (宋)林希逸:《竹溪十一稿诗选》,载(宋)陈思编《两宋名贤小集》卷三百二,《景印文渊阁四库全书》第1364册,台湾商务印书馆,1986年,第418页。

仍不忘文章教化。[乾隆]《福清县志》卷二《地舆志·风俗》载:“福清地广土瘠,人俭朴习勤,诗书礼乐与耕织鱼盐之业相间。士重廉耻,女秉贞懿,俗尚几于邹鲁,登科第者甲于诸邑。商旅出营什一者,亦多于他所。”①

书院是古代读书讲学之所,也是这一地方人文精神的体现。据《福清风物纪略》,福清自唐代置县后,有实物证据或文献记载的书院多达二十所。其中最著名的书院是海口的龙江书院②。[嘉靖]《福清县志续略》记载:“龙江书院在县东方民里,其始,莫详何人所建,宋宣和六年镇官陈麟重修。”③南宋时期,著名理学家王苹、林光朝、林亦之、陈藻曾在此讲学。不幸的是,龙江书院毁于1647年清兵屠城。林希逸也曾在家乡苏田村创办“竹溪书院”④。可见,福清人民俭朴习勤、耕织鱼盐的同时重视诗书礼乐,这使得福清素有“海滨邹鲁、文献名邦”之美誉。

由于福清文风颇盛,在林希逸之前就出现了颇有影响的文人,其中最著名的是林简言、林昌言。林简言出生于迳江附近,是唐太和四年(830)进士,还是福清史上进士第一人。林简言仰慕韩愈的为人,著有《汉武封禅论》,曾任福唐(福清)县令,官终漳州刺史。林简言曾以进士身份,上书朝廷,免除福清一县徭役赋税,深得民众敬仰与爱戴。后来林简言家族从迳江附近迁移到毗邻的渔溪流域,子孙延绵至南宋,出现了我国古代著名天文学家林昌言。林昌言,宋绍兴十五年(1145)进士,曾任惠安知县。他精通星象,据[乾隆]《福州府志》载:“……用日者张仁做漏室,以天地相去凡八万一千三百九十四里,周天凡五十一万三千六百八十七里,日月循环,冥莫难测,皆不逃乎涓滴。为筹三十有八,以验晦朔弦望,迟疾出没,无差毫厘,仕终通判。”⑤林昌言之子、林希逸的祖父——林会,亦为进士⑥。林希逸即是林昌言的曾孙。

根据以上简略考察可知,在福清山水及其所蕴含之性灵的滋养中,又经长时间的历史沉淀,至南宋时福清的文化已经发展到了一个相对的高度,因而有了林氏一族四代三名进士的盛况。在这样的文化环境中,林希逸成长为一代理学名家,并非偶然。

---

① [乾隆]《福清县志》卷二《地舆志·风俗》,清光绪二十四年刻本。

② 魏名庆主编:《福清风物纪略》,福建人民出版社,2015年,第70页。

③ [嘉靖]《福清县志续略》卷五,明嘉靖二十六年刻本。

④ 何爱先主编:《福清市道教志》,第62页。

⑤ [乾隆]《福州府志》卷五十七《人物九》,清乾隆十九年刻本。

⑥ 《晔曎林氏宗谱》,载林克文:《迳江林氏系“九牧林”长房林苇裔孙》,政协福清市文史资料委员会编:《福清文史资料》第26辑,2008年,第177—178页。

（三）遗迹

2017 年 7 月间，笔者实地走访了林希逸的故乡——福清市渔溪镇苏田村。

图 1　苏田村口

林希逸当年结庐之所就在苏田村燕仔山下竹溪边，名为竹溪庵。后来，乡人集资将竹溪庵改建为竹溪寺。此后几经修缮，近些年又重新翻修。

图 2　燕仔山、竹溪

图 3　竹溪禅寺

寺内有多处碑记，现存最早一块为清朝光绪年间所刻《重修竹溪寺碑记》。另外还有民国时期所刻《重修竹溪寺碑记序》。其他碑记则为重修竹溪寺的功德碑。

清朝与民国时期的两篇碑文记述了当时修缮竹溪寺的始末,从中可以了解林希逸与竹溪寺的关系。现略去碑文中的功德名单部分,摘录于下:

重修竹溪寺碑记

昔刘子有言,曰:山不在高,有仙则名。水不在深,有龙则灵。盖地以人传,地灵而无不灵者也。吾里之西有山而多石,水从石壁泻为小瀑布,下有深潭,波流激湍,纡回而出于溪,溪之旁旧多修竹,篔筜丛杂,其地极幽而且清,极淡而能雅。宋翰林鬳斋林先生结庐于此,著诗集行于世,号《竹溪集》,名所居曰竹溪庵,以为读书行乐处也。及国朝,祥高祖紫溪连一十八乡衿耆始议创更,里人如林廷魁前辈、岳前村蒋姓,或则舍地以从,或则捐金以助,建观音堂,造帝真殿,改庵为寺,而规模遂成壮观,香火于以大盛。嗣是,祥曾祖王川榜眼修而葺之,郭韶溪进士游而憩焉,一时贤士大夫无不乐观山水之胜概,而美名贤旧迹历久不湮也。道光年间,寺几颓坏,有林旌曾家无担石,倡议募缘,敦集陈淑昭、郑光国、李正圃辈经理之,而寺更增其胜。然历今已数十年,土也或不免于倾,木也或不免于朽。更数岁而不修,将倾者、颓朽者折,名贤之栖止,前辈之经营,贤士大夫之登陟而游览,皆灭没无存矣。客岁,麦秋公议重修,鸠金一千余两,庀材命匠择日兴工,阅数月而告竣,一时殿壝栋宇,焕然一新,非徒以壮观瞻也,亦惟是奠神灵而永祀,留胜迹于无穷,俾寺与山水共不朽焉。爰弁数言以志其由来云尔。

光绪十一年岁在旃蒙作噩蒲月上浣吉旦

总理生员　林钟祥敬书并撰

主持僧贤傅

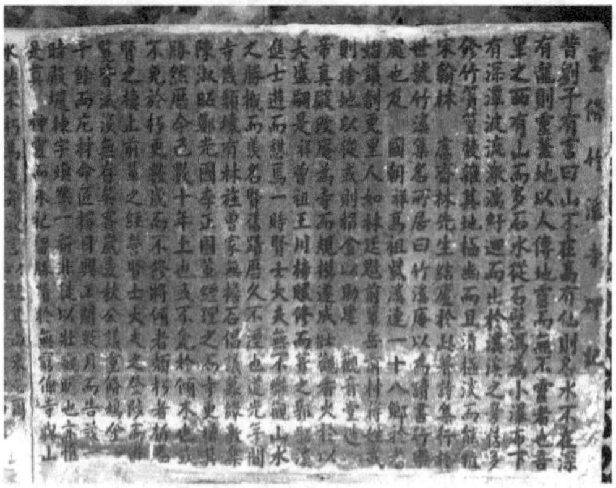

图4　重修竹溪寺碑记(部分)

重修竹溪寺碑记序①

凡事莫难于创始，然有创之者而无与□之创者，亦徒存其迹耳。有与成之而弗□历修葺之，所与成者亦未必久而不湮耳。竹溪寺建自有宋，其创之者不知阅几世，成之者不知经几手，修而葺之者不知更几人。墙垣非不高厚也，而或倾而颓焉；题桷非不坚固也，而或腐而折焉；瓦缝非不缜密也，而或破而漏焉；规模非不妥帖也，而或小而隘之。是有不可以已者而兹□伤于蚁者，又有甚焉。爰是集香火之所□者一十八乡有

者出，相与勉励，鸠金得一千□余两，择吉日兴工，上下同心，修其残，补其缺，壮其体，改其观，非欲以悦神灵以崇奢靡也，务使创之者、成之者、修而葺之者与此寺并垂不朽焉。可为序。

民国七年岁在戊午□月上浣吉旦立

师范中学毕业生林向荣敬书并撰

主持僧释远□

图5　重修竹溪寺碑记序(部分)

宋端平二年(1235)，林希逸高中进士第四名后，创办"竹溪书院"，并抽空讲学。据林氏后裔介绍，渔溪苏田竹溪寺侧面，曾立有"林希逸在此讲学"石碑。宋宝祐四年(1256)，林希逸回祖丁忧，那年正好大旱，林希逸组织村民，建坝蓄水，灌溉农田，这个拦水坝称为"逸办坝"，这片数百亩良田，称为"逸办

① 该碑记在竹溪寺内被重物隔挡，没能拍其全貌，笔者从边角拍照后阅读其碑文整理而成。碑文中间有一列没有文字，不知何故，现保留原版式抄录。

洋”，这些名字，一直沿用到今日①。

另外，在渔溪镇旧街有一座文武名祠，始建于明朝洪武年间②，又一说该祠始建于南宋③。

图6　文武名祠

图7　祠内供奉牌位

文武名祠内供奉漳州刺史林简言、天文学家林昌言、河南光州司法参军郑侠、兵部右侍郎林汝翥、临安知府林介、理学名家林希逸等。

图8　牌位

文武名祠内还保存了林希逸的墓碑，该碑由林氏族人林尉民、林克文于20世纪90年代初在苏田村南山原路旁发现，随后即移入渔溪文武名祠，现嵌入大厅内墙上④。

① 林克文：《逕江林氏系“九牧林”长房林苇裔孙》，政协福清市文史资料委员会编：《福清文史资料》第26辑，第176页。

② 林克文：《渔溪文武名祠》，福清市民间文艺家协会编：《福清民间文学》第5辑，2011年，第55页。

③ 张在普、林浩编著：《福建古市镇：闽台古乡间商品市场》，福建省地图出版社，2008年，第9页。

④ 林克文：《宋竹溪鬳斋林希逸墓志铭》，福清市民间文艺家协会编：《福清民间文学》第5辑，第66页。

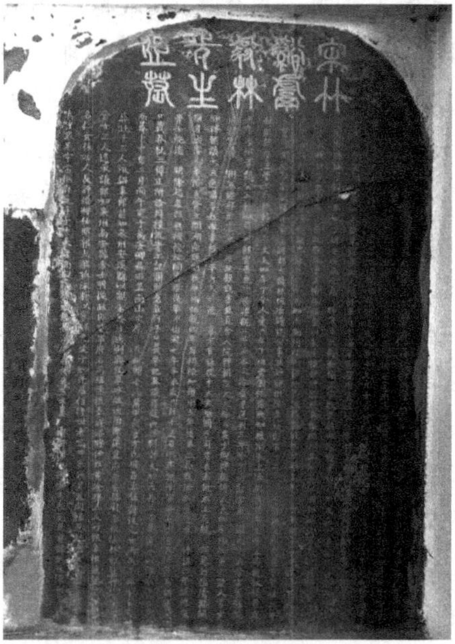

图9　林希逸墓碑

碑文摘录于下：

宋竹溪鬳翁林先生之墓

有宋中大夫、秘阁修撰、提举建宁府武夷山冲佑观、福清县开国男、食邑三百户林公讳希逸，字肃翁，世为福清县人。高祖赠朝请郎，讳舆权，始自仙桦迁渔溪，妣安人张氏；曾祖讳昌言，通判广州，赠金紫光禄大夫，妣宜人陈氏；祖讳会，妣陈氏；考讳亿，赠中散大夫，妣以人王氏。先君生绍熙四年癸丑岁八月十九日，承学特赠迪功文远乐轩陈先生。绍定五年入太学。端平二年以学省词赋第一人，对策擢第四人，授从事郎、平海军节度推官。淳祐三年，特差提领丰储仓所干办公事。五年主管三省架阁，除国子录二年，以少师安晚郑公荐，御笔召试馆职，除正字，改宣教郎，除校书郎。七年兼庄文府教授，除枢密院编修官，兼权都官郎官，兼崇政殿说书，兼翰林权直，以教授讲《诗》，终篇授奉议郎。八年除直秘阁，知兴化军，至郡以修进高宗实录，授承议郎，磨勘转朝奉郎。九年两易知南剑州，改知饶州札兼提点坑冶。十年至郡首无权。十一年召赴行在，改直宝谟阁，江淮、荆、浙、福建、广南路都大提点坑冶铸钱公事，兼知饶州，除考功郎官。十二年转朝散郎，主管明道宫。宝祐三年转朝请郎，主管玉局观，转朝奉大夫。四年丁令人忧。六年丁相当国，依旧职知赣州，未上，降朝请。明年主管玉局观叙复。景定元年，今辨章魏公入相，以司对郎官召，主管崇禧观。二年再召，又除广东运判。三年除考功郎官兼国史院编修官，实录院检讨造朝，兼礼部郎官，兼崇政殿说书，兼直舍人院，转朝散大夫，除司农少卿，转朝请大夫。四年除秘书少监、太常少卿，转朝议大夫，进讲《春秋》彻章，授守奉大夫，修进宁宗实录，授中大夫兼国子司业。去国，提举玉局观。郊恩，封福清县开国男。咸淳元年，除直宝文阁、湖南运判，提举冲佑观。四年再祠，除知赣州。五年提举玉局观，除秘书监兼侍讲。六年兼权直学士院造朝，除起居郎兴祠，除秘阁修撰，提举冲佑观。七年辛未岁九月十五日以疾终于家，年七十有九。所著《易讲》《述诗口义》《春秋三传正附论》《周礼说》《考工记图解》《老庄列子口义》《学记》《奏议》《讲议》《内外制》《诗文四六》，共二百卷。遗令以深衣殓三月而葬，卜十有二月丙午，窆于万安乡苏田里南山之原。

先妣赠令人莆田长官方氏，顺昌主簿讳汲之女，丙辰冬卒，前三年葬于此。子三人：泳，朝奉郎，前知泉州安溪县，以亲老恩注通判兴化军；冰，故迪功郎，建宁府崇安县尉；浩，故儒林郎，监行在咸淳仓。女三人：适承议郎知泉州南安县余士明，从政郎建宁府右司理陈植，季许婚将仕郎黄淦。孙三人：行祖、象祖并登仕郎而名仁。女孙四：长许婚将士郎郭大雅。孤泳以家录乞文于知先君信后世者。呜呼哀哀！昊天罔极，忍死沥血，书志圹之石。呜呼哀哀！宇宙犹存，文字千古，来者尚曰：“呜呼！”是为竹溪鬳翁林先生之墓。乐轩门人横塘布衣刘翼书，讳孤泳泣血哔志。

从上述内容中，我们可以看出福清人民对林希逸的深厚情感，与林希逸相关的遗迹也保存较好。而如今的竹溪禅寺，因其名为“竹溪”，容易让人误解与林希逸有直接关系，错以为其中供奉林希逸。经笔者调查发现：

第一，据田野发现的材料，竹溪寺并非林希逸创设。现存清光绪年间《重修竹溪寺碑记》明确记载，林希逸曾结庐于现竹溪寺之址，名为竹溪庵，林希逸将此庵“以为读书行乐处”，并非宗教场所。后来，林钟祥的高祖紫溪，联合一十八乡衿耆始议创更，在林希逸结庐原址上建造观音堂和帝真殿，改庵为寺，而规模遂成壮观，香火于以大盛。

第二，竹溪禅寺内并没有供奉林希逸。笔者在苏田村竹溪禅寺参访时，寻问寺庙管理员寺里所供奉之神明为何方神圣，管理员告知其乃闽台民间所信仰的五帝[①]，也称五皇、五显。这从竹溪寺内石柱上的对联可以得到印证。此两副对联为：

---

① 福建、台湾等地的瘟神信仰，分姓张、钟、刘、史、赵的五灵公。

五皇灵光紫气呈千祥，竹溪香火青烟显百福。
竹溪显灵香火年年旺，五皇护佑弟子岁岁顺。①

据对联内容可知，竹溪寺是民间五皇信仰的供奉场所，并没有供奉林希逸。林希逸祠祀场所是在渔溪文武名祠。

图 10　左柱

图 11　右柱

二、林氏的父母家系

关于林希逸的家族谱系，福清林氏后裔依据林家族谱与林希逸墓碑所载内容作了初步考察与整理。其成果为林克文的《迳江林氏系“九牧林”长房林苇裔孙》与林民湛的《林姓两次迁入苏田》两篇文章，刊登于《福清文史资料》第 26 辑。此二文对林希逸先祖的繁衍脉络及迁徙情况作了介绍，林克文的文章后附有整理抄录的部分《畔疁林氏宗谱》以便读者了解林氏家族谱系②。

据林氏族谱及林希逸墓志铭所载，林希逸系“九牧林”③氏苇房第十五世孙，其高祖林舆权，于北宋年间从仙榉（今福清东张镇麻阳）迁往渔溪。从林舆权到林希逸，林氏这一族代代皆有才人出。

林希逸有三儿三女，长子林泳，朝奉郎，前知泉州安溪县，以亲老恩注通判兴化军；次子林冰，故迪功郎，建宁府崇安县尉；季子林浩，故儒林郎，监行在咸淳仓。

---

① 此对联中的“竹溪”当为“竹溪寺”，非指林希逸。

② 林克文：《迳江林氏系“九牧林”长房林苇裔孙》，政协福清市文史资料委员会编：《福清文史资料》第 26 辑，第 176 页。

③ 九牧林为林姓重要分支之一，东晋初年晋安林始祖林禄公入闽，传十世隋右丞林茂，由晋安迁居莆田北螺村。又五世而至万宠，唐开元间任高平太守。万宠公第二子林披公是“九牧林”开派始祖，唐天宝间授太子詹事，赠睦州刺史，由北螺迁居澄渚乌石（今析出属西天尾镇龙山村），生九子苇、藻、著、荐、晔、蕴、蒙、迈、蔇，皆官居州刺史（州牧），世称“九牧林家”。

表 1—1　林希逸家系略表

世代	名字	事迹	根据
九牧林始祖	林披	唐天宝间授太子詹事，赠睦州刺史，由北螺迁居澄渚乌石，生九子苇、藻、著、荐、晔、蕴、蒙、迈、蔇，皆官居州牧。	《晔晖林氏宗谱》
苇房一世	林苇	唐明经及第，任端州刺史。	
……	……	……	
苇房十一世	林舆权	赠朝请郎，从仙榉（今福清东张镇麻阳）迁往渔溪，定居苏田。	《晔晖林氏宗谱》《宋竹溪鬳翁林先生之墓》（墓志铭）
苇房十二世	林昌言	天文学家，绍兴十五年（1145）进士，通判广州，赠金紫光禄大夫。	
苇房十三世	林会（又名林介）	绍兴二十七年（1157）进士，任临安知府。	
苇房十四世	林亿	赠中散大夫。	
苇房十五世	林希逸	理学名家，端平二年（1235）进士，中大夫、秘阁修撰、提举建宁府武夷山冲佑观、福清县开国男、食邑三百户。	

虽然林希逸的先祖颇为光耀，但这已成为过往，林希逸的父亲在其小时候即不在人世，他的幼年实为孤苦。林希逸曾为百七弟作挽诗，诗中也表达了自己幼年时的孤苦，其诗曰：

我嗟孤日早，汝亦守偏亲。①

林希逸打小与母亲王氏相依为命，其在《报晖堂记》中写道：“余不幸早孤，与吾母相依逾五十年。少为痴儿，粗知力学，求以尽为子之责而已，未有以养也。长落江湖，以侍亲之欢，不若养亲之志，滞留两学，何止百战，发已半白，而后苟窃升斗之养。而又与世寡谐，屡进屡斥，每以动吾亲之忧。”②从中可以看到，林希逸与其母亲之间有着深厚的感情。林希逸在外游学时亦曾作《寄书后作》表达对母亲的思念，诗曰：“几度题书客未还，归鸿节节度乡关。遥知一纸平安字，慈母灯前阁泪看。”③

虽然从小就失去了父亲，但林希逸的外祖母与舅舅对其怜爱有加。幼年

① （宋）林希逸：《百七弟》，《竹溪鬳斋十一稿续集》，《宋集珍本丛刊》第 83 册，线装书局，2004 年，第 542 页。

② （宋）林希逸：《报晖堂记》，《全宋文》卷七七三八，上海辞书出版社、安徽教育出版社，2006 年，第 17 页。

③ （宋）林希逸：《竹溪十一稿诗选》，《景印文渊阁四库全书》第 1364 册，第 408 页。

的林希逸常常去外祖母家跟二舅学习，二舅每每谆谆教诲。这对林希逸的成长产生了很大影响，在林希逸的外祖母与二舅过世之后，林希逸作《谒考塘外祖坟文》与《谒二舅坟文》，记载幼年之往事及其对二人的思念。

谒考塘外祖坟文①

幼来外家，及拜王母。母怜其孤，是爱是拊。长既飘零，游学天北。夫人之丧，远望而哭。岁在壬辰，始谒坟下。追惟旧恩，有泪如泻。后十五年，叨此假守。酹奠与偕，吾母吾舅。人世空花，翕然聚散。回首于今，可奈哀叹。挈挈壶觞，仆仆来止。发已如霜，嗣至能几。宰木其崇，孙曾是荷。尚期千载，积善之报。

谒二舅坟文②

少也孤苦，母舅是怜。时来就学，诲饬拳拳。侥逾叨窃，敢昧由缘。官游南北，岁月易迁。不拜堂下，二十六年。中惭假守，徼福自天。儒雅之集，团栾母前。番易还里，偶以病缠。舅别吾母，实来溪边。自此一间，云山连连。闻舅之讣，寸心欲然。吊祭弗及，遥望涕涟。虽有书疏，此情曷宣。甥今老矣，有发如绵。持此一酹，于舅之阡。宿草不哭，徒饮泪焉。

以上介绍了林希逸父系及其母家的基本情况，林希逸祖上三代即出两名进士，足见其家学渊源之深矣。只可惜其父亲早逝，希逸幼年孤苦，与母亲相依为命。甚幸其外祖母与舅舅给予怜爱，并多有教导，这让林希逸孤苦的幼年多了一丝温暖。

第二节　林希逸的师友

一、求学之路

林希逸幼年虽贫苦，但其母亲王氏并没有因此放弃对孩子们的教育，林希逸在母亲过世后的某年作诗《先母忌日》一首，回忆年幼时母亲王氏对他们兄弟三人的照顾。诗曰：

儿正痴时赖母贤，如今满镜白于绵。
可堪远日思存日，更向衰年忆幼年。

---

① (宋)林希逸:《谒考塘外祖坟文》,《全宋文》卷七七四三,第101页。

② (宋)林希逸:《谒二舅坟文》,《全宋文》卷七七四三,第101页。

嫠早独携三稚子，世贫能有几硗田。
书灯督课无虚夕，曾解衣还束脯钱。①

林希逸的诗句，表达了对母亲王氏怀念与感激。林母王氏独自抚养三个儿子，家世贫瘠没有几分肥田，即便如此，林母王氏也没有让孩子们不受教育，每天晚上林家小孩都点灯读书，不让时光虚度。母亲的教育给了林希逸很大的影响，后来林希逸在《报晖堂记》中写道：“少为痴儿，粗知力学，求以尽为子之责而已。”②此意乃谓希逸年少之时，在母亲的影响下，便知道要努力学习，并通过学习来尽为子之责。由此才有了以后林希逸师从陈藻成为艾轩学派重要人物的可能。

林希逸幼年的启蒙学习还与他的两个舅舅关系颇深。前文讲到因为林家贫苦，林母常带着林希逸几兄弟回娘家讨生活，正如林希逸谓“少也孤苦，母舅是怜。时来就学，诲饬拳拳”。可以说，林希逸的两位舅舅充当了其启蒙老师这一角色。林希逸曾作《两舅氏》，曰：

吾舅虽潜德，人间两玉人。眼高俱迈俗，鬓秃共娱亲。场屋因缘薄，诗书趣味新。少公谈颇胜，伯氏奕尤神。门外相过少，樽中自酿醇。荆花同伴老，竹叶满怀春。寿秩皆逾七，堂封亦与邻。赠车伤作梦，华屋怅今颦。甥老头如雪，山空骨已尘。前年松下酬，语不尽酸辛。③

这是林希逸老年时对舅舅的怀念，文中形容二位舅舅为“人间玉人”，具有很高的德行，但不被世人知晓。林希逸的二位舅舅皆超尘脱俗，熟读诗书，并且能就其中的理趣阐发新意。只是二人皆与官场无缘，没有踏入仕途。也正因如此，幼年的林希逸才有机会在两位舅舅的教育和熏陶下成长。在林希逸的著作中，我们发现其敢于突破理学门派的桎梏，公开吸收释道二家的思想，并为道家经典做出颇有新意的注解，这多少受到两位舅舅“诗书趣味新”的影响。

待到林希逸稍年长后，就前往莆田的红泉书院跟随陈藻学习，此后又游学于江淮一带。林希逸真正践行了所谓读万卷书、行万里路，其见闻学识日益广博。

二、理学师承

关于林希逸的理学师承关系，《闽中理学渊源考》载：“林希逸……师事陈

① （宋）林希逸：《先母忌日》，《竹溪鬳斋十一稿续集》，《宋集珍本丛刊》第 83 册，第 386 页。

② （宋）林希逸：《报晖堂记》，《全宋文》卷七七三八，第 17 页。

③ （宋）林希逸：《两舅氏》，《竹溪鬳斋十一稿续集》，《宋集珍本丛刊》第 83 册，第 542—543 页。

藻，藻之学出于林亦之，亦之出于林光朝，其授受远有源委。”[①]林希逸曾“以直秘阁知兴化军，下车首诏学者云：‘自南渡后，洛学中微，朱、张未起，以经行倡东南使知圣贤心不在训诂者，自莆南夫子始。’”[②]据以上两段文字，可知林希逸的师承关系有远、近之源委。就其近源来说，林希逸承陈藻之学，陈藻学于林亦之，林亦之受于林光朝。从远源来看，林希逸的理学渊源上达北宋洛学，为洛学南渡之支脉。下面我们从远、近两方面对林希逸的理学渊源作细致梳理。

（一）远溯洛学

所谓洛学，即是指北宋洛阳以程颢（1032—1085）、程颐（1033—1107）为代表的儒家学派。洛学以儒家伦理为本位，既批判佛、道，又吸收佛、道思想。洛学以理为核心，创立了一种直接把本体论与伦理学统一起来的天理论哲学体系，既为儒家的伦理原则提供了本体论的哲学依据，又从本体论的高度论证了封建社会秩序和道德规范的合理性，奠定了宋明理学的基础。

林希逸与洛学的远源承接关系在于其太师公——艾轩学派创始人林光朝。《艾轩学案》载：“林光朝，陆子正门人。和靖、震泽再传。伊川（程颐）三传。”[③]又谓：“（林光朝）自少闻吴中陆子正学于尹和靖，因往从之，由是专心圣贤践履之学。”[④]全祖望曰：“和靖高弟，如吕如王如祁，皆无门人可见。盐官陆氏独能传之艾轩，于是红泉、双井之间学派兴焉。”[⑤]据《宋元学案》的记载，尹和靖有吕和问、吕广问、王时敏、祁宽[⑥]等高徒，但他们的学问大都没有人继承，唯陆子正这一脉有林光朝继承，因而在红泉与双井兴起了这派之学问。

林光朝受学于陆子正，《和靖学案》谓：“陆景端，字子正，本海宁人，其后居吴。父韶之任察官，以风流文采为时所宗。先生学于和靖，学问精深，造履清白。横浦极称之，其任监税时，尝以书托之常中丞同曰：‘谓税场体例多贪饕，此郎乃能孤立其间。中丞试引之座末，问以利害，当知其所存矣。’先生官位所至，无可考。晚年以和靖之学传林艾轩，见于《宋史》艾轩传，而失载其名。”[⑦]和靖，即尹焞。陆子正是尹和靖的高足，学问精深，为官清廉。在其晚

①② 徐公喜、管正平、周明华点校：《闽中理学渊源考》上，凤凰出版社，2011 年，第 137 页。

③ （清）黄宗羲原著，（清）全祖望补修，陈金生、梁运华点校：《宋元学案》第 2 册，中华书局，1986 年，第 1469 页。

④ （清）黄宗羲原著，（清）全祖望补修，陈金生、梁运华点校：《宋元学案》第 2 册，第 1471 页。

⑤ （清）黄宗羲原著，（清）全祖望补修，陈金生、梁运华点校：《宋元学案》第 2 册，第 1470 页。

⑥ （清）黄宗羲原著，（清）全祖望补修，陈金生、梁运华点校：《宋元学案》第 2 册，第 999—1000 页。

⑦ （清）黄宗羲原著，（清）全祖望补修，陈金生、梁运华点校：《宋元学案》第 2 册，第 1015 页。

年的时候授徒讲学,将和靖的学问传给了林光朝。又,《震泽学案》载陆子正为震泽门人①。全祖望于《艾轩学案序录》中亦曰:"然愚读艾轩之书,似兼有得于王信伯,盖陆氏亦尝从信伯游也。"②信伯,即王苹,因其居住于震泽镇,故《宋元学案》亦称之为"震泽"。由此说明,陆子正也曾师事震泽,即王苹。

尹焞与王苹这两位陆子正的老师都曾师事伊川。尹焞(1071—1142),字彦明,一字德充,河南洛阳人。其叔尹材也颇有学问,尹焞从小就受到家中长辈教导。二十岁中举,由苏季明引导求学于程颐。靖康元年(1126),种师道推荐尹焞学行可备讲说,召其到京师,赐号和靖处士。绍兴五年(1135),侍讲范公冲举荐尹焞自代,宋高宗赐崇政殿说书,尹焞累辞不得,设祭于伊川,乃上道。高宗曾对参知政事刘大中曰:"焞学问渊源,足为后学矜式。班列中得老成人,亦是朝廷气象。"③关于和靖之学问工夫,黄百家案语曰:"和靖在程门,天资最鲁,而用志最专……朱子云:'和靖直是十分钝底,被他只就一个敬字做工夫,终做得成。'"④《和靖学案序录》云:"和靖尹肃公于洛学最为晚出,而守其师说最醇。五峰以为程氏后起之龙象,东发以为不失其师传者,良非过矣。"⑤尹焞虽天资一般,实有愚钝,但于学问功夫用心专志,持守坚固,因而成就了精深之学问。求其学问者,多受影响,黄百家赞曰:"其后林拙斋之后有东莱,陆子正之后有艾轩,皆名世大儒也。"⑥

王苹(1082—1153),字信伯,世居福清,其父徙吴,即今江苏苏州吴江区。《震泽学案》载:"先生师事伊川,其于同门杨龟山辈为后进,而龟山最可许之,以为师门后来成就者,惟信伯也。"⑦杨龟山,即杨时(1053—1135),因其故里龙湖别名叫"龟山",后世学者尊称其为"龟山先生"。王苹学识非常深厚,龟山杨时先生最为赞赏。当年宋高宗亲自出征,驻驿在平江,因当地守臣孙佑举荐,高宗即召见王苹。几番对话后,高宗对身边的辅臣说:"苹起草茅,而议论若素宦于朝者,此通儒也。"⑧遂赐进士出身,授秘书省正字。时朝廷要员,如中书舍人朱震、宝文阁直学士胡安国、徽尤阁待制尹焞皆举以自代,其中胡安国力荐尤甚,称王苹学有师承,识通世务,使司献纳,必有裨益。王苹与尹

① (清)黄宗羲原著,(清)全祖望补修,陈金生、梁运华点校:《宋元学案》第2册,第1057页。
② (清)黄宗羲原著,(清)全祖望补修,陈金生、梁运华点校:《宋元学案》第2册,第1470页。
③ (清)黄宗羲原著,(清)全祖望补修,陈金生、梁运华点校:《宋元学案》第2册,第1003页。
④⑥ (清)黄宗羲原著,(清)全祖望补修,陈金生、梁运华点校:《宋元学案》第2册,第1004页。
⑤ (清)黄宗羲原著,(清)全祖望补修,陈金生、梁运华点校:《宋元学案》第2册,第1001页。
⑦ (清)黄宗羲原著,(清)全祖望补修,陈金生、梁运华点校:《宋元学案》第2册,第1047页。
⑧ (清)黄宗羲原著,(清)全祖望补修,陈金生、梁运华点校:《宋元学案》第2册,第1048页

焞是同门，亦是讲友，《震泽学案》谓“其于同门，盖亦和靖之亚，故和靖之寓虎丘，与先生最相得”①。

王苹是伊川的弟子，龟山谓其为伊川师门后来最成就者。同时，王苹也曾在龟山处求学。云濠案语曰：“叶绍翁《四朝闻见录》云：震泽少师事龟山，以布衣入中秘。”②《龟山学案》亦载“著作王福清先生苹”为龟山门人③。龟山先后学于程颢、程颐。

在王苹的学生中有一位，名为方翥，与林光朝关系颇为密切。方翥，字次云，福建莆田人。《震泽学案》中记载了方翥与艾轩的交流经历：“艾轩谓其先我闻道。初，艾轩尝慕嵇、阮之为人，先生笑曰：‘当求一等人物，可以同出于舞雩之下者。若此等，恐立不定也。’艾轩悚然……先生吐弃一切章句，大略与艾轩等。亦不肯著书，有所啸咏，出于偶然，艾轩以为孟浩然一种诗也……其卒也，艾轩为之受吊。”④据《宋元学案》，方翥、林光朝与陆九渊互为讲友。

总而言之，林希逸与洛学之渊源关系即：从伊川传至尹焞、王苹，再由此二者授于陆子正，子正传于艾轩先生林光朝。又，自宋朝南渡后，“倡伊洛之学于东南者，自先生（林光朝）始云”⑤。

（二）近承艾轩

《闽中理学渊源考》卷八《文节林艾轩先生光朝学派》开篇载陈正献公曰：“闽中洛学之兴，肇自建剑，而莆儒风之盛，自绍兴以来四五十年崇尚洛学，艾轩先生实作成之。”⑥宋朝南渡，洛学中微，全国的学术重心也随之往南迁移。林光朝在陆子正门下学成之后，回到家乡莆田，在东井、红泉设书院讲学，使洛学在这里得到崇尚。当时从四方来求学的人以数百计，由此兴起莆田一带的儒学风气，开启闽中理学艾轩一派，学者尊称艾轩为“南夫子”。此后艾轩之学经林亦之、陈藻传至林希逸。下面对艾轩一脉的传承作简要介绍。

林光朝（1114—1178），字谦之，艾轩学派创始人。《艾轩学案》载其生平曰：

> 自少闻吴中陆子正学于尹和靖，因往从之，由是专心圣贤践履之学。隆兴元年，年五十，始进士及第，调袁州司户参军。与刘朔咸以名儒荐

---

① （清）黄宗羲原著，（清）全祖望补修，陈金生、梁运华点校：《宋元学案》第2册，第1048页。

② （清）黄宗羲原著，（清）全祖望补修，陈金生、梁运华点校：《宋元学案》第2册，第1047页。

③ （清）黄宗羲原著，（清）全祖望补修，陈金生、梁运华点校：《宋元学案》第2册，第962页。

④ （清）黄宗羲原著，（清）全祖望补修，陈金生、梁运华点校：《宋元学案》第2册，第1058页。

⑤ （清）黄宗羲原著，（清）全祖望补修，陈金生、梁运华点校：《宋元学案》第2册，第1471页。

⑥ 徐公喜、管正平、周明华点校：《闽中理学渊源考》上，第127页。

对,论龙大渊、曾觌罪,改左承奉郎、知永福县。累官国子司业,兼太子侍读,兼史职。因不往贺枢密张说,出为广西提点刑狱。广东、荆、襄茶寇为乱,先生乃自将郡兵,檄摧锋统制路海、钤辖黄进各以军分控要害。会徙转运副使,留屯不去,督二将遮击之,贼惊惧,宵遁。帝闻,喜其儒生知兵,加直宝谟阁,召拜国子祭酒,兼太子左谕德。淳熙四年,除中书舍人,封还曾觌所荐谢廓然内批。改工部侍郎,不拜,以集英殿修撰出知婺州。因引疾,提举兴国宫。卒,年六十五,谥文节,学者称艾轩先生。①

林光朝专心圣贤践履之学,通六经,贯百氏,其出入起居必中规矩。"其为教,以身为律,以道德为权舆,不专习词章为进取计。平生未尝著书,其于圣贤微旨,有得于师传者,惟口授学者,使之心通理解。"②林光朝主张:"道之全体存乎太虚,六经既发明之,后世注解,固已支离,若复增加,道愈远矣。"③在《与杨次山》中又言:"致知是初学第一件,不当求之太深,今以日用件件求之,求之不已,则察乎天地。古人之所言皆求之日用,日用是根株,文字是注脚,须见得日用处,注脚自可晓。"④朱熹对林光朝的学问功夫非常钦佩,光朝过世之后,朱熹常感叹曰:"这道理易晦而难明。某少年过莆田,见林谦之、方次荣说一种道理,说得精神,极好听,为之踊跃鼓动。退而思之,忘寝与食者数时。好之,念念而不忘。及至后来再过,则二公已死,更无一人能继其学者,也无一个会说了!"⑤林希逸也曾作诗《艾轩先生》,诗曰:

为道难言不著书,但知日用是根株。
当筵自昔倾龙象,嗣法何人识马驹。
六学即今皆剿说,一齐孤立可长吁。
犀斜南谷穷愁骨,仙境能谈旧事无。⑥

《闽中理学渊源考》载林光朝还曾师事同郡林霆,林霆精通象数之学。⑦ 艾轩之学在彼时影响很大,从学者甚众,其中有名林亦之者,承艾轩之学,嗣其讲席。

林亦之(1136—1185),字学可,福清人。《闽中理学渊源考》载其"盛年挟策游四方,卒不契,去之红泉,谒林艾轩光朝而师之,左右三十余年,遂为高

① (清)黄宗羲原著,(清)全祖望补修,陈金生、梁运华点校:《宋元学案》第2册,第1471页。
②③ 徐公喜、管正平、周明华点校:《闽中理学渊源考》上,第128页。
④ (宋)林光朝:《艾轩集》卷六,《宋集珍本丛刊》第45册,第11页。
⑤ (宋)朱熹:《朱子全书》第18册,上海古籍出版社、安徽教育出版社,2002年,第4137页。
⑥ (宋)林希逸:《竹溪十一稿诗选》,《景印文渊阁四库全书》第1364册,第418页。
⑦ 徐公喜、管正平、周明华点校:《闽中理学渊源考》上,第129页。

弟。艾轩卒，莆人推亦之嗣讲席，艾轩之学一本躬行，亦之户外履几半于师矣。或劝其著书，答之诗曰：'讲学红泉不著书，只将心学授生徒。'赵汝愚帅闽，辟入东井书堂，待以宾礼，上其学业于朝。命未下，卒。学者称网山先生，一曰鱼月先生。著《论语》《考工记》《毛诗》《网山诗集》。景定间，林希逸追举其贤，赠迪功郎，赐谥曰文介。子简，字绮伯，莆中刘克庄少师之"①。

明代黄仲昭修撰的《八闽通志》对林亦之亦有所介绍，所述内容与《闽中理学渊源考》基本相同，就其著作部分补充道："《庄子解》，大半皆门人所述，惟《玉融志》数卷、诗数卷则其手笔也。"②林亦之跟随林光朝学习三十多年，嗣席讲学期间继承艾轩之志，笃讲《六经》。林亦之较艾轩而言多有著作，但大部分为门人所述。林亦之的学问受到当时福建军帅赵汝愚的赞赏，并向朝廷举荐。只可惜未及朝廷下命即殁，以一介布衣终身。林亦之的儿子林简是南宋文豪刘克庄的老师，刘克庄与林希逸为至交挚友。亦之的学生中有名陈藻者，受其学问，嗣之讲学。

陈藻（1151—1225），字元洁，号乐轩，福清人。《宋元学案》载："初，网山师艾轩，网山之徒又推乐轩为高弟。开门授徒，不足自给，至浮游江湖，崎岖岭海。归买田数亩，辄为人夺去。士之穷，无过于此矣，而以乐轩自扁。此固先生所闻于师者与？"③《闽中理学渊源考》载其"师林亦之，得艾轩经学之传，为时通儒，遂嗣亦之讲席。藻家贫，笃志于学，不求人知。入则课妻子耕织，出则诱生徒弦诵，登山临水而已。学者称乐轩先生。所著有《语孟庄子杜诗解》并诗集。景定间，门人林希逸荐其贤，赠迪功郎，赐谥曰文远。"④

从上引两段文字可知，陈藻为亦之高弟，但家里贫穷，虽有学问但不求为人所知，亦不与人争夺，取乐于山水之间。《宋元学案》对陈藻的评述多有贬抑之意。林希逸在《乐轩诗筌序》中也谈及这一现象："乐轩虽得寿，后网山死四十年，衰白穷槁，人以为常人矣。且面背讥笑不小，其文既不适时，间出语又惊世骇俗，至于今讥笑未已也。"⑤陈藻是真不为人所知，世俗之人只看名气，跟风趋走。无奈陈藻亦是以一介布衣终身，门人衰微，独有林希逸一人得先生之传。希逸谓"玉质金相，春明秋洁，绝出群言，探入微赜，先生之文若是已"；"洗削秾华，完复素朴，群诮鄙里，自谓奇崛，先生之诗若是已"；"玩神遗

---

① 徐公喜、管正平、周明华点校：《闽中理学渊源考》上，第136—137页。

② （明）黄仲昭修纂、福建省地方志编纂委员会主编：《八闽通志》下，第461页。

③ （清）黄宗羲原著，（清）全祖望补修，陈金生、梁运华点校：《宋元学案》第2册，第1480页。

④ 徐公喜、管正平、周明华点校：《闽中理学渊源考》上，第137页。

⑤ （清）黄宗羲原著，（清）全祖望补修，陈金生、梁运华点校：《宋元学案》第2册，第1481页。

形，甘约保独，傲睨乎鬼神，兄老而弟佛，挠挑浮游，至死不厌”①。

以上梳理了林希逸师承近源，值林希逸之时，艾轩学派为人所知者已鲜，林希逸“以直秘阁知兴化军，下车首诏学者云：‘自南渡后，洛学中微，朱、张未起，以经行倡东南使知圣贤心不在训诂者，自莆南夫子始。初疑汉儒不达性命，洛学不好文辞，使知性与天道不在文章外者，自福清两夫子始。学者不可不知信从也’”②。“莆南夫子”即是林光朝，“福清两夫子”即林亦之与陈藻。林希逸特意向当时的学者们宣告了此三人的学问与地位。同时，为表达对先师的尊重与纪念，林希逸还在莆田城山③建三先生祠，并将三先生的遗作集结刊行，以期流传于世。又于“景定四年（1263），举亦之及陈藻为有道之士，又举林光遇幼承父泽，奉亲不仕，并乞褒崇。诏有司为三人树表书谥，并祀之学宫”④。

综上所言，伊川之学从洛阳传到东南，因艾轩之功在莆田一带兴盛一时，经林亦之、陈藻传至林希逸，希逸学生有林同、林式之、王庚等，盖无太大建树。此时的南宋也濒临灭亡，社会动荡，战火连连，人们已无暇顾及本来就日渐衰微的艾轩之学，明代郭万程总结说：“自道学兴，辞命多鄙，光朝之门，独为斐然。闽自杨氏道南，盖光朝可接罗、李之宗，惜时儒未深知者，至希逸而亡传矣。”⑤事虽如此，但林希逸似乎预料到了这一历史的进程，他把学问继承之希望寄托于刊书行世，望千年之后有学人拾此学问之明珠。其在刊刻乐轩诗集时，序曰：“师学之传，岂直以诗。诗又不传，学则谁知。后千年无人，已而已而！后千年有人，留以俟之。奈何乎，噫！”⑥

（三）艾轩一脉思想的流变及其特色

任何事物都是处于变化之中，思想更不例外。在学术思想的传承过程中，因传承者个体生命经验的不同与社会时代背景差异方面的影响，他们的思想必定会发展出新的特色，呈现出不同的面貌。这些新的特色又必定汇入学术传承之流，注入集大成者的脑海之中。艾轩一脉，上承伊川下启鬳斋，这一传承过程中的思想流变最终集结于鬳斋身上，也呈现在他的著作当中。下

---

①⑥ （清）黄宗羲原著，（清）全祖望补修，陈金生、梁运华点校：《宋元学案》第2册，第1481页。

② 徐公喜、管正平、周明华点校：《闽中理学渊源考》上，第137页。

③ （清）廖必奇修；（清）宋若霖纂：《乾隆莆田县志》卷一，清光绪五年补刊本，民国十五年重印本。志曰：城山，黄石主山也……林光朝常讲学于□宋郡守林希逸建祠□艾轩于岩之东，以林亦之、陈藻，配扁曰“三先生祠”。

④ 徐公喜、管正平、周明华点校：《闽中理学渊源考》上，第137页。

⑤ 徐公喜、管正平、周明华点校：《闽中理学渊源考》上，第138页。

面我们分析艾轩一脉的思想流变，考察其所展现的特色之处。

1. 性与天道不在文章外

洛学不重文辞，程颐明确提出“作文害道”①的观点。作为洛学后传的艾轩学派则主张“性与天道不在文章外”。艾轩学派的创始人林光朝虽不著书，但他已开始重视诗词与文章，艾轩一脉与洛学在文道观上的分野从这里开始。彼时林光朝不仅以学问气节闻名，而且还是著名的诗人。号称“南宋四大家”之一的杨万里多次与其探讨诗艺，并称：“自隆兴以来，以诗名，林谦之、范至能、陆务观、尤延之、萧东夫。”②林希逸于《庄子鬳斋口义》中亦谓：“独艾轩先生道既高，而文尤精妙，所以六经之说，特出千古。”③林光朝重视诗文这一点为林亦之、陈藻所继承和发挥，成为艾轩一派的特色。针对程颐所提出的“作文害道”，林亦之在《伊川子程子》一文中说道：

> 尧、舜、禹、汤、文、武、周公、仲尼之道，吾于程子不敢有毫厘异同之论。然伊川之门谓学文为害道，似其说未必然也。盖自有天地以来，文章学问并行而不相悖。周公、仲尼，其兼之者乎。自是而后，分为两涂，谈道者以子思、孟轲为宗，论文者以屈原、宋玉为本。此周公、仲尼之道所以晦而不明、阙而不全者也。请以六经言之。六经之道，穷情性，极天地，无一毫可恨者。六经之文，则春容蔚媚，简古险怪，何者为耳目易到之语？是古之知道者，未尝不精于文也。苟工于文章，而不知学问，则大道根源必暗然无所识；通于学问，而不知文章，则古人句读亦不能无窒碍。是皆未可以谈六经也。故太史迁、司马相如、扬子云、韩愈之徒，文非不工也，而道德之奥，茫昧无所见，其不可以谈六经也明矣。程子以学文为害道，则于六经渊源虽极其至，而鼓吹天地、讴吟情性，又将何所托也？是安得谓之集大成者乎？故六经句读亦不能无窒碍也。孟轲氏以来千有余年，乃得一程子，惜夫耻于论文，故六经事业亦或有阙而未备者。信乎，此道之难也！学者欲无愧于六经，无惭于周公、仲尼，则学问固为大本，而文章亦不得为末技也。④

陈藻也传续了艾轩学派重视诗文的特色，前文已引用了林希逸对陈藻诗

---

① 《程氏遗书·卷十八·伊川先生语》载：问：“作文害道否？”曰：“害也。凡为文，不专意则不工，若专意则志局于此，又安能与天地同其大也？《书》曰‘玩物丧志’，为文亦玩物也。”见：（宋）程颢、程颐著，王孝鱼点校：《二程集》第1册，中华书局，1981年，第239页。

② （宋）杨万里：《诗话》，《诚斋集》卷一百十四，《宋集珍本丛刊》第55册，第513页。

③ （宋）林希逸著，周启成校注：《庄子鬳斋口义校注》，第512页。

④ （宋）林亦之：《网山集》卷三，《宋集珍本丛刊》第62册，第86页。

文的赞美。南宋文豪刘克庄《乐轩集序》谓：“今读其文，阐学明理，浩乎自得，不汲汲于希世求合。萤窗雪案，犹宗庙百官也；莱羹脱粟，犹堂食万钱也。入则课妻子耕织，勤生务本，有拾穗之歌焉；出则与生弦诵，登山临水，有舞雩之咏焉。自昔遗佚厄穷之士，功名顿挫，时命龃龉，往往有感时触事之作以泄其无憀不平之鸣，若虞卿之愁、韩非之愤、墨翟之悲、梁鸿之噫、唐衢之哭是已。”①林希逸亦曾言：“初疑汉儒不达性命，洛学不好文辞，使知性与天道不在文章外者，自福清两夫子始。”②点明了艾轩一派认为“性与天道不在文章外”的主张。林希逸作为艾轩一脉的集大成者，更是突出了重视文章的特点，并将此运用于对“三子”的注解当中，他在《庄子口义发题》中谓：“希逸少尝有闻于乐轩，因乐轩而闻艾轩之说，文字血脉稍知梗概……自谓于此书稍有所得，实前人所未尽究者。”③由此开启庄学领域“以文评庄”的先锋。

2. 人心系八荒

“理”或称“天理”，是二程洛学的核心范畴之一，《二程遗书》载：“天理云者，这一个道理，更有甚穷已？不为尧存，不为桀亡。人得之者，故大行不加，穷居不损。这上头来，更怎生说得存亡加减？是佗元无少欠，百理具备。”④到林光朝处，便出现了心学的色彩。他对学生的传授，注重“使之心通理解”。林光朝的《东宫生日六日》诗句中有“商盘如目击，羲画自心通”“天乐来三殿，人心系八荒”⑤之语，《东至》中亦谓“空山铁镝年月深，一语不破天地心”⑥。

关于林光朝的学问宗旨，全祖望曰：“然愚读艾轩之书，似兼有得于王信伯，盖陆氏亦尝从信伯游也。且艾轩宗旨，本于和靖者反少，而本于信伯者反多，实先槐堂之三陆而起。”⑦王信伯偏重心学，全祖望言信伯“颇启象山之萌芽”⑧。《象山学案序录》载全祖望言：“程门自谢上蔡以后，王信伯、林竹轩、张无垢至于林艾轩，皆其前茅，及象山而大成。”⑨这里明确将林光朝纳入心学一派，认为其是“槐堂三陆”之先起者。同时，前文已提到林光朝与陆象山互为讲友的关系。由此可见，艾轩学派对“心”的重视在其创始人这里就已萌发。

---

① （宋）刘克庄撰，王蓉贵、向以鲜点校，刁忠民审定：《后村先生大全集》卷九十五，四川大学出版社，2008年，第2453—2454页。

② 徐公喜、管正平、周明华点校：《闽中理学渊源考》上，第137页。

③ （宋）林希逸著，周启成校注：《庄子鬳斋口义校注》，发题第2页。

④ （宋）程颢、程颐著，王孝鱼点校：《二程集》第1册，第31页。

⑤ （宋）林光朝：《艾轩集》卷一，《宋集珍本丛刊》第44册，第770页。

⑥ （宋）林光朝：《艾轩集》卷一，《宋集珍本丛刊》第44册，第769页。

⑦ （清）黄宗羲原著，（清）全祖望补修，陈金生、梁运华点校：《宋元学案》第2册，第1470页。

⑧ （清）黄宗羲原著，（清）全祖望补修，陈金生、梁运华点校：《宋元学案》第2册，第1047页。

⑨ （清）黄宗羲原著，（清）全祖望补修，陈金生、梁运华点校：《宋元学案》第3册，第1884页。

网山承艾轩之教，注重对“心”的探讨。其谓：“讲学红泉不著书，只将心学授生徒。”[①]从这句话可以看出，林亦之将自己所传承的学问直接称之为“心学”。林亦之还以“心”为主旨论及舜、文王、周公、孔子，认为：

> 古今人物，如巢、许、长沮、桀溺、荷蓧丈人、四皓、严子陵、陶渊明之徒，是亦无所动其心者，彼以山林为可慕，轩裳为可恶，有慕之之心又有恶之之心，是动其心者也。舜则无所慕亦无所恶，故无所动其心，是之谓圣人也。舜之此心，盖与天地鬼神为同本，愚夫愚妇为同出，朽枝槁叶为同根，至乎此者谓之圣人，知乎此者谓之贤人。同此宇宙，谁独且无是心哉？学者能于一食息之顷，静而存之，则舜之此心，去之千载有如皦日也。[②]

林亦之在这里提出“慕之之心”“恶之之心”，并认为此乃“动其心”，而圣人则是“无所动其心”。并且认为这样“心”是宇宙万物所同有，又指出了“一食息之顷静而存之”这一领悟此“心”的路径。

至乐轩先生陈藻，他继承了网山的心学功夫，诗作《寄刘八》有言“六度封书向小孤，一度逢人寄书无。刘郎嗔我无短吟，素书百纸难论心”[③]。陈藻还从儒释两家的角度提出自己的心学观点，林希逸在《庄子鬳斋口义》中谓：“乐轩云：‘儒者悟道，则其心愈细；禅家悟道，则其心愈粗。’此看得儒释骨髓出，前此所未有也。”[④]艾轩一脉对“心”的重视传承到林希逸这里得到新的发挥，运用在了对《老》《庄》《列》的注解之中。

3. 转变笃守儒门之态度，包容三教

二程洛学吸收佛老关于本体论的哲学思想并融合儒家伦理道德，构建其天理论哲学体系。同时，二程又将佛老斥之为异端，《程氏遗书》载：“杨、墨之害，甚于申、韩；佛、老之害，甚于杨、墨。杨氏为我，疑于仁。墨氏兼爱，疑于义。申、韩则浅陋易见。故孟子只辟杨、墨，为其惑世之甚也。佛、老其言近理，又非杨、墨之比，此所以害尤甚。”[⑤]二程洛学传至尹焞、王苹，便开始亲近佛老了。尹焞“以母命诵读佛书”“日看《光明经》一部”[⑥]，王苹谓：“老氏谓‘为学日益，为道日损，损之又损，以至于无’，想所深晓也。于道既得，则圣人

---

① 徐公喜、管正平、周明华点校：《闽中理学渊源考》上，第137册。

② （宋）林亦之：《网山集》卷三，《宋集珍本丛刊》第62册，第83页。

③ （宋）陈藻：《乐轩集》卷一，《景印文渊阁四库全书》第1152册，第29页。

④ （宋）林希逸著，周启成校注：《庄子鬳斋口义校注》，第182页。

⑤ （宋）程颢、程颐著，王孝鱼点校：《二程集》第1册，第138页。

⑥ （清）黄宗羲原著，（清）全祖望补修，陈金生、梁运华点校：《宋元学案》第2册，第1008页。

所以斋戒,所以退藏于密,所以和顺于道德者,皆不过此。"[①]但此二先生对于儒家与佛道的门户观念还是很保守的,尹焞虽读佛书,但"绝口未尝谈禅"[②],其读《光明经》也是因"母命不敢违"[③]。艾轩林光朝的门户观念也很严,其于《与泉州李倅》中称"儒释之分若青天白昼"[④],林亦之称"吾先生一等谈论,往往自《六经》绝笔,此为独悟"[⑤]。

网山则不同于艾轩笃守儒家,他开始兼蓄佛道。网山作《论浮屠氏》,其虽辟佛曰"释氏徒以空言乱人视听",并从中西方习俗差异探讨佛教,对韩愈辟佛提出异议:"中国之教、西方之俗是本不同,此不足辩也,韩子乃合中国夷狄而并论之,宜乎不足破释氏也。"同时,网山又指出"浮屠氏者西方之豪杰也","西方之俗,予已置之勿论矣。所可悲者,中国之人而为西方之俗也",认为佛学在中国的泛滥"故常不怪夫浮屠氏,亦不怪夫西方之学浮屠氏者,而深怪吾中国之人学之者之过也"。[⑥] 另外,网山与出家僧人也颇有交往,其文集中有《谷堂颐和尚》一文悼念精严长老谷堂禅师,称"吾里精蓝一千,五百本色道人,此为巨擘"[⑦]。网山文集中还有关于道家的作品,如青词《真君生日》、疏文《福真观开堂》,可见其对佛道之理解与包容。

乐轩继承了网山对佛道的包容态度,并对儒释道三教提出自己的观点,其诗《三教》言:"枉费工夫是学仙,圣门妙处与僧传,百年合死千年赘,一物都无万物全。"[⑧]乐轩认为道教修仙是枉费工夫,而儒家的核心精神与佛教是一致的,留世千年并无多大意义,关键是要领悟"一物都无万物全"这一世间真相。他曾对林希逸说:"佛书最好证吾书。"[⑨]对于《庄子》,乐轩尤为喜好,《乐轩集》即以《读庄子》开篇,谓:"尧无是处桀无非,此语堪惊与道违,造物恩私多嵬琐,始知庄子得真机。"[⑩]可见,乐轩对佛学与老庄多有肯定。经过网山、乐轩,艾轩一脉的门户之见逐渐变得开放起来,林希逸则将这一转变作了更大的跨进,他直言自己"半似禅宗半似仙""寄心诗句里参玄"[⑪],且"颇尝涉猎

---

① (清)黄宗羲原著,(清)全祖望补修,陈金生、梁运华点校:《宋元学案》第2册,第1051页。

②③ (清)黄宗羲原著,(清)全祖望补修,陈金生、梁运华点校:《宋元学案》第2册,第1008页。

④ (宋)林光朝:《艾轩先生文集》卷六,《宋集珍本丛刊》第45册,第9页。

⑤ (宋)林亦之:《网山集》卷五,《宋集珍本丛刊》第62册,第96页。

⑥ (宋)林亦之:《网山集》卷三,《宋集珍本丛刊》第62册,第86—87页。

⑦ (宋)林亦之:《网山集》卷五,《宋集珍本丛刊》第62册,第102页。

⑧ (宋)陈藻:《乐轩集》卷一,《景印文渊阁四库全书》第1152册,第34页。

⑨ (宋)林希逸著,周启成校注:《庄子鬳斋口义校注》,第144页。

⑩ (宋)陈藻:《乐轩集》卷一,《景印文渊阁四库全书》第1152册,第28页。

⑪ (宋)林希逸:《痴翁》,《竹溪鬳斋十一稿续集》,《宋集珍本丛刊》第83册,第395页。

佛书”[①],又注解道家典籍,并在所著“三子口义”中大量应用佛教经典,公开兼收佛学与老庄,融儒释道三家于一炉。

三、友人交往

《竹溪鬳斋十一稿续集》中记录了林希逸与友人交往的一些情况,多以诗文的形式展现他与友人所交谈的内容。笔者以为,这可作为一个侧面来考察林希逸的思想倾向与偏好,从他实际的交友情况来分析林希逸对三教文化的接受情况,借此对林希逸思想背景做更深入的了解。

林希逸的交往对象大抵有朝廷权贵、江湖隐士、方外修行三类人,涉及林希逸生活的方方面面。关于林希逸朋友圈的情况已有学者进行介绍,如丁丹的《林希逸与江湖诗人交游考》[②],周炫的《刘克庄与王迈、林希逸的文学交游考》[③]。丁丹考察了与林希逸交往甚密的刘克庄、刘翼、林同、林舍、严粲五人,逐一介绍了他们的身世以及与林希逸诗书往来的情况。周炫介绍了刘克庄与林希逸论诗、论艺的情况,指出刘克庄视林希逸为终始不弃的知己之交,还揭示了林希逸对刘克庄文集刊刻的功劳。王晚霞在丁、周的基础上更加细致地梳理了林希逸的交游情况,其专著《林希逸文献学研究》第二章“林希逸交游考”分三节以林希逸的诗文作品为文本依据,细述了林希逸与刘克庄、南宋文人雅士及当时诸权贵的交往情况[④]。鉴于前人学者对林希逸与权贵、文人之间的交往多有介绍,笔者即不再多花笔墨。而林希逸与佛道人士的交往情况,王晚霞在其专著中谈到了林希逸与佛门的交游,介绍其与僧人诗文相交、为圆寂僧人作塔铭,并指出林希逸的好友多为好佛禅者。无疑,与佛门的交往必定对林希逸的思想产生一定影响,这也就体现为他以佛禅思想解读道家典籍。

林希逸之所以选择注解道家的经典,一有师承的原因,二来其友人中必有好道者与之交流探讨道家的思想与观点。林希逸与友人对道家思想内容的探讨,前之学者并没有注意。笔者即就此方面介绍林希逸与友人交往中涉及道家的内容。

为友人题诗是古今文人常见的交往形式,考察林希逸的诗文,我们首先可以发现林希逸有不少修炼丹法、学习道术的朋友。他们对丹法的修持与金

---

① (宋)林希逸著,周启成校注:《庄子鬳斋口义校注》,发题第 2 页。

② 丁丹:《林希逸与江湖诗人交游考》,《文教资料》2010 年 6 月号下旬刊。

③ 周炫:《刘克庄与王迈、林希逸的文学交游述考》,《湖南社会科学》2014 年第 4 期。

④ 王晚霞:《林希逸文献学研究》,中国社会科学出版社,2018 年,第 41—91 页。

丹派有关,也有涉及上清道法的修炼。例如,林希逸的诗作中有一首名为《题建安曹兄深居小稿》,诗曰:

伊昔君居里,宗师有大贤。
字尝疑吕哑,诗怕为杨颠。
堪恨梁颓久,只余棹曲传。
要令吟律细,但学紫阳仙。①

这首诗的写作对象建安曹兄是何许人尚不可考,然从这首诗的表达内容上看,林希逸称曹为兄,且为之题诗,可见两人交往颇深。林希逸又有《叶万山以诗求诗为赋一首》,诗中有言:

闻说君家旧业儒,贪游到处曳长裾。
学青乌子通砂法,傍紫阳翁故里居。
吟苦虽无堪煮字,交穷却有救贫书。
虚中融结皆真理,朱蔡犹谈可但渠。②

从这首诗的内容可知,叶万山曾给林希逸写过一首诗,两人相互应和,林希逸便给叶万山回一首。从林希逸诗句的内容可知,叶万山家业儒学,但他自己学"青乌子"又通"砂法"。可见他对友人叶万山的家庭背景与学识非常了解。诗中提到的"青乌子",又名青衣乌公,传说是黄帝时期的人物,也是道教神仙。葛洪《抱朴子·极言篇》说:"又彭祖之弟子,青衣乌公……七八人,皆历数百岁,在殷而各仙去。"③"砂法"是堪舆学术语,堪舆是道教术数的重要组成部分。林希逸在诗末自注:"风水家杨救贫文字最佳。"④杨救贫是唐代杰出风水师,他的青囊术后由文辿传于道教神仙陈抟⑤。不难发现,林希逸对风水堪舆之学有一定了解,并且有自己的观点。

此外,《题建安曹兄深居小稿》与《叶万山以诗求诗为赋一首》两首诗中都提到一个人名——紫阳。名为"紫阳"的人有道教人物张伯端,即张紫阳,理学大家朱熹也称"紫阳先生"。这里需要考究说明的是,林希逸所言之"紫阳"为谁?笔者以为,最有力的证明材料是确定叶万山为何人及其具体居住地,但是笔者查尽目前所掌握的古籍材料并没有找到相关信息。因此,目前只能

① (宋)林希逸:《竹溪鬳斋十一稿续集》,《宋集珍本丛刊》第83册,第389页。
② (宋)林希逸:《竹溪鬳斋十一稿续集》,《宋集珍本丛刊》第83册,第404—405页。
③ 王明:《抱朴子内篇校释》,中华书局,1985年,第242页。
④ (宋)林希逸:《竹溪鬳斋十一稿续集》,《宋集珍本丛刊》第83册,第405页。
⑤ (清)永瑢等:《四库全书总目》上册,中华书局,1965年,第922页。

就诗中文意推断，笔者以为，就“但学紫阳仙”一句来看，“仙”是对道教人物的称谓，而“学仙”也是道教的一种说法，葛洪《抱朴子・论仙》就论证“仙之可学”，唐吴筠亦有《神仙可学论》行世。按照这样的说法，“紫阳”在此处应指张伯端。因为，朱熹是儒学大家，且其竭力辟佛道为异端，作为理学一员的林希逸不可能将朱熹称为“仙”。此外，林希逸在讲叶万山学“青乌子”后，紧接着说其“傍紫阳翁故里居”，按照文脉语境来说，这两句应当都是在道教的语境之下，所以这里的“紫阳”也偏向于指的是张伯端。这样来看，我们或许还可以进一步推断，建安曹兄与叶万山都是修炼道教南宗丹法的人。

除了上述两位友人之外，林希逸还有一位友人——吴理卿，也是道法修炼者。吴理卿的生平信息不可考，只是在林希逸的文集中记下了这样一个名字。吴理卿去世时，林希逸为其写作挽诗两首：

风骨相期众，才名为底穷。
策虽高似董，位却劣于洪。
内景经谁授，还丹诀自通。
仙班催底急，吟此望方蓬。

又

数亩园虽小，斋居却有楼。
木奴居半许，果子亦多收。
闲日长趺坐，晴时间出游。
自君之去矣，遥望只增愁。①

林希逸这两首诗，讲述了友人吴理卿的学识功夫与日常生活，并表达了自己对友人离世的哀愁。林希逸谓其“内景经谁授，还丹诀自通”，“内景经”即“黄庭内景经”，是道教内丹修炼的主要经典之一。“还丹”是内丹修炼的术语。由此可知，林希逸的这位友人是有道教丹法实修的，林希逸对吴理卿所修丹法也是熟悉了解的。林希逸还描述吴理卿斋居有楼、果子多收的生动场景，说明林希逸经常去吴理卿家，两人还一起“趺坐”修行。从挽诗的最后一句，我们可以感受到林希逸对这位友人的深厚情感，这也从侧面反映出林希逸对道教丹法的谙熟。

林希逸不仅与修炼道教丹法的友人交往，细读林希逸的诗文，我们还能发现他自己对丹书也有深入研读，熟知炼丹步骤，并且善于将丹法术语运用到与友人的诗文唱和当中。例如，林氏有《赠周医主簿和后村诗》一诗，曰：

---

①（宋）林希逸：《竹溪鬳斋十一稿续集》，《宋集珍本丛刊》第83册，第544页。

紫橐埙篪派易推，丹炉芽雪妙谁知。
方因龙得来何处，棘为鸾栖住几时。
见似臞仙清可掬，胜他流辈俗难医。
樗庵有句吾拈出，谒两孤山共和之。[1]

又如《和后村书窗韵四首》之四：

有余宁要厥闻驰，架上书多已懒披。
学养丹须明鼎灶，要参禅莫怕钳椎。
痴心浪说诗穷达，冷眼闲看世盛衰。
千古纷纷皆梦事，道难行矣却知之。[2]

以上两首诗句中，林希逸用了“丹炉”“芽雪”“养丹”“鼎灶”等词。道教丹法修炼讲求三大基本要素，即“鼎器”“药物”“火候”。“‘鼎器’包括鼎与炉两件东西，这是炼丹的基本工具。”[3]林希逸诗言“学养丹须明鼎灶”，表明其对炼丹基本要素是有把握的。而林希逸所知道的当然不止于此，其言“丹炉芽雪妙谁知”。“芽雪”即是指“黄芽”“白雪”，这是内丹诗中常见的意象词，它们“被引入诗歌中描写内丹修炼的原理和过程，产生了基本固定的含义。当它们出现在道士诗人作品中时，就具有符号的性质。尽管它们比较隐晦，但对于道教诗人来说，其意义是比较确定的。在旁人看来变化多端、枯燥乏味的内丹符号，在道士诗人看来又是充满生命活力、具有深刻意味的特定意象”[4]。细读林希逸的诗文，不难发现，林氏对于道士诗人经常使用的意象词语是信手拈来。

对“火候”的掌握是道教炼丹中至关重要的一环。我们具体来看“黄芽”“白雪”为何物。黄芽“指炼丹鼎内的黄色芽状物……用作丹药的基础……《悟真篇》：‘只因火力调和后，种得黄芽渐长成。’董德宁注：‘非指黄芽之铅，乃是丹头之喻。’”[5]关于“白雪”一物，《钟吕传道集》中载其为“肾液”经修炼跟随体内元气上升而成。由此可知，“黄芽”“白雪”是对炼丹火候掌握到恰到好处时产生的一种景象。我们从林希逸写“紫橐埙篪派易推，丹炉芽雪妙谁知”可以看出，林希逸肯定“丹炉芽雪”之妙，而同时他也以“紫橐埙篪”之易来衬托出炼丹之难，这反映出其对炼丹“火候”是有一定感触的。

---

① （宋）林希逸：《竹溪鬳斋十一稿续集》，《宋集珍本丛刊》第83册，第403页。
② （宋）林希逸：《竹溪鬳斋十一稿续集》，《宋集珍本丛刊》第83册，第413页。
③ 詹石窗：《道教文化十五讲》，北京大学出版社，2012年，第217页。
④ 张振谦：《道教文化与宋代诗歌》，人民文学出版社，2015年，第253—254页。
⑤ 古健青等：《中国方术大辞典》，中山大学出版社，1991年，第478页。

此外，林希逸还在与友人的诗文中提到炼丹的具体操作，并描述了修炼后的现象。如《赠别张养晦》中言：

访我溪干住，蕉衣换夹衣。
甘同蔬饭久，饮了菊杯归。
论药方书熟，修丹咽息微。
浴冰还啜火，此事世应稀。①

从林希逸的这首诗作中，我们知道张养晦是丹法修炼者，诗中提到"溪干"代指林希逸的家，林希逸当年结庐在福清苏田村燕仔山下竹溪边，因此他描述自己"溪干住"。林希逸讲述了张养晦到自己家住，他们"甘同蔬饭"很长一段时间。期间两人讨论药方与修丹。林希逸这里讲到"咽息微"，这是在描述丹法修炼时需要调节呼吸，而"微"则是修炼得较好的一种状态。"浴冰还啜火"是对修炼丹法后所产生现象的描述。对此，林希逸自注曰："饮酒极热如火，而盥沐只用冷水。"②并且在诗中说到，丹法所修炼的这样一种状态在世间是很少见的。至此，我们可以肯定林希逸本身就有丹法修炼的经历。

除在诗文中引用道教丹法术语之外，林希逸还打趣地将自己耳鸣的状态与炼丹境界相比较，并直言自己看过丹书。其诗《耳鸣戏作》曰：

底事虚窗里，长闻风雨声。
史尝云蚁斗，医却比蝉鸣。
老纵聋何惜，愁因聒易生。
道书疑太诞，如磬似丹成。③

从这首诗的内容我们可以知道，林希逸老年时患了耳鸣的疾病。他说这种疾病在史书上记载为"蚁斗"。考《世说新语·纰漏》实有"床下蚁动，谓是牛斗"④的记载，后世便以"蚁斗"形容体虚心悸。医家则将耳鸣比作蝉鸣。林希逸自己清楚这是年老耳聋的表现，但他的落脚点在于将这种现象比作是道书上所讲的炼丹有成，并在诗末自注曰："丹书云第三转则耳中常有笙磬凤皇之声。"⑤此中所谓"第三转"即道教炼丹的次第之一。可见林希逸对丹书研究很深。而为什么林希逸会戏作此诗，并且怀疑道书太诞呢？继续考察林希逸的

---

①②（宋）林希逸：《竹溪鬳斋十一稿续集》，《宋集珍本丛刊》第 83 册，第 394 页。

③⑤　（宋）林希逸：《竹溪鬳斋十一稿续集》，《宋集珍本丛刊》第 83 册，第 377 页。

④　（南朝宋）刘义庆编撰，朱碧莲、沈海波译注：《世说新语》，中华书局，2011 年，第 927 页。

诗文，我们可以探寻到他的心思。林希逸在《再用前韵谢桃巷》中提到：

参句似禅诗有眼，还丹无诀酒全身。
我闻竹后痴犹甚，公见桃来思许新。①

这一句“还丹无诀酒全身”道出了林希逸的无奈。道教丹法的修习与传承历来都是需要明师的指导，丹书的内容也是十分的隐晦难懂，没有“丹诀”而只靠阅读丹书，终究难得丹法真传。而林希逸作为理学家，他的途径就只能翻阅丹书，友人之间最多也只能是炼丹心得的交流，并不能得到“丹诀”的启示。于是，林希逸在《新晴四和庵字韵》中写道：“还丹只是安乐法，虚白应难容易谈。”②到晚年时，林希逸又一次说到丹法修炼之难，其《四和除字》诗曰：“白发余年甘寂寞，丹书微累幸触除。”③林希逸说到自己曾为丹法所累，所幸的是接触之后便除去了。而他在《和平父游紫霄岩韵二首》中也表达了其对丹法之不可及而却步的念头，诗曰：“绝顶洪崖肩可拍，乘风何许觅还丹。”④

从以上分析可知，林希逸曾经对道教丹法修炼有过研究，其交往的友人中有不少是丹法修炼者，只是这些友人的生平事迹大多不可考证，对此，在林希逸的诗文著作中也不见过多提及，这大抵是因为道门中人忠于归隐修行，不喜表露个人信息。林希逸与这些友人有过深入的交流和探讨，并且将丹法修炼付诸实践。可以说，林希逸对丹法修炼曾经是有过追求的。其《学记》中记载了伊川于佛像腹中得丹方并修炼有成的事迹，并感叹“伊川一炼即成，乃以点化五金为余事，岂其所得之方有至与未至欤？抑此法只许自炼，而不许言之于人也。惜和靖当时不问至此”⑤。此中一个“惜”字，便表达了林希逸求知丹法的渴望。只是最后，林希逸因不得“丹诀”而对丹法实践望而却步。毫无疑问的是，林希逸的这些经历深深地影响着他解读道教典籍的思路。

四、从仕之途

林希逸于端平二年中进士，官终中书舍人。其历任官职在前文所录林希逸墓志铭中已有记载，此即不再赘述。以下通过文献考察简要介绍与林希逸仕途相关的人与事。

林希逸在他四十二岁那年中进士后，开启了他的仕途。其场屋应试之论

---

① （宋）林希逸：《竹溪鬳斋十一稿续集》，《宋集珍本丛刊》第 83 册，第 405—406 页。
② （宋）林希逸：《竹溪鬳斋十一稿续集》，《宋集珍本丛刊》第 83 册，第 387 页。
③ （宋）林希逸：《竹溪鬳斋十一稿续集》，《宋集珍本丛刊》第 83 册，第 383 页。
④ （宋）林希逸：《竹溪鬳斋十一稿续集》，《宋集珍本丛刊》第 83 册，第 420 页。
⑤ （宋）林希逸：《竹溪鬳斋十一稿续集》，《宋集珍本丛刊》第 83 册，第 628 页。

为《孝宣厉精为治》，此文后来作为科举考试的优秀范文，收入由魏天应编纂的《论学绳尺》，为宋元时天下应试学子熟读。《论学绳尺》记录当时考官的批语，云："地位广大，议论纯粹，时文中之高作也。"①同是在端平年间，林希逸的家乡父老为了纪念福清出了这样一位进士，为其立"联魁坊"一座，《八闽通志》载："在苏田里渔溪市之旁。宋端平间为林希逸解试、省试、殿试具第四人立。"②

林希逸真正得到朝廷的重视提拔，是在其作百篇《咏史》之后。林希逸的官场好友马廷鸾在《碧梧玩芳集》中记《题汪心斋〈读史杂咏〉后》一篇，谓"先友林竹溪《咏史》百篇，应葺芷先生袖达安晚丞相，丞相大称赏，即以上闻，遂简帝心，早典内制，晚位九卿，声华赫然。圣传百篇不愧林作，议论坚正，往往过之……圣传是编自可孤行于世，否则韫椟而藏以俟知者"③。文中提到应葺芷与安晚丞相。应葺芷，即应繇，字之道，号葺芷，南宋庆元府昌国（今浙江定海）人，徙居鄞县（今浙江宁波）。《宋代人物词典》载其"刻志于学，从楼昉游，文声日振。嘉定十六年（1223）进士，历任临江军教授、国子学录兼庄文府教授、秘书少监兼权直学士院、起居舍人、翰林学士兼中书舍人等职"④。安晚丞相，即郑清之（1176—1251），初名燮，字德源、文叔，别号安晚，庆元府鄞县（今浙江宁波）人。嘉泰二年（1202）进士及第。历官光禄大夫，左、右丞相，太傅，卫国公（齐国公）等。应葺芷与郑清之同朝为官，又是老乡，两人交往很深，并多互赠诗作且流传至今，如《和葺芷雪韵》《送新姜与葺芷》《和葺芷笋诗》《和葺芷应直院送秋兰韵》等。应葺芷将林希逸创作的一百首咏史诗给郑清之看，清之大为赞赏，遂推荐给理宗皇帝，深得理宗心意，使得林希逸"早典内制，晚位九卿"。郑清之于林希逸来说，当是其伯乐，林希逸亦以安晚门人自居。《竹溪鬳斋十一稿续集》卷三有诗记载林希逸对郑清之的怀念，诗前按语曰："偶怀丙午、丁未同朝诸公，怅然有感。壬戌再预经帐，先帝犹记小臣为安晚门人。"⑤

刘克庄（1187—1269），初名灼，字潜夫，号后村，福建莆田人。刘克庄是林希逸"情同骨肉"的知己，较林希逸年长，其仕途也较林希逸早为升迁。林希逸的仕途中自然少不了刘克庄的举荐与帮助。刘克庄任中书舍人时替当朝皇帝撰写《林希逸除考功郎官》诏敕，满溢着其对林希逸的褒扬。尤其在景

---

① （宋）魏天应：《论学绳尺》卷一，《景印文渊阁四库全书》第 1358 册，第 117 页。

② （明）黄仲昭修纂、福建省地方志编纂委员会主编：《八闽通志》上，第 263 页。

③ （宋）马廷鸾：《碧梧玩芳集》卷十三《题汪心斋〈读史杂咏〉后》，《宋集珍本丛刊》第 87 册，第 199 页。

④ 杨倩描主编：《宋代人物辞典》下，河北大学出版社，2015 年，第 1024 页。

⑤ （宋）林希逸：《竹溪鬳斋十一稿续集》，《宋集珍本丛刊》第 83 册，第 397 页。

定五年(1264),刘克庄七十八岁,该年春,刘“失足跌伤,半年不愈。入秋,左眼赤痛百余日,遂成偏盲”①。在身体衰微的情况下,仍不忘举荐林希逸代替自己,作《荐林中书自代奏·特除焕学致仕日》奏章:

> 伏睹某官寻微之学,远有师承;崇雅之文,前无古作。先后迭掌二制,体裁自成一家。早被简知,中遭谗惎,其来也非有他援,其去也乃作微文。当五星之聚奎,独一贤之遗野。岁云暮矣,士者惜之。臣以南亩之老农,忝西清之学士。惟隆古有九官相逊之事,矧令甲存三日举代之文,自视才学之不如,欲望朝廷之改授。②

虽然刘克庄这次逊让没有获得朝廷准许,但可以看出刘克庄与林希逸的深厚情谊及其提拔林希逸的强烈意愿。

第三节 林希逸的著述

一、林希逸的著作及其佚存情况

关于林希逸的著作及其佚存情况,《宋史·艺文志》《宋元学案》《福清县志》《八闽通志》等书目中都有简要介绍,《江湖后集》《南宋群贤小集》等书目也收录了林希逸部分作品。当今学者中最早梳理林希逸著述情况的是杨黛先生,杨先生于 1998 年《文史》第 47 辑上发表的《林希逸〈庄子口义〉知见版本考述》中,分经、子、集三个部分对林希逸著作概况作了介绍,又对 47 个《庄子口义》知见版本作了比较详细的考述。此后,王晚霞在《林希逸文献学研究》的第四章《林希逸著述考》中,对杨黛先生的梳理作了新的补充,她通过游学海外的经历及在外国友人的帮助下,详细考察了林希逸现存著作在世界范围内的流传情况。这无疑是花了很多精力,为读者了解相关情况提供很大便利。现简录林希逸的著述情况如下:

(一)经类著作:《鬳斋考工记解》《春秋三传正附论》《春秋义》《易讲》《易外传》《两朝宝训》《周礼说》《述诗口义》《春秋传》

(二)史类著作:《野史》

(三)子类著作:《老子鬳斋口义》《列子鬳斋口义》《庄子鬳斋口义》《楞严

---

① 程章灿:《刘克庄年谱》,贵州人民出版社,1993 年,第 352 页。

② (宋)刘克庄撰,王蓉贵、向以鲜点校,刁忠民审定:《后村先生大全集》卷七十七,第 2057 页。

维摩注疏》

（四）集类著作:《竹溪集》《竹溪十一稿前集》《竹溪鬳斋十一稿续集》《竹溪十一稿诗选》《奏议》《讲议》《内外制》《诗文四六》

（五）另有未收入集作的单篇短文与诗篇收录于《全宋文》《福州府志》等书目之中,王晚霞《林希逸文献学研究》有录其名目。

以上林希逸所著多已佚失,现存仅有《鬳斋考工记解》《老子鬳斋口义》《列子鬳斋口义》《庄子鬳斋口义》《竹溪鬳斋十一稿续集》《竹溪十一稿诗选》。其中《鬳斋考功记解》《庄子鬳斋口义》《竹溪鬳斋十一稿续集》收录于《四库全书》;《正统道藏》收录林希逸的《老子鬳斋口义》《列子鬳斋口义》《庄子鬳斋口义》。

二、"三子口义"版本文献概述

"三子口义"问世至今已八百余年,其在历史的长河中几经翻刻,又流传至海外,现有的"三子口义"文本散落于世界各地,想要搜集和了解"三子口义"的现存版本情况并非易事,加之以往学界对林希逸的关注并不多,所以有关林希逸著作文献的研究自 1998 年《林希逸〈庄子口义〉知见版本考述》一文发表后便没有深入进展。近年来,随着传统文化得到重视,国内学者对海外汉学的情况也颇为留心,理学家林希逸随即受到更多的关注,遂有王晚霞著《林希逸文献学研究》,该书尽可能多地搜索了海内外各大高校图书馆的馆藏资源,对林希逸著作的知见版本作了详尽梳理介绍,可重点参考。

（一）《老子鬳斋口义》版本文献述要

关于《老子鬳斋口义》,在中国国家图书馆、美国哈佛大学燕京图书馆等国内外个别大型图书馆都藏有该书的不同版本。《中华再造善本》、严灵峰《无求备斋老子集成》《老列庄三子知见书目》等书目中也有该书不同版本的著录。《林希逸文献学研究》一书指出《老子鬳斋口义》版本多,分布广,主要集中在中国大陆与中国台湾,以及日本、朝鲜等地,并介绍了 52 种刊本,"其中国内刊本一共有 16 种:宋刊本 2 种,元刊本 3 种,明刊本 11 种;日本刊本共有 23 种;韩国、朝鲜刊本共有 13 种……《老子鬳斋口义》在海内外的流传,体现出以下特点:一,在国内刊本中,明代刊本最多;二,相较国内,该书在日本、韩国、朝鲜流传更广;三,国内的张士镐、何汝成、张四维、施观民、徐常吉,是该书的重要刊刻者;四,日本的林道春、释即非如一、安田安昌、德仓昌坚,朝鲜的朴世堂,是该书在东亚的重要传播者"①。

---

① 王晚霞:《林希逸文献学研究》,第 172—173 页。

当前国内通行的《老子鬳斋口义》为黄曙辉先生点校本，该本由华东师范大学出版社于2010年2月出第1版。该版依据国家图书馆藏《老子口义》元代刻本点校，并与《道藏》所收《道德真经口义》通校一过，又将元刻本袁克文题识、秦更年题跋与胡玉缙《续修四库全书提要》中的解题附录在书后。本书所涉及《老子鬳斋口义》的论述即以此版为参考依据。

(二)《庄子鬳斋口义》版本文献述要

关于林希逸《庄子鬳斋口义》的版本文献，目前学界有两篇学术论文涉及。首先是杨黛先生在1998年于《文史》第47辑上发表的《林希逸〈庄子口义〉知见版本考述》，对国内47个《庄子口义》知见版本作了比较详细的考述。此后学界并无多人问津。至2015年，王晚霞完成博士论文《林希逸文献学研究》，其中第三章第四节对当前《庄子鬳斋口义》的知见版本做了详细考辨，2017年出版时又做了一些补充，其中“介绍了《庄子鬳斋口义》的刊本113种，其中国内刊本共23种：宋刊本2种，元刊本3种，明刊本16种，清刊本1种，当代刊本1种。日本刊本21种，韩国、朝鲜刊本69种”①。指出“《庄子鬳斋口义》在海内外的流传与分布，体现出明显特点：其一，该书在国内的刊本中，明代刊本最多；其二，在国外的刊本中，韩国、朝鲜刊本最多；其三，国内的张士镐、何汝成、施观民、徐常吉，都是该书的重要刊刻者；其四，日本的林道春，朝鲜半岛的崔岦、李士表，是海外《庄子口义》的重要传播者”②。

当前国内有两种《庄子鬳斋口义》的通行版本，其一是周启成先生点校本，该本由中华书局于1997年出版，2012年重印。该本以明万历二年施观民刻本为底本，参校宋咸淳五年刊本、《道藏》本。另外有陈红映先生点校本，该本由云南出版社于2002年10月出第1版。该版以《道藏》中的《南华真经口义》为底本，辅以《四库全书》本《庄子口义》，以中华书局出版的经王孝鱼点校的郭庆藩《庄子集释》为校本，并据褚伯秀《南华真经义海纂微》所引林希逸《庄子口义》部分做校雠。本书所涉及《庄子鬳斋口义》的论述以周启成先生点校本版为参考依据。

(三)《列子鬳斋口义》版本文献述要

关于林希逸《列子鬳斋口义》版本文献，目前有两篇学术论文涉及。一篇是王晚霞于2015年1月在河南师范大学学报发表的《林希逸〈列子鬳斋口义〉知见版本考》，王晚霞在其博士论文《林希逸文献学研究》中对前文进行了补充，出版时又进行了完善，“简介了林希逸《列子鬳斋口义》的刊本32种，其

---

① 王晚霞：《林希逸文献学研究》，第235页。

② 王晚霞：《林希逸文献学研究》，第235—236页。

中国内刊本 18 种:宋刊本 1 种,元刊本 3 种,明刊本 12 种,清刊本 1 种,当代刊本一种;日本刊本 12 种,朝鲜半岛刊本 2 种……该书在海内外的流传,体现出以下特点:一是该书在国内的刊本中,明代刊本最多;二是该书在日本也很受欢迎"①。

另外一篇关于林希逸《列子鬳斋口义》版本研究的学术论文是张京华于 2017 年在《图书馆》杂志上发表的《宋本〈列子鬳斋口义〉考》。该文对中国国家图书馆藏《列子鬳斋口义》"元初刻本"与原北京图书馆藏"元刻本"进行考定,作者将以上两个版本"与宋本《庄子鬳斋口义》对比,可知'元初刻本'实为宋景定刻本。与'元刻本'《老子鬳斋口义》对比,可知'元刻本'实为宋末刻本。而与日本南北朝本'覆宋'刊本《列子鬳斋口义》对比,可知日本刊本实可视为新发现的宋末刻本,同时也是目前已知这一版本的唯一完整本"②。

当前国内通行的《列子鬳斋口义》为张京华先生点校本,该本由华东师范大学出版社于 2016 年 5 月出第 1 版。该版以国家图书馆藏元刻本《列子鬳斋口义》为底本,与日本南北朝本互校,并以国家图书馆藏元初刻本《列子鬳斋口义》以及《正统道藏》抄本《冲虚至德真经鬳斋口义》核校,最后以日本庆长元和间木活字印本《列子鬳斋口义》参校。另外,在该书的整理弁言中,张京华对《列子鬳斋口义》的四种存世版本:国家图书馆藏元初刻本、国家图书馆藏元刻本、《正统道藏》抄本《冲虚至德真经鬳斋口义》,以及日本庆长元和间木活字印本《列子鬳斋口义》和宽永四年、庆安五年、万治二年四种版本进行了详细介绍与考辨。本书所涉及《列子鬳斋口义》的论述即以此版为参考依据。

---

① 王晚霞:《林希逸文献学研究》,第 194 页。

② 张京华:《宋本〈列子鬳斋口义〉考》,《图书馆》2017 年第 4 期。

第二章 “三子口义”的诞生背景

一定时期的思想文化在一定程度上反映了一定时期的社会背景，同时，这一时期的社会背景亦是此时期思想文化之所以产生的现实基础。本章即对“三子口义”诞生的时代与文化背景做相关考察。

第一节 政治地域环境

一、南宋的政治格局

林希逸生活的时代，正值南宋后半叶，先后经历宋光宗、宁宗、理宗、度宗四朝。此时期的主要社会背景即南宋偏安江南一隅，内忧外患。

在宋宁宗初期，由赵汝愚任宰相。赵汝愚早有大志，乾道二年(1166)状元及第。孝宗崩后，其策划实施“绍熙内禅”，拥立宋宁宗赵扩即位。赵汝愚任相期间，政治操守良好，任用理学人士，推荐朱熹为皇帝侍讲。庆元元年(1195)赵汝愚遭韩侂胄构陷，被罢去丞相之职。同年，韩侂胄制造“庆元党禁”，将理学称为“伪学”以彻底清除赵汝愚的影响与排斥异己。韩侂胄因制造党禁不得人心，于庆元六年(1200)解除党禁，又于开禧二年(1206)北伐金国，因北伐失利被政敌史弥远等于开禧三年(1207)伪造密旨杀死。此后，史弥远与杨皇后勾结，大权独揽，专政朝廷。嘉定十七年(1224)宁宗去世，史弥远拥护理宗赵昀即位，史弥远因立宋理宗之功，更加掌握大权，直至去世。《宋史》载其“立理宗，又独相九年，擅权用事，专任憸壬”①。史弥远前后掌权二十六年，使南宋国势渐衰，其独相期间，理宗并无实权。至绍定六年(1233)十月，史弥远去世，宋理宗终于摆脱其阴影，开始亲政。次年，宋理宗改元端平，立志中兴，实施一系列改革措施，史称“端平更化”。

---

① (元)脱脱等:《宋史》卷四百一十四《史弥远》，中华书局，1977年，第12418页。

宋理宗小时候在民间生活，十八岁才被带进宫，耳闻目睹百姓的种种疾苦，在他亲政之初，起用曾经遭到排斥和打击的一些理学名臣，任郑清之为相，“清之亦慨然以天下为己任，召还真德秀、魏了翁、崔与之、李埴、徐侨、赵汝谈、尤焴、游似、洪咨夔、王遂、李宗勉、杜范、徐清叟、袁甫、李韶，时号‘小元祐’”①，其中“大者相继为宰辅”，一改史弥远党羽操纵台谏的局面，南宋朝政得到一定改观。总的来说，“端平更化”是自韩侂胄后南宋腐败政治中唯一明亮的一段时期，对革除史弥远专政所遗留的弊害、稳定理宗亲政的政治社会局势有一定的效果。然而，“端平更化”并没能阻止南宋走向衰落，其声势虽大，但总的效果并不如人意。朝廷中虽聚集了一批贤良之才，但大多“立朝数月，所请之事无一施行，受命半月，朝令夕改无所禀承”②，各项措施大多只论及表面，治标不治本，理宗自身对变更缺乏深思熟虑与坚定决心。刘克庄曾说道：“陛下慨然改号端平，一变之功，侔于元祐。不幸金灭鞑兴，适丁是时，外患之来，势如风雨，谓宜坚初志、修内治以待之。执事者方咎用贤之无益，疑更化之致寇。再变而为嘉熙，三变而为淳祐，皆求以愈于端平也。然而卒不能有所愈也，于是四变而为乙巳，五变而为丁未。其间岂无贤揆，率不能久，局面随之而变。此如沉痼之人，屡汗屡下之余，难乎其处方矣。”③理宗对于拔贤黜佞没有实质性的贯彻，更没能形成制度，执政后期，又沉湎于醉生梦死的荒淫生活，朝政相继落入丁大全、贾似道等奸相之手，政治黑暗，国势急衰。

军事上，南宋国力衰弱。宋宁宗时，蒙古急欲灭金，南宋鉴于“靖康之乱”徽、钦二帝被掳的奇耻大辱，一直视金朝为世敌，只因自身力量不够，才被迫纳币称臣。彼时金朝受蒙古打击，国势江河日下，正是可以报仇雪耻的大好时机，于是朝廷决定废止宋金和议，停止给金朝缴纳岁币，宋金两朝又对立起来。至理宗端平、淳祐年间，蒙古“假道伐金”，此后，南宋又与蒙古联合将金朝消灭。金朝的灭亡，对南宋来说是报了百年之耻，然而朝廷上下为此欢庆之时，蒙古汗国已对南宋江山虎视眈眈。端平元年（1234），全子才、赵葵等帅兵北上，欲取开封，结果因粮草不济、敌情不明等原因被蒙古军大败而归，史称“端平入洛”。

对于“端平入洛”失败所造成的严重后果，今人何忠礼、胡昭曦等指出：

---

① （元）脱脱等：《宋史》卷四百一十四《郑清之》，第12420页。

② （宋）魏了翁：《辞免督视军马乞以参赞军事从丞相行奏札》，《重校鹤山先生大全文集》卷二十六，《宋集珍本丛刊》第77册，第29页。

③ （宋）刘克庄撰，王蓉贵、向以鲜点校，刁忠民审定：《后村先生大全集》卷五十二，第1359页。

"首先,它激化了与蒙古的矛盾,为蒙古大举进攻南宋提供了口实,给南宋提早带来了边患。蒙古垂涎南宋由来已久,宋蒙联合灭金使双方关系暂时得到缓和,但蒙军的北撤不过是待机而动,它绝不可能与南宋保持长时期的和平,'端平入洛'正中其计,从此开始了长达近半个世纪的侵宋战争。其次,它极大地削弱了南宋的国防力量。由于入洛的溃败,宋军伤亡惨重,大量器甲、舟车和粮食,悉委敌境,造成江淮空虚,无以守御。第三,它加深了统治集团内部的纷争,导致人心涣散。入洛失败后,反对出师河南的官员不是总结经验教训,精诚团结,一致对敌,而是再一次互相攻击,主战者固然消极灰心,主守者也提不出任何良法,造成朝政的更大混乱。"①端平入洛之后,宋理宗更是怠于政事,沉迷于声色犬马,蒙古全面爆发了对南宋的进攻,宋室内忧外患更深于以往。

二、南宋时期福建概况

南宋偏安于秦岭淮河以南,主要在东南一带,以两浙、福建、两广、安徽、四川、湖北、云贵为核心辖区。地理位置上,南宋正北面是金朝,西北面是西夏,西面是吐蕃诸部,西南是大理。这些政权中,主要是金朝与南宋多有军事冲突。从宋高宗即位建立南宋开始,南宋之初即有韩世忠、张俊、刘世光、岳飞等将领于江阴、明州、长军、越州等地与金人军队正面交锋。又有张浚、吴玠,于耀州富平、和尚原、饶风关、仙人关等地与金人大战,阻挡金人入侵川蜀。绍兴八年(1138)宋金开始和议,此后南宋军队又于川陕、两淮、京西三个战场与金人大战。绍兴十一年(1141)岳飞及诸部下被害,高宗与秦桧如愿地打击了朝廷中的抗金势力,同年,与金朝签订"绍兴和议"。关于"和议"的内容,南宋给金朝的誓表中记载:

> 臣构言,今来画疆,合以淮水中流为界,西有唐、邓州割属上国(指金朝)。自邓州西四十里并南四十里为界,属邓州。其四十里外并西南尽属光化军,为弊邑(指南宋)。沿边州城,既蒙恩造,许备藩方,世世子孙,谨守臣节。每年皇帝生辰并正旦,遣使称贺不绝。岁贡银、绢二十五万两、匹,自壬戌年(即1142,绍兴十二年)为首,每春季差人般送至泗州交纳。有渝此盟,明神是殛,坠命亡氏,踣其国家。②

"和议"中所提宋金疆界为以淮水为界,南宋割让唐(河南唐河)、邓州(河南邓

---

① 何忠礼、徐吉军:《南宋史稿》,杭州大学出版社,1999年,第310页。

② (元)脱脱等:《金史》卷七七《宗弼传》,中华书局,1975年,第1755—1756页。

州市)以及商(陕西商县)、秦(甘肃天水)之半给金朝。此后,经宋孝宗、光宗,至宁宗朝嘉定间宋金和议废止前,宋金少有大战发生。

从南宋与金朝的战事地况与“绍兴和议”的割地情形来看,南宋初中期的战事基本与福建无关,这就使得福建可以在一个相对稳定的环境下发展,再加上北方战事频繁,人们趋向东南一带避难,带来了新的生产资料与生产力,让福建的整体实力在宋代开始崛起。特别是在经济方面,福建成为南宋时期新的经济中心。

《福建史稿》第四篇《宋代的福建》第九章第九节“关于社会生产力发展的总结”指出宋代福建地区的社会生产力有五大特点:第一是生产范围拓大,例如产盐地区,由六县增为十县;采冶事业,由山区发展到沿海三郡。第二是产量增加,建茶岁额逾百万斤;食盐产额,每岁二千六百五十六万斤,占全国产额百分之九。第三是种类增加,例如南朝人士,只晓得闽中产柑柚,至宋代而有荔枝、龙眼外运。在唐代只有蕉布、葛布,至宋代而有丝织和棉布。第四是品质提高,茶叶、荔枝皆驰名全国。第五是粮食增加,这一点尤为重要①。宋朝南渡后,闽中新增了西北的流寓人士,致使南宋闽中户数增加三倍以上。闽中兴修水利,又加上流寓人士转化为生产力,因而粮食产量充足。南宋时,朝廷很重视海外贸易的利润,宋高宗曾言:“市舶之利最厚,若措置合宜,所得动以百万计,岂不胜取之于民。朕所以留意于此,庶几可以少宽民力尔。”②福建濒海,海上贸易颇为发达,泉州即是南宋三大贸易港口之一,直至元代,泉州港“走向它的极盛,终于以‘梯航万国’的‘东方第一大港’而著称于世”③。总的来说,直至宋朝灭亡之前,福建一带都没有发生大的战事,“在整个两宋300年间经济发展一直呈上升态势,终于后来居上,成为新的经济重心地区”④。

福建一带虽然没有战事困扰,经济形势也相对较好,但是,宋金对战,南宋朝廷的军费开支很大,连续的战乱又使得南宋整体社会经济遭到严重破坏,百姓也得不到休养生息。“时天下州郡没于胡虏,据于僭伪,四川自供给军,淮南、江、湖荒残盗贼。朝廷所仰,唯二浙、闽、广、江南,才平时五分之一,兵费反逾前日”⑤,加之统治者的生活腐败奢靡,朝廷千方百计地用各种苛捐杂税剥削百姓。战争地区人们的生活更是惨不忍睹,早已无力支持国家财

---

① 朱维幹:《福建史稿》上册,福建教育出版社,1985年,第222—223页。

② (清)徐松:《宋会要辑稿》第八十六册,中华书局,1957年,第3373页。

③ 胡沧泽:《海洋中国与福建》,黑龙江人民出版社,2010年,第102页。

④ 朱绍侯主编:《中国古代史教程》下,河南大学出版社,2010年,第607页。

⑤ (宋)庄绰著,萧鲁阳点校:《鸡肋编》卷中,中华书局,1983年,第76页。

政，“荆榛千里，斗米至数十千，且不可得。盗贼、官兵以至居民，更互相食。人肉之价，贱于犬豕”[①]，因而，此时国家经济主要靠闽、广支持，福建一带则成为搜刮的重点。史载抗金名将岳飞调度军粮时，每每忧心称“东南民力，耗敝极矣”[②]。林希逸在《别吴帅恕斋》一诗中亦指出：“东南民力闽尤困，到日论思首及之。”又曰：“七聚人人苦恋行，吾乡一事更关情。郡贫已极民县磬，岁计只于寺取盈。官要板曹宽未许，闽无保障害非轻。扶持有意公还去，条约春初恰讲明。”[③]

总而言之，福建一带在南宋时期虽没有战争的直接困扰，当地经济发展尤为迅速，成为南宋时期新的经济中心；但是由于南宋边防战事不断，国家财政多靠闽地支撑，福建一带的人们被严重剥削，所背负的税务并不轻松，民众的生活疾苦不堪。

三、南宋的政教关系

北宋徽宗自称“教主道君皇帝”，这种疯狂的崇道方式在历史上可以说是绝无仅有的。南宋高宗即位时正值战乱，无暇顾及佛道之事，待局势稳定后，便着手南宋的政教事务。不少佛道教的寺院在金兵南侵过程中遭到破坏，也没人主持，高宗将之诏籍入官。《癸辛杂识》载：“南渡之初，中原士大夫之落南者众，高宗愍之，昉有西北士大夫许占寺宇之命。”[④]又出于统治社会的需要，宋高宗下令重修景灵宫等道观，也资助了一些重要寺院。这一时期，儒学在治理国家方面的主导地位得到强化，“在他的统治下，儒学为主、释道为辅的格局得到重新恢复”[⑤]。总体而言，南渡之后“鉴于徽宗崇道亡国的教训，南宋朝廷从高宗起，再未演出过北宋真宗、徽宗利用道教神化皇权及崇道抑佛之类的蠢剧”[⑥]。

宋孝宗时期，佛教颇受孝宗偏爱，他自身对佛教经义了解颇深，亲自著《圆觉经解》，曾在阅毕《法华经》后作赞曰：“妙法莲花七轴经，能令智慧了真明。斩钉截铁除疑惑，卸甲倒戈须志诚。圆觉声闻俱集会，国王帝子尽标名。为人不念如来句，死后将何破铁城。”[⑦]孝宗还针对韩愈《原道论》专门撰写

---

① （宋）庄绰著，萧鲁阳点校：《鸡肋编》卷中，第43页。

② （元）脱脱等：《宋史》卷三六五《岳飞》，第11395页。

③ （宋）林希逸：《竹溪鬳斋十一稿续集》，《宋集珍本丛刊》第83册，第388页。

④ （宋）周密：《癸辛杂识》，清嘉庆十年虞山张氏照旷阁刻《学津讨原》本。

⑤ 汪圣铎：《宋代政教关系研究》，人民出版社，2010年，第213页。

⑥ 卿希泰、詹石窗主编：《中国道教通史》第3卷，人民出版社，2019年，第93—94页。

⑦ （元）熙仲：《历朝释氏资鉴》卷一一，《卍新纂续藏经》第76册，国书刊行会，1975—1989年，第243页。

《原道辨》予以批驳。对于道教，宋孝宗并没太大热情，但也宠信一些道士，创建了白云昌寿观等几所道观。当代学者汪圣铎指出宋孝宗尊崇佛教有三大特点：其一是他重视读佛经、研讲佛理，并有相当的造诣。其二是宋孝宗把尊佛同国家治理分开。他在理论上讲以儒治世，把佛教和道教的作用局限在纯精神世界，限制了佛、道二教干预政治。孝宗在位期间，尽管始终尊佛，但从不让僧人参政。其三是宋孝宗不同于宋徽宗的偏激做法，他在佛道二教中倾向佛教，但并不排斥道教①。

光宗、宁宗以及度宗在位时间不长，其政教关系不具典型性。宋理宗在位四十年，他对儒释道的态度在朝野产生了很大影响。宋理宗即位之时，正值理学迅猛发展，理宗认识到理学所谓“以之事父则孝，以之事君则忠”的社会政治功能，明确表示出对理学的推崇，将理学确立为官方统治思想。理宗指出“王人求多闻，必精研于古训；天下治在道，宜深究于理源”②，自其即位以来，“无一日不亲近儒生，无一日不讲劘道义”③。对于朱熹及其《四书章句集注》，理宗甚是推崇，于宝庆三年（1227）下诏曰：“朕观朱熹集注，《大学》《论语》《孟子》《中庸》，发挥圣贤蕴奥，有补治道。朕励志讲学，缅怀典刑，可特赠熹太师，追封信国公。”④后又改封朱熹为徽国公，称朱熹“传孔孟之学，抱伊傅之才。讲道以致知格物为先，历万世而无弊；著书以抑邪与正为本，关百圣而不惭。阜陵知之而有廉静之褒，宁庙用之而赖论思之益。非汉唐诸子所可拟议，于伊洛二老尤能发挥。肆予访落止之初，深有不同时之恨，每阅四书之奥旨，允为庶政之良规”⑤。总之，理宗时期确认了理学为儒学之真传的正宗道统，并上升到思想意识领域的独尊地位，树立为官学。

虽然理宗推理学为官学，事实上他对佛教和道教也都有浓厚兴趣，尤其是道教，《洞霄图志》载：“我理皇（宋理宗）游情六艺，傍通百家之书，尝有契于神清之旨，故遇老氏独厚。”⑥宋理宗是“继真宗、徽宗之后对道教兴趣最浓的皇帝……特别是他在晚年成了道教的虔诚信奉者和推崇者，对于流行于民间的，以儒、佛、道三家融会为特征的，以符箓、斋醮为方术的世俗道教在宋元时

---

① 汪圣铎：《宋代政教关系研究》，第237页。

② （宋）马廷鸾：《碧梧玩芳集》卷二《赐侍读侍讲说书官诏》，《宋集珍本丛刊》第87册，第115页。

③ （宋）真德秀：《西山真文忠公文集》卷十三《召除户书内引札子》，《宋集珍本丛刊》第76册，第28页。

④ （元）脱脱等：《宋史》卷四十一《理宗一》，第789页。

⑤ （宋）李心传编：《晦庵先生改封徽国公制词》，《道命录》卷十，清《知不足斋丛书》第27集。

⑥ （宋）邓牧：《洞霄宫庄田记》，《洞霄图志》卷六，《景印文渊阁四库全书》第587册，第461页。

期的大发展,起了推波助澜的作用。"①

宋理宗推崇道经《太上感应篇》,尤其崇信真武,并为之修建宫观。宋理宗在位时,南宋已处于风雨飘摇之中,此时,理宗更是对真武百般崇奉,希望得到真武护佑,祀奉真武达到狂热的程度。嘉熙元年(1237)临安城大火,佑圣观遭焚毁,理宗即下令重建佑圣观。淳祐六年(1246),理宗《御书真武像赞》云:"于赫真武,启圣均阳,克相炎宋,宠绥四方,累朝钦奉,显号徽章,其右我宋社,万亿无疆。"②宝祐五年(1257)二月又对真武加封"北极佑圣助顺真武福德衍庆仁济正烈真君"③之号。在崇封诰祠中,理宗再次祈求真武护国救民、赐民福祉。在理宗的倡导下,全国普遍建立起供奉真武的道观,或在原有道观中增辟真武殿来祀奉真武。

理宗对佛教也多有青睐,出资赐田建设寺庙。如显慈集庆教寺,其奢华与规模为当时佛寺之首,《咸淳临安志》载:"显慈集庆教寺在九里松。淳祐十年创,赐贵妃阎氏充香火院,赐今额。寺扁殿阁亭堂诸处皆理宗皇帝御书,规制瑰杰,金碧照映,为湖山寺宇之冠。"④理宗对佛教义理也颇有了解,曾作《上天竺大士赞》《灵隐千佛赞》等文章。他认为自己曾与观世音菩萨相感应,并作《天竺广大灵感观音殿记》描述了感应时的场景,此文也体现了他对佛教义理的认识:

> 朕闻有感必有应,有应复有感,感从心起,则应从心得,非自外求也。方佛在耆阇崛山时,观世音菩萨摩顶受记,合掌作誓,言愿以慈悲心救度河沙众生,受诸苦恼,凡火坑波涛之难、刀锯杻械之难、恶兽蝮蛇之难,一切困厄可怖可愕,惟能一念归敬,则以变化力游戏三昧,现帝释身,现梵王身,现长者身,现宰官身。慧日慈云,甘露法雨,转热恼而清凉,变急难而安乐,随其声音,种种解脱,是岂有他故哉!佛以如来心济度,人以如来心信向,心心相感,念念相应,则佛即是心,心即是佛,普门示现,皆在灵台方寸中……朕以凉德嗣丕基,历年于兹,海宇宁乂,繄我佛力,曰雨曰旸,有请必应,其所以福生民、寿王国者至矣。顷尝赐像与赞及《心经》,秉炉昭示尊奉之意。甲寅秋,合宫宗祀,假庙之旦,云族族有雨意,心香潜祷,灵隐随格,阴霾划劃,旸光开霁……朕以何因缘获此嘉应,亦惟此心有以感之尔。⑤

---

① 胡昭曦、蔡东洲:《宋理宗·宋度宗》,吉林文史出版社,1996年,第150页。

② 陈垣编纂,陈智超、曾庆瑛校补:《道家金石略》,文物出版社,1988年,第409页。

③ 《道藏》第19册,第663页。

④ (宋)潜说友:《咸淳临安志》卷七九,《景印文渊阁四库全书》第490册,第833页。

⑤ 《天竺广大灵感观世音殿记》,(宋)潜说友:《咸淳临安志》卷四二,《景印文渊阁四库全书》第490册,第465—466页。

另外，理宗与佛教僧人也多有来往，林希逸《径山偃溪佛智禅师塔铭》载：“景定四年六月十四日，径山佛智禅师广闻示寂。遗奏闻，皇帝悼惜，赐钱助葬，塔在大明山下，以大明庵御书其扁，且给田以食守者……乙巳，雪窦虚榻，制阃颜公以师闻，如奏敕下，此山给敕自师始。上又亲洒‘应梦名山’四字以赐。戊申，移育王……住世七十五年、五十八夏。”①由此可见，宋理宗在树立儒学为官学的同时又尊崇佛道二教。加之理宗在位时间较长，他对儒释道的态度与主张在朝野之中产生了广泛的影响。林希逸入朝为官的时间段也正值理宗主政，毋庸置疑，理宗对儒释道三教的态度与上行下效的行事风气，在一定程度上影响了林希逸的思想。

第二节　宗教思想氛围

一、南宋时期的儒教

儒学发展到宋代出现了理学。号称“宋初三先生”的胡瑗、孙复和石介三人开创了理学之先风。后经“北宋五子”周敦颐、张载、二程、邵康节，他们明确提出理学中的重要范畴与命题，理学形成并有了初步发展。至南宋时期，理学的发展进入高峰期，理学内部的众多派别也在此时形成。这一时期，“理学家之间的讨论、辩难，理学家与事功派思想家之间的讨论、辩难，呈现鼎盛的局面。理学的范畴、命题逐步确定下来，其涵义走向深刻和精密”②。

南宋初年，尹焞、杨时的理学思想很具影响，前文介绍林希逸师承时即提到尹焞，而林光朝与杨时也有一定的联系。杨时曾在东南讲学，将二程理学的影响拓展到东南，此后林光朝在莆田一带倡导儒学，开艾轩一派。彼时，除闽中以外，浙东、浙西、湖湘等地都有不同派别的理学发展。

南宋中期，朱熹、张栻、吕祖谦是最具影响的三位理学大家，张、吕二人寿命不长，其学术影响不及朱熹。朱熹享年七十，一生大部分时间从事学术活动，朝廷屡次召其为官都被他以各种理由推辞。自朱熹 19 岁进士及第后，“仕于外者仅九考，立朝才四十日”③。朱熹著述颇丰，他集宋代理学之大成，

---

① （宋）林希逸：《竹溪鬳斋十一稿续集》，《宋集珍本丛刊》第 83 册，第 559—560 页。

② 侯外庐、邱汉生、张岂之主编：《宋明理学史》上，人民出版社，1984 年，第 221 页。

③ （元）脱脱等：《宋史》卷四百二十九《道学三》，第 12767 页。

素有"致广大,尽精微,综罗百代"[①]之誉,并且弟子众多,在当时就形成了一个有势力的学派。朱熹学说"上承周敦颐太极说与邵雍的先天象数学,综合张载的'气本论'与程颢兄弟的'理本论',建立起'一理'统摄'万殊'的'理一分殊'的理学体系,形成了融'天地之性'与'气质之性'的'心统性情'的心性学以及包括格自然之物在内的'格物致知'的认知论,把理学推进到了最高的境界。这是中国古代哲学的最高水平,也是当时世界哲学的最高水平"[②]。

这一时期还产生了一位心学大师陆九渊(1139—1193)。陆九渊34岁进士及第,中年以后开始讲学活动。陆九渊曾在贵溪应天山立精舍讲学,"居山五年,阅其簿,来见者逾数千人"[③]。陆九渊的心学理论不局限于社会伦理规范之中,而是以整个宇宙为思考背景,其《行状》载:

> 先生……丱角时闻人诵伊川语,自觉若伤我者。亦尝谓人曰:"伊川之言,奚为与孔子、孟子之言不类?"初读《论语》,即疑有子之言支离……他日读古书至'宇宙'二字,解者曰:"四方上下曰宇,往古来今曰宙。"忽大省曰:"宇宙内事,乃己分内事;己分内事,乃宇宙内事。"[④]

陆九渊把其心学主旨概括为"宇宙便是吾心,吾心即是宇宙"[⑤],指出"万物森然于方寸之间,满心而发,充塞宇宙,无非此理"[⑥],由此提出"心即理"的基本命题。认为"恻隐,仁之端也;羞恶,义之端也;辞让,礼之端也;是非,智之端也,此即是本心"[⑦],而"古人教人,不过存心、养心、求放心……此乃为学之门,进德之地"[⑧],主张学人"发明本心","收拾精神,自作主宰"。陆九渊与林光朝为讲友关系,两人多有思想交流。以致林希逸颇受此影响而重视心学。

朱、陆后期遭"庆元学禁",此后至嘉定的二十多年中,理学一直受到禁锢和压抑,"老师宿儒,零替殆尽,后生晚辈,不见典刑"[⑨],此时学人与士风的状况如刘光祖云:"比年以来,士大夫不慕廉靖而慕奔竞,不尊名节而尊爵位,不

① (清)黄宗羲原著,(清)全祖望补修,陈金生、梁运华点校:《宋元学案》第2册,第1495页。

② 詹石窗主编:《新编中国哲学史》,中国书店,2002年,第460页。

③ (宋)陆九渊:《陆象山全集》,中国书店,1992年,第331页。

④ (宋)陆九渊:《陆象山全集》,第247页。

⑤ (宋)陆九渊:《陆象山全集》,第173页。

⑥ (宋)陆九渊:《陆象山全集》,第272页。

⑦ (宋)陆九渊:《陆象山全集》,第320页。

⑧ (宋)陆九渊:《陆象山全集》,第41页。

⑨ (宋)魏了翁:《重校鹤山先生大全文集》卷十六《论士大夫风俗》,《宋集珍本丛刊》第76册,第737页。

乐公正而乐软美,不敬君子而敬庸人,既安习以成风,谓苟得为至计。良由前辈长老零落殆尽,今之负物望、协公论者不聚于朝廷,后生晚进议论无所据依,学术无所宗主,正论益衰,世风不竞。”①正值这一时期,出了真德秀(1178—1235)、魏了翁(1178—1237)二人,此二人以“嗣往圣,开来哲”为己任,《宋史·真德秀传》载“自侂胄立伪学之名以锢善类,凡近世大儒之书,皆显禁以绝之。德秀晚出,独慨然以斯文自任,讲习而服行之。党禁既开,而正学遂明于天下后世,多其力也”②。黄百家又言:“从来西山(真德秀)、鹤山(魏了翁)并称,如鸟之双翼,车之两轮,不独举也。”③这表明真、魏二人相为羽翼,共同发扬理学。宋理宗赵昀因史弥远拥立继位,后因“湖州之变”杀害原定皇嗣赵竑,引起天下儒士心寒。理宗为了收拾人心,即召真德秀、魏了翁人朝。二人劝理宗推崇儒学来补救时局,真德秀上奏“惟愿陛下知有此失而益讲学进德”④,魏了翁上奏“愿陛下毋以书生为迂腐,毋以正论为阔疏,敷求硕儒,开阐正学”⑤。理宗接受了真、魏二人的建议,相继推出一系列表彰程朱理学的措施,确立了程朱理学的道统,为已故理学名家追封谥号并将之从祀于孔庙。由此,程朱理学以儒家“正学之宗”成为官方统治学说。其中,真德秀、魏了翁起了重要的作用,被理学家们称为“圣学功臣”。

真德秀是朱熹之后最有声望的理学家,谢山题真西山集曰:“乾、淳诸老之后,百口交推,以为正学大宗者,莫如西山。”⑥真德秀推崇朱熹,自称于朱熹之学“尝私淑而有得”⑦。鉴于理宗朝的政治现状,以及南宋国情,真德秀提出“纲常大端,是谓人极。人极不立,国将奈何?且民无常情,为上所导”⑧,认为君心正才能政治清,其在《帝王为治之序》中说道:“朝廷者,天下之本。人君者,朝廷之本。而心者又人君之本也。人君能正其心,湛然清明,物莫能惑,则发号施令,罔有不臧,而朝廷正矣。朝廷正,则贤不肖有别,君子小人不相易位,而百官正矣。”⑨然而这对理宗并没起到多大作用,“由其中年嗜欲既多,

① (宋)真德秀:《西山先生真文忠公文集》卷四十三《刘阁学墓志铭》,《宋集珍本丛刊》第76册,第459页。

② (元)脱脱等:《宋史》卷四百三十七《真德秀》,第12964页。

③ (清)黄宗羲原著,(清)全祖望补修,陈金生、梁运华点校:《宋元学案》第4册,第2696页。

④ (元)脱脱等:《宋史》卷四百三十七《真德秀》,第12961页。

⑤ (清)黄宗羲原著,(清)全祖望补修,陈金生、梁运华点校:《宋元学案》第4册,第2670页。

⑥ (清)黄宗羲原著,(清)全祖望补修,陈金生、梁运华点校:《宋元学案》第4册,第2708页。

⑦ (明)黄巩:《新刊真西山先生文集序》,《四部丛刊初编》第1263册,上海商务印书馆,1919年,第2页。

⑧ (宋)真德秀:《西山真文忠公文集》卷四《召除礼侍上殿奏札》,《宋集珍本丛刊》第75册,第689页。

⑨ (宋)真德秀:《大学衍义》卷一,《景印文渊阁四库全书》第704册,第508页。

殆于政事，权移奸臣，经筵性命之讲，徒资虚谈”①。

魏了翁最开始是学习朱熹、张栻，后来研习六经而有得于“心”，恍然明了“今是昨非”而转向“心学”，其言“大哉心乎！所以主天地而命万物也”②。真、魏二人虽相为羽翼，但两人的学术观点亦有不同之处，《宋元学案》载黄百家案：“尝闻先遗献之言曰：‘两家学术虽同出于考亭，而鹤山识力横绝，真所谓卓荦观群书者；西山则依门傍户，不敢自出一头地，盖墨守之而已。’”③

在真德秀去世的这一年，林希逸进士及第。就是在这样的儒学背景下，林希逸开启了他的仕途之路，而他思想中的理学成分也就是在这一背景之下形成与发展起来。

二、南宋时期的佛教

宋代佛教是继盛唐的中兴与发展，蒋维乔说：“自武宗会昌之法难，继以五代之战乱，佛教之气运大衰。宋兴，佛教前途，欣欣向荣，如春花之怒放。”④宋代佛教中兴与发展的势头发端于宋初，在宋初诸帝王的扶持之下，佛教发展势头猛涨。开宝年间，宋太祖赵匡胤下令开刻《大藏经》，从开宝四年（971）到太平兴国八年（983）间，雕刻印板 13 万块，又置印经院负责刊印《大藏经》。又普度天下童行，派遣学僧去印度求法。同时，朝廷设立译经院，太宗、真宗两朝期间，翻译出的佛经就有 234 部、489 卷。又编修佛史，《宋高僧传》《禅林僧宝传》等佛教史书问世。此外，官方还改革度牒、僧官、寺院制度。宋朝南渡之后，“政府益加注意对佛教的限制。高宗时（1127—1162）即停止额外的度僧，图使僧数自然减少。但江南地区的佛教原来基础较厚，国家财政又有赖度牒征费及免役税等收入以为补充，故佛教还是能保持一定的盛况以迄于宋末”⑤。由此可见，南宋佛教虽然面临理学占统治地位的状况，但由于承接了北宋以来佛教中兴与发展势头，南宋佛教仍保持着相当的活力。

就佛教内部思想与宗派而言，有宋一代禅宗最盛。自唐末五代以来，禅宗有曹洞、沩仰、临济、云门、法眼五家之分，此五家之名是由契嵩于《宗门十规论》中提出，关于五宗之差别，法眼文益禅师（885—958）指出：“曹洞则敲唱为用；临济则互换为机；韶阳（云门）则函盖截流；沩仰则方圆默契。如谷应

---

① （元）脱脱等：《宋史》卷四十五《理宗五》，第 889 页。

② （宋）魏了翁：《重校鹤山先生大全文集》卷十五《论人心不能与天地相似者五》，《宋集珍本丛刊》第 76 册，第 728 页。

③ （清）黄宗羲原著，（清）全祖望补修，陈金生、梁运华点校：《宋元学案》第 4 册，第 2696 页。

④ 蒋维乔：《中国佛教史》，商务印书馆，2015 年，第 209 页。

⑤ 吕澂：《中国佛学源流略讲》，中华书局，1979 年，第 385 页。

韵,似关合符。”①禅宗五家发展到宋代时,临济宗七代石霜楚圆禅师(986—1039)门下分出杨岐方会(992—1049)、黄龙慧南(1002—1069),由此形成了五家七宗的局面。南宋禅宗五家之中,临济宗最为昌盛,曹洞宗也有一定影响,有所谓“临天下,曹一角”②之说,其他宗派则显得相对颓势。临济之中杨岐方会禅师宗风如虎,传至五祖法眼门下有“三佛”,即佛鉴慧勤、佛果克勤、佛眼清远。“三佛”之中佛果克勤(1063—1135)影响最大,克勤著作等身,其中以《碧岩集》最为著名,被丛林称为“至学”,在南宋禅宗中的影响极大。克勤法嗣多达75人,其中以大慧宗杲(1089—1163)和虎丘绍隆(1077—1136)最有名,南宋有影响的禅师大多承此二人之法脉。南宋时期的曹洞一脉,属弘智正觉(1091—1157)最为有名,所著《颂古百则》“号为绝唱”,后经元代万松行秀的解释与评唱,成为禅学名著《从容录》。

就南宋时期的禅法体系而言,其大概情况是:在“文字禅”风靡的环境下,“看话禅”与“默照禅”并行。禅宗本以“不立文字”“教外别传”“见性成佛”为本旨,最大特征就是不立文字,是以心传心的无字禅。但是,无字禅在流传过程中由于没有经典基础,又缺乏文字背景,禅僧无法承担祖师的慧命,因而产生众多流弊。惠洪(1070—1128)在《题隆道人僧宝传》中指出:

> 古之学者,非有大过人者,惟能博观约取,知宗而用妙耳……禅宗学者,自元丰以来,师法大坏。诸方以拨去文字为禅,以口耳受授为妙。耆年凋丧,晚辈猬毛而起,服纨绮,饭精妙,施施然以处华屋为荣,高尻罄折王臣为能;以狙诈羁縻学者之貌,而腹非之,上下交相欺诳。视其设心,虽侩牛履狶之徒所耻为,而其人以为得计,于是佛祖之微言,宗师之规范,扫地而尽也。③

在这种情况之下,无字禅变为了有字禅,“文字禅”继此兴起。而事情往往矫枉过正,大量的语录、灯录竞相传出,又对“公案”进行语言文字上的解释与考证,导致了“文字禅”的泛滥。在“文字禅”泛滥的情势下,“看话禅”与“默照禅”兴起。默照禅法乃由曹洞僧人弘智正觉所倡导。“默照禅”是在默然静坐中观照自己的内心,从而开悟的参禅方式。默照禅“既是对传统坐禅形式的复归,又融入了惠能南宗以般若空观说心性的禅学思想”④。“看话禅”则是禅门中通过“看话头”而开悟的一种参禅方式,其中“话头”乃是指禅门公案中禅

---

① (五代)法眼文益:《宗门十规论》卷一,《卍新纂续藏经》第63册,第37页。

② 杜继文、魏道儒:《中国禅宗通史》,江苏人民出版社,2007年,第439页。

③ (宋)释惠洪:《石门文字禅》卷二六,《嘉兴大藏经》第23册,新文丰出版公司,1987年,第706页。

④ 洪修平:《禅宗思想的形成与发展》,江苏古籍出版社,2000年,第367页。

师们的一些答语，譬如禅门中典型的话头有“父母未生以前，如何是本来面目”。“看”就是内省式的参究，通过“看”这一种参究方式思索禅师们的问答，从而体证究竟。此禅法由临济僧人大慧宗杲提倡，“宗杲对当时注重坐禅守寂的‘默照禅’和对公案从文字语言上进行探究剖析的‘文字禅’十分不满，他‘力排默照为邪’，并为了‘扫荡知解’、‘杜塞思量分别’而大倡看话禅”①。大慧宗杲言：

千疑万疑，只是一疑，话头上疑破，则千疑万疑一时破。话头不破，则且就上面与之厮崖。若弃了话头，却去别文字上起疑，经教上起疑，古人公案上起疑，日用尘劳中起疑，皆是邪魔眷属。②

宋代禅宗还有一大特点即是文人士大夫参禅、理学家游走禅门，援佛入儒。文人士大夫参禅自唐代就已成风尚，到了宋代，士大夫参禅之风气更盛，士大夫与禅师的交往更加密切。尤其是“文字禅”的风行，它“突破了禅是不可解释的和不可言说的这样一个禁忌，主张以理性的方式来解禅、悟禅，为缺乏实修的士大夫阶层开辟了一条接近禅、理解禅的新通路”③。有关宋代士大夫参禅学佛的情况，《丛林辨佞篇》载：

本朝富郑公弼，问道于投子颙禅师，书尺偈颂，凡一十四纸，碑于台之鸿福两廊壁间，灼见前辈主法之严，王公贵人信道之笃也。郑国公社稷重臣，晚岁知向之如此，而颙必有大过人者，自谓于颙有所警发。士大夫中谛信此道，能忘齿屈势，奋发猛利，期于彻证而后已。如杨大年侍郎、李和文都尉、见广慧琏、石门聪并慈明诸大老，激扬酬唱，斑斑见诸禅书。杨无为之于白云端，张无尽之于兜率悦，皆扣关击节，彻证源底，非苟然者也。近世张无垢侍郎、李汉老参政、吕居仁学士，皆见妙喜老人，登堂入室，谓之方外道友。爱憎逆顺，雷挥电扫，脱略世俗拘忌；观者敛衽辟易，罔窥涯涘。然士君子相求于空闲寂寞之滨，拟栖心禅寂，发挥本有而已。④

士大夫学禅的风尚贯穿于宋代北、南两朝。特别到南宋时期，理学成为官学，士大夫们大多是理学家，这样，禅学、理学与士大夫更是交织不可分割。

① 洪修平：《禅宗思想的形成与发展》，第366页。

② （宋）蕴闻：《大慧普觉禅师语录》卷二八，《大正新修大藏经》第47册，新文丰出版公司，1983年，第930页。

③ 方立天主编，华方田副主编：《中国佛教简史》，宗教文化出版社，2001年，第256页。

④ （宋）道融：《丛林盛事》卷上，《卍新纂续藏经》第86册，第694页。

理学家们虽斥佛教为异端，但在思想上却深受禅学思想的影响，并与禅僧保持密切往来。如集理学之大成的朱熹，自称15岁时即接触禅学，“理会得个昭昭灵灵底禅”[①]。又有记载称朱熹青年时赴京赶考，临行前老师查看他的行李，发现其全部行囊中装的唯一一本书是当时著名禅师大慧宗杲的《语录》。从大的社会环境来看，“庙堂之上，有帝王的扶持，士大夫的推崇；文苑中又有名人学士的唱和、应答；民间百姓顶礼膜拜，更有学者阳儒阴释，畅谈性命天道之学……有宋一代佛教炽如烈火，禅宗更是争奇斗妍，色彩纷呈”[②]，加之“宋代士林，或偏于迂腐，或流于浮靡，这两个极端均能在禅理、禅趣中得到认同。所以宋代禅学也就能在政治、哲学、诗歌、美学各个领域中充分、全面的渗透”[③]，这种禅学盛行的时代风气，无疑影响着林希逸注解老、庄、列的风格。

三、南宋时期的道教

宋代诸帝中，徽宗崇道几近痴狂，这在某种意义上加速了北宋的灭亡，徽宗本人也沦为金人阶下囚。一方面，宋徽宗崇道的失败给道教发展带来了冲击。另一方面，宋、金、蒙混战使得政治分立与民族矛盾加深，统治者们通过宗教来稳定社会局势，而深受战争苦难的社会民众也急需精神上的抚慰，这又给道教发展带来新的机会。在这种历史情境之下，道教发生了新的变化，新道派相继兴起。北方有全真道、大道教、太乙教等，南方有金丹派南宗、净明道、清微宗等新道派。在南宋偏安的统辖地区，鉴于徽宗宠信道士、盲目为道士所惑以致亡国的教训，南宋的皇帝虽召见和封赐一些道士，但并不对道士予以宠信以及政治权力，南宋新道派的道士们大多活跃于民间社会。然统治者不宠信道士，并不代表统治者们不崇信道教。南宋初期的统治者虽不是那么热衷道教，但到理宗、度宗时期，道教又为统治者所提倡，对于这一点前文已有论及，此即不再赘述。

值得注意的是，在南宋道教的分化中，金丹南宗道派兴起。它的产生上承唐末五代以来渐盛的内丹术，“其特点是宗承北宋张伯端的内丹说，轻视符箓，并以外丹为邪术”[④]。金丹南宗道派尊张伯端为祖师，伯端号紫阳，故金丹南宗亦称为紫阳道派。之所以称南宗，乃是因为紫阳道派在内丹修炼宗旨上与北方的全真道相似，而传播范围主要是在南方，于是人们将两者相对比，称

---

① （宋）朱熹：《朱子全书》第17册，第3438页。

② 麻天祥：《中国禅宗思想发展史》，湖南教育出版社，1997年，第50页。

③ 麻天祥：《中国禅宗思想发展史》，第158页。

④ 卿希泰：《续·中国道教思想史纲》，四川人民出版社，1999年，第83—84页。

王重阳一派为北宗,称紫阳道派为南宗。

关于紫阳道派的形成及其传授,道学泰斗卿希泰先生在《道教文化新探》中早有专论,此即略做阐述。紫阳道派实际创建者是南宋宁宗时代的白玉蟾。白玉蟾的弟子陈守默、詹继瑞在《海琼传道集序》中提出了一个南宗传授系统:"昔者钟离云房(钟离权)以此传之吕洞宾,吕传之刘海蟾,刘传之张平叔(张伯端),张传之石泰,石传之道光和尚(薛式),道光传之陈泥丸(陈楠),陈传之白玉蟾,则吾师也。"①此传授系统中张伯端以前的钟、吕、刘与张伯端之间的传授关系无史可考,至白玉蟾及其门人始倡言之。后人认为钟、吕、刘、张之传乃为附会之说,而公认张伯端、石泰、薛式、陈楠、白玉蟾为南宗五祖。

张伯端(984—1082),字平叔,一名用成,号紫阳,天台(今属浙江省)人。自幼好学,自谓"仆幼亲善道,涉猎三教经书,以至刑法、书算、医卜、战阵、天文、地理、吉凶死生之术,靡不留心详究"②。张伯端早年游历四方,孜孜访道。熙宁二年(1069)随陆诜至成都,遇刘海蟾,海蟾授予其金液还丹之道。此后,张伯端改名为用成,苦修内丹。熙宁八年(1075),张伯端作《悟真篇》,这是继《周易参同契》之后又一部金丹学典要,它以诗词形式总结了北宋以前的内丹方术,在思想上则与《周易参同契》一脉相承。《悟真篇》在道教内丹史上具有承前启后的重要地位,也正因如此,张伯端被金丹南宗道派奉为祖师。

张伯端的内丹学说为石泰所承袭,再经薛式传至陈楠,开启金丹派在南宋的发展。陈楠(?—1211或1213),字南木,号翠虚,惠州博罗县(今属广东省)白水岩人,以盘栊、箍桶为生。据《静余玄问》等道书记载,陈楠师从薛道光学习太乙刀圭金丹法,后又得景霄大雷琅书于黎姥山神人。陈楠自称为"雷部辛判官弟子"③,以雷法符箓驱鬼降魔,济人利物。又常以符水抟土为人治病,所以人们也称他为陈泥丸。宋徽宗政和年间擢为提举道录院事,后归隐罗浮山。不数年,定居长沙,卒于福建漳州梁山④。著有《翠虚篇》《翠虚妙悟全集》《罗浮翠虚吟》行世。

白玉蟾(1134—1229),本姓葛,名长庚,名玉蟾,字如晦、紫清、白叟,号海琼子、海南翁、武夷散人、神霄散吏等,为金丹派南宗教团组织的正式创建者。关于白玉蟾的身世,文献记载扑朔迷离,籍贯、生卒年月等内容史籍记载不

---

① 《海琼传道集·序》,《道藏》第33册,第147页。

② 《悟真篇·序》,《修真十书悟真篇》卷二十六,《道藏》第4册,第712页。

③ 《静余玄问》,《道藏》第32册,第411页。

④ 盖建民:《道教金丹派南宗考论—道派、历史、文献与思想综合研究》,社会科学文献出版社,2013年,第411页。

一，学术界也存在较大分歧。据盖建民教授考证，白玉蟾祖籍福建闽清县，绍兴年间，因其父迁往琼州任职而举家移居琼州。白玉蟾出生于海南琼州。出生时，因母梦一物如蟾蜍，故以玉蟾取名以应梦。后父亡，随母改嫁白氏，遂改姓白，享年96岁，卒后诏奉为“紫清明道真人”，世称“紫清先生”[①]。

白玉蟾自幼禀性聪慧，少年时即谙熟九经，能作诗赋且善于书画，十二岁时即举童子科。后因“任侠杀人，亡命之武夷”[②]，乃游于方外，后来师事陈楠。《历世真仙体道通鉴》卷四十九载“其（陈楠）出入，玉蟾常侍左右”[③]，并授丹法与玉蟾。陈楠仙逝后，白玉蟾又游历罗浮、龙虎、天台、武夷诸名山。在此期间，白玉蟾经历了一段颇为神秘的修行时光，据说他时而蓬头赤足，时而青巾野服，或狂走，或兀坐，或镇日酣睡，或长夜独立，或哭或笑，状如疯癫。在他有所领悟之后，便收徒授业。嘉定十年（1217），白玉蟾收彭耜、留元长为弟子，金丹派南宗之门户由此确立。此后，又有叶古熙、詹继瑞、陈守默等人相继受业入室。经过一个阶段的发展，白玉蟾因门下弟子逐渐增加，遂作《道法九要》阐述教徒的九条基本规章，并与弟子分别立“靖”作为稳定的修道传教场所。在白玉蟾的努力经营之下，由张伯端所传授的内丹法脉既具有了教徒组织，又确立了教规仪式，形成了严格意义上的宗教团体。白玉蟾擅长诗词曲赋，又有经书解说等著述。他的著作也为金丹南宗的发展奠定了思想基础，对以后金丹南宗之教理教义的完善与教派的发展具有重大的意义。至此之时，白玉蟾将金丹派南宗一脉建立成为有教团组织、有影响的道教派别。他成为紫阳派的实际开派祖师。

白玉蟾曾在武夷山修道，并住持武夷山止止庵，朱熹也在武夷山讲学，两人多有来往。朱熹晚年化名崆峒道士邹䜣，研究内丹经典《周易参同契》。史载朱熹多次向白玉蟾请教丹法，却被白玉蟾拒绝。白玉蟾还与南宋朝廷有过交往，宋宁宗的杨皇后崇尚道教，白玉蟾专为其作《玉真瑞世颂》：

> 维皇宋嘉定皇后崇尚神仙，有志铅汞。臣生遇熙旦，获睹盛事，谨制玉真瑞世颂。其辞曰：
>
> 西华王母，紫虚元君。咀嚼九日，偃仰三云。毛竹秦娥，黄台周女。夜骑天风，晓诣帝所。琪花开盛，凤鸟歌雍。霞旌舞翠，烟幢丽空。金茎露飞，玉树月淡。苍苔丹墀，红药朱槛。北斗后德，阳春母仪。飚乘鹤

---

① 参见《白玉蟾身世研究献疑》，盖建民：《道教金丹派南宗考论—道派、历史、文献与思想综合研究》，第417—418页。

② （清）刘坤一修、刘绎纂：《光绪江西通志》卷一百八十仙释，清光绪七年刻本。

③ 《道藏》第5册，第385页。

驱，霓裳羽衣。懿淑靖都，恭柔慧闲。金玉渊海，琼瑶丘山。圣学光明，宝翰芳美。四海歌谣，关雎麟趾。仙仪冲粹，道性熙怡。福禄来为，葛藟螽斯。金鼎凝霜，玉炉煅月。芝田黄芽，桂馆白雪。青鸟不至，翠蓬忘归。玉真瑞世，吾教光辉。详延方士，酬酢道要。营魄守雌，元牝观妙。广寒兔老，衡岳松青。至尊万寿，永保坤宁。①

从上述南宋金丹派的发展情势可知，道教内丹法术除了在民间社会流传外，在南宋社会的皇宫与士大夫之间也有一定影响，加之白玉蟾曾在福建一带传教，这使得福建民间也有道教南宗内丹修炼的风气。从林希逸的生活环境来看，无论是其踏上仕途之前或之后，道教的影响时刻笼罩在林希逸周围。因此，这可以帮助我们理解为何林希逸选择注解道教经典《老》《庄》《列》，同时，在他的注解内容中，我们也可以看到他对道教内丹术的理解。

四、三教合一的潮流

三教合一，自汉末以来就有人提倡。至唐代，三教之间有了明显的融合迹象。宋代开始，高唱三教合一的人较以往更多，论证主张也更加完备。这一势头发展到南宋，便成为文化发展的主流。

（一）南宋官方的引导

前文考察了南宋诸帝王对三教的态度，总的来说，统治者们在尊孔崇儒之时，对佛道二家亦给予扶持，利用三教来维护自己的统治。统治者在意识形态中极力主张三教合一思想的，莫过于宋孝宗，他撰写《原道辨》批驳韩愈《原道》，后改名为《三教论》：

> 朕观韩愈原道论，谓佛法相混，三教相绌，未有能辨之者，徒文烦而理迂耳。若揆之以圣人之用心，则无不昭然矣。何则？释氏穷性命，外形骸，于世事了不相关，又何与礼乐仁义者哉！然犹立戒，曰不杀、不淫、不盗、不妄语、不饮酒。夫不杀，仁也；不淫，礼也；不盗，义也；不妄语，信也；不饮酒，智也。此与仲尼又何远乎？从容中道，圣人也。圣人之所为，孰非礼乐，孰非仁义，又恶得而名焉？譬如天地运行，阴阳若循环之无端，岂有春夏秋冬之别哉？此世人强名之耳。亦犹仁义礼乐之别，圣人所以设教治世，不得不然也。因其强名，揆而求之，则道也者，仁义礼乐之宗也，仁义礼乐固道之用也。扬雄谓：老氏弃仁义，绝礼乐。今迹老氏之书，其所宝者三：曰慈，曰俭，曰不敢为天下先。孔子曰：节用而爱

① 《海琼白真人全集》卷七，《道书集成》卷四十三，九州图书出版社，1999年，第49页。

人。老氏之所谓俭，岂非爱人之大者耶？孔子曰：温良恭俭让。老氏所谓不敢为天下先，岂非让之大者耶？孔子曰：惟仁为大。老氏之所谓慈，岂非仁之大者耶？至其会道，则互见偏举。所贵者清净宁一，而与孔圣果相背驰乎？盖三教末流，昧者执之，自为异耳！夫佛老绝念无为，修身而矣。孔子教以治天下者，特所施不同耳。譬犹耒耜而耕，机杼而织，后世纷纷而惑，固失其理。或曰：当如何去其惑哉？曰以佛修心，以道养生，以儒治世，斯可也。其唯圣人为能同之，不可不论也。①

孝宗《三教论》的主旨即是提倡“三教合一”，并明确提出“以佛修心，以道养生，以儒治世”的主张。孝宗提出这一命题的出发点是要调和三教，但此命题中又包含了三教分工与层次的认定，因而引起了儒家人士的不满。朱熹见此文后上书说：“使陛下过听髡徒诳妄之说，而以为真有合于圣人之道，至分治心、治身、治人以为三术，而以儒者之学为最下，则臣窃为陛下忧此心之害于政事，而惜此说之布于来今也。”②虽然《原道辨》中对儒家的相对贬低引起了道学家的不满，以致他们规劝孝宗改名为《三教论》，但从孝宗撰写《原道辨》以及大臣规劝更名的整个事件中，透射出官方有意识地认同并引导儒、释、道三教合一。

另外，宋代官方在礼制活动中采取措施淡化三教间的矛盾。《宋代政教关系研究》一书将官方在礼制活动中淡化三教界限的措施归纳为五点：首先，官方多次申明，对于各种神灵，不管它源于何教，只要灵验，就纳入祀典，加以崇奉。其次，官方举行的一些大庆典，要求释、道同时参加。再次，国忌日要求佛、道同时在景灵宫作法事为已故皇帝、皇后追荐。又次，在大的典礼中广泛使用由僧人道士共同组成的“僧道威仪”仪仗。还有一种情况尤有意思，即郊礼、明堂大典前后命僧人、道士作法，或祈晴，或祈护佑，或报谢③。

总的来说，即便南宋中后期朝廷以理学为官学，但在三教思想方面仍主导三教合一论调。正如汪圣铎在阅读现存南宋中后期人的文集后，谈及他的体会时说：“南宋中后期虽然官方尊崇理学，但是，文人士大夫中间真正像朱熹那样完全排斥佛、道二教的只是极少数。通过阅读真德秀、魏了翁的文集，笔者更认识到，即便是朱熹的弟子，即便是理学家，也并非对佛、道二教采取绝对排斥的态度。当时文人士大夫中的多数，还是认同官方调和三教的政策

① （宋）释志磐：《佛祖统记》卷四七，《大正新修大藏经》第49册，第429—430页。

② （宋）朱熹：《朱子全书》第20册，第612页。

③ 汪圣铎：《宋代政教关系研究》，第263—265页。

的。当然,多数文人士大夫认同的,是以儒学为主、释道为辅的政策。”①

(二)三教内部的融合

先就儒家来说,从北宋开始,儒士们就是吸收和借鉴佛教、道教的思想建立自己的理学体系。全祖望谓“两宋诸儒门庭径路,半出于佛、老”②,此语十分中肯。北宋儒士多抨击佛、道为异端,南宋朱熹也持此态度,但至理宗朝后就连有“圣学功臣”之声誉的真德秀与魏了翁也一改排斥佛、道的态度,反而公开撰文发表赞扬佛道的言论,例如,真德秀曾两次撰文称赞道教经典《太上感应篇》,他在《感应篇序(代外舅作)》中写道:

> 《感应篇》者,道家儆世书也。蜀士李昌龄注释其义,出入三教中,凡数万言。余连蹇仕途,志弗克遂,故常喜刊善书以施人。以儒家言之,则《大学章句》《小学字训》等书;以释氏言之,则所谓《金刚经注》者,凡三刻矣。然大小学可以诲学者而不可以语凡民,《金刚》秘密之旨又非有利根宿慧者不能悟而解也。顾此篇指陈善恶之报明白痛切,可以扶助正道,启发良心,故复捐金赀,锓之塾学,愿得者摹以与之,庶几家传此方,人挟此剂,足以起迷俗之膏肓,非小补也。抑尝闻伊川有言曰:凡有动皆为感,所感必有应,所应复为感,所感复有应。动者何?此心之发也。人之一心虚灵洞彻,众理毕具,方其未发,岂有不善,及其既发,有正有否,然后善恶形焉,而吉凶祸福亦各以其类应,不可诬也。人知殃庆之报兆于所积,而不知一念之发即吉凶祸福之门。李氏首章注义最为近理,余故表而出之。至其言有涉于幻怪者,要皆为警愚觉迷而设,余固未暇深论,览者察其用心,而取其有补焉可也。③

由此可见,这一时期理学家们对释道态度发生了大转变,也无怪乎作为理学家的林希逸公开兼收佛学与老庄。

佛教传入中土以后,其思维方式与价值取向在各个层面与中国固有文化发生着深刻的关联,其在中土发展的每一步都有深刻的中国化印记。禅宗是佛教在宋代最为昌盛的宗派,也是最具中国特色的佛教宗派,禅宗思想之中就包含着儒、道二家的内容。范寿康在《中国哲学史通论》中指出:“禅宗可以说是综合着三教,它虽名属佛教,暗里却包摄着老庄与儒家。换句话说,禅宗实在把老庄的思想与风格摄入于生活的内部,同时又把儒教的礼乐吸收到寺

---

① 汪圣铎:《宋代政教关系研究》,第274—275页。

② (清)黄宗羲原著,(清)全祖望补修,陈金生、梁运华点校:《宋元学案》第4册,第2708页。

③ (宋)真德秀:《西山先生真文忠公文集》卷二十七《感应篇序(代外舅作)》,《宋集珍本丛刊》第76册,第218页。

院的仪礼之中。所以儒释道三教确可以说是为禅宗所统一着。”①

南宋的禅师们也毫不避讳佛教与儒、道的融合关系，大慧宗杲禅师曾说：“若知径山落处，禅状元即是儒状元，儒状元即是禅状元。”②同时，禅师也公开宣扬和维护儒家的伦理道德，还将儒家的人性思想和伦理观念与禅宗心性学相结合，亦如大慧宗杲禅师在《示成机宜》中说：“菩提心则忠义心也，名异而体同。但此心与义相遇，则世出世间，一网打就，无少无剩矣。”③宗杲还说：

> 三教圣人所说之法，无非劝善诫恶，正人心术。心术不正，则奸邪唯利是趋；心术正，则忠义唯理是从。理者，理义之理，非义理之理也。如尊丈节使，见义便为，逞非常之真勇，乃此理也……未有忠于君而不孝于亲者，亦未有孝于亲而不忠于君者。但圣人所赞者依而行之，圣人所诃者不敢违犯，则于忠于孝，于事于理，治身治人，无不周旋，无不明了。④

至于南宋时期的道教，前文已经提到新道派的兴起是这一时期的显著特征，同样，南宋道教对儒、释的融合也突出体现在新道派的创立中。净明忠孝道可谓是儒道融合的典型，此派经典《净明忠孝全书》开篇即指出：“世谓仙道者，遗世绝物，岂其然乎。西山玉真刘先生，继旌阳仙翁净明之道，必本于忠孝，匪忠无君，匪孝无亲，八百之仙率是道矣。噫，非忠非孝，人且不可为，况于仙乎。维孝维忠，仙犹可以为，况于人乎。”⑤净明忠孝道主张“忠孝大道之本也”⑥，儒家伦理道德在此道派中成为其主要特色。

又，南宋盛行的金丹派南宗也突出体现了对儒、释二教的融合。南宗五祖白玉蟾作《满庭芳》诗曰：

> 道释儒门，三教归一，算来平等肩齐。道分天地，万化总归基。佛在灵山证果，六年后、雪岭修持。儒门教，温良恭俭，万代帝王师。
>
> 道传秘诀，佛流方便，忍辱慈悲。大成至圣，岂辩高低。都是后学晚辈，分人我、说是谈非。休争气，三尊一体，瞻仰共皈依。⑦

白玉蟾的诗中明言三教归一、三尊一体，他还将禅宗心性论与南宗丹道

① 范寿康：《中国哲学史通论》，武汉大学出版社，2008 年，第 297 页。

② （宋）大慧宗杲：《大慧普觉禅师语录》卷四，《大正新修大藏经》第 47 册，第 828 页。

③ （宋）大慧宗杲：《大慧普觉禅师语录》卷二十四，《大正新修大藏经》第 47 册，第 912 页。

④ （宋）大慧宗杲：《大慧普觉禅师语录》卷二十四，《大正新修大藏经》第 47 册，第 912—913 页。

⑤ 《净明忠孝全书》，《道藏》第 24 册，第 620 页。

⑥ 《净明忠孝全书》，《道藏》第 24 册，第 633 页。

⑦ 《鸣鹤余音》卷三，《道藏》第 24 册，第 270 页。

雷法理论相融合，在致彭鹤林《传法明心颂》中说：

> 万法从心生，心心即是法。语嘿与动静，皆法所使然。无疑是真心，守一是正法。守一而无疑，法法皆心法。法是心之臣，心是法之主。无疑则心正，心正则法灵。守一则心专，心专则法验。非法之灵验，盖汝心所以。①

这里白玉蟾分析了"心"与"法"之间的关系，法是由心所生，法与心是类似于主与臣之间的关系。而"真心"即是无疑，"正法"就是要守一。人要复归"真心"，则须凝神息念，除却心识，即所谓守一正法。守一即是修心之法，修心是向内归复的过程，要达到"正法"，归复"真心"，如此"法"则灵验，这就是修内丹的功夫。法是为修心服务的，所以法是心之臣。一旦达到真心显现，一切顺乎真心的方法都是有效的。由此可见，道教人士对于儒、释的接受也是公开敞明的。

第三节　林希逸与佛道的因缘

一个人的生命经历对他思想的形成有着至关重要的影响，林希逸对佛、道的开放态度与思想摄融，不可避免受到南宋整个政治文化大环境的影响，然而同样的大环境下，为什么是林希逸而不是其他人，这就取决于对林希逸产生直接影响的成长环境以及其与佛、道间的切身体验。以下，笔者即从这两方面考察佛、道对林希逸的影响。

一、林希逸与佛教

（一）南宋福建的佛教氛围

林希逸生长在福建福清。就整个福建来说，它是南宋时期全国佛教最盛的地区，程民生在《宋代地域文化史》中指出："宋代福建佛教盛况表现在三个方面：一是寺院众多甲于天下；二是家设佛堂朝夕供奉；三是为僧尼者人数很多，本地容纳不下，转而流散到外地，南宋时的游方僧人大半是福建人。"②程民生所提的三个方面在历史资料中都有反映。南宋黄榦在《处士唐君焕文行状》一文中说道："王氏入闽，崇奉释氏尤甚。故闽中塔庙之盛，甲于天下。家

---

① 《海琼白真人语录》卷四，《道藏》第33册，第135页。

② 程民生：《宋代地域文化史》，安徽文艺出版社，2017年，第228—229页。

设木偶、绘像、堂殿之属,列之正寝,朝夕事之惟谨。髡其首而散于他州者,闽居十九焉。”[①]作为嘉定十年(1217)进士第一的吴潜也在《许国公奏议》中说道:“寺观所在不同,湖南不如江西,江西不如两浙,两浙不如闽中。”[②]《淳熙三山志》载南宋时人云福州寺院数:“庆历中通至一千六百二十五所,绍兴以来止一千五百二十三,今州籍县申犹一千五百四。”[③]关于南宋福建出家僧尼的情况,《福建通史·宋元卷》载:“南宋建炎四年(1130),福州景星尼院‘新尼受戒到三百九十八人’;绍兴元年(1131),开元寺与天宁寺两次度僧共达1298人。如此大批量地剃度僧人,表明当时闽人出家数量极多……‘闽中地狭民稠,常产有限,生齿既滋,家有三丁,率一人或二人舍俗入寺观’……总之,宋代闽人出家为僧成为当地的一种风俗,他们在总人口中占一定比例,‘福多浮屠氏,居百姓十六七’,‘福州多僧天下闻,缁衣在处如云屯’,乃至游人感叹:‘山路逢人半是僧。’”[④]

福建寺庙、僧尼数量众多,僧众为了传播佛教,便大规模刻印经书。福州的东禅寺与开元寺刻印《大藏经》,是宋史上的壮举。东禅寺于元丰三年(1080)开始刻《大藏经》,“前后历时23年。此书刻成后,寺僧将刻成的《大藏经》献给朝廷,在陈旸(《乐书》作者、礼部侍郎)的奔走之下,皇帝赐名此书为《崇宁万寿大藏》,共580函、6434卷。得到皇室的鼓励,该寺僧人继续刻经。至南宋淳熙三年(1176)共完成595函、6870卷,前后费时96年”[⑤]。又,开元寺刻《毗卢大藏》,“开雕于北宋徽宗政和二年(1112),迨至南宋乾道八年(1172)基本刻成,历时60年。以后又陆续增刻部分,全书共有595函,计1451部、6132卷”[⑥]。僧人刻经的费用全由百姓资助,保留至今的藏经题款有颂云:“东君布令恩无涯,是处园林尽发花,无限馨香与和气,一时散入万人家。”[⑦]就从福州这两座寺院的刻经壮举来看,当时佛教思想在福建民众间传播的广度和深度可想而知。

宋代福建有八州军,宋人习惯将其分为上四州与下四州。上四州包括西部的建州、南剑州、汀州、邵武军(今福建建瓯、南平、长汀、邵武),下四州则包

---

① (宋)黄榦:《处士唐君焕文行状》,《勉斋集》卷三十七,《景印文渊阁四库全书》第1168册,第438页。

② (宋)吴潜:《许国公奏议》卷二,《奏论计亩官会一贯有九害》,清抄本。

③ (宋)梁克家:《淳熙三山志》卷三十三《寺观类一》,《景印文渊阁四库全书》第484册,第481页。

④ 徐晓望主编,徐晓望撰:《福建通史》第3卷《宋元》,福建人民出版社,2006年,第439—440页。

⑤ 徐晓望主编,徐晓望撰:《福建通史》第3卷《宋元》,第444页。

⑥ 徐晓望主编,徐晓望撰:《福建通史》第3卷《宋元》,第445页。

⑦ 谢水顺、李珽:《福建古代刻书》,福建人民出版社,1997年,第35页。

括福州、泉州、漳州、兴化军(今福建福州、泉州、漳州、莆田)。具体来说,佛教在福建的分布集中在下四州。下四州"俗奉佛惟谨,至上州,虽佛之徒未知有佛也"①;"其下四郡,良田大山多在佛寺,故俗以奉佛为美,而佛之庐几甲于天下;若上四州,则虽有僧舍,类皆空乏不给"②。可见,福建的佛教又集中在福州至莆田一线。

我们再具体看林希逸的家乡福清,两宋时候福清隶属福州,其于太平兴国五年(980)改隶兴化军、太平兴国八年(983)复隶福州,福州于景炎元年(1276)升为福安府,福清隶属福安府。在地理位置上,福清在福州与莆田之间,自古是厦、漳、泉、莆通往福州的必经之路。另外,本书第一章已提到福清有黄檗名山一座,山中黄檗寺乃临济宗黄檗派之祖庭。可见,福清位于宋代福建佛教风气最浓厚的地方,当地百姓无疑深受佛教影响,而这正是林希逸从小生长的文化环境。

(二)林希逸与大慧宗杲

大慧宗杲的基本禅法思想前文已有提及,关于大慧生平,黄忏华先生于《中国佛教史》中结合《五灯会元》《大明高僧传》以及《佛祖历代通载》所记载的史料进行了综述。笔者以为黄先生所述甚佳,即引于下:

> 宗杲,宣州宁国人。以元祐四年生。崇宁四年(一说三年)九月,十七岁,依东山慧云院慧斋出家。十月,受具足戒。初游洞宗之门。寻至汴京天宁寺,参圜悟克勤。聆其升堂法要,即倾心依附。阅四旬,于言下豁然顿悟。勤大喜,以古今差别因缘,密加研练。杲酬对无滞。勤遂著《临济正宗记》付之。未几,令分座。繇是以竹篦应机施设,电闪星飞,不容拟议。丛林浩然归重,名振京师。靖康元年四月,右丞相吕舜徒。奏赐紫衣及佛日之号。会女真之变,其酋欲取禅僧十数辈,杲入其选,幸免,赴吴门虎丘,阅《华严经》。寻闻克勤住南康云居山,建炎二年十月,往从之,为众第一座。翌年八月,克勤归蜀,于云居山后之云门旧址结庵,学者云集。久之,入闽,结庵于福州长乐洋屿,闵诸方学者,困于默照,作《辩邪正说》。四年,徙泉州海昏云门庵。杲平居绝无应世意,克勤在蜀,闻之,嘱丞相张浚曰:杲首座不出,无可支临济法道者。浚寻还朝,延杲董径山,道法之盛,冠于一时,众二千余,皆诸方俊乂。侍郎张九成,

---

① (宋)韩元吉:《南涧甲乙稿》卷十五《建安白云山崇梵禅寺罗汉墓记》,《景印文渊阁四库全书》第1165册,第217页。

② (宋)韩元吉:《南涧甲乙稿》卷十五《建宁府开元禅寺戒坛记》,《景印文渊阁四库全书》第1165册,第236页。

> 亦从之游。十一年五月，秦桧以杲为张九成党，褫夺衣牒，窜衡州。乃衰先德之机语，间与拈提，离为三帙，目曰《正法眼藏》。二十年（一说二十一年）十月更贬迁梅州，其地荒僻瘴疠，学徒百余，羸粮从之，阅六稔，毙者过半。杲处之怡然。二十五年（一说二十六年）十二月，放还。翌年三月，复僧服。寻诏住明州阿育王山广利寺。逾年，诏再住径山，道俗歆慕如初。三十一年五月，退居明月堂。然弘法为人，老而不倦。孝宗即位，特赐号大慧禅师。隆兴元年八月寂，年七十五。诏谥普觉禅师。杲说法从横踔励，如孙吴之用兵，而广阔弘深，不可涯涘。后蕴闻等，编为《语录》《法语》《大慧普觉禅师普说》《大慧普觉禅师宗门武库》《大慧普觉禅师》书等。①

大慧示寂于隆兴元年（1163），林希逸生于绍熙四年（1193），二人在生活时间上并没有交集。但整个宋代禅宗风行，大慧又曾在福建一带活动，所以这就有了大慧宗杲与林希逸联系起来的前提，而二人之间的连接又是非常奇妙的。林希逸在著述中多次提到大慧宗杲，记载自己曾在梦中与大慧宗杲相遇，其《得大慧顶相有亲笔赞》云：

> 见师画像如师活，聚散如何呼又喝。
> 似与不似吾不知，却是梦中青直裰。②

从林希逸的诗句中，我们能体会到林希逸对大慧的崇敬之情。林希逸尊称大慧宗杲为“师”，见到大慧画像就如大慧还活在他的面前，这种意象的出现需要非常浓烈的情感来支撑。林希逸又写道在梦中见过大慧，梦中的大慧身穿青色直裰与画中一样。林希逸还与他人提及自己梦见大慧一事，并引入诗作当中，其诗《和柯山玉上人》载：

> 赞画俱佳见似亲，殷勤远寄证前因。
> 虽然说我梦中梦，却要知渠身外身。③

林希逸在诗末记云：知某曾梦大慧，似慧自赞顶相见寄。对于大慧的思想观点，林希逸在《学记》中云：“径山无准云：圆悟、大慧并说示众甚好，然他人犹可得而学至，如德山临济则皆学不得，他是自胸中流出。此语极是。无准时在径山，今檗山住持允善亲闻之。”④径山无准禅师认为大慧宣讲佛法、开示大众非常好，林

---

① 黄忏华：《中国佛教史》，东方出版社，2008年，第264页。

② （宋）林希逸：《竹溪鬳斋十一稿续集》，《宋集珍本丛刊》第83册，第377页。

③ （宋）林希逸：《竹溪鬳斋十一稿续集》，《宋集珍本丛刊》第83册，第378页。

④ （宋）林希逸：《竹溪鬳斋十一稿续集》，《宋集珍本丛刊》第83册，第634页。

希逸也极为赞同这一观点。此外,林希逸在注解《老》《庄》《列》时都有提及并引用大慧宗杲的话语。可见,大慧宗杲禅师对林希逸有着较深的影响。

二、林希逸与道教

(一)南宋福建的道教氛围

道教是我国土生土长的本土宗教,前文已概述了南宋道教的整体情况,就福建来说,此地又是南宋道教氛围较浓厚的地区之一。福建的武夷山,是唐以来道教繁盛的地方,宋室朝廷常派使者至武夷山祈雨,屡应不爽,朝廷对武夷山的神祇多有敕封,尤其在理宗朝,《武夷山志》载:

> 宋端平元年(1234 年),加封武夷君为显道普利真君。
>
> 宋端平元年,封武夷山冲佑观护法正神潘遇为通灵协济侯。诰命曰:
>
> 敕建宁府武夷山冲佑观护法正神潘遇:昔以旱魃为虐,致祷山川,曾不崇朝,甘雨随降。山灵山伯,亦既尊显。有司奏闻,谓尔阴相有功于国,理宜褒赠以答神庥,可特封通灵协济侯。
>
> 宋嘉熙二年(1238 年),加封武夷君为显道普利冲元真君,加封魏王子骞为冲妙孚惠真君,孙绰等为真君,胡氏仙等为元君。加封潘遇为通灵协济妙感侯。礼部牒文和朝廷敕文分别为:
>
> 尚书省礼部牒:建州武夷山冲佑观仙人魏王子骞封冲妙孚惠真君,孙绰封灵应真君,张湛封显应真人,刘景封嘉应真君,赵元奇封妙应真君,彭令昭封冲应真君,顾思远封静应真君,白石生封善应真君,马鸣生封惠应真君,胡氏仙封普应真君,鱼道超封助应真君,鱼道远封顺应真君,李氏仙封慈应真君。
>
> 敕:建宁府武夷山冲佑观冲妙真人魏王子骞等有功于国,利济斯民。近者旱魃为灾,靡神不宗。武夷之山神,人所萃望,是洞府以祈甘霖,曾不崇朝,触石而雨,安得不表之?爰锡徽名,以宏道力。可依前件,奉敕于右,牒到奉行。[①]

朝廷对武夷山诸神的册封推动了武夷山道教的声势。另外,宋代福建也有增加道教宫观的建设,"宋代福建新建宫观共 78 所,而隋唐时期福建仅有 22 所宫观,宋代比隋唐增长了三倍多"[②]。前文谈及金丹五祖白玉蟾与理学家朱熹都在武夷山居住过,林希逸也曾游览武夷山,其诗作《泛舟武夷》曰:

---

① 福建省地方志编纂委员会编:《福建省志·武夷山志》,方志出版社,2004 年,第 433 页。

② 徐晓望主编,徐晓望撰:《福建通史》第 3 卷《宋元》,第 453 页。

傍晚拿舟入，身知在画图。
石平疑削玉，湍急见跳珠。
仙迹回环是，峰名转侧殊。
竹间人指点，俱识有先儒。①

两宋期间，福州天宁万寿道观刊刻《政和万寿道藏》一部，始刻于政和四年(1114)，刊刻工程持续60年。《淳熙三山志》载：“政和四年，黄尚书裳奏请建飞天法藏，藏天下道书五百四十函，赐今名，以镂板进于京。淳熙二年，令以所藏经文送于行在所。”②黄裳为福建南平人，时任福州知州，为了加快刻经，黄裳令福州12县协助刊刻。又，《莆阳比事》记载：“黄琮宰闽清，方严，不畏强御。时方兴道藏。帅命十二县分疏敛民。县各数百万，琮独不应命。既闻他县皆办，乃自诣郡，以己俸四月输之。帅虽不平，然心服其贤。”③刊刻《道藏》的经费由福州12县的百姓协助，此时闽清县官黄琮为了不让本县百姓劳税过重，将自己4个月的俸禄上交用于《道藏》的刊刻，可见，福州万寿观刊刻《道藏》一事在当时百姓间的影响之大、持续时间之长。至南宋末期，漳州的道教崇信者们，还募集经费到福州翻刻道藏。《龙溪县志》记载漳州天庆观：“宋端平间，颜检正耆仲侍郎颐仲建诣福州九仙观，慕写道经五百六十四函而庋藏之，乡人立二公祠于藏之右。”④

就福清来说，位于城西十公里处的石竹山是当地民间道教信仰中心，这里有历史悠久远近闻名的“石竹九仙祈梦”。“相传西汉时期，淮南王刘安的挚友何嵊育有九个儿子，据说都是瞎子，平日间相依为命；他们随父亲到了冶城，即现在的福州，就在市中的于山落脚炼制外丹，后来他们又到了福清的石竹山，修炼内丹，因为修炼有成，被尊为九仙。由于九仙修炼场所具有特别的地磁引力，前来祭拜九仙的信众停留歇息时往往恍惚入梦，久而久之，何氏九仙君便成为人们祈梦的智慧象征和精神纽带。”⑤石竹山的九仙祈梦自汉唐即已存在，随着历史的发展，其礼俗“传播于福州、莆田、泉州、厦门、漳州一带，其影响力远及日本、东南亚以及欧洲、美洲、澳洲有福建人聚居的部分国家和地区”⑥。在南宋时期，九仙祈梦的礼俗可能还没传播至东南亚以外，但至少

---

① (清)董天工：《武夷山志》卷二十三，清乾隆刻本。

② (宋)梁克家：《淳熙三山志》卷三十八《寺观类六》，《景印文渊阁四库全书》第484册，第572页。

③ (宋)李俊甫：《莆阳比事》卷四，清嘉庆《宛委别藏》本。

④ 吴宜燮等：乾隆《龙溪县志》卷十一《古迹志》，清乾隆刻本。

⑤ 詹石窗：《石竹祈梦的文化解说》，载詹石窗主编，黄永锋副主编《梦与道——中华传统梦文化研究》，东方出版社，2009年，第2页。

⑥ 詹石窗：《石竹祈梦的文化解说》，第9页。

在福州至漳州一带是颇具影响的，北宋庆历间就有人将何九仙的经历行迹绘成画图流传[①]。南宋间，福建莆田的黄公度、陈俊卿中状元都与九仙祈梦有一段故事，福建路兴化军魁、亚联登，四异同科，这是轰动京城的事[②]。林希逸的家就在福清，他从小就在这样的"祈梦"民俗道教中生活，这无疑对林希逸有一定影响。加之此时此地所流行的道派以内丹修炼为主，石竹山的何九仙也是炼丹有成，因而林希逸的诗词和著作中多引用丹道术语，如《溪上谣》谓："野鸡伏卵似养丹，睡鸭栖芦如入定。"《和后村书窗韵四首》云："学养丹须明鼎灶，要参禅莫怕钳椎。"等等。

但总的来说，福建道教远比不上佛教的兴盛。开庆《临汀志》谓："僧庐十百，道宫才一二，寓内所同也。"梁克家解释："惟道家以清净求不死为术，彼安分委命，来乡者寡矣。非若释氏以死后祸福恐动惊怖，故寺院无数，而道观至今才有其九。"[③]这一现象也反映在林希逸的"三子口义"当中，其所陈述的道教内容也远比佛教少。

(二)林希逸与吕洞宾

或许是因为福清本地就有祈梦文化的影响，加上关于吕洞宾的故事中就有在梦中度人的传说，林希逸除了梦见佛教的大慧宗杲，他还梦见了道教神仙吕洞宾。林希逸《竹溪鬳斋十一稿续集》中载其诗作《吕洞宾生日》：

> 瓣香知敬自童儿，梦得先生笔一枝。
> 老愧乏才疑索去，少曾耽句岂能奇。
> 犹传薜荔图中像，那见榴皮壁上诗。
> 此日殷勤加额拜，人间说是降生时。[④]

诗末附记曰："余十岁梦真人以笔见予，家传画本乃模李祖母家真人自画像也。"

吕洞宾(796—?)，号纯阳子，为道教神仙，道教内丹史上的著名丹家。吕洞宾的生平事迹众说纷纭，实情不详。相传收录于《吕祖志》卷一的《真人自记》中透露了一些吕洞宾的信息：

> 吾京川人，唐末三举进士不第，因游江湖间，遇钟离子，受延命之术，

---

① 陈德铸:《九仙梦文化摭谈》，载詹石窗主编，黄永锋副主编:《梦与道——中华传统梦文化研究》，第46页。

② 陈名实、黄新宪:《福建状元与梦的传说》，载詹石窗主编，黄永锋副主编:《梦与道——中华传统梦文化研究》，第311页。

③ (宋)梁克家:《淳熙三山志》卷三十八《寺观类六》，《景印文渊阁四库全书》第484册，第572页。

④ (宋)林希逸:《竹溪鬳斋十一稿续集》，《宋集珍本丛刊》第83册，第419页。

寻又遇苦竹真君,传日月交并之法。久之,适终南山。再见钟离子,得金液大丹之功,年五十道始成。身长五尺二寸,面黄白,鼻耸直,左眉有黑子,服白襕衫,系皂条,变化不可测,或为进士或为兵。世多称吾能飞剑戮人者。吾闻之笑曰:慈悲者佛也,仙犹佛尔,安有取人命乎?吾固有剑,盖异于彼,一断贪嗔,二断爱欲,三断烦恼。此其三剑也。吾道成以来,所度者何仙姑、郭上灶。二人性通利,吾授之以归根法。吾尝谓世人奉吾真,何若行吾行,既行吾行,又行吾法,不必见吾,自成大道。不然日与吾游何益哉?①

吕洞宾师承钟离权,钟离权曾作《赠吕洞宾》一诗,云:

知君幸有英灵骨,所以教君心恍惚。
含元殿上水晶宫,分明指出神仙窟。
大丈夫,遇真诀,须要执持心猛烈。
五行匹配自刀圭,执取龟蛇颠倒诀。
三尸神,须打撒,进退天机明六贼。
知之三要万神归,来驾火龙离九阙。
九九道至成真日,三界四府朝元节。
气翱翔兮神恒赫,蓬莱便是吾家宅。
群仙会饮天乐喧,双童引入升玄客。
道心不退故传君,立誓约言亲洒血。
逢人兮,莫乱说,遇友兮,不须诀。
莫怪频发此言辞,轻慢必有阴司折。
执手相别意如何,今日为君重作歌。
说尽千般玄妙理,未必君心信也么。
子后分明说与汝,保惜吾言上大罗。②

该诗讲述丹道修炼方式与修持境界。此后,历史上多将钟、吕二人并提,有“钟吕金丹道”的说法,两宋时期的全真派与金丹南宗共同追溯钟吕为祖师。前文在讲述南宋道教的情况时,我们介绍了张伯端(紫阳),张伯端是钟吕丹法的重要传承人,他的学说对北宋的丹道研究与实践者产生了不可磨灭的影响③,林希逸对张伯端也多有关注,其著作中多处提及张伯端。又,前文也提

① 《吕祖志》,《道藏》第36册,第451—452页。

② 《吕祖志》,《道藏》第36册,第448—449页。

③ 卿希泰主编,詹石窗副主编:《中国道教思想史》第二卷,人民出版社,2009年,第442页。

到林希逸的交友中有部分炼丹修道的人士,其对丹道修炼有一定了解。这些关于道教的片段看似零碎,但它们说明林希逸梦到吕洞宾并不是一件小事,以致他将十岁那年的梦境一直记在心里没有忘怀,这必然促使他对道教进行了解。从心理层面来说,这也是他选择注解道教经典的因素之一。

以上,我们从整个政治文化大环境为切入口,分析了南宋时期的政治地域环境与宗教思想氛围,继而具体到林希逸的生活圈子及其自身的生命经历之中。以此结合第一章所论述的林希逸从小的生活经历来看,笔者认为,林希逸从小生活的环境、友人交往是其思想形成的原始积淀,其个人生命经历(师承、梦境与仕途)是其融合三教的种子,而外部政治与文化的历史势潮是其融三教思想注解道家经典的外在驱动力。

第三章 “三子口义”引书论析

引书，即作者在著书时为论证自己的思想观点所征引的其他文献内容。一个人的思想不是凭空而来，一定是在相当的知识积累的基础上，结合自身实践而产生。因此，引书在一定程度上反映了作者的知识背景。我们对“三子口义”的引书进行分析研究，目的是从引书的视角考察林希逸的知识背景，探究“三子口义”的思想架构及引论方式，进而窥探林希逸在儒佛道流派中的思想倾向等问题。

笔者通过对“三子口义”的研读，将其中引书内容按照儒家典籍、道家典籍、佛教典籍、历史笔记、著述注释、诗词歌赋六大类进行梳理与统计，将所引书目列出名目与引用次数，其中具体篇名能考者亦将之列出。①

第一节 “三子口义”引书详情分述

一、《老子鬳斋口义》引书详情

《老子鬳斋口义》引书分类及引用次数统计情况如下：

儒家典籍

书名	次数	引用篇章②
《礼记》	2	一、十七
《周易》	11	一、二、二十四、二十八、三十、三十九、四十、四十一、四十七、六十六、七十七

① 需要说明的是，在林希逸的注释中，明确引用书名、文句、典故且可考之处纳入引文明细统计。注释中仅是例举名词术语，因其不具体出于某篇文章而不纳入明细统计，如“佛氏所谓爱河”“释氏所谓大休歇也”［（宋）林希逸著，周启成校注：《庄子鬳斋口义校注》第28页，第356页］，“爱河”“大休歇”是佛学名称术语，此则不纳入统计。

② 本栏括号内数字表示对应行所录引书在括号前所录篇章中的引用次数，未标括号者为1次。

续表

书名	次数	引用篇章
《论语》	8	二、五、二十一、三十三、三十八、四十九(2)、六十二
《尚书》	2	二、六十六
《孟子》	9	五、二十一(2)、二十六、三十一、三十八、五十五、六十二、八十
《大学》	1	十六
《周礼》	1	十九
《左传》	2	五十五、六十七

道家典籍

书名	次数	引用篇章
《庄子》	16	一、四、五(2)、二十一、二十四、二十五、二十七、二十八、三十九(2)、五十、五十五、六十七(2)、八十一

佛教典籍

书名	次数	引用篇章
《永嘉证道歌》	2	一、二十
《心经》	2	四、十

著述注释

作者	篇名	次数	引用篇章
朱熹	《老子书》《朱子语类》	3	六、六十一、六十五
周敦颐	《太极图说》	1	二十五
扬雄	《法言·君子》《法言·义疏》	2	四十一、六十六
黄茂材	《老子解》	1	六十一
大慧	\	1	四十八

诗词歌赋

作者	篇名	次数	引用篇章
\	《击壤歌》	1	十七
熊克	《劝农十首》	1	三十六
韩愈	《答李翊书》	1	四十一
贾谊	《治安策》	1	五十八
洪咨夔	《沁园春·寿俞紫薇》	1	六十二

从以上列表中的统计情况可知，林希逸在注解《老子》时引用最多的是儒家经典，包括《礼记》《易》《论语》《尚书》《孟子》《大学》《周礼》《左传》8种。其中引用《周易》的次数最多，达11次。其次是《孟子》和《论语》。

林希逸在注解《老子》时引用的道家经典只有《庄子》一部，但引用次数有16次，为所有引书中引用次数最多者。

林希逸在注解《老子》时引用了两处佛教典籍，一是《心经》；二是《永嘉证道歌》。

林希逸在《老子鬳斋口义》中所引用学者的著述注释有五家，一是南宋理学名家朱熹；二是理学鼻祖周敦颐；三是西汉著名道家学者扬雄；三是与林希逸同时代、同地区的士人黄茂材；四是临济宗高僧大慧禅师。

林希逸在注释老子时还引用了五首诗歌，其中《击壤歌》传说是尧帝时期先民咏赞美好生活的歌谣；《劝农十首》的作者是与林希逸同时代、同地区的士人熊克；《答李翊书》的作者是唐代著名儒家学者韩愈；还有西汉文学家贾谊的《治安策》和南宋词人洪咨夔的《沁园春·寿俞紫薇》。

二、《庄子鬳斋口义》引书详情

《庄子鬳斋口义》引书分类及引用次数统计情况如下：

儒家典籍

书名	次数	引用篇章
《孟子》	54	《齐物论》、《养生主》、《德充符》(6)、《大宗师》(3)、《应帝王》(2)、《骈拇》(3)、《马蹄》(2)、《在宥》(3)、《天地》(3)、《天道》、《天运》、《刻意》、《缮性》(4)、《秋水》(5)、《达生》(2)、《山木》(3)、《知北游》、《庚桑楚》(5)、《则阳》(2)、《让王》、《盗跖》(2)、《天下》(2)
《论语》	40	《逍遥游》、《齐物论》(3)、《人间世》(5)、《德充符》、《大宗师》(2)、《应帝王》(2)、《骈拇》、《在宥》(3)、《天地》(7)、《天道》(4)、《天运》(2)、《缮性》、《秋水》、《至乐》、《山木》、《知北游》、《庚桑楚》、《则阳》、《盗跖》、《渔父》
《诗经》	15	《逍遥游》、《齐物论》、《养生主》、《人间世》(2次)、《大宗师》、《在宥》、《天地》、《天道》、《天运》、《山木》、《田子方》、《则阳》、《外物》《渔父》
《礼记》	14	《齐物论》、《德充符》(2)、《大宗师》(3)、《在宥》、《天地》、《天运》(2)、《至乐》、《山木》、《列御寇》、《天下》

续表

书名	次数	引用篇章
《左传》	13	《齐物论》《人间世》《德充符》《大宗师》《应帝王》《马蹄》《胠箧》《天地》《天运》《秋水》《达生》《山木》《外物》
《周易》	40	《齐物论》、《养生主》、《德充符》(2)、《大宗师》(5)、《应帝王》(2)、《骈拇》、《胠箧》、《在宥》(4)、《天地》(4)、《天道》(2)、《天运》、《缮性》、《达生》、《山木》、《田子方》(3)、《知北游》(4)、《庚桑楚》(3)、《盗跖》、《列御寇》、《天下》
《尚书》	23	《养生主》、《人间世》(2)、《大宗师》(2)、《应帝王》、《在宥》(2)、《天地》(2)、《天道》(3)、《缮性》、《至乐》、《田子方》、《徐无鬼》、《则阳》(2)、《外物》(2)、《盗跖》、《渔父》
《荀子》	2	《人间世》《在宥》
《中庸》	11	《德充符》、《应帝王》、《在宥》(2)、《天道》、《知北游》、《庚桑楚》(3)、《让王》、《天下》
《周礼》	2	《天运》《寓言》
《考工记》	2	《达生》(2)
《大学》	3	《天道》《知北游》《徐无鬼》
《春秋》	2	《人间世》《天下》
《孔子家语》	2	《天地》《外物》

道家典籍

书名	次数	引用篇章
《列子》	10	《齐物论》《德充符》《大宗师》《应帝王》《秋水》《至乐》《山木》《徐无鬼》《让王》《盗跖》
《淮南子》	5	《齐物论》《胠箧》《庚桑楚》《外物》《天下》
《老子》	17	《德充符》、《大宗师》(3)、《应帝王》(2)、《骈拇》《胠箧》(2)、《在宥》《天地》(2)、《秋水》《庚桑楚》《则阳》(2)、《外物》
《关尹子》	1	《大宗师》

佛教典籍

书名	次数	引用篇章
《景德传灯录》	20	《齐物论》、《德充符》、《大宗师》(4)、《在宥》(3)、《天运》、《刻意》、《秋水》、《山木》、《知北游》(2)、《庚桑楚》(2)、《徐无鬼》、《则阳》、《列御寇》

续表

书名	次数	引用篇章
《大般涅槃经》	2	《齐物论》《至乐》
《无量寿经》	1	《齐物论》
《坛经》	4	《德充符》(2)、《天地》、《则阳》
《金刚经》	6	《德充符》、《大宗师》(2)、《在宥》、《达生》、《庚桑楚》
《大慧普觉禅师宗门武库》	1	《大宗师》
《圆觉经》	14	《大宗师》(4)、《应帝王》(2)、《天地》《至乐》(2)、《达生》、《知北游》(3)、《列御寇》
《维摩经》	2	《应帝王》《知北游》
《五灯会元》	7	《应帝王》、《秋水》、《至乐》、《山木》、《庚桑楚》(2)、《徐无鬼》
《大慧普觉禅师语录》	2	《在宥》《知北游》
《楞严经》	4	《天地》、《天运》(2)、《则阳》
《碧岩录》	3	《秋水》《庚桑楚》《寓言》
《古尊宿语录》	1	《寓言》
《大慧普觉禅师普说》	1	《秋水》
《达摩悟性论》	1	《知北游》
《四十二章经》	1	《知北游》
《佛地经论》	1	《知北游》
《法华经》	1	《则阳》
《大慧普觉禅师法语》	1	《列御寇》

历史笔记

书名	篇名	次数	引用篇章
《山海经》	\	4	《逍遥游》(2)、《秋水》(2)
《晋书》	《谢安传》《刘隗传》《付咸传》	3	《齐物论》、《外物》(2)
《国语》	《晋语》	2	《齐物论》《马蹄》
《世说新语》	《文学》《雅量》《规箴》	3	《齐物论》《达生》《盗跖》
《梁书》	《贺琛传》	1	《人间世》
《汉书》	《扬雄传》《公孙贺传》《东方朔传》	5	《人间世》《胠箧》《山木》《徐无鬼》《渔父》

续表

书名	篇名	次数	引用篇章
《史记》	《滑稽列传》《淮阴侯列传》《老子韩非列传》《项籍传》《东方朔》《刺客列传》	7	《齐物论》《人间世》《德充符》《骈拇》《在宥》《盗跖》《天下》
《北史》	《斛律光》	1	《外物》
《说苑》	\	1	《外物》
《幽闲鼓吹》	\	1	《盗跖》
《唐书》	《房玄龄传》	2	《渔父》《列御寇》

著述注释

作者	篇名	次数	引用篇章
郭象	《庄子注》	2	《逍遥游》《达生》
成玄英	《南华真经注疏》	5	《逍遥游》、《应帝王》、《达生》(2)、《徐无鬼》
洪迈	\	2	《齐物论》《应帝王》
周敦颐	《太极图说》	2	《齐物论》《大宗师》
朱熹	《朱子语类》《朱文公文集》	6	《养生主》、《大宗师》(2)、《骈拇》、《秋水》、《让王》
二程	《河南程氏遗书》《春秋传序》《河南程氏粹言・论道篇》《河南程氏外书》《入关语录》	7	《德充符》《骈拇》《在宥》《天地》《缮性》《知北游》《让王》
司马彪	\	1	《德充符》
赵州	\	2	《大宗师》
何晏等	《论语集解》	1	《骈拇》
刘叔平	《庄骚同工异曲论》	1	《骈拇》
扬雄	《法言》	2	《天道》《外物》
王迈	\	1	《天运》
华佗	五禽戏	1	《刻意》
陈藻	《真仙洞》《三教》	2	《秋水》《天下》
刘禹锡	《天论》	1	《秋水》
大慧	\	1	《至乐》
王钦若	\	1	《达生》

续表

作者	篇名	次数	引用篇章
司马光	《类篇》	2	《达生》《徐无鬼》
沈寥子	《文鉴》	1	《田子方》
许慎	《说文解字》	1	《徐无鬼》
王安石	\	1	《让王》
苏轼	\	3	《在宥》《缮性》《盗跖》

诗词歌赋

作者	篇名	次数	引用篇章
李白	《怀仙歌》《梁园吟》《北山独酌寄韦六》	2	《逍遥游》《天下》
韩愈	《送李愿归盘谷序》《寄崔二十六立之》《送孟东野序》《新修滕王阁记》《答李翊书》《送浮屠文畅师序》	8	《逍遥游》《人间世》《德充符》《应帝王》《在宥》《天地》《达生》《山木》
罗隐	《蜂》	1	《齐物论》
杜甫	《题省中院壁》《自京赴先县咏怀五百字》《洗兵马》《羌村》《观公孙大娘弟子舞剑器行序》《同诸公登慈恩寺塔》《宿赞公房》	7	《逍遥游》、《齐物论》、《大宗师》(2)、《山木》、《则阳》、《外物》
\	《击壤歌》	1	《大宗师》
王梵志	《世无百年人》	2	《大宗师》《在宥》
贾谊	《鹏鸟赋》	1	《大宗师》
释惟一	《偈颂一百三十六首》	1	《大宗师》
司马相如	《子虚赋》	1	《应帝王》
苏轼	《异鹊》《石苍舒醉墨堂》《前赤壁赋》《稼说》《庄子祠堂记》	6	《马蹄》《胠箧》《田子方》《知北游》《则阳》《天下》
屈原	《卜居》《九歌》	2	《至乐》《田子方》
枚乘	《七发》	1	《达生》
黄庭坚	《书十棕心扇因自评之》《奉和文潜赠无咎篇末多见及以既见君子云胡不》	3	《天地》《达生》《外物》

续表

作者	篇名	次数	引用篇章
吴道子	\	1	《达生》
东方朔	《答客难》	1	《山木》
王安石	《虎图》	1	《田子方》
\	《兰亭记》	1	《知北游》
陈师道	《送杨侍禁寄频黄二公二首》	1	《让王》
刘琨	《重赠卢谌》	1	《列御寇》

从以上列表中的统计情况可知，林希逸注解《庄子》时引用的儒家典籍最多，达 14 种，包括《孟子》《论语》《诗经》《礼记》《左传》《周易》《尚书》《荀子》《中庸》《周礼》《考工记》《大学》《春秋》《孔子家语》。其中对《孟子》一书的引用次数最多，达 54 次。其次是《论语》引用 40 次，《周易》引用 40 次，《尚书》23 次。林希逸对《诗经》《礼记》《左传》《中庸》的引用也比较频繁。

林希逸注解《庄子》时，所引用的道家典籍有《列子》《淮南子》《老子》《关尹子》4 种，其中《老子》的引用次数最多，达 17 次。然相比于引用的儒家经典则少很多。

林希逸注解《庄子》时，所引用佛教典籍的种类也多达 19 种，包括《景德传灯录》《大般涅槃经》《无量寿经》《坛经》《金刚经》《大慧普觉禅师宗门武库》《圆觉经》《维摩经》《五灯会元》《大慧普觉禅师语录》《楞严经》《碧岩录》《古尊宿语录》《大慧普觉禅师普说》《达摩悟性论》《四十二章经》《佛地经论》《法华经》《大慧普觉禅师法语》。其中《景德传灯录》引用次数最多，达 20 次。《圆觉经》引用达 14 次。《金刚经》《五灯会元》的引用也较为频繁。

与《老子鬳斋口义》不同的是，林希逸在注解《庄子》时较多地引用了历史书志与笔记小说等 11 种文献材料，包括《山海经》《晋书》《国语》《世说新语》《梁书》《汉书》《史记》《北史》《说苑》《幽闲鼓吹》《唐书》。其中《史记》的引用次数最多。

林希逸《庄子鬳斋口义》中所引用学者的著述注释有 22 家，包括郭象、成玄英、洪迈、周敦颐、朱熹、二程、司马彪、赵州、何晏、刘叔平、陈藻、刘禹锡、大慧、王钦若、司马光、沈寥子、许慎、扬雄、王安石、华佗。其中多次提及的有成玄英、朱熹、程颐三人。

此外，林希逸《庄子鬳斋口义》还引用了 19 位文人的诗赋，包括李白、韩愈、罗隐、杜甫、王梵志、贾谊、释惟一、司马相如、苏轼、屈原、枚乘、黄庭坚、吴道子、东方朔、王安石、陈师道、刘琨等。其中韩愈、杜甫、苏轼三人引用次数最多。

三、《列子鬳斋口义》引书详情

《列子鬳斋口义》引书分类及引用次数统计情况如下：

儒家典籍

书名	次数	引用篇章
《左传》	5	《天瑞》、《黄帝》、《周穆王》、《说符》(2)
《周易》	5	《天瑞》(3)、《仲尼》、《杨朱》
《谷梁传》	1	《天瑞》
《礼记》	4	《天瑞》《黄帝》《汤问》《说符》
《论语》	10	《天瑞》(2)、《黄帝》(2)、《周穆王》、《仲尼》、《杨朱》、《说符》(3)
《孝经》	1	《天瑞》
《中庸》	1	《黄帝》
《孟子》	11	《黄帝》(3)、《仲尼》、《汤问》(2)、《力命》、《杨朱》、《说符》(3)
《诗经》	2	《黄帝》《说符》
《尔雅》	1	《黄帝》
《周礼》	1	《周穆王》
《考工记》	2	《汤问》(2)
《公羊传》	1	《说符》
《大学》	1	《说符》

道家典籍

书名	次数	引用篇章
《老子》	9	《天瑞》(5)、《黄帝》(2)、《汤问》、《说符》
《庄子》	64	《天瑞》(12)、《黄帝》(21)、《仲尼》(7)、《汤问》(7)、《力命》(7)、《杨朱》(5)、《说符》(5)
《关尹子》	1	《天瑞》
《淮南子》	2	《黄帝》《说符》

佛教典籍

书名	次数	引用篇章
《圆觉经》	4	《天瑞》(2)、《黄帝》、《汤问》
《碧岩录》	1	《天瑞》
《景德传灯录》	3	《黄帝》(2)、《仲尼》
《大慧普觉禅师书》	1	《周穆王》
《大慧普觉禅师普说》	2	《仲尼》(2)
《宗镜录》	1	《仲尼》
《祖堂集》	1	《仲尼》
《五灯会元》	1	《仲尼》
《金刚经》	1	《汤问》

历史笔记与先秦诸子

书名	篇名	次数	引用篇章
《山海经》	\	2	《天瑞》《汤问》
《碧鸡漫志》	\	1	《周穆王》
《穆天子传》	\	1	《周穆王》
《唐志》	\	1	《周穆王》
《孔丛子》	\	1	《仲尼》
《墨子》	\	1	《汤问》
《汉书》	\	3	《汤问》(2)、《力命》
《晋书》	《郭璞传》	2	《汤问》《杨朱》
《史记》	《商君列传》《滑稽传》	2	《说符》

著述注释

作者	书名	次数	引用篇章
朱熹	《老子书》《释氏论》	2	《天瑞》
柳宗元	《天说》	1	《天瑞》
郭象	《庄子注》	2	《黄帝》(2)
张湛	《列子注》	1	《黄帝》
程颢	\	1	《汤问》

诗词歌赋

作者	篇名	次数	引用篇章
杜甫	《曲江二首》《醉时歌》《绝句漫兴九首》《写怀二首》	4	《天瑞》、《杨朱》(3)
陆机	《叹逝赋》	1	《天瑞》
韩愈	《徐偃王庙碑》	1	《周穆王》
柳宗元	《八骏图》	1	《周穆王》
苏轼	《维摩赞》《上神宗皇帝书》《戏书吴江三贤画像》	4	《仲尼》《汤问》《杨朱》《说符》
李白	《行路难》	1	《杨朱》

从以上列表中的统计情况可知，林希逸《列子鬳斋口义》所引用的典籍中最多的依旧是儒家类，达 14 种，包括《左传》《周易》《谷梁传》《礼记》《论语》《孝经》《中庸》《孟子》《诗经》《尔雅》《周礼》《考工记》《公羊传》《大学》。其中《孟子》和《论语》引用次数最多，分别为 11 次和 10 次。此外，《左传》《周易》《礼记》的引用亦相对较多。

林希逸《列子鬳斋口义》中所引用的道家经典有《老子》《庄子》《关尹子》《淮南子》4 种，其中庄子的引用次数达 64 次，是所有引书中引用率最高的。这与林希逸主张庄列一源、列不及庄有密切关系。另外，除《庄子》《列子》本身外，在这四种道家引书中，其他三种引书与《庄子鬳斋口义》中所引的道家书目相同。

林希逸《列子鬳斋口义》中所引佛教典籍有 9 种，包括《圆觉经》《碧岩录》《景德传灯录》《大慧普觉禅师书》《大慧普觉禅师普说》《宗镜录》《祖堂集》《五灯会元》《金刚经》。其中《圆觉经》引用次数相对较多，其次即是大慧宗杲禅师的语录。

林希逸《列子鬳斋口义》中引用了 9 种史志笔记及先秦诸子类书目，包括《山海经》《碧鸡漫志》《穆天子传》《唐志》《孔丛子》《墨子》《汉书》《晋书》《史记》。其中《汉书》引用 3 次，《山海经》《晋书》与《史记》引用 2 次，其他均为 1 次。

林希逸《列子鬳斋口义》中所引用了 5 位学者的著作，包括朱熹、柳宗元、郭象、张湛、程颢。各家引用频率无大差别。

林希逸《列子鬳斋口义》还引用了 6 位文人的诗赋，包括杜甫、陆机、韩愈、柳宗元、苏轼、李白。其中对杜甫、苏轼诗词的引用相对较多。

第二节 “三子口义”引书分析

上一节分别介绍了“三子口义”中的引书情况，本节进一步对“三子口义”中的引书情况进行分析。综合来说，林希逸“三子口义”所引书目数量是比较多的，总引儒释道典籍与历史笔记类书籍63种，学者著述26家，诗文作者24位。以下，对“三子口义”的引书情况的特点进行具体分析。

一、“三子口义”引书量比分析

就“三子口义”所引书目数量而言，《老子鬳斋口义》引用书目数量最少，《庄子鬳斋口义》引用书目最多。又，在笔者对“三子口义”引书的种类划分上，《老子鬳斋口义》的引书中没有对“史志笔记类”这一部分内容的引用。这当然与《老子》文本五千字与《庄子》文本七万余字的区别有关，同时也可看出，相较于《庄子》和《列子》而言，林希逸并没有花太多的精力来援引他家言论以阐释自己对《老子》的理解。另外，“三子口义”的引书情况中还有一个共同的特点，即不论“三子口义”各自引书种类及次数的多少，儒家典籍所占比重最大。这可以看出林希逸基于其儒者的身份，试图通过儒释思想阐释道家“三子”，以期达到调和儒道关系的目的。

林希逸调和儒道的目的也体现在“三子口义”所引书目中道家典籍所占比重的情况上。《老子鬳斋口义》中所引的道家书目只有《庄子》一种；《庄子鬳斋口义》中所引的道家书目有《列子》《老子》《淮南子》《关尹子》，其中《老子》引用次数最多；《列子鬳斋口义》中所引的道家书目有《庄子》《老子》《淮南子》《关尹子》。“三子口义”对道家书目的引用，大多是采取“三子”互解这一方式；除“三子”本身外，仅提及《淮南子》《关尹子》两种，并且引用次数极少。笔者认为，林希逸是以儒者的身份融合佛教思想来阐释道家最核心的经典，因而再无必要过多援引其他道家典籍。需要注意的是，这并不代表林希逸不熟悉道家道教的思想，林希逸在“三子口义”中多次提及道家道教的术语，也表达了其观点，这将在后文中论述。

二、“三子口义”引书类别分析

为了探究林希逸解读“三子”时的知识背景及其思想架构，笔者在此将“三子口义”中所有引用书目综合起来分析，在此基础上探讨林希逸所重视的典籍及其思想倾向。笔者将“三子口义”引书分成儒家典籍、道家典籍、佛教典籍、历史笔记、著述注释、诗词歌赋六大类,以下逐一论析。其中道家典籍类的引书情况上文已有论及,此即不再赘述。

(一)儒家典籍类

考察“三子口义”的引书内容还可以发现,林希逸在诠释“三子”时,所征引的儒家典籍次数最多,这无疑是基于其儒者的身份。在其所引用的儒家经典中,《孟子》《论语》《周易》三部经典的引用次数又最多,可见林希逸最重视这三本书。反过来说,这三本书对林希逸有很大的影响。另外,林希逸在注解“三子”时,对《尚书》《左传》《礼记》也颇为重视。

值得指出的是,《中庸》与《大学》是《礼记》中的两篇文章,由朱熹抽出单独成篇,将之与《论语》《孟子》合为“四书”。林希逸在“三子口义”中就专门涉及《中庸》与《大学》时将其书名指出来,而在涉及《礼记》其他篇目时则多提《礼记》,可见林希逸在理学上除了对艾轩一脉的传承,其受朱熹的影响亦不小。在其对朱熹论著的引用中也可以看到这一现象。

(二)佛教典籍类

在“三子口义”中,林希逸所引用佛教典籍的总次数虽不如儒家典籍,但其种类较之儒家典籍却要多。由于以佛教思想阐释“三子”亦是“三子口义”的突出特点,笔者在此将重点论述“三子口义”引书中佛教典籍的情况,探讨佛教思想对林希逸这一位理学名家的影响,考察其对佛教典籍的关注情况。

佛经,即是指佛陀一生所说言教的汇编,是释迦牟尼佛圆寂之后,佛教徒结集而成。“三子口义”中所引的佛经有《心经》《大般涅槃经》《维摩经》《圆觉经》《金刚经》《楞严经》《法华经》《坛经》《四十二章经》等。这里需要特别指出的是,《坛经》全称《南宗顿教最上大乘摩诃般若波罗蜜经六祖惠能大师于韶州大梵寺施法坛经》,是佛教禅宗祖师惠能所说,由其弟子法海等集录的一部经典。依据佛教传统,“经”是对记叙佛陀言教的著作之尊称,佛教徒的著作只能称为“论”。因而,《坛经》是唯一一本被称为“经”的、由中国僧人撰述的佛教经典。林希逸所引用的佛经中,次数最多的是《圆觉经》,在“三子口义”中总共援引18次(《庄子鬳斋口义》引14次、《列子鬳斋口义》引4次);其次是《金刚经》,援引7次(《庄子鬳斋口义》6次、《列子鬳斋口义》1次)。由于篇幅与所引比重的原因,笔者在此对两部佛经作简要介绍。

《金刚经》和《圆觉经》都对中国佛教产生了重大的影响。《金刚经》全称《能断金刚般若波罗密经》,该经“是初期大乘佛教的代表性经典之一,也是般若类佛经的纲要书。在中国佛教界,《金刚经》流行得极为普遍,如三论、天台、贤首、唯识等宗派,都各有注疏。尤其是自唐宋以来盛极一时的禅宗,更与《金刚经》有深厚的渊源"①。禅宗六祖惠能就是在市集上卖柴时,偶然听到有人诵读《金刚经》中"应无所住而生其心"一句而顿悟。

有宋一代,《金刚经》为出家人考试的必考科目。在思想主旨上,该经"主要通过非此非彼有无双遣的重重否定,指出世界上的一切事物都是虚幻不实的,要成就无上智觉,就得破除一切执着,扫除一切法相。'凡所有相皆是虚妄',世上的一切事都如梦、如幻,如水面的气泡,如镜中的虚影,如清晨的露珠,日出即散,如雨夜的闪电,瞬息即逝。世上的一切都是因缘和合而成,并无自性,所谓'缘起性空'。因此,我们平时看到的一切事物的形相,实际都不是它们真正的形相,事物真正的形相(实相)是'无相'。这样,世界上一切都不值得执著,这就叫'无住'。在修行实践中,能真正认识到无相之实相,能做到于世界万物都无念无系的'无住',就可以得到真正的解脱"②。

"三子口义"中引用次数最多的《圆觉经》,全称《大方广圆觉修多罗了义经》,亦称《圆觉修多罗了义经》,该经"是透过文殊师利、普贤菩萨、普眼菩萨、金刚藏菩萨、弥勒菩萨、清净慧菩萨、威德自在菩萨、辩音菩萨、净诸业障菩萨、普觉菩萨、圆觉菩萨、贤善首菩萨等12菩萨与佛陀的问答,而宣说'大圆觉'的妙理,并为不同根机众生开示各种修行方法,使众生能随顺悟入圆觉"③。关于此经"圆觉"之含义,唐朝宰相裴休在为宗密所著《圆觉经略疏序》中说道:

> 夫血气之属必有知,凡有知者必同体,所谓真净明妙、虚彻灵通、卓然而独存者也。是众生之本源,故曰"心地";是诸佛之所得,故曰"菩提";交彻融摄,故曰"法界";寂静常乐,故曰"涅槃";不浊不漏,故曰"清净";不妄不变,故曰"真如";离过绝非,故曰"佛性";护善遮恶,故曰"总持";隐覆含摄,故曰"如来藏";超越玄閟,故曰"密严国";统众德而大备,烁群昏而独照,故曰"圆觉"。其实皆一心也,背之则凡,顺之则圣,迷之则生死始,悟之则轮回息。亲而求之,则止观定慧;推而广之,则六度万行;引而为智,然后为正智;依而为因,然后为正因。其实皆一法也。终日圆觉,而未尝圆觉者,凡失也。欲证圆而未极圆觉者,菩萨也。具足圆觉,而住持圆觉者,如来也。离圆觉无六道,舍圆觉无三乘;非圆觉无如来,泯圆觉无真法;其实皆一道也。三世诸佛之所证,盖证此也。如来为

① 赖永海主编,陈秋平译注:《金刚经》,中华书局,2010年,前言第2页。

② 赖永海主编,陈秋平译注:《金刚经》,第10页。

③ 赖永海主编:《中国佛教通史》第5卷,江苏人民出版社,2010年,第517页。

一大事出现，盖为此也。①

就此经的内容来说，“主要是佛为文殊、普贤等十二位菩萨讲述如来圆觉的妙理和观行方法，即依圆照清净觉相，永断无明的理论，以及修止、修观、修禅的方法。在该经中，佛以‘圆觉’为总持法门，圆觉即为妙觉真心，是人人本具的佛性。圆觉妙心本来清净虚空，超脱了生灭轮回，但因为无明的缘故，迷执虚妄幻有，无法认知真如自性，所以不得清净，生起诸烦恼。佛在此经中教导菩萨及众生，修习圆觉法门，远离各种缘生幻有，修习止、观和禅定”②。

从以上对《金刚经》和《圆觉经》的介绍可知，此二部经典的宗旨都是要证得世界的“实相”，通过经中佛陀讲述的修持法门破除虚妄，认识本来清净自性，灭除无明及烦恼，解脱轮回之苦，证得无上菩提。经中以概念、名相阐释世间真实义趣，又有修习方法指导修行实践，涵盖“解”与“行”两方面的旨趣。然而，通过对林希逸所引佛经内容③进行考察即可发现，林希逸对佛经的引用不同于佛经宗旨本身，他只是在概念、名相上援引经文进行类比，并不注重佛经的内容宗旨及修持方法。

除了佛经以外，林希逸在“三子口义”中所引的佛教典籍还包括《景德传灯录》《五灯会元》《大慧普觉禅师语录》《大慧普觉禅师书》《大慧普觉禅师普说》《大慧普觉禅师宗门武库》《碧岩录》《达摩悟性论》《佛地经论》《宗镜录》《祖堂集》，其中又以宗门语录及灯录的引用为主。笔者在此着重探讨林希逸所引语录及灯录部分。

宗门语录，即禅宗语录，是禅门弟子对禅师口头说法之内容的记录。禅宗教法的传承多是口耳传习，因而语录的口语化程度很高。《嘉泰普灯录》载“禅家语言不尚浮华，唯要朴实，直须似三家村里纳税汉及婴儿相似，始得相应。他又岂有许多般来，此道正要还淳返朴，不用聪明，不拘文字。今时人往往嗤笑禅家语言鄙野，所谓不笑不足以为道”④。可见，禅宗语录有着质朴无华的语言特色。宋代是禅宗语录盛行的时期，各种语录大量出现。与“语录”相联系的是“灯录”，“灯录”其实是禅宗史书的性质，但其中又有对历代祖师思想的记录。“灯录”以本宗的前后师承关系为轴线，用语录体记录历代祖师所阐述的思想，以史论并重的方式反映禅宗历史和思想的发展脉络。在禅宗的“灯录”中，《景德传灯录》及《五灯会元》最为著名。

---

① （唐）宗密：《大方广圆觉修多罗了义经略疏》卷一，《大正新修大藏经》第 39 册，第 523 页。

② 赖永海主编，徐敏译注：《圆觉经》，中华书局，2010 年，前言第 2 页。

③ “三子口义”引书明细中已逐一列出，详情参看附录。

④ （宋）正受编：《嘉泰普灯录》卷 25，《卍新纂续藏经》第 79 册，第 444 页。

《景德传灯录》为北宋真宗朝吴僧释道原所撰,共30卷,成书于景德元年(1004),故标名为"景德"。"传灯"意取灯能照亮黑暗,禅宗以法传人,照亮人心,犹如传灯。《景德传灯录》成书之后,诣阙奉进,宋真宗命杨亿等人刊削裁定,并敕令收入《大藏经》。此后,《景德传灯录》在后世流传极广,对教界乃至文人士大夫都产生了深远影响。《景德传灯录》成书之后,其他"灯录"陆续编出,至南宋理宗朝宝祐元年(1253),临济宗济禅僧将法言宗道原的《景德传灯录》、北宋临济宗李遵勖的《天圣广灯录》、北宋云门宗惟白的《建中靖国续灯录》、南宋临济宗悟明的《联灯会要》、南宋云门宗正受的《嘉泰普灯录》五部灯录删繁就简编成《五灯会元》,共20卷。

就灯录来说,"三子口义"中对禅宗史上两部最著名的灯录都有引用,其中《景德传灯录》引用次数最多,总共达23次,也是"三子口义"所引佛教经论中次数最多者;其次为《五灯会元》,总共引用8次。

语录部分,"三子口义"中除圆悟克勤的《碧岩录》引用4次,其余全是引用大慧宗杲禅师的语录,包括《大慧普觉禅师宗门武库》《大慧普觉禅师语录》《大慧普觉禅师法语》《大慧普觉禅师书》《大慧普觉禅师普说》。本文第二章中已说明大慧宗杲禅师及其与林希逸的关系,在此进一步介绍"三子口义"中所引大慧宗杲禅师的这几部书:

《大慧普觉禅师宗门武库》,又称《大慧宗门武库》《大慧武库》,由宋代僧人道谦所编,于绍兴元年(1131)刊行。关于此书的编辑,《大慧年谱》载:

> 按《云卧书》云:师是年坐间,凡有所说,则法宏首座录之。自"大吕申公执政",至"保宁永禅师,四明人",得五十五段而罢兴。宏遂以老师洋屿众寮榜,其间有"兄弟参禅不得,多是杂毒入心"之语,取禀而立为《杂毒海》。今刊本名《武库》者,乃绍兴十年春,信无言等闻师语古道今,聚而编成,福清真兄戏以《杜预传》中"武库"二字为名。及庚午,师偶见是集曰:"其间亦有是我说话,何得名为《武库》?"以是知《武库》之名,实非师意也。①

《大慧普觉禅师语录》,又称《大慧语录》,全书30卷。大慧宗杲于隆兴元年(1163)示寂后,其弟子雪峰蕴闻搜集宗杲平日说法之语辑录而成。乾道八年(1172)收入毗卢大藏,并刊为经板,广为流通。《大慧普觉禅师语录》中收录了《大慧普觉禅师普说》《大慧普觉禅师法语》以及《大慧普觉禅师书》,此三部在入藏之前已有单行本流传于世。林希逸在引用时多次直接提名《大慧

---

① 《大慧普觉禅师年谱》卷一,《嘉兴大藏经》第1册,第803页。

答书》《普说》。

（三）历史笔记、先秦子学类

上文已提及“三子口义”中，只有《庄子鬳斋口义》和《列子鬳斋口义》引用了历史笔记类文献，总共引用此类文献 14 种。史志类有《穆天子传》《国语》《史记》《汉书》《晋书》《北史》《唐书》，其中《史记》引用次数最多，其次是《汉书》。笔记小说类包括《山海经》《世说新语》《说苑》《幽闲鼓吹》《碧鸡漫志》，此类文献的引用频率不高。总的来说，林希逸对以上两种文献的引用，大抵是援引其中的历史故事来加深对《庄》《列》文本的理解。另外，林希逸在《列子鬳斋口义》中还引用了《墨子》这一先秦子书，又从《孔丛子》中间引了公孙龙“白马非马”之论，先秦子学类仅引用此两种，各提 1 次。

（四）学者观点

在“三子口义”的引书中，还有大量学者的注疏经解以及思想论著等。《老子鬳斋口义》中引用 5 家，《庄子鬳斋口义》中引用了 22 家，《列子鬳斋口义》中引用 5 家，综合起来有 26 家。其中仅 4 家（郭象、成玄英、张湛、扬雄）属道家。

综合来看，林希逸对朱熹的引用次数最多，达 11 次，且唯独朱熹的学说观点在林希逸对《老》《庄》《列》的注解当中都有出现。可见，不管林希逸是否认同朱熹，能够肯定的是，他非常重视朱熹的观点。其次是二程，提及 8 次。然后是成玄英，引用 5 次。此外，笔者还发现一个特殊情况，在林希逸之前，注解《老》《庄》《列》的著作已经比比皆是，然而林希逸在注解“三子”时，并没有太多提及或引用别家注解。如《老子鬳斋口义》正文仅提及黄茂材《老子解》，《庄子鬳斋口义》正文中仅提郭象《庄子注》与成玄英《南华真经注疏》，《列子鬳斋口义》正文中仅提及张湛《列子注》，并且引用次数极少。另外，在“三子口义”中，林希逸对他自己的老师陈藻观点的引用也不多，仅提及 2 次。

（五）诗词歌赋类

林希逸善作诗歌，南宋文坛领袖刘克庄称赞林希逸“诗比其师，槁干中含华滋，萧散中藏严密，窘狭中见纡徐”[①]，又感慨“晚见竹溪之诗，叹曰：吾诗可结局矣”[②]。中国现代文学研究家钱钟书指出：“自宋以来，能运使义理语，作为精致诗者，其惟林肃翁希逸之《竹溪十一稿》乎。”[③]在诗歌上能有如此造诣，必定是基于对历代诗文的深入研究。同样，也因林希逸这一方面的特长，增

① （宋）刘克庄撰，王蓉贵、向以鲜点校，刁忠民审定：《后村先生大全集》，第 2438 页。

② （宋）刘克庄撰，王蓉贵、向以鲜点校，刁忠民审定：《后村先生大全集》，第 2439 页。

③ 钱钟书：《谈艺录》，生活 · 读书 · 新知三联书店，2007 年，第 576 页。

添了“三子口义”的又一特色，即引用历代文人诗作来阐释《老》《庄》《列》。

在对《老》《庄》《列》的注解中，林希逸均引用了诗文。《老子鬳斋口义》中引用5家5篇；《庄子鬳斋口义》中引用19家38篇；《列子鬳斋口义》中引用6家11篇。综合而论，“三子口义”中总共引用24位诗人。其中杜甫的诗文引用次数最多，达11次；其次是苏轼与韩愈的诗文，各引用10次。

林希逸所引的诗赋，以杜甫、苏轼、韩愈为主，其他引诗也不专属某一时代，其流派归属比较庞杂，诗人信仰及诗作所体现的思想倾向亦是涵盖儒释道三家。如韩愈、杜甫、柳宗元都是唐朝大儒，李白、罗隐是唐朝道士，王梵志则是初唐白话诗僧，还有宋朝僧人释惟一，北宋苏轼更是纵横儒释道。汉代文人也占有一定比例，如司马相如、枚乘、东方朔等。

“三子口义”中，林希逸对文人诗赋的引用主要有两种用法：一是以诗文意思诠释经典文本的字义与文义。这一用法于《老》《庄》《列》三部“口义”中都有，如《老子鬳斋口义》中“退之论文且曰：‘人笑之则以为喜’，况道乎？”[①]《庄子鬳斋口义》中“杜子美曰：‘俯视但一气，焉能辨皇州！’即此意也”[②]；《列子鬳斋口义》中“子美曰：‘无贵贱不悲，无富贫亦足。’此章之意似近于此”[③]。二是以诗人证明经典文辞之优美。这一用法主要出现在《庄子鬳斋口义》中，如其谓《德充符》中“只一鸣字，韩文公就此抽出成一篇序”[④]。在注解《则阳》篇时他指出“封人因耕而喻政，庄子又以喻学，东坡《稼说》实仿此也”[⑤]，又谓“东坡言因读《庄子》而悟作文之法，履之而后知也”[⑥]。

第三节　“三子口义”引用方式辨析

“三子口义”中征引了大量典籍，内容繁复，引用方式与引用情况亦不尽相同。其所征引的典籍大多是引用原文，包括引文与原文存在文字差异、节引、意引甚至是错引的现象，也有只提作者或只引书名，又有引用学者观点或经历，还存在引文不明出处的情况。笔者将之归为以下四大类：

---

① (宋)林希逸著，黄曙辉点校：《老子鬳斋口义》，第46页。
② (宋)林希逸著，周启成校注：《庄子鬳斋口义校注》，第404页。
③ (宋)林希逸著，张京华点校：《列子鬳斋口义》，第176页。
④ (宋)林希逸著，周启成校注：《庄子鬳斋口义校注》，第96页。
⑤ (宋)林希逸著，周启成校注：《庄子鬳斋口义校注》，第406页。
⑥ (宋)林希逸著，周启成校注：《庄子鬳斋口义校注》，第252页。

一、对典籍原文的征引

（一）引文中存在文字差异

如《老子鬳斋口义》载：“上德既衰，诚信之道有所不足，故天下之人始有不信之心。此‘商人作誓民始叛，周人作会民始疑’之意。”①

按：林希逸此句引文出自《礼记·檀弓下》。今传本《礼记·檀弓下》原文作：“殷人作誓而民始畔，周人作会而民始疑。”

如《庄子鬳斋口义》载：“昔即夕也，《左传》曰：‘居则备一昔之卫。’”②

按：林希逸此句引文出自《左传·僖公三十三年》。今传本《左传·僖公三十三年》原文作：“行则备一昔之卫。”

如《列子鬳斋口义》载：“此段之意，盖谓天本积气，地本积块，必有坏时，故设为此语以形容之。《易》曰：‘乾坤毁，则无以见道。’圣人亦有此意，但不言耳。”③

按：林希逸此句引文出自《易·系辞上》。今传本《易·系辞上》原文作：“乾坤毁，则无以见易。”

（二）节引原文

如《庄子鬳斋口义》载：“死生亦大矣，此五字，乃《庄子》中一大条贯。释氏一大藏经，只从此五字中出，所谓‘死生事大，如救头然’是也。”④

按：林希逸此处引文“死生事大，如救头然”，佛教典籍中并不见这一句。然《坛经·行由品第一》载：“祖一日唤诸门人总来。吾向汝说：世人生死事大。汝等终日只求福田，不求出离生死苦海。”《坛经·机缘品第七》载永嘉玄觉阐释曰：“生死事大，无常迅速。”《当来变经》曰：“三途之难，不可称计。勤修佛法，如救头然。”《心地观经》卷五载：“精勤修习，未当暂舍，如救头然。”林希逸节引不同典籍文献，合作一处用以阐释《庄子》文意。

如《庄子鬳斋口义》载：“尧犹欲问，而封人不之答，但曰退已，犹言尔去休。接舆‘趋而辟’，荷蓧丈人‘至则行矣’，伊川不得与同舟者言，皆此机关也。”⑤

按：林希逸此处引文“趋而辟”“至则行矣”。《论语·微子》载：“楚狂接

---

① （宋）林希逸著，黄曙辉点校：《老子鬳斋口义》，第19页。
② （宋）林希逸著，周启成校注：《庄子鬳斋口义校注》，第240页。
③ （宋）林希逸著，张京华点校：《列子鬳斋口义》，第32页。
④ （宋）林希逸著，周启成校注：《庄子鬳斋口义校注》，第82页。
⑤ （宋）林希逸著，周启成校注：《庄子鬳斋口义校注》，第193页。

舆歌而过孔子曰:‘凤兮凤兮！何德之衰？往者不可谏,来者犹可追。已而已而！今之从政者殆而!’孔子下,欲与之言。趋而辟之,不得与之言。”

又载:“子路从而后,遇丈人,以杖荷蓧。子路问曰:‘子见夫子乎?’丈人曰:‘四体不勤,五谷不分,孰为夫子?’植其杖而芸。子路拱而立。止子路宿,杀鸡为黍而食之。见其二子焉。明日,子路行以告。子曰:‘隐者也。’使子路反见之。至则行矣。”

不难发现,林希逸即是节引《论语》中“趋而辟”“至则行矣”两处所体现的“机关”来阐释《庄子》文意。

如《列子鬳斋口义》载:“‘血气未定’‘方刚’‘既衰’,圣人分作三截,今此分作四段。”①

按:林希逸此处以《论语》对比《列子·天瑞》对人自生至终的概况。《列子》将人生分作“婴孩”“少壮”“老耄”“死亡”四段。而林希逸所谓“圣人分作三截”即《论语·季氏》原文:“孔子曰:‘君子有三戒:少之时,血气未定,戒之在色;及其壮也,血气方刚,戒之在斗;及其老也,血气既衰,戒之在得。’”

(三)意引原文

如《老子鬳斋口义》载:“久,常也,人能得此常道,则终其身无非道也,又何殆乎？自天子以至庶人皆然。”②

按:林希逸此处引用“自天子以至庶人”,该句出自《大学》。原文为“自天子以至于庶人,壹是皆以修身为本”。《大学》原意指“修身”这一原则不分贵贱,人人都一样,因而用“自天子以至于庶人”来形容这一普遍适用性。林希逸在注解《老子》时则节引“自天子以至于庶人”所指称的普遍适用性这一层意义,用以形容“常道”亦是不分贵贱,不管何人,只要能得此常道,则终其身无非道。

如《庄子鬳斋口义》载:“新娶者免役,《礼记》有之。”③

按:林希逸此处引用《礼记》来说明《庄子》所谓“取妻者止于外,不得复使”(《德充符》)。《礼记·礼运》原文为“故仕于公曰臣,仕于家曰仆,三年之丧,与新有昏者,期不使”。

如《列子鬳斋口义》载:“形,总言也;质,随物之质也;气,生形者;‘未见气’者,无极而有极也。《庄子》曰:气杂于芒忽之间而有形。”④

---

① (宋)林希逸著,张京华点校:《列子鬳斋口义》,第24页。

② (宋)林希逸著,黄曙辉点校:《老子鬳斋口义》,第19页。

③ (宋)林希逸著,周启成校注:《庄子鬳斋口义校注》,第91页。

④ (宋)林希逸著,张京华点校:《列子鬳斋口义》,第13页。

按:林希逸此处引文“气杂于芒忽之间而有形”出自《庄子·至乐》。原文为“察其始而本无生,非徒无生而本无形,非徒无形也而本无气。杂乎芒芴(亦作“芒忽”)之间,变而有气,气变而有形”。不难发现,林希逸在这里直接将《庄子》原文中关于气与形及其与芒芴的前后逻辑关系省略掉,只引用气与形之间的一层意思。

(四)错引原文

1. 内容错误

如《庄子鬳斋口义》载:“乱世之祸,苟及其身,常至杀戮,是重于地也,而汝亦不知避之。韩诗曰:‘荣华不满眼,殃祸大如屋。’即此意也。”①

按:林希逸此处引用诗文出自韩愈《寄崔二十六立之》,然此诗原文为:欢华不满眼,咎责塞两仪。

如《列子鬳斋口义》载:“‘鹢’,即《庄子》所谓‘雄鸣上风,雌鸣下风’,相视而风化者也。”②

按:林希逸此处引用出自《庄子·天运》。其原文为:“夫白鹢之相视,眸子不运而风化。虫,雄鸣于上风,雌鸣于下风而风化。类,自为雌雄,故风化。”《庄子》所谓“雄鸣于上风,雌鸣于下风”指的是“虫”,并不是“鹢”。林希逸误认为其是“鹢”。

2. 出处错误

如《庄子鬳斋口义》载:“尸居者,其居如尸然,即《曲礼》所谓‘坐如尸’也。”③

按:林希逸此处引用“坐如尸”一句,并指出其出自《曲礼》。然《曲礼》中并无此句,当出自《礼记·玉藻》,原文为:足容重,手容恭,目容端,口容止,声容静,头容直,气容肃,立容德,色容庄,坐如尸,燕居告温温。

如《列子鬳斋口义》载:“‘趣’,向也。且了生前,何暇计身后?故曰‘且趣当生,奚遑死后’。张翰曰‘且尽生前一杯酒’,乐天曰‘莫思身外无穷事,且尽樽前有限杯’,皆是此意。”④

按:林希逸此处引用张翰、乐天诗句,然张翰、乐天并无此诗。“且尽生前一杯酒”当出自李白《行路难三首》,原文为:“君不见吴中张翰称达生,秋风忽忆江东行。且乐生前一杯酒,何须身后千载名?”而“莫思身外无穷事,且尽樽

① (宋)林希逸著,周启成校注:《庄子鬳斋口义校注》,第79页。

② (宋)林希逸著,张京华点校:《列子鬳斋口义》,第20页。

③ (宋)林希逸著,周启成校注:《庄子鬳斋口义校注》,第165页。

④ (宋)林希逸著,张京华点校:《列子鬳斋口义》,第161页。

前有限杯”并非白居易所作，当出自杜甫《绝句漫兴九首》其四，原文为：“二月已破三月来，渐老逢春能几回。莫思身外无穷事，且尽生前有限杯。”

二、对典籍书名的引用

如《老子鬳斋口义》载：“此皆鼓舞之文，在《庄子》此类尤多。”①

《庄子鬳斋口义》载：“《齐谐》，书名也。其所志述皆怪异非常之事，如今《山海经》之类。”②

《列子鬳斋口义》载：“此‘易’字，莫作儒书《易》字看。”③

按：林希逸在“三子口义”中的此种引用方式即是提出书名，但不援引书中的具体语句，大抵是以所提书之整体意象或风格来为“三子”作注解。

三、直引学者观点或经历

如《老子鬳斋口义》载：“‘愚’字下得过当，秦之愚黔首，此语误之。故晦翁所以谓之劳攘也。”④

按：林希逸此处引用朱熹认为“老子劳攘”的观点。朱熹曾指出“老子则犹自守个规模子去做，到得庄子出来，将他那窠窟尽底掀番了，故他自以为一家，老子极劳攘，庄子较平易”⑤。林希逸并不说明朱熹这一观点的出处，也不提及原文，而是直接援引其观点。

如《庄子鬳斋口义》载：“尧犹欲问，而封人不之答，但曰退已，犹言尔去休。接舆‘趋而辟’，荷蓧丈人‘至则行矣’，伊川不得与同舟者言，皆此机关也。”⑥

按：林希逸此处引“伊川不得与同舟者言”，是程颐亲身经历的一件事，《伊洛渊源录》载：“昔贬涪州，渡汉江，中流，船几覆。舟中人皆号哭，伊川独正襟安坐如常。已而及岸，同舟有老父问曰：‘当船危时，君独无怖色，何也？’伊川曰：‘心存诚敬耳。’老父曰：‘心存诚敬固善，然不若无心。’先生欲与之言，而老父径去不顾。”⑦林希逸援引故事中所体现的意涵来阐释《庄子》，这无疑让儒家学者读起来更加有亲切感。

---

① （宋）林希逸著，黄曙辉点校：《老子鬳斋口义》，第28页。

② （宋）林希逸著，周启成校注：《庄子鬳斋口义校注》，第3页。

③ （宋）林希逸著，张京华点校：《列子鬳斋口义》，第13页。

④ （宋）林希逸著，黄曙辉点校：《老子鬳斋口义》，第71页。

⑤ （宋）朱熹：《朱子全书》第16册，第2078页。

⑥ （宋）林希逸著，周启成校注：《庄子鬳斋口义校注》，第193页。

⑦ （宋）朱熹：《朱子全书》第12册，第979页。

四、不明出处的引文

如《老子鬳斋口义》载:“大慧云:读书多者,无明愈多。”①

《庄子鬳斋口义》载:“或问赵州曰:‘和尚百岁后向那里去?’州云:‘火烧过后,成一株茅苇。’”②

按:以上引用内容,笔者运用现代网络学术搜索引擎并没有检索到具体出处。林希逸这一引用方式的出现,可能是凭借他读书的记忆而为“三子”作注,抑或是当时流传之书中确有语而后世佚失了。

《老子鬳斋口义》引书明细

章节	引用出处	“口义”引文	页码③
一	永嘉禅师《永嘉证道歌》	若以为无,则又有所谓“莽莽荡荡招殃祸”之事。	2
一	《礼记·礼运》	徼,即《礼记》所谓“窍于山川”之“窍”也,言所自出也。	2
一	《庄子·齐物论》	玄之又玄,众妙之门,此即《庄子》所谓“有始也者,有未始有始也者,有未始有夫未始有始也者”,但赞言其妙而已,初无别义。	2
一	《易·说卦》	众妙,即《易》所谓“妙万物”者也。	2
二	《易·系辞上》 《论语·泰伯》	作,犹《易》曰“坤作成物”也。此即“舜禹有天下而不与”之意。	4
二	《尚书·说命中》	“夫惟不居,是以不去”,言有其有者不能有,而无其有者能有之,此八字最有味。《书》曰:“有其善,丧厥善。”便是此意。	4
四	《庄子》	万物之宗,即庄子所谓“大宗师”也。	6
四	《心经》	无尘而不自洁,故曰“同其尘”。此佛经所谓“不垢不净”也。	6
五	《庄子·齐物论》 《庄子·天地》	不仁,犹不德也。《庄子·齐物》曰:“大仁不仁。”《天地》曰:“至德之世,相爱而不知以为仁。”亦是此意。	7

① (宋)林希逸著,黄曙辉点校:《老子鬳斋口义》,第52页。

② (宋)林希逸著,周启成校注:《庄子鬳斋口义校注》,第101页。

③ 此栏页码为林希逸注解内容在黄曙辉点校本《老子鬳斋口义》中的页码。

续表

章节	引用出处	"口义"引文	页码
五(续)	《孟子·尽心上》	以精言之,则有"所过者化"之意,而说者以为视民如草芥,则误矣。	7
	《论语·阳货》	守中,默然闭其喙也。意谓天地之道不容以言尽,多言则每每至于自穷,不如默然而忘言。子曰:"予欲无言。天何言哉?四时行焉,万物生焉。"亦此意也。但圣人之语粹而易明,此书则鼓舞出入,使人难晓。	7—8
六	朱熹《老子书》	晦翁曰:"至妙之理,有生生之意存焉。"此语亦好,但其意亦近于养生之论。	8
十	《心经》	虽荡涤瑕垢,而有不垢不净之心,则能抱一矣。	12
十六	《大学》	致虚,致知之致也。	18
十七	《礼记·檀弓》	此"商人作誓民始叛,周人作会民始疑"之意。	19
	《击壤歌》	太上之时,功既成矣,事既遂矣,天下之人阴受其赐而不自知,皆曰我自然如此,所谓"帝力于我何加"是也。	19—20
十九	《周礼》	属,犹《周礼》"属民读法"之"属"也。	21
二十	永嘉禅师《永嘉证道歌》	莽莽荡荡招殃祸,便是"荒兮其未央哉"。	22
二十一	《孟子·尽心下》	道不可见,而德可见,故以德为道之容。孟子曰:"动容周旋中礼,盛德之至。"与此句差异。	23
	《庄子》 《论语》 《孟子》	但读庄老者,当以庄老字义观之,若欲合之孔孟,则字多窒碍矣。	23
二十四	《易·乾》	不长,不可久也。《易》曰:"盈不可久也。"亦是此意。	26
	《庄子·骈拇》	曰余,曰赘,《庄子》"骈拇枝指"之意也。	26—27
二十五	周敦颐《太极图说》	有物混成,道也,无极而太极也。	27
	《庄子》	反者,复归于根之意也。此皆鼓舞之文,在《庄子》此类尤多。	28

续表

章节	引用出处	“口义”引文	页码
二十六	《孟子·滕文公下》	燕,安也。处,居也,犹吾书所谓“安行广居”也。	29
二十七	《庄子·齐物论》	袭明,即庄子所谓“滑疑之耀”也。	30
二十八	《易·系辞上》	太朴既散,而后有器,即“形而上谓之道,形而下谓之器”也。	31
	《庄子·德充符》	庄子曰:“官天地。”天地之职,亦造化之一官守耳。	31
三十	《易·蒙》	果,《易》言“果行育德”是也。	33
三十一	《孟子·梁惠王上》	若以用兵为喜,则是以杀人为乐,岂能得志于天下?孟子曰:“不嗜杀人者能一之。”亦此意也。	35
三十三	《论语·里仁》	故曰“不失其所者久”。孔子曰:“朝闻道,夕死可矣。”“死而不亡者寿”,亦此意也。	37
三十六	熊克《劝农十首》	此章前八句皆是譬喻,只是“得便宜处失便宜”之意。	39
三十八	《论语》 《孟子》	老子之言仁义礼,其字义皆与孔孟不同,就其书而求其意可也。若论正当字义,则皆失之。	42
三十九	《易》	裂,犹《周易》言毁也。	43
	《庄子·骈拇》	非乎者,言我如此说,岂有不然者乎?庄子曰:“非乎而曾史”是也。	44
	《庄子·则阳》	《庄子》曰:“除日无岁。”亦“数车无车”之意。	44
四十	《易·艮》	反者,复也,静也,静者动之所由生,即《易》所谓艮所以成终成始也。	45
四十一	韩愈《答李翊书》	退之论文且曰:“人笑之则以为喜”,况道乎?	46
	扬雄《法言·君子》	进道若退者,能退则为进也。杨子所谓“以退为进”也。	46
	《易·系辞上》	大象,天地也。《易》曰:“法象莫大于天地。”天地之形,谁得而尽见之?	46
四十七	《易·系辞上》	不行而自知,不求见而自有名,不为而自成,圣人之道,其为用也如此。《易》曰:“不疾而速,不行而至。”亦此意也。	51

续表

章节	引用出处	“口义”引文	页码
四十八	大慧	故前言“绝学无忧”，盖言道不在于见闻也。大慧云：“读书多者，无明愈多。”亦此意也。	51—52
四十九	《论语・里仁》	在我之善，我自得之，故曰“得善”矣。子曰：“苟志于仁矣，无恶也。”与此意同。	52
	《论语・宪问》	在我之信，我自得之，故曰“得信”矣。子曰：“不亿不信。”亦此意也。	53
五十	《庄子・大宗师》	兕所以不能触，虎所以不能害，兵所以不能伤，惟其无心故也。庄子曰：“入水不濡，入火不热。”亦是此意。	54
五十五	《庄子・大宗师》	毒虫不螫、猛兽不据、攫鸟不搏，言物不能伤之也，亦“入水不濡，入火不热”之意。	59
	《左传・僖公十六年》	祥，妖也，故曰“益生曰祥”。《传》曰：“是何祥也？”即此“祥”字之意。	60
	《孟子・公孙丑》	以心使气，是“志动气”也。	60
五十八	贾谊《治安策》	廉，“上廉远地”之“廉”。	63
六十一	朱熹《朱子语类》 黄茂材《老子解》	一书之主意，章章如此，解者多以其设喻处作真实说，故晦庵有“老子劳攘”之论。独黄茂材解云：“此一篇全是借物明道。”此语最的当，但不能推之于他章，故亦有未通处。	66
六十二	《孟子・离娄下》	其不善人者，有道之人亦保合容之。此即“中以养不中”之意。	67
	《论语・颜渊》	求则得之，道本在我。为仁由己，由人乎哉。	67
	洪咨夔《沁园春・寿俞紫薇》	不曰者，如谓“诗不云乎”。	67
六十五	朱熹《朱子语类》	“愚”字下得过当，秦之愚黔首，此语误之。故晦翁所以谓之劳攘也。	71
六十六	扬雄《法言・寡见》	江海为百谷之尊，而乃居百谷之下，此借物以喻“自卑者人高之，自后者人先之”之意。	71
	《尚书・五子之歌》	以言下之，如曰“愚夫愚妇一能胜予”是也。	71—72
	《易・系辞传》	一章三“是以”，亦犹《系辞》一章数“是故”也。	72

续表

章节	引用出处	“口义”引文	页码
六十七	《左传·僖公二十三年》	惟慈故能勇,惟俭故能广,惟能不敢先,故为天下之长。《左传》曰:“晋公子广而俭。”正用此语。	73
	《庄子·齐物论》 《庄子·达生》	战,交物而动也,犹庄子曰“与接为构,日以心斗”也。守,犹庄子曰“纯气之守”也。	73
七十七	《易》	唯有道之人,乃能损我之有余以奉天下,故曰“孰能有余以奉天下,惟有道者”。《易》言损益,亦是此意。	81
八十	《孟子·公孙丑上》	小国寡民,犹孟子言“得百里之地,皆可以朝诸侯,一天下”之意。	83
八十一	《庄子·齐物论》	真实之言,则无华采;有华采者,非真实之言也。庄子曰:“言隐于荣华。”即此意也。	84

《庄子鬳斋口义》引书明细

篇名	引用出处	“口义”引文	页码①
逍遥游	《论语》 《诗经》	《论语》之门人形容夫子只一“乐”字,三百篇之形容人物,如《南有樛木》,如《南山有台》曰:“乐只君子。”亦止一“乐”字。此之所谓《逍遥游》,即《诗》与《论语》所谓“乐”也。……若就此见得有些滋味,则可以读《芣苢》矣。	1
	《山海经》	《齐谐》,书名也。其所志述皆怪异非常之事,如今《山海经》之类。	3
	杜甫《题省中院壁》	子美所谓“落花游丝白日静”是也。	3
	郭象	据此一语,便是郭子玄所谓不经者。	9
	李白《怀仙歌》 《梁园吟》	如李太白曰:“尧舜之事不足惊,莫比夷齐事高洁。”	9
	《山海经》	或曰《山海经》云:藐姑射在寰海外。	10
	成玄英《南华真经注疏》	一本,二迹,三非本非迹,四非非本迹也。	10
	韩愈《送李愿归盘谷序》	即退之所谓刀锯不加,理乱不闻也。	12

① 此栏页码为林希逸注解内容在周启成校注本《庄子鬳斋口义校注》中的页码。

续表

篇名	引用出处	“口义”引文	页码
齐物论	《景德传灯录》	洞山曰:渠今不是我,我今正是渠。	13
	《孟子·告子上》	日以心斗,即孟子所谓“旦昼之所为,有梏亡之”者。	16
	《论语·述而》	所谓“小人长戚戚”是也。	17
	罗隐《蜂》	不见其成功,言无益也,“采得百花成蜜后,不知辛苦为谁甜”,即此意也。	20
	《诗经·大雅·蒸民》	此意盖谓“天生蒸民,有物有则,民之秉彝,好是懿德”。	21
	《大般涅槃经》	此所谓金篦括膜,要汝开眼也。	21
	《礼记》	马,博塞之筹也。见《礼记·投壶》篇。	25
	洪迈	洪野处云:《列子》胜于《庄子》。	27
	周敦颐《太极图说》	其次为有物,是无极而太极也。自有物而有封,是太极分而为两仪也。	28
	《左传·文公十三年》 《晋书·谢安传》	《左传》“绕朝赠之以策”, 羊昙以策击西州门。	29
	《史记·苏秦传》	《史记·苏秦传》注又曰:龙泉水淬刀剑特坚利。	30
	《列子·天瑞》	列子所谓有太质,有太素,有太初,亦是此意。	32
	《无量寿经》	存而不论,即释氏所谓四维上下不可思量也。	35
	《易·系辞上》	怀之者,退藏于密之意也。	35
	《论语·卫灵公》	圣人于此卷而怀之。	35
	《国语·晋语》	《国语》曰“嗛嗛之德,不足就也”,言其自小,即此嗛字。	36
	《淮南子·坠形训》	十日并出,亦见《淮南子》,此盖《庄子》寓言,《淮南子》又因之而妆撰也。	37
	《世说新语·文学》	若此处见得到,则知卫玠之问、乐广之答,皆未为深达。	41
	《论语·述而》	孔子梦周公,果为何如耶?	41
	杜甫《自京赴奉先县咏怀五百字》	穷年,犹子美所谓“潇洒送日月”也。	43

续表

篇名	引用出处	“口义”引文	页码
养生主	《尚书·大禹谟》	此之所谓殆，即《书》之所谓“惟危”也。	48
	《孟子·尽心上》	如此，则可以保身，可以全其生生之理，可以孝养其父母，可以尽其天年。即孟子所谓“寿夭不贰，修身以俟之”也。	49
	朱熹《养生主说》	晦庵以督训中，又看近名近刑两句语脉未尽，乃曰：若畏名之累己而不敢尽其为学之力，则稍入于恶矣。为恶无近刑，是欲择其不至于犯刑者而窃为之，至于刑祸之所在，巧其途以避之。遂以为庄子乃无忌惮之中。	49
	《诗经·豳风·七月》	如《七月》诗：“八月在野，九月在宇，十月蟋蟀入我床下。”	50
	《易·履》	便是“履虎尾”游于羿彀中之意。	53
人间世	《荀子·富国》	荀子《富国》篇有曰“以泽量”，与此意同。	56
	《尚书·禹贡》	今有土可耕，不曰云梦土作乂，而曰“云土梦作乂”……不曰玄缟纤，而曰“玄纤缟”，此文法也。	56
	《论语·卫灵公》	邦有道则见，邦无道则隐，此圣贤之言也。	57
	《梁书·贺琛传》	梁武帝辩折贺琛处，正合此卦影，盖言其争不胜而自屈服也。	59
	《论语》	意与《论语》同，但文奇耳。	64
	《诗经·小雅·北山》	则“率土之滨，莫非王臣”，故曰何适非君！	68
	《诗经·小雅·宾之初筵》	治，“初筵”“秩秩”之时也；乱，“载号载呶”之时也。	69—70
	《尚书·大禹谟》	说者以庄老只见得“道心惟微”一截，无“人心惟危”一截，此等议论果为如何！但读其书未子细尔。	71
	《春秋·僖公三十三年》	杀犹销铄也，陨霜杀草之杀。	72
	《论语·雍也》	抚其背曰：“人不堪其忧，回也不改其乐。”	73
	《论语·八佾》	《论语》曰：“夏后氏以松”，“周人以栗”。	75

续表

篇名	引用出处	“口义”引文	页码
人间世(续)	《汉书·扬雄传》	高名,大家也,“高明之家,鬼瞰其室”。	77
	《史记·滑稽列传》	古者或以人祭河,如西门豹之事,故添痔病一句。	77
	《左传》	功如《左氏》晋人城杞,赋功于诸侯。	79
	《论语》	此段因《论语》所有借以讥侮圣门也。	79
	韩愈《寄崔二十六立之》	韩诗曰:“荣华不满眼,殃祸大如屋。”	79
德充符	《大藏经》 《坛经》	释氏一《大藏经》,只从此五字中出,所谓“死生事大,如救头然”是也。	82
	《河南程氏遗书》	儒家辟以为异端者,谓其于他事皆不讲明,而终身只学此一件,其说甚正。	82
	《周易·系辞传》	天地覆坠,犹《大传》言“乾坤毁”也。	83
	《论语》 《孟子》	读《庄子》之书,与《语》《孟》异,其语常有过当处。	83
	《坛经》	此犹禅家所谓“心迷《法华》转,心悟转《法华》”也。	83
	《中庸》	此和字非若《中庸》所谓“中节”之和而已。	84
	《景德传灯录》	禅家所谓“将心来,与汝安”。学者曰:“求心了不可得。”其师曰:“与汝安心竟。”便是此一段话。	85
	《孟子·尽心上》	孟子曰:“万物皆备于我。”亦是府万物之意,但语脉有不同耳。	86
	《易·履》	游彀中数语极奇绝,此《易》所谓“履虎尾”也。	88
	《老子》	老子曰:“吾有大患,为吾有身。”人之生世,动是危机。	88
	《左传·文公十五》	如《左传》所谓“鲁人以为敏”。	88
	司马彪	宾宾,司马云“恭貌”是也。	89
	《列子·黄帝》	此即鸥鸟不惊之意。	90
	《史记·淮阴侯列传》	恤焉若有亡,即汉王“如失左右手”之意。	90
	《礼记》	岂古人所谓“事死如事生”,不忍死其亲之意!	91

续表

篇名	引用出处	“口义”引文	页码
德充符(续)	《礼记》	新娶者免役,《礼记》有之。	91
	《金刚经》	接而生时于心者,即佛经所谓“无所住而生其心”也。	92
	《孟子·告子上》	才者,质也。如孟子曰“天之降才”也。	92
	《孟子·万章下》	非君臣也,德友而已矣,与孟子“友之云乎”意同。	93
	《孟子·告子上》	此两句极佳。即孟子一指不若人之喻。	94
	《孟子·告子上》	道与之貌者,“物必有则”也。	95—96
	韩愈《送孟东野序》	只一鸣字,韩文公就此抽出成一篇序。	96
大宗师	《老子》	大宗师者,道也,犹言圣法天,天法道,道法自然也。	97
	《孟子·尽心上》	譬如“寿夭不贰”,莫非命也。而又曰“知命者不立乎岩墙之下”。	98
	《诗·豳风·东山》	如《东山》诗曰“勿士行枚”也。	98
	《大慧普觉禅师宗门武库》	如所谓“虾蟆禅只跳得一跳”。	99
	朱熹《朱子语类·持守》	嗜欲者,人欲也;天机者,天理也。曰深浅者,即前辈所谓天理人欲随分数消长也。	99
	《易·系辞上》	不忘所始,不求所终,即所谓“原始要终,故知死生之说”也。	100—101
	赵州	或问赵州曰:“和尚百岁后向那里去?”州云:“火烧过后成一株茅苇。”	101
	《论语》 《孟子》 朱熹《朱子语类·释氏》	此书字义,不可以《语》《孟》之法求之。前辈云:佛氏说性,止说得心。既曰异端矣,又安得以吾书字义求之!	101—102
	《景德传灯录》	寂,静也,面壁十九年,是其容寂处。(按:“十九年”疑误,达摩面壁九年。)	102
	《击壤歌》	亦曰:“帝力于我何有。”	102
	《左传·哀公十八年》	《左传》:使之副者曰承。	104

续表

篇名	引用出处	“口义”引文	页码
大宗师（续）	《尚书·大禹谟》	圣人则曰：“明于五刑，以弼五教。”	104
	《圆觉经》	此释氏所谓“有无俱遣”。	105
	《老子》	老子所谓两者皆归之玄。	105
	《易·系辞上》	死生，犹旦夜也，《易》曰：“通乎昼夜之道而知”是也。	106
	《金刚经》	佛家曰：“是法平等，无有高下。”	107
	《圆觉经》	又曰：“有无俱遣。”	107
	《景德传灯录》	又曰：“大道无难，惟嫌拣择。”	107
	《景德传灯录》	“两个泥牛斗入海，直到如今无消息”一语最佳。	107
	《论语·里仁》	所谓“朝闻道，夕死可矣”是也。	107
	王梵志《世无百年人》	所谓“打铁作门限，鬼见拍手笑”，便是昧者不知也。	108
	《孟子·尽心上》	苟能知之，则“万物皆备于我”。	108
	《关尹子》	《关尹子》有一章发得传授字甚好。	109
	周敦颐《太极图说》	是曰“无极而太极”也。	109
	《易·说卦传》	帝，犹《易》曰“帝出乎震”之帝也。	109
	《易·系辞上》	《易》有“太极是生两仪”是也。	109
	杜甫《洗兵马》	挈天地，犹言整齐乾坤也。	110
	《礼记·檀弓上》	曾子之易箦，其言如许，圣贤之学也。	114
	赵州	鼠肝、虫臂，言至小之物也，便是赵州“火烧过后，成一株茅苇”之论，但其文奇。	114
	贾谊《鹏鸟赋》	贾谊曰：“阴阳为炭，万物为铜。”皆自此中抽绎出。	114
	释惟一《偈颂一百三十六首》	我犹为人猗，便是“忽听上方钟鼓动，又添一日在浮生”。	115
	《礼记·檀弓上》	《庄子》虽为寓言，而《礼记》所载原壤《狸首》之歌，则知天地之间，自古以来，有此一等离世绝俗之学。	115—116

续表

篇名	引用出处	“口义”引文	页码
大宗师（续）	《圆觉经》	假于异物，便是《圆觉》地水火风之论。	117
	《老子》	此老子礼以强世之意。	117
	杜甫《羌村》	亦犹杜诗所谓“惊定乃拭泪”。	120
	《易・系辞上》	《易》曰：“鼓万物而不与圣人同忧。”	122
	《圆觉经》	至于坐忘，则尽忘之矣。此“有无俱遣”之时。	123
	《尚书・洪范》	所谓圣者无所不通，“睿作圣”，睿即通也。	123
	《景德传灯录》	观此坐忘二字，便是禅家面壁一段公案。	123
	《金刚经》	化则“无所住而生其心”矣，故曰同则无好，化则无常。	123
	《礼记・乐记》	古人弹琴，必有歌，如舜鼓琴而歌《南风》是也。	124
	《列子》	看《庄子》此篇，便见《列子・力命》篇不及多矣。	124
应帝王	《维摩经》	四问而四以不知答之，即《维摩经》以不言为不二法门之意。	125
	司马相如《子虚赋》	即乌有、亡是公之类。	125
	成玄英《南华真经注疏》	蒲衣，或曰即被衣也。	125
	《左传・昭公十八年》	泰氏，古帝王也，即“大庭氏”之类。	125
	《尚书・禹贡》	凿河即是疏九河之类。	127
	《老子》	功盖天下而似不自己，即功成而不有之意。	129
	《易・象传》	施字便与施字同义，“天施地生”“云行雨施”。	129
	韩愈《新修滕王阁记》	犹韩文所谓人自得于江湖之外也。	129
	《孟子・公孙丑上》	此不正字便与《孟子》“必有事焉而勿正”同。	131
	《圆觉经》	名实不入，即是“有无俱遣”。	132
	《五灯会元》	今佛家以为观，而古人以为渊，渊有九名，犹今观音十二观也。	132
	《列子》 洪迈	《列子》九渊之名皆全，洪野处谓《列子》胜于《庄子》，恐未为的论。	132
	《论语》	此四个无字，是教人禁止之意，与《论语》四勿字同。	134
	《圆觉经》	佛经所谓“依幻说觉”，“亦复如是”，便是此意。	135
	《老子》	“天道不争而善胜”，便是此胜字。	135

续表

篇名	引用出处	“口义”引文	页码
应帝王（续）	《孟子·离娄下》	孟子曰“大人不失赤子之心”，便是浑沌不凿也。	136
	《论语》	自《骈拇》而下则只掇篇头两字或三字为名，如《学而》《为政》之例。	136
	《易·序卦传》	虽其说亦通，但如此拘牵，无甚义理，却与《易》之《序卦》不同。	136
	《中庸》	《中庸》一篇，起以“天命之谓性”三句，结以“上天之载，无声无臭，至矣”。此亦是文字机轴，但人不如此看得破耳。	137
骈拇	《孟子·告子上》	告子言“义外”，庄子则并以化为外矣。	138
	《老子》	故曰骈于明，即老子“五色令人目盲”之意。	139
	《孟子》	庄子与孟子同时，孟子专言仁义，庄子专言道德，故其书专抑仁义而谈自然，亦有高妙处，但言语多过当。大抵庄子之所言仁义，其字义本与《孟子》不同，读者当知，自分别可也。	141—142
	《大藏经》	一《大藏经》不过此意，安得此语！	143—144
	《论语》 《易》 《孟子》 伊川《春秋传序》 朱熹《朱子语类》 《论语集解》	自闻自见，若在吾书，即《论语》所谓“默而识之”，《易》所谓“默而成之，不言而信”；《孟子》所谓“施于四体”，“不言而喻”。伊川《春秋传序》曰“优游涵泳，默识心通”，皆是此意，但说得平易尔。晦翁惩象山之学，谓江西学者，皆扬眉瞬目，自说悟道，深诋而力辟之。故《论语集解》以识音志，曰默而记之尔；《孟子》“不言而喻”，亦曰不待人言而自喻，不肯说到顿悟处，盖有所惩而然，非《语》《孟》二书之本旨也。若以伊川“默识心通”之语观之，岂得音志乎……不然，何以曰：“一日克己复礼，天下归仁焉。”	144
	刘叔平《庄骚同工异曲论》	塘东刘叔平向作《庄骚同工异曲论》曰：“庄周，愤悱之雄也。”	145
	《史记·老子韩非列传》	太史公谓其：“善属书离辞，指事类情，用剽剥儒墨，虽当世宿学不能自解免也。其言洸洋自恣以适己。”此数句真道着庄子。	145

续表

篇名	引用出处	“口义”引文	页码
马蹄	《孟子·尽心上》	义者,养也,“居移气,养移体”之地。	147
	苏轼《异鹊》	东坡《杂说》有少时所居书室,鸟雀巢于低枝,桐花凤四五日一至,颇与此处相似,见诗集二十八卷《异鹊》诗注。	149
	《孟子·离娄》	若孟子曰“节文斯二者”,“乐斯二者”,圣贤之言也。	150
	《左传》 《国语》	内篇外篇正与《左传》《国语》相似,皆出一手,做了《左传》,又成《国语》,其文却与《左传》不同。	151
胠箧	《左传》	田氏篡齐,以私量贷,公量入,看《左传》所言,便是借圣人之法,以济其盗贼之谋。	154
	《易·剥卦》	丘夷,山颓而夷平也,犹曰“山附于地,剥”也。	155
	《淮南子》	鲁酒薄邯郸围,又见《淮南子》,其文稍异意亦同。	155
	《老子》 苏轼《石苍舒醉墨堂》	其实即《老子》“不贵难得之货,则民不为盗”之意,但说得过当耳。东坡曰:“人生识字忧患始。”岂欲天下人全不识字耶!	157
	《老子》	因巧字却举《老子》“大巧若拙”一语以证之,亦是文法处。	157
	《汉书》	削格,犹《汉书》曰储胥也。	160
在宥	《中庸》	致中和则天地位,失其中和,则有四时不至,寒暑不和之事。	162—163
	《易·系辞下》	“憧憧往来,朋从尔思”,是思虑不自得也。	163
	《论语》 《孟子》	此皆字义不同处,读者当自分别,不可与《语》《孟》中字义相紊乱。	164
	《诗经·周南·卷耳》 《尚书·微子》	吾非自言,指他人而言也,犹《诗》曰“我姑酌彼金罍”,妇称其夫也,《书》曰“我用沈酗于酒”,微子称纣也,此是文法。	164
	《礼记》	《礼记》曰:“筋骸之束。”……尸居者,其居如尸然,即《曲礼》所谓“坐如尸”也。	165

续表

篇名	引用出处	“口义”引文	页码
在宥（续）	《大慧普觉禅师语录》（《灯录》《大慧语录》皆有类似言语）	禅家所谓是虽不言，其声如雷也。	165
	《孟子·告子上》	此一段把《孟子》“出入无时，莫知其乡”合而观之，便见奇特。	166
	《金刚经》	不可系，即不可制也。佛经云“如何降伏其心”，看他降伏字，便见得偾骄不可系之意。	166
	《项籍传》	《项籍传》“锄耰棘矜”。（《史记·项羽本纪》无此语。）	167
	《易·系辞上》	《易》言“一阴一阳之谓道”，亦是此等说话，但其说涵畜，庄子要说得畅快，故其辞如此。	171
	王梵志	则“打铁作门限，鬼见拍手笑”，亦此意。	171
	《易经》	《易》不终于《既济》而终于《未济》，是知物无穷而物无测也。	171
	《论语·子罕》	子在川上而曰“逝者如斯夫”，亦指其无穷无测者言之。	171
	《荀子·解蔽》	上可以为皇，下可以为王，此皇王字如圣尽伦，王尽制。	171
	《景德传灯录》	赵州见投子买油而归，州云：“久闻投子，今见买油翁。”投子曰：“油！油！”看禅宗此事便见。	173
	《景德传灯录》	这一段妆撰问答处，便似《传灯录》上说话。	174
	《老子》	老子曰“知我希，则我贵矣”。庄子又如此翻腾出。	176
	韩愈《答李翊书》	韩退之论文所谓“犹有人之说在”，亦是此意。	176
	《景德传灯录》	既已无己，则何者为有！即庞居士所谓“空诸所有，勿实诸所无”也。	178
	《河南程氏粹言·论道篇》	伊川言释氏“有上达而无下学”，此语极好。	179
	《中庸》	“礼仪三百，威仪三千”，岂一日一人之力可为！	179

续表

篇名	引用出处	“口义”引文	页码
在宥（续）	《论语》 《孟子》	此语不入圣贤条贯，所以流于异端，须莫作《语》《孟》读方可。	181
	苏轼	东坡以为庄子未尝讥孔子，于《天下》篇得之。	181
	《易·系辞上》	且如《易》曰：“形而上者谓之道，形而下者谓之器，化而裁之谓之变，推而行之谓之通，举而措天下之民谓之事业。”又曰：“见乃谓之象，形乃谓之器，制而用之谓之法，利用出入，民咸用之谓之神。”	182
	《尚书·大禹谟》	如《庄子》此段，把许多世间事，唤做卑，唤做粗，中间又着个不可不三字，似此手脚更粗了，便无“惟精惟一，允执厥中”气象。	182
天地	《礼记·乐记》	既有此分，则自有君臣之义，便是“卑高以陈，贵贱位矣”之意。	183
	《孟子·离娄下》	畜天下，即孟子所谓以善养天下者。	184
	《老子》	此五句极纯粹，上三句与《老子》略同。	184
	《孟子·尽心上》	物物不同，而我皆有之，故曰有万不同之谓富，即“万物皆备于我”也。	185
	《论语·子罕》	逝者，往也，“逝者如斯”之逝也。	185
	《孔子家语》	一世之利与一世共之，不拘以为我之私分，“人亡弓，人得之”之意也。	186
	《易·履》	素逝者，以弃朴而往，犹《易》言“素履往”也。	187
	《易·乾·彖传》	忽然出，“首出庶物”之出也。	187—188
	《易·乾·文言》	万物从之，是“圣人作而万物睹”也。	188
	《老子》	视于无形，而其见晓然，即“恍兮惚兮，其中有象”也。	188
	《易·蒙·彖传》	或小或大，或长或短，或远或近，便是“时中”之意。	188
	《圆觉经》	此段言求道不在于聪明，不在于言语，即佛经所谓“以有思惟心求大圆觉，如以萤火烧须弥山”。	189

续表

篇名	引用出处	“口义”引文	页码
天地（续）	《尚书》	配天，犹《书》云“殷礼陟配天”也。	190
	黄庭坚	山谷所谓“百草愁春雨”是也。	191
	《论语・泰伯》	修德就闲，邦“无道则隐”也。	192
	《楞严经》	三患，少、壮、老也，《楞严经》恒河水之喻，便是三患。	192
	《论语・微子》 《河南程氏外书》	接舆“趋而辟”，荷蓧丈人“至则行矣”，伊川不得与同舟者言，皆此机关也。	193
	《论语・颜渊》	尧不赏不罚，今子赏罚而民不仁，其意盖言赏罚不如无，亦如“必也使无讼”之意，却借尧舜禹之名以言之。	194
	《诗・大雅・烝民》 《左传》	形体保神，各有仪则，谓之性，此一句便是《诗》“有物有则”，便是《左传》所谓“民受天地之中以生”，“有动作威仪之则”也。	195
	《论语・公冶长》	所不能闻，所不能言，即“性与天道，不可得闻”之意。	196
	韩愈《送浮屠文畅师序》	退之《送文畅序》曰：“江河所以流，人物所以繁。”亦有所见之言，但今人等闲读过了。	197
	《论语》	子奚为者，犹《论语》曰“奚自”也。	199
	《论语・宪问》	独弦哀歌，譬喻说也，比之击磬于卫，则非矣。	199
	《尚书・益稷》	言举其手，随所顾而指之，民莫不应，《书》曰“惟动丕应徯志”是也。	201
	《坛经》	不藏是非美恶，佛家所谓“不思善，不思恶”也。	202
	《孟子・告子上》	此情字与《孟子》“乃若其情，则可以为善”同。	202—203
天道	《中庸》	运而无积，即是“纯亦不已”。	209
	《大学》	休，止也，言帝王圣人之心，止于此也，亦犹曰“止于至善”也。	210
	《论语・子罕》	忧患不能入，便是“仁者不忧”。	210
	《论语・宪问》	圣门只曰“不怨天，不尤人”，此又添无物累，无鬼责两句，愈自精神。	212

续表

篇名	引用出处	“口义”引文	页码
天道(续)	《孟子·离娄下》	以畜天下,即“以善养人者,服天下”也。	213
	《周易·乾·彖辞》	乘天地者,犹曰“乘六龙以御天”也。	214
	《论语·阳货》 《论语·八佾》	礼法度数,钟鼓羽旄,皆非礼乐之本,犹曰玉帛钟鼓云乎哉也。哀之末也,即“与其易也,宁戚”之意。	215
	《诗经·采薇》	化作,化生也,《诗》言“薇亦作止”是也。	216
	《尚书·益稷》 扬雄《法言》	赏罚,“挞以记”“车服以彰”之类也。	216
	《尚书·皋陶谟》	庄子其言为治之序如此,不知“天讨有罪”,“天命有德”,赏罚何尝非天!	216—217
	《易·乾·彖辞》	出宁者,“首出庶物,万国咸宁”也。	219
	《尚书·说命中》	我若实有此事,人以讥我,而我乃拒之,是两重罪过也,即是“耻过作非”,又翻出此语。	221
天运	《楞严经》	《楞严经》云:“反流全一,六用不行。”即天机不张,五官皆备之意也。	232
	《楞严经》	惑而愚,是意识俱亡,“六用不行”之时。	233
	王迈	王臞轩迈尝云:平生要自做个譬喻不得,才思量得皆是前人已用了底。	235—236
	《论语·为政》	我之言,虽自中出,而汝不能受,“吾与回言终日,不违”,能受者也,汝不能受,则圣人不告汝矣,故曰圣人不出。	237
	《景德传灯录》	即禅家所谓“从门而入者,不是家珍”。	237
	《论语·述而》	汝既无得,则但以圣人为隐,圣人实不隐也,“二三子以我为隐乎,吾无隐乎尔”,便是此意。	237
	《孟子·尽心上》	假道托宿,不可久处也,过则化之意。	238
	《诗·大雅·板》	《诗》曰:“天之牖民”,便是天门之意。	239
	《左传·僖公三十三年》	昔即夕也,《左传》曰:“居则备一昔之卫。”	240
	《周礼·夏官·司马》	“王建路鼓于寝门”,建鼓,言所建之鼓也。	240
	《礼记》	《礼记》“大道”“为公”一段,亦有此意,但庄子说得太甚。	242

续表

篇名	引用出处	“口义”引文	页码
天运（续）	《礼记》	《礼记》中亦有老子呼圣人以名处，想问礼于老聃而师之。	243
刻意	华佗	熊经鸟申，即华佗“五禽之戏”也。	246
	《景德传灯录》	香严所谓唤做闲坐又不得也。郁闭而不流，则是禅家所谓“坐在黑山下鬼窟里”所谓默照邪禅也……如曰“无始以来生死本，痴人唤作本来身”。	249
	《孟子·尽心下》	久则与神为一矣，此“大而化之”之时也。	250
	《易·乾·彖辞》	纯素即《乾》之“纯粹精也”。	251
缮性	苏轼	东坡言因读《庄子》而悟作文之法，履之而后知也。	252
	程颐	义明于中，而后能与物亲，便是“尽己之谓忠”也。	253
	《孟子·离娄》	以中心之真纯而见于外，以其发见者而反求之中心，即是“乐则生矣，生则恶可已”也，故曰中纯实而反乎情，乐也。	253
	《孟子·尽心下》	信其容体之所行而有自然之节文，即是“动容周旋皆中礼”也，故曰信行容体而顺乎文，礼也。	253
	《孟子·离娄》	以善服天下，不若以善养天下，便是此意。	253
	《论语·公冶长》	藏知，“邦无道则愚”也。	256
	《易·系辞上》 《尚书·益稷》	深根，犹曰“退藏于密”也；宁极，犹曰“安汝止”也。	256
	《孟子·尽心上》	足于内者，无求于外，故曰无以益其乐，便是“万物皆备于我，反身而诚，乐莫大焉”。	257
秋水	《山海经》	尾闾，沃焦也，出《山海经》，言海水至此，随沃随干。	260
	《碧岩录》	禅家所谓“任大也须从地起，更高犹自有天来”，便是此意。	260
	陈藻《真仙洞》	乐轩云：“乾坤虽大人身小，拳石空中作胜游。”便是此意。	261

续表

篇名	引用出处	“口义”引文	页码
秋水(续)	《五灯会元》	且如既生之后,我则知之,未生之前,我何由知之!即禅家所谓“父母未生以前道一句子”。	262
	《孟子·公孙丑》	贪污之人,亦不鄙贱之,“尔为尔,我为我”也,故曰不贱贪污。	265
	《老子》	为在从众,和光同尘也。	265
	《孟子》	不贱佞谄,“由由然与处”,“焉能浼我”之意也。	265
	《左传·僖公十年》	以尧为是,以桀为非,固趣操之当然,然以“不有废者,君何以兴”观之,则趣操之不可定可见矣。	266
	《孟子·尽心上》	“万物皆备于我”,是兼怀也,而无所私爱,故曰其孰承翼。	268
	《论语·子罕》	物之生也,若骤若驰,即所谓“逝者如斯夫”,变动转移,无时不然。	268
	朱熹	朱文公问答书中,廖德明亦曾有此问,文公皆不曾答,想难言也。	269
	《孟子·尽心上》	下云谨于去就,其意愈明,亦犹《孟子》曰“知命者不立岩墙之下”也。	269
	《孟子·离娄下》	发明至此,道之至要也,理之至极也,故曰反要而语极,犹《孟子》曰“将以反说约”也。	269
	《山海经》	夔无角,一足而行,见《山海经》。	271
	刘禹锡《天论》	就风之中又添说个小不胜大胜,愈见奇特,即人众胜天,天定胜人之意。	271
	《列子》	《列子》所言魏牟、公孙龙与此全异。	273
	《景德传灯录》《大慧普觉禅师普说》	此篇河伯海若问答,正好与《传灯录》忠国师“无情说法”,“无心成佛”问答同。看大慧云:“这老子软顽,撞着这僧又软顽,黏住了问。”谓其“家活大,门户大,波澜阔,命根断”。这数语,庄子却当得。大慧语详见《普说》中。	275

续表

篇名	引用出处	“口义”引文	页码
至乐	屈原《卜居》	奚为奚据以下四句，言若何而可也，便与屈原《卜居》文势一同。	276—277
	《圆觉经》 《五灯会元》	形变而有生……释氏曰“动转归风”，便是此生字。又曰“在眼曰视，在耳曰听，在手执捉，在足运奔”，便是此生字。	278
	《礼记·檀弓上》	鼓盆之说，亦寓言耳，且如原壤之登木而歌。	278
	《尚书·大禹谟》	此便是“道心惟微”，不可以独行于世，所以有执中之训。	278
	大慧	李汉老因哭子而问大慧，以为不能忘情，恐不近道。大慧答云：“子死不哭，是豺狼也。”	278
	《圆觉经》	释氏所谓“四缘假合”，“今者妄身，当在何处”，其意实原于此。	280
	《论语·卫灵公》	鸟之所食，非人之所食，以人之食而养鸟，违其性矣，此意只是“不可与言而与之言，失言”。圣门只是一句，他却撰出许多澒洞说话。	282
	《大般涅槃经》其他诸经及诸语录中亦有。	这欢字便是“寂灭为乐”也。	283
	《列子》	《列子》于中又添两句，便不如他省了两句。	283
达生	《世说新语·雅量》	生之所无以为者，言身外之物也，如人生几两屐，一口几张匙是也。	285
	《金刚经》	正平者，心无高下决择也，犹佛氏曰“是法平等”也。	285
	《圆觉经》	合则成体，言四大假合而后成身。	286
	郭象《南华真经注》	郭象下两个“停审”字，亦自好。	289
	王钦若	射而睹物曰注，王钦若曰“以陛下为孤注”，即此注字。	290
	枚乘《七发》	以畏涂喻衽席，即“蛾眉伐性之斧”之意，此示人窒欲之戒。	291

续表

篇名	引用出处	“口义”引文	页码
达生(续)	《左传·宣公二年》	《左宣公二年》:“宰夫胹熊蹯不熟,杀之置诸畚。”即此类也。	292
	韩愈《送李愿归盘谷序》	即退之所谓“处污秽而不羞,触刑辟而诛戮”是也。	292
	《易·睽》	此事之喻,又与“见豕负涂,载鬼一车”者不同,然圣人既以此语入之爻辞,则是世间必有此事,亦不足怪也。	293
	《孟子·梁惠王下》	疾字有怒之意,即直视也,却与匹夫“按剑疾视”不同。	294
	《孟子·离娄下》	故,本然也,《孟子》曰:“言性者,故而已矣。”	295
	成玄英《南华真经注疏》	故、性、命三字,初无分别,但如此作文耳,若以生长字强求意义则误矣。	295
	“注家之说”指成玄英。《类篇》	鐻似夹钟,此虽注家之说,然钟以金为之,岂削木所能成,愚按《大观类篇》曰:“鐻,钟鼓之柎也。”	296
	《考工记》	笋簴之形,为鸟为兽,刻木为之,极其精巧,《考工记》中可见。	296
	《考工记》 吴道子	《考工记》云:“盖之圆,以象天地。”盖乃至圆之物,故取以为喻,非谓其实为盖也。如吴道子画佛像圆光,只一笔便成,遂入神品,即此类也。	297
	黄庭坚《书十棕心扇因自评之》	指,手指也,指与物化,犹山谷论书法曰“手不知笔,笔不知手”是也。	297
山木	东方朔《答客难》	一龙一蛇,犹东方朔曰“用之则为虎,不用则为鼠”也。	300
	《左传·僖公十年》	有成则有毁,言“不有所废,君何以兴”也。	301
	韩愈《送浮屠文畅师序》	胥,相也。此退之所谓“俯而啄,仰而四顾,深居而简出”者也。	302

续表

篇名	引用出处	“口义”引文	页码
山木（续）	《景德传灯录》 《五灯会元》 杜甫《观公孙大娘弟子舞剑器行序》	击竹而悟，卷帘而悟，皆其送者也，譬如见舞剑而善草书，始因剑而悟之，既悟则剑为送者矣，读书亦资送者也。	303
	《列子》	既说一大段，却把比譬喻结，便是文字首尾起结之法。《列子》有同此段。	304—305
	《论语》 《孟子》	君子之交淡而亲，小人之交甘而易绝，皆说尽人世情状，此语虽入之《语》《孟》亦得。	308
	《诗经·卫风·氓》	无故以合，则无故以离，《氓》诗便可见也。	308
	《孟子·滕文公下》	人益者，富贵之也；无受者，“富贵而不淫”也。	310
	《易·乾·文言》	吾亦与之俱行，亦与之俱泄，故曰偕逝，即所谓“与时偕行”，“与时偕极”也。	311
	《汉书·公孙贺传》	公孙贺拜相而哭，非无受人益难乎！	311
	《孟子·尽心下》	《孟子》曰：“性也，有命焉，君子不谓性也。”即是人之不能有天性也。	311—312
	《礼记·曲礼》	“入国问俗”，问禁也，故曰入其俗从其俗。	313
田子方	《易·革》	龙虎，成文章也，“大人虎变”是也。	316
	《诗·陈风·防有鹊巢》	《诗》云“中唐有甓”，唐肆，今之过路亭也。	318
	\	释氏所谓悟后依旧是故时人，意谓见到无处方尽，仍旧即是有时道理也。	319
	屈原《九歌》	被发而干，即《离骚》所谓晞发也。	319
	《易·系辞上》	肃肃，严冷之意，赫赫，辉明之意，即是“一阴一阳之谓道”。	320
	苏轼 王安石《虎图》	东坡形容画竹与杜诗曰“神闲志定始一扫”，亦近此意。	323
	《易·坤》	不成德，不自有其成功，犹《易》曰“或从王事，无成”也。	324
	《尚书·说命》	终身无闻，犹《书》曰“暨厥终罔显”也。	324
	《文鉴》	旦属之大夫，古本作“夫夫”，司马云：上夫字作大字读。夫，一大也。太山石始皇文曰“御史夫夫”，盖篆字夫与大同，见《文鉴》。	324

续表

篇名	引用出处	“口义”引文	页码
知北游	《景德传灯录》	问而不知答，是“此中无老僧，面前无阇梨”也。	328
	菩提达摩《悟性论》	知者不言，此是达磨西来，不立文字，直指人心，见性成佛。	329
	《维摩诘经》	不言之教，即维摩不二法门也。	329
	程颐《入关语录》	伊川曰：“复入之息，非已出之息。”此语极好，便是此意。	330
	《易》	“硕果不食”，《剥》者，《复》之萌也。	330
	《易・乾》	天地有大美而不言，即《乾》“以美利利天下”，不言所利大矣哉。	332
	《论语・子罕》	有去而不已之意，便是“逝者如斯”。	332
	苏轼《前赤壁赋》	东坡所谓“逝者如斯，而未尝往也”，若非有所见，亦不能道及此。	332
	《大慧普觉禅师语录》	释氏所谓“好手手中呈好手，红心心里中红心”。	333
	《大学》	德将汝美，“德润身”也。	333
	《孟子・滕文公下》	道将汝居，“居天下之广居”也。	333
	《圆觉经》	《圆觉》所谓“今者妄身，当在何处”，便是此意。	334
	《圆觉经》	四枝彊，即《圆觉》所谓身体轻安也。	336
	《中庸》	终则复始，“纯亦不已”也。	337
	《四十二章经》	此意盖是贬剥人身，便是释氏所谓皮囊包血之论。	337
	《大藏经》	子细看来，《大藏经》中许多说话，多出于此。	337
	《易・系辞上》	圣人则曰，“方以类聚，物以群分”，此则无分精粗彼我，皆曰相齿，亦高论也。	338
	《易・系辞下》	此即往者伸也，来者屈也，《易》之所谓“穷神知化”者也。	338
	《佛地经论》	即佛所谓唯有法身常住不灭也。	339
	《景德传灯录》	释氏所谓“无情说法”，瓦砾“炽然常说”，即此意也。	340

续表

篇名	引用出处	“口义”引文	页码
知北游（续）	《圆觉经》	《圆觉》曰：“说无觉者，亦复如是。”觉而至于无觉，可谓妙矣。	345
	《兰亭记》	凡人游于山林皋壤之间，其始也必乐，既乐则必有所感，感则哀矣，《兰亭记》中正用此意。	348
庚桑楚	《景德传灯录》	杓，小器也，必我浅而易见，故人得以知之，如释氏言“我修行无力，为鬼神覻破”是也。	350—351
	《五灯会元》	趎方独见，而老子以为与众人偕来，正释氏所谓“汝胸中正闹”也。	354
	《五灯会元》	若有心乎用知，则反为我身之累，此意盖谓无心既不可，有心又不可，即释氏所谓“恁么也不得，不恁么也不得”。	354
	《中庸》	泰然而定，则天光发见即诚而明也。	358
	《孟子·尽心上》	备物者，备万物之理也，“万物皆备于我”也。	359
	《金刚经》	退藏于不思虑之地，而其心之应物，随时而生，即佛家所谓“无所住而生其心”也。	359
	《易·坤·文言》	存于中者敬，则应于外者无不通，即“敬以直内，义以方外”也。	359
	《孟子·尽心下》	不知其所持者，虽有所主而不知其所主，“大而化”也。	359
	《中庸》	故曰明乎人，明乎鬼，然后能独行。此即“莫见乎隐，莫显乎微，是以君子慎其独也”。	360
	《孟子·尽心上》	券内者，所求在我之分内也，即《孟子》所谓“求则得之”。	361
	《碧岩录》	故曰出而不反，见其鬼。释氏曰“鬼窟里活计”，即此是也。	362
	《景德传灯录》	人能于有形之中而视之似无形，则见理定矣，象，似也，释氏云“但可空诸所有，不可实诸所无”，便是此意。	363
	《老子》	《老子》曰：“虚而不屈，动而愈出。”虽出者不穷，而不可屈。	363

续表

篇名	引用出处	“口义”引文	页码
庚桑楚(续)	《中庸》	即“鸢飞于天,鱼跃于渊,言其上下察也”。	364
	《易·系辞上》	藏者,“退藏于密”也。	364
	《论语》 《孟子》	此处字义,与《语》《孟》不同,以《庄子》读《庄子》可也,不可自拘泥。	369
	《孟子·离娄下》	知者以其所不知而为知,亦犹婴儿之睨也,此即“智者行其所无事”之意。	369
	《淮南子·说山训》	羿之射,见雀必得,雀亦畏之,猿见养由基,抱树而啼,即此意也。	370
	《易·乾》	复,反复也,犹《易》之“反复道也”。	371
徐无鬼	《类篇》	踉,音郎,《类篇》云“欲行貌也”。	374
	《五灯会元》	闻足音而喜,但是人则喜之矣,不必其知识乡人也……禅家所谓久客还家是也。	374—375
	成玄英《南华真经注疏》	若以大隗为大道之隗然者,亦凿说也。	378
	《大学》	乘日者,与日俱往,即日新也。	378
	《说文解字》	蹢音掷的,《说文》云:“住足也。”	383
	《汉书·东方朔传》	东方朔与舍人争辩,亦有此意,可以参看。	383
	《尚书·大禹谟》	以德分人,犹曰“德乃降,黎民怀”也。	385
	《列子》	此事不见于他书,只见于《列子》,亦寓言而已。	385
	《景德传灯录》	赵州问南泉不疑之道,便是此数语之意。	396
则阳	《景德传灯录》	有不言之教,可以悟人,如以至和饮之也,佛书所谓如饮醍醐是也。	398
	《诗·曹风·候人》	彼其,犹《诗》曰“彼其之子”也。	398
	《坛经》	佛氏所谓“本来面目”,“本地风光”,便是此意。	400
	《尚书·益稷》	间,犹言笙镛间作也。	400
	《老子》	《老子》曰“数车无车”,亦此意。	402—403
	杜甫《同诸公登慈恩寺塔》	杜子美曰:“俯视但一气,焉能辨皇州!”即此意也。	404

续表

篇名	引用出处	“口义”引文	页码
则阳（续）	苏轼《稼说》	封人因耕而喻政，庄子又以喻学，东坡《稼说》实仿此也。	406
	《老子》	《老子》曰：“不尚贤，使民不争；不贵难得之货，使民不为盗。”即此意。	406—407
	《尚书·泰誓》	失得正枉两句，即“百姓有过，在予一人”。	407
	《孟子·万章》	一人之形有不得其生，则人君退而自责，即匹夫不被泽，若已纳之沟中也。	407
	《论语·卫灵公》	子贡对曰：“然。非与？”即此意也，见《卫灵公》篇。	408
	《孟子·梁惠王下》	或使者，有主宰，无非使然，所谓“行或使之，止或尼之”是也。	412
	《楞严经》 《法华经》	佛氏所谓“如我按指，海印发光，似汝举心，尘劳先起”即此意也。又曰：“我为法王，于法自在。”	415
外物	《左传·哀公三年》	苌弘被放归蜀，刳肠而死，蜀人以匮盛血，三年而化为碧玉，此事与《左传》所载稍异。	416
	《晋书·刘隗传》 《北史·斛律光》 《孔子家语》	其言似诞，晋元帝托运粮不至而杀其臣，其血逆柱而上，齐以明月之谶。杀斛律光，其血在地，去之不灭，则亦世间所有之事也……曾子未见悲泣之事，想以芸瓜大杖则走之事言之。	416
	《淮南子》	槐能生火，故以槐言之，《淮南子》曰“老槐生火”，见《汜论》篇。	417
	黄庭坚《奉和文潜赠无咎篇末多见及以既见君子云胡不》	山谷云：“本心如日月，利欲蚀之既。”正用此意。	418
	《说苑》	监河侯，《说苑》曰“魏文侯也”。	418
	《诗经》 《尚书》	此段盖喻游说之士，借《诗》《书》圣贤之言，以文其奸者。	420
	《老子》	虽和光同尘，不与世相忤，而我之所存者自在，故曰顺人而不失己。	424

续表

篇名	引用出处	“口义”引文	页码
外物	《晋书·付咸传》	此言痴儿了官事,官事不可了也。	426
	杜甫《宿赞公房》	到与倒同,子美曰“霜倒半池莲”,即此倒字。	426
	扬雄《法言》	此三句皆言既失而复,杨子曰“先病而后瘳”也。	427
	《尚书·无逸》	所,犹“所其无逸”之所也。	427
寓言	《周礼·夏官司马》	《周礼》曰“以受诸侯之逆”,亦言向我而来者为逆也。	434
	《碧岩录》	五年而来,寂灭之中又有不寂灭者也,禅家所谓大死人却活是也。	435
	《古尊宿语录》	此段与《齐物》同,但添强阳火日之说,又要弄笔头,禅家所谓重说偈言也。	438
让王	王安石 朱熹	荆公之学,真个把做两截看了,却欲以此施用,多举绪余土苴之语,所以朱文公深辩之。	443
	《列子》	此说亦甚切当。此段与《列子》同。	444
	二程	所学夫子之道足以自乐,乐者何物也? 故二程每教人求颜子乐处,此不可草草看过也。	447
	《中庸》	此语即《中庸》“勉而行者”之事。	448
	《孟子·万章》	其并乎周者,我若与周同乎斯世,是涂辱吾身也,犹曰“如以朝服朝冠,坐于涂炭也”。	452
	陈师道《送杨侍禁寄频黄二公二首》	不赖者,不取以为资也,后山云“亲年方赖禄”,是用此赖字。	452
盗跖	《论语·为政》	子张欲行义以求富贵,因干禄之语而借其名也。	459—460
	《孟子·告子上》	盖娇《孟子》“天爵”“人爵”之说也。	460
	《幽闲鼓吹》	侠人、因人、秉人,皆言其富可以使人也,即“十万通神”之意。	462
	《孟子·告子上》	百姓所同得,“有物有则”者也,度即则也。	462
	《尚书·尧典》	雍,“黎民于变时雍”也。	462

续表

篇名	引用出处	"口义"引文	页码
盗跖（续）	《易·豫》	久病长阨而不死，即《易》所谓"贞疾，常不死"也。	464
	《世说新语·规箴》	满若堵者，言积财而高于堵，所谓阿堵物是也。	464
	苏轼	东坡谓《让王》以下四篇，非庄子所作，此见极高。	465
	司马迁《史记》	而太史公《庄子传》但谓作《渔父》《盗跖》《胠箧》以诋訿孔子之徒。	465
	《列子》	不然，则此书此篇在汉而后，或因散轶为人所窜易，亦犹今《列子》也。	465
说剑	\	\	\
渔父	《诗经·国风·唐风·蟋蟀》	忧，思也，《诗》曰"职思其忧"是也。	471
	《尚书·大禹谟》	不精不诚，不能动人，即"至诚感神"之意也。	473
	《论语·八佾》	无问其礼，"与其易也，宁戚"也。	473
	《汉书》 《唐书》	《前汉·艺文志》，《庄子》五十二篇，其篇数与今不同。《唐书》只四十卷，即今行于世者。	475
列御寇	《礼记·乐记》	"和顺积中，英华发外"，此圣门之言。	477
	《景德传灯录》	赵州曰："老僧修行无力，为鬼神觑破。"即此意也。	478
	《易·乾·文言》	贞固足以干事，诗曰"为邦之干贞"，干犹贤辅也。	482
	刘琨《重赠卢谌》	有似坚刚而实软弱缠绕者，诗云："昔为百炼刚，化作绕指柔。"	484
	《圆觉经》 《大慧普觉禅师法语》	《圆觉》云："不重久习，不轻初学。"《大慧》云："切不得道我会他不会。"便是此意。	486
	《唐书·房玄龄传》	髯，有须也，房玄龄云"李纬好须髯"是也。	487
天下	《孟子》	庄子于末篇序言古今之学问，亦犹《孟子》之篇末"闻知""见知"也。	491
	苏轼《庄子祠堂记》	读其总序，便见他学问本来甚正，东坡云：庄子未尝讥夫子。亦看得出。	491

续表

篇名	引用出处	“口义”引文	页码
天下（续）	《易·蒙·象传》	恶乎在，无乎不在，便有“时中”之意，言百家之学，虽各不同，而道亦无不在其中。	491
	《礼记·王制》	蓄息蓄藏，如三年耕一年食之类是也。	491
	《孟子》	孟子辟杨墨，此书亦以杨墨兼言者屡矣，今以道术分论数家而不及杨氏者，意以其学不足比数也。	496
	《史记·刺客列传》	亦犹豫让曰：“吾之为此极难，所以愧天下之为人臣而怀二心者。”便是此意。	498
	李白《北山独酌寄韦六》	李翰林有《独酌寄韦六》诗曰：“念君风尘游，傲尔令自哂。”便是此傲字。	498
	《淮南子》，亦见《说苑》	濡弱谦下，即舌柔长存之意。	503
	《乐轩集》	乐轩所谓“一物都无万物全”是也。	503
	《春秋》 《中庸》	盖著书虽与作文异，亦自有体制，起头结尾，皆是其用意处。如《春秋》之绝笔获麟，如《中庸》之“上天之载，无声无臭”，此书《内篇》之浑沌七窍，皆是一个体制，不可不知也。	512

《列子鬳斋口义》引书明细

篇名	引用出处	“口义”引文	页码①
天瑞	《左传·僖公三十三年》	“郑之有原圃，犹秦之有具囿”也，见《左氏》。	9
	《老子》	“疑独”者，如老子所谓“似万物之宗”“象帝之先”。	10
	《老子》	此《老子》全章之文，而曰：《黄帝书》，则知老子之学亦有所传，但其书不得尽见。《老子》第六章中，精则实，神则虚。	11
	《老子》	用于虚无之中，故不劳而常存，即老子所谓“虚而不屈，动而愈出”是也。	11
	朱熹《老子书》	晦翁曰：“至妙之理，有生生之意存焉。”此语亦好。	11

① 此栏页码为林希逸注解内容在张京华点校本《列子鬳斋口义》中的页码。

续表

篇名	引用出处	“口义”引文	页码
天瑞(续)	《庄子·寓言》	《庄子》曰:“终日言而未尝言”,与此意同。	12
	《庄子·齐物论》	《庄子》曰:“有始也者,有未始有始也者,有未始有夫未始有始也者”,其言自妙。	13
	《庄子·至乐》	《庄子》曰:气杂于芒忽之间而有形。此又就气上添一层。	13
	《易》	此“易”字,莫作儒书《易》字看。	13
	《谷梁传·庄公三年》	天地之生物,亦是合阴阳之精,而后化化生生也。故曰:“独阴不生,独阳不成。”	15
	《易大传》	阴阳、刚柔、仁义,《易大传》分作天、地、人说,此又分作天地、圣人、万物说,亦自有理。	16
	《庄子》	此段与《庄子》同,但中间又添数语……	17—18
	《礼记·月令》	如《月令》“雀化为蛤”“鹰化为鸠”,此天地间自然之理、必有之事。	19
	《山海经》	“亶爰”,山名也,出《山海经》,“其状若狸而有发”。	19
	《庄子·天运》	“鹀”,即《庄子》所谓“雄鸣上风,雌鸣下风”,相视而风化者也。	20
	《庄子》	自此以下却与《庄子》同。若就《庄子》观之,上面一截说了,却把个至怪底结杀,此是其立意惊骇世俗处,非实话也。	21
	《关尹子》	至江南而复出,所以多有伪书杂乎其间,如《关尹子》亦然。	21
	《圆觉经》	精神属于天,骨骸属于地。《圆觉》“四大”之说也……此即《圆觉》所谓“今我法身,当在何处”也。	23
	朱熹《释氏论》	朱文公于此谓释氏剽窃其说,恐亦不然。	23
	《论语·季氏》	“血气未定”“方刚”“既衰”,圣人分作三截,今此分作四段。	24

续表

篇名	引用出处	“口义”引文	页码
天瑞(续)	《庄子·大宗师》	《庄子》曰:“大块载我以形,劳我以生,逸我以老,息我以死”,亦分作四截。	24
	《庄子·大宗师》	既老,则欲虑虽有而不能自强,《庄子》谓之“逸以老”,此谓“体将休”,意同而辞异尔。	24
	《庄子·大宗师》	至于形气既尽,反而归其所,即《庄》所谓“息我以死”也。	24—25
	杜甫《曲江二首》	杜诗所谓“江上小堂巢翡翠,陇边高冢卧麒麟。细推物理须行乐,何用浮名绊此身”,便是此章之意。	25
	《庄子·齐物论》	“今之死不愈昔之生”,即《庄子》“弱丧不知归”之说。	26
	《论语·子罕》	“息”,止也。“吾见其进,未见其止”是也。	27
	《碧岩录》	然今禅家有“死心”之论,有“大死人却活”之语,此中又有深意,非徒曰生死而已。	28
	《庄子》	“失家”,即“弱丧”之论。	28
	《老子》	“非其名”者,言有名即非也,《老子》曰:“可名,非常名”是也。	29
	陆机《叹逝赋》	川阅水以成,川水滔滔而长逝;世阅人以成,世人冉冉以行暮。“人何世而不新?世何人而能故?”正是此意。	30
	《易·系辞上》	《易》曰:“乾坤毁,则无以见道。”圣人亦有此意,但不言耳。	32
	《圆觉经》	《圆觉》所谓“今者妄身,当在何处”,便是此意。	33
	《庄子》	此段与《庄子·知北游》篇同。但“烝”字《庄子》作“丞”,是也,此必传写之误。	33
	《孝经·庶人章》	天时、地利,以至禽兽、鱼鳖,皆天地之所有,人盗而用之。圣人则曰“用天之道,分地之利”。《列子》却如此鼓舞其言。	34
	柳宗元《天说》	柳子厚《天说》之喻,亦原于此。	34

续表

篇名	引用出处	“口义”引文	页码
天瑞（续）	《老子》	以天地之德观之，则盗与不盗，皆为有心者也……《老子》曰：“天下皆知美之为美，斯恶已。”正是此意。	34—35
黄帝	《庄子·山木》	此言“华胥之国”亦与《庄子·山木》篇“建德之国”其意一同。	36
	《淮南子·地形训》	《淮南》云：“正西曰弇州，西北曰台州。”	36
	《中庸》	“入水不溺，入火不热”，“无入而不自得”也。	36
	《庄子》	“假”当作“遐”，《庄子》中多有此意。以此《列子》比《庄子》，人谓胜之，恐亦未然。	36—37
	《庄子》	此段之语多与《庄子》同，其意只形容无为之治而已……与《庄子·逍遥游》篇同。	37
	《庄子》	守以无心则可，非智巧所及，非果敢之勇所能也。《庄子·达生》篇亦有此语。	40
	《论语·述而》	“藏”，隐而不知也，如夫子“以我为隐”也。	41
	《庄子》	此数语与《庄子》同。	42
	《庄子》	此段与《庄子·田子方》篇全同。	42
	《圆觉经》	“乞儿”“马医”，其心苟诚，皆可学道，所以见之必下车也。此亦《圆觉经》不轻初学之意。	46
	《庄子》	此数语与《庄子·人间世》篇同。	47
	《庄子》	此数语与《庄子·达生》篇同。但《庄子》以为“注”，此以为“抠”，字异而义同。“抠”，投也。《庄子》以为“轻内”，此以为“拱内”。	48
	《庄子》	“赍”，《庄子·达生》篇作“齐”，乃水之旋磨处也，“赍”字亦误也。	49
	《孟子·离娄下》	《孟子》曰：“言性，则故而已矣”，即此“故”字。	49
	《庄子》	此段与《庄子·达生》篇同。	50
	郭象《庄子注》	郭象注《庄子》，下两个“停审”字，亦自好。	50
	《论语·雍也》	“上”，“语上”之“上”也。	50
	《庄子》	此三句与《庄子·达生》篇同。	51

续表

篇名	引用出处	“口义”引文	页码
黄帝（续）	《景德传灯录》	“夫子能之”“能不为”，便是黄檗与异僧度水，黄檗以为兴妖捏怪，彼僧回首而谢曰：“大乘法器，我所不及”，正此论也。	52
	《孟子·公孙丑上》	此“不正”字，便与《孟子》“必有事焉而勿正”同。	54
	《庄子·应帝王》	但《庄子》只言其三。此有其九，似非《列子》本书，必后人所增也。	55
	《毛诗传》 《尔雅》 张湛《列子注》 郭象《庄子注》	“肥水”，《毛诗传》云“所出同而所归异”是也。以上水名，多见《尔雅》，必后人以《尔雅》之名而增之。注家曰：“水之湍激流止，如至人之心，因外物难易，有动寂进退之容。”此说误矣。郭象注《庄子》此处亦此类尔。	56
	《庄子·大宗师》	雕琢其聪明而归复于朴，谓“堕肢体，黜聪明”也。	57
	《庄子·应帝王》	“忺”合作“纷”，“戎”合作“哉”，从《庄子》为是，此皆传写之误也。庄、列皆一宗之学，此等议论必其平昔所讲闻者，故二书皆有之。	57
	《礼记·乐记》	“食于十浆，而五浆先馈”，其人敬己，不待买而馈之。“和顺积中，英华发外”，此圣门之言。	58
	《景德传灯录》	“外镇人心”者，“镇”，服也，言我未能无迹，故人得而见之，所以心服而敬我也。赵州云：“老僧修行无力，为鬼神觑破。”即此意也。	59
	《庄子》	“无多余之赢”，言其赢利所余无多也。此句比《庄子》添一“无”字，则意异矣。	59
	《庄子·天运》 《庄子·列御寇》	“汝不能使人无保汝”者，即《庄子》所谓“忘我易，使人忘我难”也……此段与《庄子列御寇》篇同，但一二字不同耳。	60
	《庄子·寓言》	此段与《庄子·寓言》篇全同，但“涫”字《庄子》作“盥”，义亦通。	61
	《庄子》	此段与《庄子·山木》篇同。	62

续表

篇名	引用出处	"口义"引文	页码
黄帝(续)	《孟子》	《孟子》以杨朱为"为我",据此数处,则杨朱似为老子之学。	62
	《老子》	柔可常胜,强则不胜,此老子之论。	63
	《左传·襄公十二年》	"若徒"者,犹曰"若而人"也。	63
	《老子》	此举粥子之言也,又以老子数语证之。粥子自有一书,亦老子之徒。"兵强则灭"者,恃其兵力以争战者必亡也。"木强则折"者,如藤如柳则难折,木则易折也。柔弱者常生,坚强者常死。"徒",类也。此语见《老子》七十六章。	64
	《庄子》	此段与《庄子·齐物》篇同,而文稍异……圣人以智笼群愚,谓其鼓舞化导,使之不自知也。《庄子》则以此为无是无非之喻,却与此意异矣。	67
	《庄子》	此段与《庄子·说剑》篇略相似。	69
周穆王	《碧鸡漫志》	叶法善与明皇游玉桥,亦是此类。	71
	《穆天子传》 韩愈《徐偃王庙碑》	此事详见于《穆天子传》,韩退之作《徐偃王庙碑》亦引用之,《左氏》有"式如金,式如玉"之诗,亦是此事。	72
	柳宗元《八骏图》	柳子厚所辩《八骏图》,其形又怪异,此亦未知其孰是孰非孰实也。	73
	《左传·昭公十二年》	德有慊而其乐自足,恐后世追数以为吾过,《祁招》所谓"形民之力,而无醉饱之心",亦此意也。	73
	《周礼》	《周礼》之有"六梦",此亦言六梦,却先以觉之八征言之……六候之梦与《周礼》同……"惧"与"噩"不同,《周礼》注中却无分别。	75
	《论语·为政》	我之盈虚消息。天地亦然,万物亦然,故曰"通于天地,应于物类"。《语》曰"四十而不惑",亦此境界。	76
	《大慧普觉禅师书》	释氏所谓"梦觉一如",此语极好。《大慧答书》中有说高宗梦得说、孔子梦周公、佛梦金鼓一篇,其讲明"梦觉一如"处甚好。	78
	《唐志》	日月之余光更互而照之,故其国不暝。《唐志》所言熟羊胛而日又出者,世间恐亦有此等国土,未可知也。	80

续表

篇名	引用出处	“口义”引文	页码
仲尼	《庄子》	其大旨不过如此，却寓言以抑扬之，其笔法去《庄子》远甚，恐非列子之本书。	87
	苏轼《维摩赞》 《大慧普觉禅师普说》	释氏以音为“观音”，杲佛日学东坡《维摩赞》，作《观音赞》一首，正是此意。其辞曰：“世间种种音声相，众以耳听非目观。唯此大士眼能观。于眼境界无所取，耳鼻舌身意亦然。善哉心洞十方空，六根互显如是义。”见《语录普说》第十五段，自解说得甚明。	87—88
	《庄子·养生主》	“视听不用耳目”，即《庄子》所谓“官知止而神欲行”之意也。	88
	《周易·系辞上》	物来干我，我则知之，即是“寂然不动，感而遂通”也。	89
	《庄子》	《庄》《列》之字义不可与吾书比。	91
	《论语·为政》	此即“从心不逾矩”之说，但说得鼓舞尔。	94
	《景德传灯录》	今禅家正用此机关，兼此段文字亦与《传灯录》辩义处语句同。	94
	\	释氏曰：“执药治病，药亦为病。”近于此意。	98
	《庄子》	庄、列之论，大抵皆如此翻腾其说。	98
	《孟子·滕文公上》	“养养之义”，犹《孟子》所谓“役人”“役于人”者也。	100
	《孔丛子》	故曰“白马非马，形名离也”。《孔丛子·公孙龙》同。	105
	《庄子》	谓之有母，则非孤犊也。《庄子》亦有处同。	105
	《宗镜录》	有心求者去道远，道何远于有心者？无心求者去道近，道何尝近于无心者？释氏曰：“道不可以有心求，亦不可以无心得”，即此意也。	107—108
	《庄子》	以是观之，则庄、列之学何尝以槁木、死灰为主？……此一节乃庄、列书中大条贯。	108
	《祖堂集》 《五灯会元》	禅家曰：“不许夜行，投明须到”，“绝后再苏，欺君不得”，乃是此意。	108

续表

篇名	引用出处	"口义"引文	页码
仲尼（续）	《大慧语录普说》	《五祖演论真净语录》说："冷秋秋地，古庙香炉，一念万年，为障蔽光明"，其意正如此也。此一段见《大慧语录普说》中。	108
	《庄子·天下》	《庄子·天下》篇论田骈、慎到，"块不失道"，"为死人之学"，亦是此意。	108
汤问	《金刚经》 《庄子·齐物论》	物之外，事之先，朕所不知者，即四维上下不可思量，《庄子》所谓"六合之外，存而不论"也。	110
	《庄子·齐物论》	"无极""复无无极"，此下数语，与《庄子》"有始也者，有未始有始也者，有未始有夫未始有始也者"一样语脉也。	110—111
	《庄子·逍遥游》	《庄子·逍遥游》篇曰"汤之问棘"，此曰"夏革"，"棘""革"音近，恐传讹也。然大抵皆寓言尔，名字异同，不足深考。	111
	《庄子》	此亦务为高远广大之言。《庄》《列》之书皆如是。	111
	《庄子》	此章以下，诸段皆然，若要逐章求义理，则不可也。读《庄》《列》之书，别具一只眼可也。	112
	《山海经》	世言《山海经·大荒经》皆禹所作，亦犹今人言张骞穷天河也。	115
	《庄子·逍遥游》	"夷坚"，亦犹《庄子》之"齐谐"也。	115
	《庄子·人间世》	此即《庄子》"听之以耳，不若听之以气；听之以气，不若听之以心"之论。	116
	《考工记》	此数语《考工记》之说，盖言形气之不定，所以见造化也。	116
	\	释氏言：补陀大士初修行时，穷苦而无所见，将下山。遇人于水边，磨一铁尺，问之曰："磨此何用？"曰："将以为针。"大士笑之曰："汝岂愚邪？铁尺可磨为针乎？"其人曰："今生磨不成，后生亦磨不成？"大士大悟，再归补陀，而后成道。	117—118

续表

篇名	引用出处	“口义”引文	页码
汤问（续）	苏轼《上神宗皇帝书》	东坡曰：“徐徐而为之，十年之后，何事不立？但恐此意不坚，行之不力耳。”东坡此语似甚浅近，若研究得来，尧之竞竞，舜之业业，汤之又日新，文王之纯亦不已，即此一念也。	118
	《墨子》 《汉书》 《晋书》	此章之言，《墨子》亦有之，《两汉》夷狄传、《晋》之载记，亦间有一二事相类。《列子》之意，不过曰天地之内，国土不同，风俗各异，岂必皆如中国而后为美？我之所好，安知非彼之所恶哉？	123
	《老子》	盖言治国、治天下，若平其心，无强无弱，无轻无重，则弱可以制强，轻可以制重。此即老子柔能胜刚之论也。	125
	程颢	若明道曰：“一百四病皆由他，心须由我始得”，此语又高。	126
	《孟子》	“发之”，谢而送之也。此语亦有见于《孟子》者。	128
	《汉书》	《汉书》“搢绅”，“搢”亦作“荐”。	130
	《圆觉经》	释氏“四大”之说亦类此。	131
	《孟子·公孙丑上》	锥末虽倒眦而不瞬，孟子所谓“不目逃”也。	131
	《礼记·学记》	“裘”“箕”，古语也，已见《学记》。	134
	《考工记》	此语素难通，然《考工记》有裘氏，不知所主何事？……“气力有余”，御者不劳也，犹《考工》曰“其衽不敝”之意也。	134
力命	《庄子》	“朕岂能识”者，言亦非命所能制，又有自然而然者制之。即《庄子》所谓“吾所待又有待而然者”也。	138
	《庄子》	其去也将之，其来也迎之。《庄子》曰：“适来，夫子时也；适去，夫子顺也。安时处顺，哀乐不能入也。”亦是此意。	145
	《庄子》	“自短”“自长”，即《庄子》凫鹤之论。	147

续表

篇名	引用出处	“口义”引文	页码
力命（续）	《庄子》	此章即《庄子》“天之君子，人之小人；人之君子，天之小人”之意。	148
	《汉书》	“若若”，动而不止也，《汉书》有“緌若若”是也。	149
	《庄子》	“居若死”，即《庄子》“尸居”之意，“形如槁木，心如死灰”是也。	149
	《庄子》	此下五段，撰出此等名字，以形容人情世态，亦《庄子》所谓“姚佚启态”之类。	150
	《庄子》	“凌谇”，诘问也，《庄子》曰：“哲士无凌谇之事不乐。”	151
	《孟子》	此等言句，便与孟子“知命者不立岩墙之下”者不同，圣贤之言所以异于异端也。	154
杨朱	《庄子》	然此等文字亦太露筋骨，似非所以垂训之意。《庄子》则不然。	160
	杜甫《醉时歌》	生虽异而死则同，即杜子美所谓“孔圣盗跖同尘埃”。	161
	李白《行路难》	张翰曰“且尽生前一杯酒”。	161
	杜甫《绝句漫兴九首》	乐天曰“莫思身外无穷事，且尽樽前有限杯”。	161
	《易·系辞下》	“死相捐”，古人死则弃之，易所谓“不封不树，丧期无数”是也。	163
	《晋书·郭璞传》	“腹溢而不得恣口之饮，力疲惫而不得肆情于色”，郭璞“酒色之资恐用不尽”之论也。	167
	《庄子》	此段与《庄子·盗跖》篇相似，其文亦如此长枝大叶。	167
	《孟子》 《论语》	以此思之，孟子曰：“寿夭不贰，修身以俟之。”多少滋味，多少理义，多少受用不尽处。孔子曰：“朝闻道，夕死可矣。”其意亦在此。	167
	《庄子》	庄、列之书，本意愤世，昏迷之人，却如此捭阖其论，而又为后人所杂。读其书而不得其意，与不辨其真伪者，或以自误。此所以为异端之学也。	167

续表

篇名	引用出处	“口义”引文	页码
杨朱(续)	苏轼《戏书吴江三贤画像》	我之生也,不问十年百年,所见所闻与所更历不过如此,更千年万年亦然也。杜牧曰:“浮世工夫食与眠”,亦是此意。	169
	《庄子》	“枝流”者,支派小流也。《庄子·秋水》篇亦有此意。	173
	《庄子》	物虽可去,而有不容去者,我亦不得而有去物之心也。《庄子》所谓“物莫足为而不可不为”者是也。	174
	杜甫《写怀二首》	子美曰:“无贵贱不悲,无富贫亦足。”此章之意似近于此。盖言人生只是习惯,若皆攻苦食淡,不知有人世荣乐之事,则人人无不足者。	176
说符	《庄子》	《庄子》曰《德充符》,此曰《说符》,“符”字虽同,而义不同。	179
	《春秋公羊传》(实为《春秋谷梁传》)	人不贵于自贤而贵于知贤,《公羊》曰:“能贤,贤也;使贤,亦贤也。”与此意同。	183
	《史记·商君列传第八》	以人言而知我,则必以人言而罪我,言其本不相知,徒信他人之言,安可保也? 卫鞅曰:“君不能以子之言而用我,亦必不能以子之言而杀我”,亦此类也。	184
	《史记·滑稽传》《论语》	此章与《史记·滑稽传》有相似处。其意盖谓“己所不欲,勿施诸人”。	186
	《论语》	此章盖言擿奸发伏,反以启民之争心。孔子曰:“听讼,吾犹人也。必也,使无讼乎!”又曰:“苟子之不欲,虽赏之不窃。”便是此意。	187
	《诗经·邶风·匏有苦叶》	“方将厉之”,“厉”,渡水也。《诗》曰:“深则厉,浅则揭。”	187
	《庄子》	况“先以忠信”“又从以忠信”,此两“以”字下得与《庄》《列》之书全别。	188

续表

篇名	引用出处	“口义”引文	页码
说符（续）	《淮南子》	此一章与《淮南·道应》篇全同。若《列子》已出于景帝时，《淮南》不应全用之，以此知非《列子》之本书也必矣。	189
	《老子》	“飘风暴雨不终朝”，老子之语也。	190
	《左传·襄公八年》	故曰“德行无所施于积”。子产曰：“无文德而有武功”，即此意也。	190
	《论语》	“败矣，子所使求马者”，句法与“何哉，汝所谓达者”同。	193
	《庄子·胠箧》	本不相干，侠客怒而仇其家，此“鲁酒薄而邯郸围”、“城门失火，殃及池鱼”之意，言祸福出于意料之外也。	195—196
	《礼记·檀弓》	此章即是“其嗟也可去，其谢也可食”之意。	196
	《孟子》	于陵仲子哇其兄之鹅，孟子所讥，亦此意也。	196
	《左传》	《左传》狼瞫之事亦是此意。怼其君不知已，而至于杀其身，此非直道也。	197
	《孟子·梁惠王》	“慎所出”者，其出于我者，无以加于人也。即“出乎尔，反乎尔”之意。	197
	《庄子》	此《庄子》“为善无近名”之意。	200
	\	此章乃释氏“吞啖世界”“大虫食小虫”之论。	202
	《庄子》 《孟子》	此意盖谓人有数等，彼此皆辱，而人不自知。即《庄子》“以隶相尊”之意。此中亦有孟子所言“墦间”之意，但不露耳。	202—203
	苏轼	坡诗所用“瓮筭”亦此意。	203
	《大学》	意有所属者，则于其行也，虽抵触而不自知。即《大学》“心不在焉，视不见，听不闻”之意。	204—205

第四章 “三子口义”的“三子观”研究

通过前面三章的研究，已经获得了关于林希逸生活的时代环境、生命经历、知识背景等方面的认识与理解，以此为基础乃可稳妥地进入对“三子口义”本身的思想内容与特出之处的研究。其中“三子观”是首先需要探究的内容，这是深入研究林希逸对“三子”思想之阐释与解读的前提。所谓“三子观”，即是对老、庄、列其人其书的认识，是老、庄、列学的重要组成部分。本章即对“三子口义”中的“三子观”进行研究。

第一节 “三子”其人其书

老子、庄子、列子作为道家的代表人物，他们的身世历来是学者们探讨的重要话题之一。他们的思想分别汇聚在《老子》《庄子》《列子》三部书当中，对这三部书的成书、真伪等问题的判定也是研究“三子”思想的前提。对于这些问题，林希逸在“三子口义”中提出了自己的观点。

一、老子其人其书

（一）老子其人

老子，古典道家的创始人。关于老子其人，历来众说纷纭。早在汉代，司马迁在《史记・老庄申韩列传》中即对老子生平概况作了描述，指出“老子者，楚苦县厉乡曲仁里人也，姓李氏，名耳，字聃，周守藏室之史也”①。《老庄申韩列传》中还记载了孔子曾问礼于老子、关尹请老子著书等事迹，又云“自孔子死之后百二十九年，而史记周太史儋见秦献公曰：‘始秦与周合，合五百岁而离，离七十岁而霸王者出焉。’或曰儋即老子，或曰非也，世莫知其然否”②。从

① （汉）司马迁：《史记》第7册，中华书局，2014年，第2603页。

② （汉）司马迁：《史记》第7册，第2607页。

司马迁的言辞中不难发现,值西汉之时,就存在关于老子的不同传说。同样,《孔子世家》记载鲁南宫与孔子适周,“鲁君与之一乘车,两马,一竖子俱,适周问礼,盖见老子云”①。《史记·仲尼弟子列传》也记载了孔子事师的情况,“孔子之所严事:于周则老子;于卫,蘧伯玉;于齐,晏平仲;于楚,老莱子;于郑,子产;于鲁,孟公绰”②。后世关于老子其人的各种说法,都是由此细绎出来。

在关于老子的众多说法中,有“孔子师事老子”一条,多为后世儒家“卫道”者否认。在唐代,以维护儒家道统自居的韩愈在《原道》中所说:“老者曰:孔子,吾师之弟子也。……为孔子者,习闻其说,乐其诞而自小也,亦曰:吾师亦尝师之云尔。不惟举之于其口,而又笔之于其书。噫!后之人虽欲闻仁义道德之说,其孰从而求之?”③韩愈在此即表达了对“孔子师事老子”这一说法的不满。再有,与林希逸同时代的“南宋三大学派”之“永嘉学派”集大成者叶适认为:“孔子赞其(指老子)为龙,则是为黄老学者借孔子以重其师之辞也”,并断言:“教孔子者必非著书之老子,而为此书者必非礼家所谓老聃,妄人讹而合之尔。”④

作为南宋理学代表之一,林希逸在文献史料的基础上提出了自己对老子其人的看法。他在《老子鬳斋口义·发题》中指出:

> 老子姓李氏,名耳,字伯阳,以其耳漫无轮,故号曰聃。楚国苦县人也。仕周,为藏室史。当周景王时,吾夫子年三十,尝问礼于聃,其言屡见于《礼记》。于夫子为前一辈。《语》曰:“述而不作,窃比于我老彭。”太史公谓夫子所严事,亦非过与也。及夫子没后百二十九年,有周太史儋,尝见秦献公,言离合之数。或曰儋即老子,非也。儋与聃同音,传者讹云。周室既衰,老子西游,将出散关。关令尹喜,知为异人,强以著书,遂著上下篇五千余言而去。⑤

关于老子的姓氏、官职,林希逸认同《史记》中的记载。其中关于“耳漫无轮”一句,唐张守节撰《史记·正义》载:“聃,耳漫无轮也……疑老子耳漫无轮,故世号曰聃。”⑥张守节尚持保守的态度解释老子号“聃”的缘由。而林希逸则直

---

① (汉)司马迁:《史记》第6册,第2314页。

② (汉)司马迁:《史记》第7册,第2658页。

③ (唐)韩愈撰,马其昶校注,马茂元整理:《韩昌黎文集校注》,上海古籍出版社,1986年,第14页。

④ (宋)叶适:《习学记言序目》上册,中华书局,1977年,第209页。

⑤ (宋)林希逸著,黄曙辉点校:《老子鬳斋口义》,发题第1页。

⑥ (汉)司马迁:《史记》第7册,第2604页。

接肯定地认为老子“以其耳漫无轮,故号曰聃”。

韩愈是林希逸非常重视的先贤之一,林希逸在注解“三子”时经常提及韩愈。但此处,林希逸并不同意韩愈的观点,更是迥异于同时代的叶适。林希逸认为“孔子师事老子”确有其事,并且以《礼记》中多有记载孔子问礼于老子作为依据。值得考察一下的是,最早记录孔子问礼于老子的传世文献当属《史记》。而《礼记》则是由戴圣于西汉宣帝时编辑,时谓《小戴礼记》。《礼记》成书晚于《史记》,但林希逸不以《史记》作论据,原因之一可能是《礼记》在唐代即被列为儒家“九经”之一,到宋代被列入“十三经”之中,为“三礼”之首。无疑,以儒家经典作为论证依据更能拉拢儒道的关系。而韩愈所谓“为孔子者,习闻其说,乐其诞而自小也”的说法倒也不攻自破。

同时,林希逸认为老子确实长孔子一辈。对于这一点,林希逸以孔子自己的话来做依据。《论语》曰:“述而不作,窃比于我老彭。”关于“老彭”一词有不同解释,依照林希逸的逻辑,“老彭”即是指老子与彭祖,孔子说“窃比于我老彭”即反映出老子长孔子一辈。不论“老彭”一词当取何意,林希逸的目的很明显,即是以儒家自己的经典论证孔子与老子确有关系。紧接其后,林希逸认为《史记》中“夫子所严事”,即孔子事老子的记载并没有错。可见,林希逸对叶适所谓“教孔子者必非著书之老子,而为此书者,必非礼家所谓老聃,妄人讹而合之尔”这类观点也是不赞同的。对于《史记》中关于老子与太史儋之间关系的模糊态度,林希逸直接指明太史儋不是老子,其理由乃是“儋与聃同音,传者讹云”。至于为什么提出这一理由,林希逸并没有具体说明。

(二)《老子》其书

关于《老子》的成书,林希逸采用司马迁《史记》中的观点:因周朝衰败,老子西出函谷关,应关令尹喜之请留下道德五千言。对于老子在函谷关所留下的这五千余字,林希逸指出:

> 其上下篇之中,虽有章数,亦犹《系辞》上下然。河上公分为八十一章,乃曰“上经法天,天数奇,其章三十七;下经法地,地数偶,其章四十四”。严遵又分为七十二,曰阴道八,阳道九,以八乘九得七十二,上篇四十,下篇三十二。初非本旨,乃至逐章为之名,皆非也。唐玄宗改定章句,以上篇言道,下篇言德,尤非也。今传本多有异同,或因一字而尽失其一章之意者,识真愈难矣。①

林希逸认为《老子》上下篇,虽各分成许多章节,但也如同《系辞》的上下分篇。

① (宋)林希逸著,黄曙辉点校:《老子鬳斋口义》,发题第1—2页。

《系辞》是孔子讲论《周易》的易学概论，因其篇幅较长，为了研读方便，于是分为上下二篇。以此来看，林希逸认为《老子》原貌即是一整篇文字。因此，对于河上公、严遵对《老子》分章的做法，林希逸认为"初非本旨"。河上公、严遵二人对《老子》进行分章后又逐章取名，林希逸认为这种做法是错误的。有唐一代，李唐王朝尊老子为先祖，道教为国教，举国崇奉《老子》。开元十年，唐玄宗亲自注疏《老子》，"《道德》分上下者，开元二十一年，颁下其所分，别上卷四九三十六章，法春夏秋冬；下卷五九四十五章，法金木水火土"①。这就是林希逸所谓"唐玄宗改定章句"，他认为这种做法也是错误的。林希逸进一步指出，当时所传的《老子》版本存在很多相异的地方，这使得诸家解说因不同传本中的字词差异而导致失去老子原本的意旨。以此来看，不管是注家对《老子》原文的改定编排，或是传写过程中因字词的误抄，都致使认识《老子》真意愈来愈困难。

回顾历史，关于《老子》其书的问题，同老子其人一样，众说纷纭。20 世纪 30 年代，学界就相关内容进行了集中讨论。1973 年长沙马王堆帛书本《老子》的出土与 1993 年湖北荆门郭店竹简本《老子》的出土为古本《老子》的研究提供了新的材料。结合现在的研究成果，反观林希逸当时对《老子》一书的看法，其所做出的判断基本上是符合真实情况的。林希逸虽然认为《老子》分章并不符合其本旨，但通行的《老子》版本，尤其是经唐朝以官方力量推广过后，其八十一章的分章格局基本固定下来。所以林希逸作《老子鬳斋口义》，亦是将《老子》文本分作八十一章，逐章注解。但林希逸并没有仿照河上公或严遵为《老子》各章冠名的做法，而是采取唐玄宗《御制道德真经疏》的方式，以每章开头一句作为本章篇名。

二、庄子其人其书

（一）庄子其人

林希逸在《庄子鬳斋口义·发题》中对庄子其人进行了介绍："庄子，宋人也，名周，字子休，生睢阳蒙县，在战国之初，与孟子同时，隐遁而放言者也。"②庄子身世同老子一样，众说纷纭。林希逸对庄子其人的介绍虽然简单，但其中体现着林希逸对庄子其人的判断，以下即对林希逸的判读进行详细分析。

《史记·老子韩非列传》最早对庄子进行了概述。后世对庄子的了解，主要也是通过《史记》的记载以及《庄子》一书。《史记》载："庄子者，蒙人也，名

① 《唐玄宗御制道德真经疏外传》，《道藏》第 11 册，第 810—811 页。

② （宋）林希逸著，周启成校注：《庄子鬳斋口义校注》，发题第 1 页。

周。周尝为蒙漆园吏,与梁惠王、齐宣王同时。其学无所不窥,然其要本归于老子之言。”①司马迁记载庄子是“蒙人”,具体是哪国并没有说清。《庄子·列御寇》载庄子居宋,汉时之人一般也主张庄子是宋人。《史记·索隐》引刘向《别录》称:“宋之蒙人也。”高诱注:“庄子名周,宋蒙县人。”班固在《汉书·艺文志》中注“庄子”:“名周,宋人。”张衡《髑髅赋》:“吾宋人也,姓庄名周。”至隋唐时期,学者们则认为庄子是梁人。《隋书·经籍志》、陆德明《经典释文·序录》等即是这种主张。对于隋唐学者的这一看法,很好理解。因为,战国时期的宋,在汉代属于梁,隋唐学者即根据《汉书·地理志》的记载,认为庄子为梁人。

到了宋代,开始流行庄子为楚人的说法。北宋乐史在《太平寰宇记》中指出:“小蒙故城,在县(指宋州县,今河南商丘)南十五里。六国时,楚有蒙县,俗为小蒙城,即庄周之本邑。”②南宋时期,理学之大成朱熹在与门人的问答中指出:“庄子自是楚人……大抵楚地便多有此样差异底人物学问。”③此时,我们发现,林希逸并没有跟随乐史、朱熹等人的看法,他还是主张庄子为宋人。当今学者对庄子为何国之人也进行了探讨,大多数学者的观点与林希逸的说法一致。近人马叙伦作《庄子宋人考》一文,为当今学界的代表性观点。至于“蒙”的具体位置,宋代大学者如苏轼、王安石等认为现在的安徽蒙城即庄子出生之“蒙”,然而安徽蒙城,在汉时称山桑,唐天宝元年开始改为蒙城。二者所言实属疏误。林希逸则主张庄子“生睢阳蒙县”。《元和郡县图志·河南道》载:

> 宋城县,汉睢阳县,属宋国,后属梁国。后魏属梁郡。隋开皇三年罢梁郡,以县属亳州。十六年,于此置宋州,睢阳属焉。十八年改为宋城。④

宋国有宋城县,在汉代称睢阳,故成玄英在《南华真经疏序》中说:“其人姓庄,名周,字子休,生宋国睢阳蒙县。”可见,林希逸坚持了这一主张。

庄子的字——“子休”,则出现得很晚。陆德明在《经典释文·序录》中注解“姓庄,名周”时曰:“太始公云:‘字子休。’”然在现在所见的《史记》中并没有这一说法。但在唐代成玄英的《南华真经注疏序》及司马贞《史记·索隐》中提到了庄子字子休。可见,大抵从唐代开始,庄子字子休一说就开始流行起来。林希逸在介绍庄子时,也加上了“字子休”这一条。至于庄子在世的确

---

① (汉)司马迁:《史记》第7册,第2608页。

② (宋)乐史撰,王文楚等点校:《太平寰宇记》卷十二《宋州》,中华书局,2007年,第221页。

③ (宋)朱熹:《朱子全书》第18册,第3901页。

④ (唐)李吉甫撰,贺次君点校:《元和郡县图志》,中华书局,1983年,第180页。

切生卒年,由于时代久远,已经无法考证,仅能根据与其同时代的人物进行判断。《史记·老子韩非列传》载庄子"与梁惠王、齐宣王同时",林希逸不采用司马迁的说法,而是说庄子"在战国之初,与孟子同时"。按照与庄子同时代的人物进行判断,林希逸说庄子与孟子同时并没有错,但庄子与孟子之间毫无接触,庄子不曾提及孟子,孟子亦不曾提及庄子,如清代刘鸿典在《庄子约解·序》中说:"所不可解者,庄子与孟子同时,孟子之书未尝言庄;而庄子之书亦不及孟。岂天各一方而两不相知与?抑千里神交而心心相照与?"①关于这一点历代有各种解释的观点,在此尚不多论。笔者想指出的是,林希逸之所以不像司马迁列举与庄子同时代的其他人物,而举与庄子并无明显来往的孟子,这或许与林希逸的儒家立场有关。

(二)《庄子》其书

《庄子》一书,方勇在《庄子学史》中作了以下介绍:

> 《庄子》应该于先秦时期就已成书,我们今天所看到的三十三篇本《庄子》,是经西晋郭象删订并流传下来的。汉代《庄子》有五十二篇十余万字,这种五十二篇本到魏晋时期仍然较为常见。魏晋时玄风盛行,庄学渐起,为《庄子》作注者多达数十家,但这些注庄者往往根据自身对庄子的理解和个人喜好,对《庄子》一书的篇目做了一定的删改,从而形成了多种多样的《庄子》版本。郭象以前,主要的《庄子》版本有崔譔本、向秀本、司马彪本。其中崔譔、向秀本为二十七篇(向秀本一作二十六篇,一作二十八篇),司马彪本五十二篇。现在人们所看到的郭象三十三篇本,是郭象在五十二篇本的基础上吸收各家尤其是向秀庄子学成果之后删订的,是郭象对司马彪五十二篇本"以意去取",并删去其中"十分有三"之后的结果。经过郭象删订的《庄子》,无论从篇章还是字句方面,都更为精纯。由于他吸收和借鉴了向秀及当时各家之注,并在此基础上进行了自己颇富改造性的独特诠释,故为历代所推崇,逐渐成为定本,流传至今。
>
> 今本《庄子》有内篇七、外篇十五、杂篇十一,这是由郭象所划定的……②

《庄子学史》介绍了《庄子》一书的基本情况,有助于我们进一步探讨林希逸对《庄子》一书的基本观点。

---

① (清)刘鸿典:《庄子约解·序》,《子藏·庄子》第122册,国家图书馆出版社,2011年,第9页。

② 方勇:《庄子学史》第1册,第4页。

林希逸在《庄子鬳斋口义·发题》中指出：

(庄子)所著之书名以《庄子》,自分为三:内篇七,外篇十五,杂篇十一。虽其分别次第如此,而所谓寓言、重言、卮言三者,通一书皆然也。外篇、杂篇则即其篇首而名之,内篇则立为名字,各有意义,其文比之外篇、杂篇为尤精,而立言之意则无彼此之异。①

在《发题》中,林希逸对《庄子》一书作了概况性的介绍。他首先介绍了《庄子》的分篇情况,从前述《庄子》概貌可知,林希逸依据的是郭象删定的《庄子》文本。其次,林希逸对《庄子》各篇的命名情况作了解读,并指出内篇中的文章比外篇、杂篇要精练,但三篇的思想意旨并没有彼此的差别。同时,林希逸在注解《庄子》的行文中,也发表了对《庄子》其书的看法。

首先,林希逸主张《庄子》内篇篇名不必拘牵。对《庄子》内篇篇名在排列顺序上的关系揭示或者说建构,是从成玄英开始。成氏认为：

所以《逍遥》建初者,言达道之士,智德明敏,所造皆适,遇物逍遥,故以逍遥命物。夫无待圣人,照机若镜,既明权实之二智,故能大齐于万境,故以《齐物》次之。既指马蹄天地,混同庶物,心灵凝淡,可以摄卫养生,故以《养生主》次之。既善恶两忘,境智俱妙,随变任化,可以处涉人间,故以《人间世》次之。内德圆满,故能支离其德,外以接物,既而随物升降,内外冥契,故以《德充符》次之。止水流鉴,接物无心,忘德忘形,契外会内之极,可以匠成庶品,故以《大宗师》次之。古之真圣,知天知人,与造化同功,即寂即应,既而驱驭群品,故以《应帝王》次之。②

成玄英将《庄子》内七篇看作是一个整体,并将各篇的意旨串联起来。成玄英的做法为后世注庄学者所重视,到宋代,王雱的《南华真经新传》更是将《庄子》内篇作为一个完整的逻辑结构体系而尽力展示。他为《庄子》内篇各篇题注解到：

万物受阴阳而生,我亦受阴阳而生,赋象虽殊,而所生同根。惟能知其同根则无我,无我则无物,无物则无累。此庄子所以有《齐物》之篇也。(《齐物论篇》)

夫齐物者必无我,无我者必无生,无生所以为养生之主,而生之所以存。此庄子作《养生主》之篇而次之于《齐物》也。(《养生主篇》)

---

① (宋)林希逸著,周启成校注:《庄子鬳斋口义校注》,发题第1页。

② (唐)成玄英:《南华真经疏序》,《道藏》第16册,第274页。

善养生者，必自得于性命之际，而无思无为也。无思无为，则足以处人间，应世变，而忧患不足以累之。此庄子作《人间世》之篇而次之于《养生》也。（《人间世篇》）

夫处人间，经世变，免于忧患之累者，是能全其性命也。性命全则自得，自得则德之所以充也。德充于内而无待于外，则不求合于物，而物自来合。此庄子所以作《德充符》之篇而次于《人间世》也。（《德充符篇》）

夫德之充者入于道，道者天下莫不由之也。虽天地之至大，万物之至多，皆同归而一致矣。此庄子作《大宗师》之篇而所以次之于《德充符》也。（《大宗师篇》）

天出德而入道，入道而尽妙，此物之所以同归而宗师也。物之所同归，则应可以为帝王。此庄子作《应帝王》之篇而次于《大宗师》也。（《应帝王篇》）①

林希逸对以上将《庄子》内篇视为一个整体，并认为其篇目顺序有一种环环相扣的观点不以为然。对此，林希逸指出：

又有以七篇之名，次第而说，如曰先能《逍遥游》，而后可以《齐物论》；既能齐物，又当自养其身，故以《养生主》继之；既尽养生之事，而后游于世间，故以《人间世》继之；游于世间，使人皆归向于我，故以《德充符》继之；内德既充，而符应于外也，人师于我，而我自以道为师，故以《大宗师》继之；既有此道，则可以为帝王之师，故以《应帝王》继之。虽其说亦通，但如此拘牵，无甚义理，却与《易》之《序卦》不同。善读《庄子》却不在此，但看得中间文字笔势出，自无穷快活。②

林希逸认为成玄英、王雱等人的观点说得通，但如果拘牵于此便没有太多意义。毕竟内篇的关系与《周易》的《序卦》不一样。

林希逸提醒读者不能拘泥于上述观点，但他自己同样认为内篇之间还是存在一定的次第关系。他在题解《养生主》时谓：“先言逍遥之乐，次言无是无非，到此乃是做自己工夫也。此三篇似有次第，以下却不尽然。”③林希逸认为《逍遥游》《齐物论》《养生主》三篇有“做自己功夫”的次第，此后几篇便没有这等关系了，这是林希逸从修养论上进行的阐述。同时，林希逸在内篇篇末指出：

---

① （宋）王元泽：《南华真经新传》，《道藏》第16册，第158、166、167、175、181、190页。

② （宋）林希逸著，周启成校注：《庄子鬳斋口义校注》，第136页。

③ （宋）林希逸著，周启成校注：《庄子鬳斋口义校注》，第47页。

> 文字最看归结处，如上七篇，篇篇结得别。《逍遥游》之有用无用，《齐物论》之梦蝶物化，《养生主》之火传也，《德充符》之以坚白鸣，《大宗师》之命也夫，自是个个有意。到七篇都尽，却妆撰倏忽浑沌一段，乃结之曰：七日而浑沌死。看他如此机轴，岂不奇特！①

不难看出，林希逸是从文章学的角度将《庄子》内七篇进行了一个整体的阐释，与环环相扣的逻辑不同，这是“个个有意”，但又归属于同一个文章“机轴”。总的来看，林希逸的上述观点中包含了自己独特的见解，有利于读者从新的角度认识《庄子》内篇之关系，也有助于消解将《庄子》内篇之关系看得过于神秘的倾向。

其次，林希逸认为《庄子》一书“本无精粗，内篇外篇皆是一样说话”。在林希逸之前的《庄子》注家中有一种观点，认为《庄子》内外篇存在区别。如唐代成玄英在疏解《庄子》时，认为：

> 所言内篇者，内以待外立名，篇以编简为义……内则谈于理本，外则语其事迹。事虽彰著，非理不通；理既幽微，非事莫显。欲先明妙理，故前标内篇。内篇理深，故每于文外别立篇目……《逍遥》《齐物》之类是也。自外篇以去，则取篇首二字为其题目，《骈拇》《马蹄》之类是也……内篇明于理本，外篇语其事迹，杂篇杂明于理事。内篇虽明理本，不无事迹；外篇虽明事迹，甚有妙理。但立教分篇，据多论耳。②

成玄英的观点被很多学者承袭，至宋代罗勉道进一步发展为“内篇皆先立篇名，而篇中意不出此。外篇与杂篇惟摘篇首字以名之。盖内篇命意已足，外篇、杂篇不过敷演其说尔”③。林希逸并不认同这种观点，他指出：

> 《庄子》三十三篇，分为内外，内篇有七，皆以三字名之，自《骈拇》而下则只掇篇头两字或三字为名，如《学而》《为政》之例。其书本无精粗，内篇外篇皆是一样说话，特地如此，亦是鼓舞万世之意。但外篇文字，间有长枝大叶处。或以为内篇文精，外篇文粗，不然也。④

林希逸认为《庄子》一书的内篇外篇都是“一样说话”，没有内外精粗的分别。至于为何有内篇外篇的区分，林希逸认为这是特意为之，目的是“鼓舞万世”。林希逸也承认外篇文字有“长枝大叶处”，但这并不能构成内外篇精粗的差别。

---

① （宋）林希逸著，周启成校注：《庄子鬳斋口义校注》，第136—137页。

② （唐）成玄英：《南华真经疏序》，《道藏》第16册，第273—274页。

③ （宋）罗勉道：《南华真经循本》，《道藏》第16册，第22页。

④ （宋）林希逸著，周启成校注：《庄子鬳斋口义校注》，第136页。

为了说明内篇外篇都是“一样说话”，林希逸在注解《庄子》外篇时多次陈述并论证这一观点。如《马蹄》开篇载“马，蹄可以践霜雪，毛可以御风寒，龁草饮水，翘足而陆，此马之真性也。虽有义台路寝，无所用之。及至伯乐，曰：‘我善治马。’烧之，剔之，刻之，雒之，连之以羁馽，编之以皂栈，马之死者十二三矣；饥之，渴之，驰之，骤之，整之，齐之，前有橛饰之患，而后有鞭策之威，而马之死者已过半矣。”林希逸对此说道：

> 此段言外物能为身累之意……马制于人而不得自乐其乐，所以死者多矣，即元龟与其曳尾于泥中意同。但其间下数个之字，与前言二三，后言过半，文字华密，如美锦然。古今多少笔法，自此萌芽而出！或曰外篇文粗，误矣。①

林希逸先是指出了《马蹄》开篇一段的主旨，其次对这段文字的文辞进行分析，认为“烧之，剔之”“饥之，渴之”等数个“之”字的运用，及其与“马之死者十二三”“马之死者已过半”间逻辑推进关系的契合非常完美，甚至赞其“文字华密，如美锦然”，并认为历代作文中很多优美的笔法都是从此发展出来。因而他主张外篇之文并不粗糙。

又如，林希逸在注解完《天地》篇“尧之师曰许由，许由之师曰啮缺，啮缺之师曰王倪，王倪之师曰被衣”一段时，指出：“段段是撰出，愈出而愈奇，若此一段，谓外篇粗于内篇可乎！”②在阐释《山木》篇时又谓：“此一节亦是受用亲切处。看此数篇，或以外篇为非庄子所作，果然乎哉！”③

总的来说，林希逸从文辞的角度指出外篇中有许多与内篇同样精美的文字，因而外篇并不比内篇粗糙。各篇立言之意也没有差别，皆是“一样说话”。对于内篇外篇的关系，林希逸还在阐释《马蹄》篇时总结道：“内篇外篇正与《左传》《国语》相似，皆出一手，做了《左传》，又成《国语》，其文却与《左传》不同。如《庄子》此篇，便是个长枝大叶处，故或者以为非庄子所作，却不然。”④林希逸以“长枝大叶处”为论点，作为内篇外篇皆为庄子所作的依据。需要指出的是，林希逸在《庄子鬳斋口义·发题》中指出“（内篇）其文比之外篇、杂篇为尤精”，其后又谓“内篇外篇皆是一样说话”“外篇文粗，误矣”，这看似是林希逸的逻辑矛盾，其实不然，林希逸的解决方案即是以内篇外篇类比《左传》《国语》。

---

① （宋）林希逸著，周启成校注：《庄子鬳斋口义校注》，第147页。

② （宋）林希逸著，周启成校注：《庄子鬳斋口义校注》，第190页。

③ （宋）林希逸著，周启成校注：《庄子鬳斋口义校注》，第314页。

④ （宋）林希逸著，周启成校注：《庄子鬳斋口义校注》，第151页。

再者，林希逸主张“《让王》以下四篇，非庄子所作”，同时也肯定《庄子》杂篇中有精彩的文章。《庄子》篇目中的真伪问题，在宋代以后明显地提了出来。苏轼在《庄子祠堂记》中对《庄子》中的伪作进行了辨析。其谓：

余尝疑《盗跖》《渔父》，则若真诋孔子者。至于《让王》《说剑》，皆浅陋不入于道。反复观之，得其《寓言》之终曰：“阳子居西游于秦，遇老子。老子曰：‘而睢睢，而盱盱，而谁与居？太白若辱，盛德若不足。’阳子蹴然变容。其往也，舍者将迎其家，公执席，妻执巾栉，舍者避席，炀者避灶。其反也，舍者与之争席矣。”去其《让王》《说剑》《渔父》《盗跖》四篇，以合于《列御寇》之篇，曰：“列御寇之齐，中道而反，曰：‘吾惊焉，吾食于十浆，而五浆先馈。’”然后悟而笑曰：“是固一章也。”《庄子》之言未终，而昧者剿之以入其言。余不可以不辨。①

苏轼认为《让王》《说剑》《渔父》《盗跖》四篇不是出自庄周本人之手，而是“昧者剿之以入”者。林希逸继承了苏轼的这一观点，并在《庄子鬳斋口义》中明确指出：“东坡谓《让王》以下四篇，非庄子所作，此见极高。”②同时，林希逸在注解该四篇时也对这四篇的真伪问题进行了探讨。

林希逸在注解《让王》篇“鲁君闻颜阖得道之人也，使人以币先焉”一段时，说：

庄子之言如此分别，人皆谓其以精粗分作两截，殊不知其意只谓知道之人，不以外物累其本心……以珠弹雀，人必不肯，以物累身，人则不知，此譬喻甚明切。此一段文似内篇。③

又在《让王》篇末总结时指出：

此篇不全似庄子之笔，但随珠弹雀，两臂重天下，说反屠羊数段犹佳，然终不及他篇矣，若《盗跖》《说剑》《渔父》，则又甚焉。④

同样，在阐释《盗跖》篇时，林希逸谓：

此篇文字，枝叶太粗，比之《让王》《渔父》又不及，但如此一句，亦好语也，岂可泯没……东坡谓《让王》以下四篇，非庄子所作，此见极高。四篇之中，《盗跖》尤甚，而太史公《庄子传》但谓作《渔父》《盗跖》《胠箧》以

---

① （宋）苏轼：《庄子祠堂记》，《苏东坡全集》第3册，北京燕山出版社，2009年，第1517页。

② （宋）林希逸著，周启成校注：《庄子鬳斋口义校注》，第465页。

③ （宋）林希逸著，周启成校注：《庄子鬳斋口义校注》，第443页。

④ （宋）林希逸著，周启成校注：《庄子鬳斋口义校注》，第452页。

> 诋讥孔子之徒，略不疑其文字精粗异同何也！岂子长之意，且以其非议夫子为言，不暇及其文字乎！不然，则此书此篇在汉而后，或因散轶为人所窜易，亦犹今《列子》也。[①]

在《渔父》篇末，林希逸对其所认为的四篇伪作又进行了总结，其谓：

> 自《让王》以下四篇，其文不类庄子所作，《让王》篇中，犹有一二段，《渔父》篇亦有好处，《盗跖》篇比之《说剑》又踈真矣。据《盗跖》篇今谓宰相曰，战国之时，未有称宰相者，此为后人私撰明甚。《前汉·艺文志》，《庄子》五十二篇，其篇数与今不同。《唐书》只四十卷，即今行于世者。不知所谓五十二篇者，更有《让王》《说剑》之类乎？抑犹有庄子所作而不传者乎？[②]

以上，林希逸指出《让王》篇不及《庄子》内外等篇，《盗跖》篇又不及《让王》《说剑》《渔父》，其评判乃是依据各篇文字精粗之别，并以此批驳司马迁“诋讥”之说。林希逸还以《列子》为对照，认为《盗跖》出现在汉以后，为后人窜改而成。林希逸的论述中有两点值得特别关注，一是林希逸根据《盗跖》篇中“今谓宰相曰”一语，断定该篇“为后人私撰明甚”，这是“林希逸在历史上第一次以此来证明《庄子》中有非‘庄子’本人所撰的作品，其学术意义甚大，对后世的《庄子》篇目等研究所起的影响也是相当积极的”[③]。其二，林希逸虽然判定《让王》以下四篇为伪作，但他并不因此而忽略其中有价值的部分。对于该篇目中文字精美的地方林希逸依旧评点出来，主张其中的“好语”不可“泯没”。从这个方面来说，林希逸的治学态度亦是值得后人学习的。

另外，对于《庄子》杂篇中的部分篇章，林希逸也有自己的观点。他在注解《庚桑楚》篇时指出：“此篇文字，何异于内篇！或曰外篇文粗，内篇文精，误矣！”[④]在注解《徐无鬼》篇时指出“此篇亦与内篇何异”[⑤]。对于《则阳》篇，林希逸同样认为“此篇亦与内篇何异”[⑥]！在阐释《外物》篇时，林希逸虽没有将其与内篇进行比较，但他特意点出“此篇文亦精细”[⑦]。

总而言之，林希逸对于《庄子》文中的真伪有自己明确的观点，对前人的

---

① （宋）林希逸著，周启成校注：《庄子鬳斋口义校注》，第464—465页。

② （宋）林希逸著，周启成校注：《庄子鬳斋口义校注》，第475页。

③ 方勇：《庄子学史》第2册，第116页。

④ （宋）林希逸著，周启成校注：《庄子鬳斋口义校注》，第371页。

⑤ （宋）林希逸著，周启成校注：《庄子鬳斋口义校注》，第396页。

⑥ （宋）林希逸著，周启成校注：《庄子鬳斋口义校注》，第415页。

⑦ （宋）林希逸著，周启成校注：《庄子鬳斋口义校注》，第429页。

看法也有一定了解，但他不愿像有些人欲意贬低《庄子》杂篇的价值，对于杂篇中作文优美之处，林希逸时刻提醒读者不要粗略看过。

三、列子其人其书

列子，是古典道家的代表人物。他的弟子们可能辑录其生前言行而成《列子》一书①。汉代刘向校订《列子》八篇，并有《列子书录》流传于世。《汉书·艺文志》依照刘向旧例，录《列子》八篇。后数百年间，《列子》一书的流传情况不甚明了。至东晋，张湛搜寻旧本，按《汉书·艺文志》所载重新整理，以致恢复《列子》八篇。此后所流传的《列子》，即是张湛所整理。

读《列子》，首先绕不过辨伪。刘向《列子书录》介绍了列子生平，后数百年间无人质疑刘向的记载。到唐朝，柳宗元作《列子辨》，对《列子书录》所载郑缪公一说提出了质疑。此后，关于传世《列子》的真伪、列子有无其人、《列子书录》是否为刘向所作等问题便聚讼不休。林希逸《列子鬳斋口义》当然不逃避这个问题，他在《列子鬳斋口义·序》中，就明确提出了他的看法。在对《列子》全文的注解过程中，林希逸也对《列子》文本的真伪做出了自己判断。

（一）列子之人，必有道者

对于是否存在列子这一历史真实人物，林希逸指出“庄子多称其人，必有道者也”②。林希逸肯定列子确有其人，且为有道之士。对于列子为何时之人，林希逸认同柳宗元对《列子书录》所载郑缪公一说的质疑，并指出“缪”，“必缧字传写之误”③，认为列子与郑缧公同时。又，林希逸由子阳馈列子粟这一事件推断“列子必后于孔子，而居孟子之先”④。

关于《列子书录》是否出于刘向，林希逸用反问的形式提出“卷首校雠数语，其果出于刘向否也？”⑤就《列子书录》所谓“《穆王》《汤问》失之迂诞，《力命》《杨子》义亦乖背，必非一家之言”，林希逸曰：“纵其语未必出于刘向，实当此书之病。”⑥从林希逸的语言逻辑中，我们可以判断出林希逸的观点是肯定《列子书录》为刘向所作的。他对《列子书录》中关于郑缪公一说做了纠正，又对《列子书目》所载之《列子》行世时间提出了质疑：“（《列子书录》）又曰：孝景帝时‘颇行于世’，若其书果出景帝时，太史公因何未见？果见之，不应遗列

---

① 刘佩德：《〈列子〉学史》，第23页。

②③④⑤⑥ （宋）林希逸著，张京华点校：《列子鬳斋口义》，第4页。

子而不入传也。”[①]但是林希逸并没有提出《列子》行世的具体时间，只说：“愚意此书必为晚出。”[②]

（二）《列子》之书，真伪相杂

对于传世的《列子》文本，林希逸指出：

> 然其间又有绝到之语，决非秦汉而下作者所可及。愚意此书必为晚出，或者因其散轶不完，故杂出己意，且模仿庄子以附益之。然其真伪之分，了如玉石，亦所不可乱也。[③]

林希逸认为《列子》一书中既有精彩绝到的部分，也掺杂后人增窜的内容，并且有人特意模仿《庄子》之文附益其中。因而，其总的观点是：《列子》之书，真伪相杂。在《列子鬳斋口义》中，林希逸还对《列子》文本的真伪部分进行了具体的辨析。

林希逸曾作诗《列子口义成》，主张“庄列源流本一宗，微言妙趣不妨同”[④]，因为列子与庄子的风格是一致的，御风逍遥，无所拘束。以此为基准，林希逸对《列子》文本中风格迥异的文字判定为非《列子》之原文，认为其中文字精绝、语意极到的部分则为《列子》真实之部分。如林希逸在注解《天瑞》开篇至“万物皆出于机，皆入于机”时，谓：

> 尝疑《列子》非全书，就此段看得愈分晓。盖自秦而下，书多散亡，求而后出，得之有先后，存者有多寡，至校雠而后定。校雠之时，已自错杂。及典午中原之祸，书又散亡，至江南而复出，所以多有伪书杂乎其间，如《关尹子》亦然。好处尽好，杂处尽杂。此书第一篇前头数段极妙，无可疑者，中间未免为人所杂，然其文字精粗亦易见也。[⑤]

注解《周穆王》篇“燕人生于燕，长于楚”一段时，谓：

> 此段盖言人心无真见，则或以妄者为是，而真者为非也。“微”，无也。“悲心更微”，言反不悲也。据此一篇，语极到，必列子之本书。[⑥]

其次，林希逸又言“具眼应须许此翁”[⑦]，自信对列子之精神有深刻领悟。

---

①② （宋）林希逸著，张京华点校：《列子鬳斋口义》，第4页。

③ （宋）林希逸著，张京华点校：《列子鬳斋口义》，第4—5页。

④⑦ （宋）林希逸：《竹溪十一稿诗选》，《景印文渊阁四库全书》第1364册，第419页。

⑤ （宋）林希逸著，张京华点校：《列子鬳斋口义》，第21—22页。

⑥ （宋）林希逸著，张京华点校：《列子鬳斋口义》，第85页。

林氏门生王庚在《鬳斋先生列子口义后序》中亦赞曰:“鬳斋游心物初,得无闷之趣,故能融得失于蕉鹿,齐喜怒于芧狙,有韩子沉潜反复之乐,而无困厄悲愁之态,是真心契列子者,岂但口之云乎哉?”①同时,林希逸又有儒学正统之传承,能够精确辨别列子思想与儒家观点的不同之处。因此,他对于《列子》文本中倾向儒家观点的文字判定为后人所杂。如林希逸在注解“所为问道者为富”一段时,谓:

此一段亦似非出于本书,其义理却甚正也。②

注解“列子学射”一段时,谓:

据此等议论,皆非庄、列之学,却近于吾儒,所以疑其非全书也。③

注解“色盛者骄,力盛者奋,未可以语道也”一段时,谓:

此论甚正,未知果出于《列子》否?④

再次,林希逸承袭艾轩一脉,对于文章之学颇有研究,因此他在讲解《列子》之时也非常重视作文之法,重视对文章笔法、语脉以及前后文关系的探讨。因而,他特别注意文中写作方式不同的地方,并以此作为辨别《列子》真伪的依据。如林希逸在注解《仲尼》篇“仲尼闲居”一段时,谓:

其大旨不过如此,却寓言以抑扬之。其笔法去《庄子》远甚,恐非列子之本书。⑤

注解《力命》篇“力谓命曰”一段时,谓:

此章大意只如此,而其文亦直截,所以疑非《列子》之本书。以下数章亦然。⑥

注解《说符》篇“子列子学于壶丘子林”一段时,谓:

此一段其文亦粹,其论亦正,但与此书前后之言殊不相合,岂前为诡说而此为庄语乎?抑彼此错杂非一家之书乎?⑦

---

① (宋)林希逸著,张京华点校:《列子鬳斋口义》,第7页。

② (宋)林希逸著,张京华点校:《列子鬳斋口义》,第181页。

③ (宋)林希逸著,张京华点校:《列子鬳斋口义》,第182页。

④ (宋)林希逸著,张京华点校:《列子鬳斋口义》,第183页。

⑤ (宋)林希逸著,张京华点校:《列子鬳斋口义》,第87页。

⑥ (宋)林希逸著,张京华点校:《列子鬳斋口义》,第138页。

⑦ (宋)林希逸著,张京华点校:《列子鬳斋口义》,第180—181页。

又在同篇注解“孔子自卫反鲁，息驾乎河梁而观焉”一段时，谓：

> 但此章前一半与《黄帝篇》吕梁一段全同，《列子》全书决不应尔，以此愈知其杂。况“先以忠信”“又从以忠信”，此两“以”字下得与《庄》《列》之书全别。①

最后，林希逸还依据《列子》文本中所提及的典故、事例与《列子》前后文以及他书的关系进行辨伪。如他在注解《皇帝》篇“鲵旋之潘为渊”等“九渊”时，谓：

> 渊有九名，想犹今“十二观”也。但《庄子》只言其三，此有其九，似非《列子》本书，必后人所增也。②

同样是“孔子自卫反鲁，息驾乎河梁而观焉”一段：

> 但此章前一半与《黄帝篇》吕梁一段全同，《列子》全书决不应尔，以此愈知其杂。③

注解《说符》篇“白公问孔子”一段时，谓：

> 此一章与《淮南·道应篇》全同。若《列子》已出于景帝时，《淮南》不应全用之，以此知非《列子》之本书也必矣。④

其对《说符》篇进行总的评论时，又谓：

> 此篇议论皆正，皆与儒书合。末后数件设喻俱佳，文字亦异于他篇。大抵此书八篇之中，其为本书者亦自可辩。就中数段全似《盗跖》《说剑》文字，决非列子所作明矣。若此篇议论虽正，实非列子家数，通诸家之学者必能辩之。⑤

从上面的论述可以得出，林希逸认为列子确有其人，而且一定是有道之士。列子在世之时间当在孔子之后、孟子之先。至于《列子》一书，林希逸则认为有真书存在过，只是现存《列子》一书有人附会作伪，致其真伪相杂。另外，值得注意的是，林希逸在辨析《列子》真伪之时，其所采用的语气是有层次的，其非常肯定的时候使用“必列子之本书”“决不应尔”“必后人所增”等绝对性的判定词。当他不完全肯定时，则使用“疑其非全书”“恐非列子之本书”

---

①③ （宋）林希逸著，张京华点校：《列子鬳斋口义》，第188页。

② （宋）林希逸著，张京华点校：《列子鬳斋口义》，第55页。

④ （宋）林希逸著，张京华点校：《列子鬳斋口义》，第189页。

⑤ （宋）林希逸著，张京华点校：《列子鬳斋口义》，第205页。

“似非出于本书”等不确定的语气词。这可以看出林希逸考辨真伪的态度是非常谨慎的。

四、“三子”关系辨析

(一)老庄关系

学术界多以老庄并称,司马迁《史记》将老庄同传,称庄子“其学无所不窥,然其要本归于老子之言”①。然在西汉初时,盛行的是黄老之学,一般不将老庄并提。到西汉末,开始有人兼学老庄。《汉书·叙传》载:“嗣虽修儒学,然贵老严之术。”颜师古注:“老,老子也。严,庄周也。”②《后汉书·马融传》载马融谓其友人曰:“古人有言:‘左手据天下之图,右手刎其喉,愚夫不为。’所以然者,生贵于天下也。今以曲俗咫尺之羞,灭无赀之躯,殆非老庄所谓也。”③这里最早出现了“老庄”连用。至东汉末,庄学盛行。而以庄学配老,盛于魏晋时期。陈澧云:

> 洪稚存云:自汉兴,黄老之学盛行,文景因之以致治。至汉末,祖尚玄虚,于是始变黄老而称老庄。陈寿《魏志·王粲传》末,言嵇康好言老、庄。老、庄并称,实始于此。即以注二家者而论,为《老子》解义者,邻氏、傅氏、徐氏、河上公、刘向、毋丘望之、严遵等,皆西汉以前人也,无有言及《庄子》者。注《庄子》实自晋议郎清河崔谍始,而向秀、司马彪、郭象、李颐等继之。④

老庄并提,当然是因为二者之间有共同之处。冯友兰先生曾指出:“道家之名,乃汉人所立,其以老庄皆为道家者,则因《老》学庄学虽不同,而同为当时一切传统的思想制度之反对派。再则《老》学与庄学所说道、德之二根本观念亦相同。此汉人所以统名之曰道家之理由也。司马谈称道家为道德家,可见其以此二观念为道家之根本观念矣。”⑤崔大华也认为,“在先秦,共同组成了能和儒家、墨家相对立的道家思想阵营的庄子思想和老子思想,其在两个基本点上是相同的:第一,‘道’为世界万物最后根源和具有超验性质的观

---

① (汉)司马迁:《史记》第7册,第2608页。

② (汉)班固著,(唐)颜师古注:《汉书》第12册,中华书局,1962年,第4205—4206页。

③ (南朝宋)范晔撰,(唐)李贤等注:《后汉书》第7册,中华书局,1965年,第1953页。

④ (清)陈澧著,钟旭元、魏达纯点校:《东塾读书记》,上海古籍出版社,2012年,第223页。

⑤ 冯友兰:《中国哲学史》,重庆出版社,2009年,第144页。

念……第二,社会批判的立场和返归自然的社会理想”[①]。正是上述缘由,自司马迁以来,一直将老庄归为同一思想体系,视庄子为继老子之后道家学说的重要代表。

事实上,就老子思想与庄子思想的理论宗旨与内容来说,两者之间确是存在差异的。比如,老子主张“无为”,以此达到“无不为”的效果,他说“无为之有益”(第四十三章),“无为故无败”(第六十四章)。而在庄子这里,“无为”则显示为一种“彷徨乎无为其侧,逍遥乎寝卧其下”(《逍遥游》)的行为态度,又体现出一种“彷徨乎尘垢之外,逍遥乎无为之业”(《大宗师》)的人生境界。老子“倾心于个人生命的健康和长久地存在,对驾驭世俗生活表现了极大的兴趣”[②]。庄子则是追求“一种高远的个人精神上的自由,以不同方式(超世、遁世、顺世)与世俗生活保持着距离”[③]。总之,老庄之间有相同的地方,同时也存在着差异,“从其和儒、墨相对立的学术背景上看,庄、老之同大于异;就其各自的学说思想内容看,庄、老之异大于同”[④]。

就老庄关系这一点上,林希逸提出了自己的看法。他在《老子鬳斋口义·发题》中指出:“庄子,宗老子者也,其言实异于老子。故其自序以生与死与为主,具见《天下篇》,所以多合于佛书。”[⑤]林希逸认为,庄子是以老子为宗,但庄子的言论又与老子不同。林希逸对其所谓“庄子,宗老子者”,并无过多解释,大抵因为这已是千百年来的公知,所以无须多说。至于庄子之“言实异于老子”,林希逸以其“故其自序以生与死与为主,具见《天下篇》”作说明。《庄子·天下》篇载:

> 寂漠无形,变化无常,死与生与,天地并与,神明往与!芒乎何之,忽乎何适,万物毕罗,莫足以归,古之道术有在于是者。庄周闻其风而悦之,以谬悠之说,荒唐之言,无端崖之辞,时恣纵而不傥,不以觭见之也。以天下为沉浊,不可与庄语,以卮言为曼衍,以重言为真,以寓言为广,独与天地精神往来而不敖倪于万物。不谴是非,以与世俗处。其书虽瑰玮,而连犿无伤也,其辞虽参差而諔诡可观。彼其充实不可以已,上与造物者游,而下与外死生无终始者为友。其于本也,弘大而辟,深闳而肆;其于宗也,可谓调适而上遂矣。虽然,其应于化而解于物也,其理不竭,

① 崔大华:《庄学研究——中国哲学一个观念渊源的历史考察》,人民出版社,1992年,第396页。

②③ 崔大华:《庄学研究——中国哲学一个观念渊源的历史考察》,第402页。

④ 崔大华:《庄学研究——中国哲学一个观念渊源的历史考察》,第404页。

⑤ (宋)林希逸著,黄曙辉点校:《老子鬳斋口义》,发题第2页。

其来不蜕，芒乎昧乎，未之尽者。

林希逸从庄子自序中指出，庄子的言论多以生死为主。而他在解读《老子》时，认为“老子一书，大抵只是能实而虚，能有而无，则为至道”[①]，又谓《老子》“一书之意，大抵以不争为主”[②]。由此他认为庄子之“言实异于老子”。

不难发现，林希逸对老庄关系的判断正是涵盖了老庄之异同的。套用崔大华先生的话来说，林希逸所谓“庄子，宗老子者”，这一观点就是建立在老庄思想与儒、墨相对立的背景之上。而林希逸所谓“其言实异于老子”，则是就老、庄各自的学说思想内容来看的。

（二）庄列关系

林希逸在《列子口义成》中说道：“庄列源流本一宗，微言妙趣不妨同。”[③]林氏在这里明确提出庄列为一宗之学，此外，他在注解《列子》时常常庄列并提，且多以《庄子》思想解读《列子》。林希逸的这一主张具体体现在：

1. 庄列同源

《列子》书中多有与《庄子》内容相似的文字，如《列子・皇帝》篇中记载一段神巫季咸与列子及其老师壶子之间的故事，这一故事在《庄子》书中也有记载。《列子》文本中，此则故事最后一段谓：“然后列子自以为未始学而归，三年不出，为其妻爨，食豨如食人，于事无亲，雕琢复朴，块然独以其形立；份然而封戎，壹以是终。”林希逸注解曰：

> “为其妻爨”……雕琢其聪明而归复于朴，谓“堕肢体，黜聪明”也……“份”合作“纷”，“戎”合作“哉”，从《庄子》为是，此皆传写之误也。庄、列皆一宗之学，此等议论必其平昔所讲闻者，故二书皆有之。[④]

这里可以看到林希逸指出“庄、列皆一宗之学”，并以此解释为何此段文字都出现在《庄子》与《列子》之中。也正是因为林希逸如此主张，从这段注解文字中还可以看到，林希逸引用《庄子》“堕肢体，黜聪明”一句来解释《列子》所谓“雕琢复朴”，以及据《庄子》之文为“份”“戎”作校证。

至于为什么明确提出庄列为一宗之学？林希逸并没有直接阐述。笔者以为，可从《列子鬳斋口义》的注解内容中探求林希逸如此主张的依据。

林希逸多次提到庄、列之书有一“大条贯”。如《黄帝》篇谓“列子问关尹

① （宋）林希逸著，黄曙辉点校：《老子鬳斋口义》，第 13 页。

② （宋）林希逸著，黄曙辉点校：《老子鬳斋口义》，第 85 页。

③ （宋）林希逸：《竹溪十一稿诗选》，《景印文渊阁四库全书》第 1364 册，第 419 页。

④ （宋）林希逸著，张京华点校：《列子鬳斋口义》，第 57 页。

曰:至人潜行不空,蹈火不热,行乎万物之上而不栗。请问何以至于此?关尹曰:是纯气之守也,非智巧果敢之列"。林希逸注解曰:

> "纯气之守",今养生之学者亦如之。守以无心则可,非智巧所及,非果敢之勇所能也。《庄子·达生》篇亦有此语。此是其一宗学问相传之语,却是一件大条贯。①

又如《仲尼》篇载:"关尹喜曰:'……知而忘情,能而不为,真知真能也。发无知,何能情?发不能,何能为?聚块也,积尘也,虽无为而非理也。'"林希逸注解曰:

> 知以不知,故曰"知而忘情"。能以不能,故曰"能而不为"。不知乃真知也,不能乃真能也……盖谓知以不知,非果无知,无知而无不知也;能以不能,非果无能,无能而无不能也;为以不为,非果无为,无为而无不为也。若如积尘然,若如聚块然,则虽无为,而非理矣,谓无为之理不如此也……此一节乃庄、列书中大条贯……《庄子·天下》篇论田骈、慎到,"块不失道""为死人之学",亦是此意。②

"大条贯"即是贯穿全书的一条思路或者说主旨精神。从以上引文不难看出,林希逸认为庄、列书中的大条贯即是《列子》所谓"纯气之守""知而忘情,能而不为,真知真能也"。他还引出《庄子·达生》与《庄子·天下》篇予以参证,指明《庄子》中有相同的主旨思想,并认为这一大条贯是庄、列这宗学问相传之语。因而,我们可推知,林希逸是因为看到《庄》《列》之书中的"大条贯"这一共同主旨,所以其主张庄、列为一宗之学。

再看林希逸在《列子口义成》中所说:"庄列源流本一宗,微言妙趣不妨同。但知绝迹无行地,岂羡轻身可御风。"林希逸认为列子御风而行,此和庄子逍遥之游一样,二者有着相同的精神风貌。他指出列子御风在于能知"绝迹无行地"。"绝迹无行地"出自《庄子·人间世》,其言"绝迹易,无行地难"。林希逸在《庄子鬳斋口义》中说:"迹,足迹也。止而不行,则绝无足迹,此为易事。然人岂能不行哉!必行于地而无行地之迹,则为难。此意盖谓人若事事不为,此却易事,然谓之人生,何者非事!安得不为!唯无为而无所不为,则为难也。"③林希逸对于《庄子·人间世》题解曰:"前言养生,此言人间世,盖

---

① (宋)林希逸著,张京华点校:《列子鬳斋口义》,第40页。

② (宋)林希逸著,张京华点校:《列子鬳斋口义》,第108—109页。

③ (宋)林希逸著,周启成校注:《庄子鬳斋口义校注》,第64页。

谓既有此身，而处此世，岂能尽绝人事？但要人处得好耳。”[①]由此可见，林希逸认为的“绝迹无行地”乃是指人活着不能够尽绝世事，而是要把世事处理得好，不留痕迹似乎无所作为，而其实是无所不为。能把社会人事处理得如此，也就到达列子御风而行的境地了。概括而言，列子御风就等同于绝迹无行地，而绝迹无行地乃是庄子的精神主旨，因而可以说列子与庄子源流一本。可见，林希逸在这里也凿通了其所谓庄列一宗的理路。

2. 列不及庄

在《列子》与《庄子》的关系中，林希逸除了指出庄、列一宗之外，他还认为《列子》不及《庄子》。林希逸在《列子鬳斋口义・序》中说道：“今观其书首尾二篇，以《天瑞》《说符》名之，其他六篇则掇首章二字而已。又篇中文字或精或粗，殊不类一手。其曰：《穆王》《汤问》失之‘迂诞’，《力命》《杨子》义亦‘乖背’，必非一家之言。纵其语未必出于刘向，实当此书之病。洪景卢谓列子胜庄子，则失之矣。”[②]林希逸认为《列子》文章或精或粗，非一家之言，所以《列子》不及《庄子》。

《列子鬳斋口义・序》中，林希逸特别提到洪景卢。洪景卢即洪迈(1123—1202)，洪迈与林希逸同时代，他主张列子胜庄子，并作《列子书事》曰：

> 《列子》书事，简劲宏妙，多出《庄子》之右，其言惠盎见宋康王，王曰：“寡人之所说者，勇有力也，客将何以教寡人？”……观此一段语，宛转四反，非数百言曲而畅之不能了，而洁净粹白如此，后人笔力，渠复可到耶！三不欺之义，正与此合。不入不中者，不能欺也；弗敢刺击者，不敢欺也；无其志者，不忍欺也。魏文帝论三者优劣，斯言足以蔽之。[③]

洪迈认为《列子》“简劲宏妙，多出《庄子》之右”。中国古代以“右”为尊，“多出《庄子》之右”即是指比之《庄子》更胜。洪迈以“惠盎见宋康王”这一段说话来论证其观点。林希逸对此并不苟同，他在《列子鬳斋口义》中多次指出《列子》不及《庄子》之处：

《天瑞》篇载“子列子适卫，食于道，从者见百岁髑髅。攓蓬而指，顾谓弟子百丰曰：‘唯予与彼知而未尝生、未尝死也。此过养乎？过欢乎？’”一段，林希逸注解曰：

① (宋)林希逸著，周启成校注：《庄子鬳斋口义校注》，第56页。

② (宋)林希逸著，张京华点校：《列子鬳斋口义》，第4页。

③ (宋)洪迈著，夏祖尧、周洪武点校：《容斋随笔》，岳麓书社，2006年，第281—282页。

此段与《庄子》同，但中间又添数语……“过养”“过欢”二句，《庄子》曰：“若果养乎？予果欢乎？”其语意甚深。此书去“若”“予”二字，以“果”为“过”，恐声之讹也。若如此说，别谓“此”，其死者生前自养过当乎？欢乐过当乎？理虽亦通，殊无意味。若如《庄子》之意，则曰：若果知人生之所以自养者乎？我果知死后寂灭之乐者乎？“若”指髑髅，“予”乃自谓也。生而饮食曰养，死以寂灭为乐，却如此倒说，乃是弄奇笔处。“种有几”者，言天地之间，物之生生，种各不同。却皆就至微底说，不是以小喻大，盖言虽大，无异于小也。便是无细无大、无贵无贱之意。其意固止如此，而文字之妙，绝出千古。整齐中不整齐，不整齐中整齐，如看飞云断雁，如看孤峰断坂，愈读愈好。此书中间又添数句，便觉不及《庄子》。“若鼃为鹑”，鼃化为鹑也，“鼃”即“蛙”也。此四字《庄子》所无，亦与下句不相入……此处比《庄子》多三个“食醯”字，恐亦传写之误。“九猷”“瞀芮”“腐蠸”，亦虫名也。《庄子》于此却省数字，其意盖谓万物变化，生生不穷，无有尽时也。①

这里，林希逸首先指出《列子》中的这段文字与《庄子》相同，但中间有添加语句的地方。而所添加的几句话，使得《列子》没有了庄文中“如看飞云断雁，如看孤峰断坂，愈读愈好”的审美效果，此便不如《庄子》。其次，与《庄子》相比，《列子》还有省字的部分。林希逸在这段注解中说到《列子》省去“若”“予”二字，这使得《列子》此处“理虽亦通，殊无意味”。再次，相较于《庄子》，《列子》还有多字的地方。林希逸认为，《列子》这段多出的“若鼃为鹑”四个字与后文不相入，这也使得《列子》不及《庄子》。另外，林希逸指出庄文还比列文省略了三个“食醯”，其效果是增添“万物变化，生生不穷，无有尽时”的意思。反过来说，《列子》多三个“食醯”，反倒使得文意的表达显得拖沓了。

又如《黄帝》篇载黄帝“昼寝而梦，游于华胥氏之国”，此后“又二十有八年，天下大治，几若华胥氏之国”。林希逸认为：

此言“华胥之国”，亦与《庄子·山木》篇“建德之国”其意一同。盖言黄帝之治天下，始于有心，而终至于无心，始于有为，而终至于无为也……《庄子》中多有此意。以此《列子》比《庄子》，人谓胜之，恐亦未然。②

既然是《列子》和《庄子》之间的比较，林希逸在《庄子鬳斋口义》中也有

① （宋）林希逸著，张京华点校：《列子鬳斋口义》，第17—18页。

② （宋）林希逸著，张京华点校：《列子鬳斋口义》，第36—37页。

提及“列不及庄”的主张。其在注解《庄子·齐物论》之“劳神明为一而不知其同也，谓之朝三。何谓朝三？曰：狙公赋芧曰：‘朝三而暮四。’众狙皆怒。曰：‘然则朝四而暮三。’众狙皆悦。名实未亏而喜怒为用，亦因是也。是以圣人和之以是非而休乎天均，是之谓两行”一段时，曰：

> 此喻是非之名虽异，而理之实则同，但能因是，则世自无争矣。洪野处云：《列子》胜于《庄子》。如此譬喻，二书皆同，但把字数添减处看，便见《列子》胜不得《庄子》。①

林希逸在此处又特别提起洪迈，针对其列子胜庄子的观点提出反驳。林希逸从字数添减来比较，《列子》中关于“朝三暮四”的这一段文字在《黄帝》篇中，曰：

> 宋有狙公者，爱狙，养之成群，能解狙之意，狙亦得公之心。损其家口，充狙之欲。俄而匮焉，将限其食。恐众狙之不驯于己也，先诳之曰：‘与若芧，朝三而暮四，足乎？’众狙皆起而怒。俄而曰：‘与若芧，朝四而暮三，足乎？’众狙皆伏而喜。物之以能鄙相笼，皆犹此也。圣人以智笼群愚，亦犹狙公之以智笼众狙也。名实不亏，使其喜怒哉！

如此对比庄、列之文来看，《列子》之说确显烦冗，而《庄子》所言尤为精当。因而林希逸认为，虽然二书同用此譬喻，但从语言文字简练上看，《列子》不及《庄子》。

《庄子·应帝王》提到：“鲵桓之审为渊，止水之审为渊，流水之审为渊。渊有九名，此处三焉。”林希逸注解曰：

> 鲵桓、止水、流水，皆是观名……《列子》九渊之名皆全，洪野处谓《列子》胜于《庄子》，恐未为的论。若此九渊，皆说尽则不得为奇文矣，可尽不尽，正是《庄子》之奇处，精论文者，方知之。②

《列子·黄帝》篇同样记载了“渊有九名”，并将九个名字全部列举出。林希逸认为列子把九个名字都列举出来，失去了“可尽不尽”之意味，因而《列子》不及《庄子》。这里，林希逸又特别提出洪迈并予以反驳。

至于前文所说《列子》载“子列子适卫，食于道，从者见百岁髑髅”一段，在《庄子》中也有相同的部分。林希逸《庄子鬳斋口义》在解读这一段时也特别

---

① （宋）林希逸著，周启成校注：《庄子鬳斋口义校注》，第 27 页。

② （宋）林希逸著，周启成校注：《庄子鬳斋口义校注》，第 132 页。

指出:“《列子》于中又添两句,便不如他省了两句。”[①]

林希逸在《列子鬳斋口义》《庄子鬳斋口义》中都表达了“列不及庄”的观点。从上述内容不难看出,林希逸主要是在作文之法的优劣程度上来进行庄列之间的比较,这一比较涉及作文的两个方面:一是所用字词的增减,二是语句的精练程度。林希逸就是依据此两方面在文意表达与文章审美效果上的影响来比较庄列的优劣。林希逸多次提到洪迈,其“列不及庄”的主张似乎是有针对性的反驳。从林、洪二人各自的论证内容来看,洪氏的理由略显单薄,而林氏的论述确乎更具说服力。

第二节　读“三子”之法

对“三子”其人其书及三者之间的关系进行辨别与梳理之后,接下来便是阅读“三子”之书,由此参悟其中的思想,领会其中之精神。关于如何阅读“三子”,林希逸有自己的观点,用他的话来说,即读“三子”要“别具一只眼”。下面就这一读书方法进行探讨分析。

一、为何“别具一只眼”

为何要“别具一只眼”？这个问题其实很简单,就是因为“三子”难读。首先,就《老子》来说,林希逸在《老子鬳斋口义·发题》中指出:

> 今传本多有异同,或因一字而尽失其一章之意者,识真愈难矣。大抵老子之书,其言皆借物以明道,或因时世习尚,就以谕之。而读者未得其所以言,故晦翁以为老子劳攘,西山谓其间有阴谋之言。盖此书为道家所宗,道家者流,过为崇尚其言,易至于诞,既不足以明其书;而吾儒又指以异端,幸其可非而非之,亦不复为之参究。前后注解虽多,往往皆病于此。独颍滨起而明之,可谓得其近似,而文义语脉未能尽通,其间窒碍亦不少。且谓其多与佛书合。此却不然……然则前辈诸儒亦未尝不与之,但以其借谕之语,皆为指实言之,所以未免有所贬议也。此从来一宗未了疑案。[②]

林希逸指出彼时《老子》的思想一直是“一宗未了疑案”,他列举几个原因:一

① (宋)林希逸著,周启成校注:《庄子鬳斋口义校注》,第283页。

② (宋)林希逸著,黄曙辉点校:《老子鬳斋口义》,发题第1—2页。

是道家者流过为崇尚，儒家又指以异端，亲近佛学者又以佛学歪曲老子。二是读者不明白老子之言皆谕，以其借谕之语，皆为指实之言。三是不能尽《老子》文义语脉，所以不得老子初意。

其次，对于《庄子》，林希逸在《庄子鬳斋口义·发题》中指出“然此书不可不读，亦最难读”①，他归纳出五点原因：

> 然谓之难者何也？伊川曰：“佛书如淫声美色，易以惑人。”盖以其语震动而见易摇也。况此书所言仁义性命之类，字义皆与吾书不同，一难也；其意欲与吾夫子争衡，故其言多过当，二难也；鄙略中下之人，如佛书所谓为最上乘者说，故其言每每过高，三难也；又其笔端鼓舞变化，皆不可以寻常文字蹊径求之，四难也；况语脉机锋，多如禅家顿宗所谓剑刃上事，吾儒书中未尝有此，五难也。是必精于《语》《孟》《中庸》《大学》等书，见理素定，识文字血脉，知禅宗解数，具此眼目而后知其言意一一有所归着，未尝不跌荡，未尝不戏剧，而大纲领、大宗旨未尝与圣人异也。若此眼未明，强生意见，非以异端邪说鄙之，必为其所恐动，或资以诞放，或流而空虚，则伊川淫声美色之喻，诚不可不惧。②

林希逸指出读《庄子》的“五难”，又提出三大攻破“五难”的方法：“见理素定”“识文字血脉”“知禅宗解数”，指出必须“具此眼目”，倘若“此眼未明”则必定引起各种对《庄子》的误解，流弊丛生。可见，这只“眼目”的重要性。因而，林希逸在《庄子鬳斋口义》中多次提及读《庄子》需“别具一只眼”。

至于《列子》一书，林希逸认为庄列同源同宗，他们的思想意境、行文风格都是相同的，因而常将庄列并提。如他在注解《列子·仲尼》“能仁而不能反”时曰：

> “能仁而不能反”，“反”，变也，言其知仁未知变通之权也。此“仁”字与“诚”字一般，《庄》《列》之字义不可与吾书比。③

又如林希逸在注解《汤问》篇中“夏革”有“四海、四荒、四极之不异”之说时解释道：

> 四海之外犹有国土，或无国土，皆不可知。譬如在于营者，但见营之人民；在于豳者，但见豳之人民。岂知营之东又有如营者，豳之西又有如豳者？以中国之所见且如此，况四海、四荒、四极之外乎？“齐州”，中国

---

① （宋）林希逸著，周启成校注：《庄子鬳斋口义校注》，发题第1页。

② （宋）林希逸著，周启成校注：《庄子鬳斋口义校注》，发题第1—2页。

③ （宋）林希逸著，张京华点校：《列子鬳斋口义》，第91页。

也。“实之”者，欲其即近以明远也。海外曰大荒，大荒之外曰无极，故曰“四海、四荒、四极”。此亦务为高远广大之言。《庄》《列》之书皆如是。[①]

正因林希逸将《庄》《列》并提，他在注解《汤问》所载“夏革”曰“故大小相含，无穷极也。含万物者，亦如含天地。含万物也，固不穷；含天地也，故无极。朕亦焉知天地之表不有大天地者乎？亦吾所不知也”一段时指出：

大小相含，譬如瓦在椽上，椽在桁上，桁在梁上，梁在柱上，柱又在地上。小大相乘载，物物皆然，不可穷诘。万物既如此，则天地在于太虚之间。太虚，含天地者也。太虚之外，又必有含太虚者。含万物者既不可穷，则含天地者亦安知其所极？安知天地之外不有更大于天地者？“含”，容也。此等议论，皆是排斥小见。自私之人不知世界之广大，故为此等虚旷之论，虽似荒唐，亦自有味。此章以下，诸段皆然，若要逐章求义理，则不可也。读《庄》《列》之书，别具一只眼可也。[②]

林希逸指出《列子》文本中的议论看上去荒诞不经，但是自有其深厚的意味。《列子》风格飘逸，是为了说明广大深远的道理而不拘于寻常思维，因而有高远广大之言与虚旷之论。如若逐句逐章纠结于《列子》文本求其义理的话，则不能明其真意，所以需要“别具一只眼”。

需要指出的是，林希逸在解读《老子》时并没有明确提出“别具一只眼”的说法，但他对《老子》文本中文辞语脉的重视，与《庄子》《列子》是一样的，所谓“读《庄》《列》之书，别具一只眼可也”的读书方法，林希逸也运用到了《老子》之书中，所以笔者在此将“三子”读书之方法统称为“别具一只眼”。

二、如何“别具一只眼”

（一）字义不可以《语》《孟》之法求

林希逸作为南宋理学艾轩一脉的传承者，其基本态度是儒家立场，因而他将儒家经典称之为“吾书”，这样的字眼在“三子口义”中常有出现。他在注解《列子·仲尼》“能仁而不能反”时曰：

此“仁”字与“诚”字一般，《庄》《列》之字义不可与吾书比。[③]

同样，在《庄子鬳斋口义》中，林希逸注解《德充符》篇“夫若然者，且不知耳目之所宜，而游心乎德之和”时曰：

---

① （宋）林希逸著，张京华点校：《列子鬳斋口义》，第111页。

② （宋）林希逸著，张京华点校：《列子鬳斋口义》，第112页。

③ （宋）林希逸著，张京华点校：《列子鬳斋口义》，第91页。

德之和者，与天地四时同也，此和字非若《中庸》所谓“中节”之和而已，读此书当别具一只眼。①

林希逸指出“三子”中的文字字义与儒家典籍中的字义不同，“别具一只眼”首先应注意的是“字义不可以《语》《孟》之法求”。他在《庄子鬳斋口义》中声明：“此书字义，不可以《语》《孟》之法求之。前辈云：佛氏说性，止说得心。既曰异端矣，又安得以吾书字义求之！”②

既然字义不能以《语》《孟》之法求，那如何求得？林希逸在“三子口义”中对此给出了答案，并且有具体的分析解说。他在解释《老子》第二十一章“孔德之容，唯道是从”一句时，指出：

孟子曰：“动容周旋中礼，盛德之至。”与此句差异。但读庄老者当以庄老字义观之，若欲合之孔孟，则字多窒碍矣。③

林希逸在这里将《老子》所谓之“德”与《孟子》中的“德”作比较，认为两者存在差异，由此引出“读《庄》《老》者当以《庄》《老》字义观之”这一解决方案。在注解《庄子·庚桑楚》载“知者，接也；知者，谟也。知者之所不知，犹睨也”一句时，林希逸称：

接，应也；谟，谋也。应接而至于有谋虑，皆性中之知也。此处字义，与《语》《孟》不同，以《庄子》读《庄子》可也，不可自拘泥。④

林希逸主张“字义不可以《语》《孟》之法求”，若不注意这一点会如何呢？林希逸在注解《庄子·天地》篇“物得以生，谓之德；未形者有分，且然无间，谓之命；留动而生物，物成生理，谓之形；形体保神，各有仪则，谓之性”一段时，对此作了分析，其谓：

物得之而生，既成物矣，则生生之理皆具，以元气之动者，而为我之生者，此谓之形也，看他形字却如此说！实他书所无。形体保神，各有仪则，谓之性，此一句便是《诗》“有物有则”，便是《左传》所谓“民受天地之中以生”“有动作威仪之则”也。形体，气也，气中有神，所谓仪则，皆此神为之，便是性中自有仁义礼智之意。若以吾书论此四句，第一句德字，却是性字，此性字却是性之用矣，所以道此书字义当作一眼看。⑤

---

① （宋）林希逸著，周启成校注：《庄子鬳斋口义校注》，第84页。

② （宋）林希逸著，周启成校注：《庄子鬳斋口义校注》，第101—102页。

③ （宋）林希逸著，黄曙辉点校：《老子鬳斋口义》，第23页。

④ （宋）林希逸著，周启成校注：《庄子鬳斋口义校注》，第368—369页。

⑤ （宋）林希逸著，周启成校注：《庄子鬳斋口义校注》，第195页。

林希逸先是为《天地》篇此四句的句义作了阐释，然后分析若以"吾书"，即《语》《孟》字义求之的区别。他认为以"吾书"字义来看，"物得以生，谓之德"之"德"字即是"性"字的意思。而《庄子》则不同，此四句最后一句"形体保神，各有仪则，谓之性"描述的即是《庄子》字义的"性"。林希逸认为《庄子》字义的"性"是"性之用"。而"吾书"所论"德字，却是性字"，表示是"性之体"。倘若"体用"搞混的话，则不能明白《庄子》的真意。总而言之，依据以上所述内容以及林希逸对"三子"间相互关系的论述，笔者将此总结为："三子"字义不可以《语》《孟》之法求，当以"三子"读"三子"。

（二）前后文，不可拘泥

在林希逸看来，读"三子"之书，虽然要以"三子"读"三子"，但其中又有需要注意的地方，此即"前后文，不可拘泥"。林希逸在注解《老子》《庄子》时具体阐释了这一点。

《老子》第五十一章言："道生之，德畜之，物形之，势成之。是以万物莫不尊道而贵德。道之尊，德之贵，夫莫之命而常自然。故道生之畜之，长之育之，成之熟之，养之覆之。生而不有，为而不恃，长而不宰，是谓玄德。"林希逸注解曰：

> 道，自然也，无也，凡物皆自无而生，故曰"道生之"。德则有迹矣，故曰"畜之"。畜者，有也。物则有形矣，故曰"物形之"……长之育之，成之熟之，养之覆之，皆言既生既有之后，其在天地之间，生生不穷，皆造化之力也。然造物不有之以为有，不恃之以为功，虽为之长，而无主宰之心，此所以为玄妙之德。玄德，即造化也。前章言"失道而后德"，此言道生德畜、尊道贵德，则此章"德"字比前章又别，读《老子》者不可如此拘碍。[①]

"失道而后德"出自《老子》第三十八章，其言"上德不德，是以有德；下德不失德，是以无德。上德无为而无以为，下德为之而有以为……故失道而后德，失德而后仁，失仁而后义，失义而后礼。夫礼者，忠信之薄而乱之首也"。对于这一段，林希逸注解曰：

> 上德之人，有德而不自知其德化也，惟其能化，是以有德。不失德者，执而未化也。执而未化，则未可以为有德，故曰"无德"……道，自然也。德，有得也。自然者化，有得者未化，故曰"失道而后德"。[②]

---

① （宋）林希逸著，黄曙辉点校：《老子鬳斋口义》，第55—56页。

② （宋）林希逸著，黄曙辉点校：《老子鬳斋口义》，第41—42页。

对于《老子》第三十八章中所谓之“德”，林希逸认为这是“有得”的意思。此“德”与“道”的关系是“化”与“不化”的关系，“道”是自然，是“已化”，而“德”是“未化”，失去了“已化”的“道”则沦落为“未化”的“德”。在“道生德畜”“尊道贵德”之中，“道”还是自然，但“道”与“德”的关系已不是“化”与“不化”的关系，而是“万物”因“道”生成，由“德”蓄养的关系。从“无”中生出万物，所以又有万物“尊道贵德”之说。林希逸指出，此前后二“德”字不可以一意视之，当理清其中的区别，若前后拘碍，则读不得。

在《庄子鬳斋口义》中，林希逸对“不拘泥于前后文”这一读书要点也进行了分析。《天道》篇载“夫帝王之德，以天地为宗，以道德为主，以无为为常。无为也，则用天下而有余；有为也，则为天下用而不足。故古之人贵夫无为也。上无为也，下亦无为也，是下与上同德，下与上同德则不臣；下有为也，上亦有为也，是上与下同道，上与下同道则不主。上必无为而用天下，下必有为为天下用，此不易之道也”一段，林希逸注解曰：

> 天地道德，皆无为之理而已。此段又将无为与有为对说，以无为为君之道，以有为为臣之道。下与上同德则不臣者，言臣当劳也；上与下同道则不主者，言君当佚也。用天下，君也；为天下用，臣也。如此说臣主，又是一意，不可与《在宥》篇天道人道同说，若如此拘泥，便读《庄子》不得。且如此篇，既言君当无为，臣当有为，而前章又曰明此以北面，舜之为臣也，又曰以此进为而抚世，则功大名显，则臣道亦无为矣，岂其说自相戾乎？所以道，若如此拘泥，则读《庄子》不得。①

林希逸指出，这一段须与两处前文区别开来：一是《在宥》篇天道人道之说，其谓“主者，天道也；臣者，人道也”，与此处所说的“主臣”不可作相同的理解。二是“前章又曰明此以北面，舜之为臣也，又曰，以此进为而抚世，则功大名显”，这一段同样是出自《天道》篇，林希逸指出，此句表达处臣道无为的意思，看似与“君当无为，臣当有为”相乖戾，若如此认为，则是拘泥前后文字的结果。

（三）譬喻、寓言，莫作实看

林希逸在阐释“三子口义”时，尤其重视“三子”文本对譬喻的运用，这一点本书第五章另有分析，就“三子”之读书方法来说，林希逸指出其中“譬喻、寓言，莫作实看”。

在《老子鬳斋口义·发题》中，林希逸分析了将譬喻作实看所产生的后

① （宋）林希逸著，周启成校注：《庄子鬳斋口义校注》，第213—214页。

果,其谓:

> 大抵老子之书,其言皆借物以明道,或因时世习尚,就以谕之。而读者未得其所以言,故晦翁以为老子劳攘,西山谓其间有阴谋之言……然则前辈诸儒亦未尝不与之,但以其借谕之语,皆为指实言之,所以未免有所贬议也。①

朱熹曾说:“老子则犹自守个规模子去做,到得庄子出来,将他那窠窟尽底掀番了,故他自以为一家,老子极劳攘,庄子较平易。”②林希逸在《老子》第六十一章中说:“解者多以其设喻处作真实说,故晦庵有‘老子劳攘’之论。”③“西山谓其间有阴谋之言”,乃是指真德秀认为《老子》中有阴谋权变的思想,这一点,早在《韩非子》中就有提出。大体是说《老子》第三十六章“将欲噏之,必固张之;将欲弱之,必固强之;将欲废之,必固兴之;将欲夺之,必固与之”是阴谋之言。对此林希逸指出:“此章前八句皆是譬喻,只是‘得便宜处失便宜’之意。”④可见,林希逸认为朱熹以为老子劳攘,西山谓其间有阴谋之言,就是不明白《老子》多譬喻,而把譬喻作实看的缘故,由此产生诸多误解。

在《庄子鬳斋口义》中,林希逸提出不可把寓言作实看这一读书之方法。《天道》篇载:“庄子曰:吾师乎!吾师乎!齏万物而不为戾,泽及万世而不为仁,长于上古而不为寿,覆载天地刻雕众形而不为巧,此之谓天乐。”林希逸认为:“此数句与《大宗师》篇同,却又着庄子曰三字,前曰许由之言,今以为自言,可见件件寓言,岂可把作实话看!”⑤林希逸首先分析出此数句为何是寓言,其理由是语句与《大宗师》相同,造出来的说话者却不同,进而指出不可当实话看。

(四)鼓舞处,不可执着

林希逸在《庄子鬳斋口义·发题》中指出读《庄子》有“五难”,其中之一即是“其笔端鼓舞变化,皆不可以寻常文字蹊径求之”⑥。“鼓舞”是林希逸用以形容文章风格与写作特点的概念,表达一种由行文气势、语言脉络所展现出来的艺术效果。其在注解《庄子·大宗师》篇“且也相与吾之耳矣,庸讵知吾所谓吾之乎”一句时说:

---

① (宋)林希逸著,黄曙辉点校:《老子鬳斋口义》,发题第2页。

② (宋)朱熹:《朱子全书》第16册,第2078页。

③ (宋)林希逸著,黄曙辉点校:《老子鬳斋口义》,第66页。

④ (宋)林希逸著,黄曙辉点校:《老子鬳斋口义》,第39页。

⑤ (宋)林希逸著,周启成校注:《庄子鬳斋口义校注》,第212页。

⑥ (宋)林希逸著,周启成校注:《庄子鬳斋口义校注》,发题第1页。

吾者，我也，且今之相与，既以我而怪之，又安知我之所谓我，果如何耶！故曰且也相与吾之耳矣，庸讵知吾所谓吾之乎！庄子大抵如此鼓舞其文，若非别具一只眼者，亦难读也。①

林希逸指出《庄子》的文章大多有“鼓舞”的特征，只有“别具一只眼”才能够识其文章脉络和词章结构，才能读懂《庄子》。又因为林希逸主张《庄》《列》同源，二者文风也相似，所以在注解《列子》之时也注重指出《列子》文章中的“鼓舞”处。如，他在注解《天瑞》篇“齐之国氏大富”一章时，谓：

天时、地利，以至禽兽、鱼鳖，皆天地之所有，人盗而用之。圣人则曰“用天之道，分地之利”。《列子》却如此鼓舞其言。②

又如对于《仲尼》篇“得意者无言，进知者亦无言”一章，林希逸说：

及至于无所不言，无所不知，而亦无所言，无所知，方为造道之妙。又是一节。此即“从心不逾矩”之说，但说得鼓舞尔。③

《老子》一书中，同样有鼓舞的地方，林希逸认为“圣人之语粹而易明，此书则鼓舞出入，使人难晓”④。又以老庄类比，指出如“大曰逝，逝曰远，远曰反”（第二十五章）“此皆鼓舞之文，在《庄子》此类尤多”⑤。

对于“三子”文本中的鼓舞处，该如何读呢？林希逸在注解《庄子·天地》篇时回答得很明了，他首先对文中鼓舞处作了一番分析解说，最后直言“此皆其鼓舞处，不可执着，执着则难读《庄子》矣”⑥。林希逸虽是在注解《庄子》时提出“鼓舞处，不可执着”之说，但经上述对“三子”中鼓舞处的分析，可知这一说法置于阅读《老子》《列子》之时也无不可。

（五）文脉笔势，须仔细看

对“三子”文本的章法文脉之解析是林希逸“三子口义”的突出之处，这一点在后文详解，同样，就“三子”读书之方法来说，林希逸提醒读者对于“三子”文本中的文脉笔势，须仔细看。

“文脉”包含了“文章语脉”这一概念，林希逸在《老子鬳斋口义》中指出了读者因看不懂《老子》“语脉”而产生的误解。《老子》第十四章载“视之不

① （宋）林希逸著，周启成校注：《庄子鬳斋口义校注》，第120页。

② （宋）林希逸著，张京华点校：《列子鬳斋口义》，第34页。

③ （宋）林希逸著，张京华点校：《列子鬳斋口义》，第94页。

④ （宋）林希逸著，黄曙辉点校：《老子鬳斋口义》，第8页。

⑤ （宋）林希逸著，黄曙辉点校：《老子鬳斋口义》，第28页。

⑥ （宋）林希逸著，周启成校注：《庄子鬳斋口义校注》，第197页。

见名曰夷，听之不闻名曰希，搏之不得名曰微。此三者不可致诘，故复混而为一”一段，林希逸注解曰：

> ……三者，希、夷、微也。三者之名不可致诘，言不可分别也。故混而一者，言皆道也。此两句是老子自解上三句，老子自曰“不可致诘”，而解者犹以希、夷、微分别之，看其语脉不破，故有此拘泥耳。①

林希逸认为《老子》所言希、夷、微三者，都是指“道”，并且此段中后两句就是对前三句的解释，这就是其中之语脉。有读者因看不破《老子》语脉，而产生了认为希、夷、微各不相同的错解。所以，对于《老子》的语脉，得仔细看，还得看“破”。

就《庄子》来说，林希逸在注解《刻意》篇时，指出：

> 此篇只是一片文字，自此以下，连下许多故曰字，临末用一譬喻，却以野语有之为结，须子细看他笔势波澜。②

又如，林希逸在解释《天下》篇时，指出：

> 庄子于末篇序言古今之学问，亦犹《孟子》之篇末“闻知”“见知”也。自天下之治方术者多矣，至于道术将为天下裂，分明是一个冒头。既总序了，方随家数言之，以其书自列于家数之中。③
>
> 自冒头而下，分别五者之说，而自处其末，继于老子之后，明言其学出于老子也。前三段着三个虽然，皆断说其学之是非，独老子无之，至此又着虽然两字，谓其学非无用于世者，此是其文字转换处，笔力最高，不可不子细看。④

这段文字中，林希逸对《天下》篇的章法作了分析，提出“冒头”一说，又从“冒头”概念上生发开来，认为“冒头”以下的篇章体现了《庄子》笔力之高超，指出此等笔力最高处“不可不子细看”。总之，林希逸认为“善读《庄子》……但看得中间文字笔势出，自无穷快活”⑤。同样是基于林希逸认为“三子”文本都有文脉笔势特出之处，以及“庄列同源”的逻辑关系，可知，“文脉笔势，须子细看”这一读书之方法，是读“三子”又一值得重视之处。

---

① (宋)林希逸著，黄曙辉点校：《老子鬳斋口义》，第15—16页。

② (宋)林希逸著，周启成校注：《庄子鬳斋口义校注》，第247页。

③ (宋)林希逸著，周启成校注：《庄子鬳斋口义校注》，第491页。

④ (宋)林希逸著，周启成校注：《庄子鬳斋口义校注》，第506页。

⑤ (宋)林希逸著，周启成校注：《庄子鬳斋口义校注》，第136页。

三、读《老》《庄》之别

以上所探讨关于如何“别具一只眼”的五个方面是读“三子”时通用的方法。林希逸还主张《庄子》之言实异于《老子》，因而在林希逸看来，读《老子》与读《庄子》还是存在不同的地方。

（一）《老子》之意正要就心上理会

林希逸虽然高举理学旗帜，他在“三子口义”中常常以“理”解“道”，但其“心学”思想也是很浓厚的。林希逸思想中的“心学”种子在艾轩处就已种下，这一点在第一章已有论述。因而，林希逸在注解《老子》时，多从“心”的角度予以阐发，“理”字在《老子鬳斋口义》中出现 24 次，而“心”字则达 108 次之多。可见林希逸以心论《老》的程度甚于以理解《老》。有学者认为“以心解老构成作者（林希逸）诠释《老子》的主线”①。由此，不难理解林希逸为何主张《老子》之意正要就心上理会。

至于“就心上理会”这一读《老》之法，林希逸在解读《老子》第一章时即已明确提出。林希逸说：

> 此章居一书之首，一书之大旨皆具于此。其意盖以为道本不容言，才涉有言，皆是第二义……天地之始，太极未分之时也。其在人心，则寂然不动之地。太极未分，则安有春夏秋冬之名？寂然不动，则安有仁义礼智之名？故曰“无名，天地之始”。其谓之天地者，非专言天地也，所以为此心之喻也……此章人多只就天地上说，不知老子之意正要就心上理会。如此兼看，方得此书之全意。②

《老子》第一章专门讲“道”，“道”是《老子》思想的最高范畴，林希逸指出《老子》第一章即涵盖了全书的大旨。继而，林希逸以太极已分、未分来解释“天地之始”，又论及“太极未分”“其在人心”之情况，这显然是对陆九渊“宇宙便是吾心，吾心即是宇宙”这一命题的应用。林希逸指出，《老子》说天与地，并非只是说天与地，天地同时也是“心”的比喻。倘若只停留在天地字面上，则不能全面理解《老子》，只有在此基础上“就心上理会”，乃能得《老子》全意。

（二）《庄子》精微处，须仔细体认、参究

“精微”一词，见于《中庸》“君子尊德性而道问学，致广大而尽精微，极高明而道中庸”一句。“精微”指精深微妙之处，“尽精微”是儒家对君子的要求

---

① 黄云：《以心论老——以林希逸〈老子鬳斋口义〉为切入点》，《金田》，2015 年第 3 期。

② （宋）林希逸著，黄曙辉点校：《老子鬳斋口义》，第 1—3 页。

之一。林希逸认为《庄子》之书“实天下所不可无者”，又其“大纲领、大宗旨未尝与圣人异也”，因而其中实有“精微”之处，须仔细体认、参究。

《天运》篇载“然而不可者，无他也。中无主而不止，外无正而不行。由中出者不受于外，圣人不出。由外入者无主于中，圣人不隐”四句，林希逸认为：

> 此四句尽自精微，须子细参究。道之不可传，无他故也，其病在此四句而已，故先曰然而不可者，无他也。①

又《庚桑楚》篇载“灵台者，有持而不知其所持，而不可持者也”，林希逸指出：

> 此一句三持字，最说得精微，不可草草看过。②

林希逸在这里明确指出了《庄子》文章中的“精微”之处，并提出此类文字不可草草看过，须仔细参究。然《庄子》文章中另有把道理说得精深微妙的地方，林希逸并没用“精微”一词形容，但仍可以从林希逸的注解中识别得出，对于此种情况，林希逸同样提醒读者要仔细参究、体认。如在注解《齐物论》“喜怒哀乐，虑叹变慹，姚佚启态；乐出虚，蒸成菌”一句时，林希逸先对该句所体现的事理作了细致的分析，最后总结说：“读《庄子》者，却要如此体认得子细。”③对于《达生》篇载“忘足，履之适也”一段，林希逸认为“此以人之常情而喻乎道，须自体究，便见得庄子尽物理处”④。

林希逸对于以往读者没能仔细参究《庄子》文意的情况也发出了感慨。他在总结《刻意》与《缮性》二篇之关系时，指出：“《刻意》言养神，而有天行物化之论，《缮性》言存身而有时命行谬之说，以养神存身，分作两篇，此其分别学问工夫处。读者不曾子细为之参究，甚孤庄子千载之意。”⑤由此可见，在林希逸看来，仔细体认、参究《庄子》的精微处是十分重要的。

---

① （宋）林希逸著，周启成校注：《庄子鬳斋口义校注》，第237页。

② （宋）林希逸著，周启成校注：《庄子鬳斋口义校注》，第359页。

③ （宋）林希逸著，周启成校注：《庄子鬳斋口义校注》，第18页。

④ （宋）林希逸著，周启成校注：《庄子鬳斋口义校注》，第298页。

⑤ （宋）林希逸著，周启成校注：《庄子鬳斋口义校注》，第251页。

第五章　“三子口义”的阐释方法研究

“三子口义”作为对“三子”文本的阐释书籍,书中所运用的阐释方法是其特出之处,林希逸在“三子口义”中所欲表达的思想及其注解“三子”的目的,也通过他所采用的阐释方法体现出来。

第一节　“口义”释义

关于“口义”的定义,《中国教育百科全书》载:“口义”为“科举考试方法之一。与墨义相类拟,惟须口答而已。唐代明经科考试口义、墨义交替运用。宋代以后,停用口义,而仅沿用墨义试士”[①]。《唐会要》载:“元和二年十二月,礼部贡举院奏:五经举人,请罢试口义,准旧试墨义十余条。五经通五,明经通六,便放入第。诏从之。七年十二月,权知礼部侍郎韦贯之奏:试明经请墨义,依旧格问口义,从之。”[②]《新唐书·选举志上》记载:“元和二年,置东都监生一百员。然自天宝后,学校益废,生徒流散。永泰中,虽置西监生,而馆无定员。于是始定生员:西京国子馆生八十人,太学七十人,四门三百人,广文六十人,律馆二十人,书、算馆各十人;东都国子馆十人,太学十五人,四门五十人,广文十人,律馆十人,书馆三人,算馆二人而已。明经停口义,复试墨义十条。”[③]可见,“口义”最先表示以口述的方式回答经文大义的考试方法,与书面作答的“墨义”配合使用。“口义”的特点即是采用口语的方式,对经文奥义作通俗易懂的表达。

宋代以后,科举考试中的“口义”已经停止使用,而以“口义”形式著书却开始流行,宋代理学家尤喜以“口义”的形式著述。北宋理学家胡瑗(993—

---

① 张念宏主编:《中国教育百科全书》,海洋出版社,1991 年,第 894 页。

② (宋)王溥:《唐会要》卷七十五,中华书局,1955 年,第 1375 页。

③ (宋)欧阳修、宋祁:《新唐书》卷四十四,中华书局,1975 年,第 1165 页。

1059）即著有《周易口义》《洪范口义》二书。《四库全书总目》载：

《周易口义》十二卷……朱彝尊《经义考》引李振裕之说云：“瑗讲授之余，欲著述而未逮，其门人倪天隐述之，以非其师手著，故名曰口义。”①

《洪范口义》二卷，宋胡瑗撰……注疏自抒心得，又详引周官之法，推演八政，以经注经，特为精确……辞虽平近而深得圣人立训之要。②

可以看出，胡瑗所著此二书取名“口义”，一是其内容由口述而成，二是书中采用平近语言，表达深刻的思想。《周易口义》的成书形式与《朱子语类》相似。又，朱熹晚年的得意门生，南宋理学家陈淳（1159—1223）也用“口义”的形式作《四书口义》，《有宋北溪先生主簿陈公墓志铭》载：

先生为之讲解，率之夜分，惟恐听者之劳，而在己曾无一毫倦色，唯虑夫人无以受之，而不惮于倾其所有以告，于是门人随其口授而笔之于书，《大学》《论》《孟子》《中庸》则有口义；仁义礼智心意性情之类，随事剖析，则有字义详讲。仙溪陈沂往来其门，岁月逾久，以一时问答之言，辑筠谷所闻二卷，尤其深切著明者也。③

可见，宋时所谓“口义”即是以通俗易懂的口语文体注解阐释经典文意。至于作为注释方式的“口义”与科举考试的“口义”之间在方法上是否有先后的继承关系，并没有明确证据。但其中至少有一点是共通的，即以浅白通俗的语言表达经典的思想，这也就是“口义”的基本特征。

宋代理学家以“口义”“语类”等浅白口语形式的文体注解经典的方式无疑影响了同是理学传人的林希逸。另外，南宋禅宗流行，大量语录竞相传出，对文人的影响很大。“语录”是对禅宗祖师口传法语的记录，在语言表达方式上，也是口语，与“口义”有相同的意涵。林希逸深入禅宗理趣，对语录这一阐释方式的受融也体现在对《老》《庄》《列》的注解形式当中。他以“口义”的形式注解《老》《庄》《列》，应当是在彼时历史文化背景下的一种必然选择。

林经德在为《庄子口义》写的序里说：“此书以《口义》名者，谓其不为文，杂俚俗而直述之也。”④《四库全书总目》也对林希逸的《庄子鬳斋口义》评价说：“以其循文衍义，不务为艰深之语，剖析尚为明畅”⑤。当代学者周启成在

① （清）永瑢等：《四库全书总目》上册，第5页。

② （清）永瑢等：《四库全书总目》上册，第90页。

③ （宋）陈宓：《有宋北溪先生主簿陈公墓志铭》，《北溪先生大全文集》，《宋集珍本丛刊》第70册，第291页。

④ （宋）林希逸著，周启成校注：《庄子鬳斋口义校注》，第514页。

⑤ （清）永瑢等：《四库全书总目》下册，第1246页。

《庄子鬳斋口义校注》前言中也指出:“《口义》的文字相当口语化,类似语录,读者容易接受……林希逸还引用俚歌俗谚以及社会上的实事来解《庄》,常能发明新义。”①人们历来着重对《庄子鬳斋口义》的研究,主要是因为“竹溪既知《庄》意,有在探其阃奥而又不为所摇眩,故其注释较诸家为善。若《老》《列》二义则似当时不甚讲究,漫为之者”②。

“口义”的风格是贯穿在林希逸注解《老》《庄》《列》三子之中,《道藏提要》对《老子鬳斋口义》之“口义”亦有解释:“希逸《口义》以推寻《老子》初意为己任。经分八十一章,每章皆以首句标题。其书随文直解,乃口语讲义,故名‘口义’。”③至于《列子鬳斋口义》,叶蓓卿在评注《列子》一书时也指出“文字明白晓畅”④是林希逸《列子鬳斋口义》特点之一。值得一提的是,道家经典的注解文本在林氏之前未有“口义”者,林希逸将“口义”形式引入了对《老》《庄》《列》的注解之中,他用平常直白的语言来诠释道家经典,这在老、庄、列学史上是一个创举。

第二节 “三子口义”之文辞阐释方法

林希逸对文法的重视与当时的学术风气,以及艾轩学派的传承密切相关。北宋时期的理学家主张重道轻文,认为“作文害道”。到南宋,这种情况颇有改观,南宋的理学家文学修养普遍较高,如吕祖谦曾作《古文关键》《论作文法》,真德秀有《文章正宗》,他们对文章写作的文辞技法都有不同程度的重视。其中,艾轩学派尤为突出。《闽中理学渊源考》载郭万程言:“自道学兴,辞命多鄙,光朝(艾轩)之门,独为斐然。”⑤林希逸也曾说道:“三先生之学,自南渡后,周、程中歇,朱、张未起,以经行倡东南,使诸生涵咏体践,知圣贤之心不在于训诂者,自艾轩始;疑洛学不好文辞,汉儒未达性命,使诸生融液通贯,知性与天道不在文章之外者,自网山、乐轩始。”⑥由此可见,林希逸之所以注重对文辞进行解读并提出诸多观点与看法,乃是基于南宋理学家普遍重视文

① (宋)林希逸著,周启成校注:《庄子鬳斋口义校注》,第11页。
② (明)张四维:《条麓堂集》卷二十,明万历二十三年张泰徵刻本。
③ 任继愈主编:《道藏提要》,中国社会科学出版社,1991年,第502页。
④ 叶蓓卿评注:《列子》,商务印书馆,2015年,第280页。
⑤ 徐公喜、管正平、周明华点校:《闽中理学渊源考》上,第138页。
⑥ (宋)刘克庄:《兴化军成山三先生祠堂记》,载《艾轩集》卷十,《景印文渊阁四库全书》第1142册,第659页。

章之学的学术背景以及艾轩学派的治学特色。

文辞阐释方法贯穿于林希逸对"三子"的注解之中,他对"三子"文本中字词、语句以及比喻等内容进行评点,并多有称赞。同时,林希逸还从章法文脉的角度解析"三子"的行文特征。

一、文辞譬喻的评点

(一)字词

字词,是组成语言以表达思想的基本元素。一篇文章之中,若是关键的字词使用巧妙,便能为文章增添很多色彩。林希逸重视"三子"文本中字词的运用,认为其中有很多用字巧妙的地方,并特别指出来加以分析评点。这在"三子口义"中随处可见,以下作具体考察。

在《老子鬳斋口义》中,林希逸注解《老子》第二章"夫惟不居,是以不去"时称:

> "夫惟不居,是以不去",言有其有者不能有,而无其有者能有之,此八字最有味。①

又如,《老子》第二十一章结尾为"吾何以知众甫之然哉?以此"。林希逸注解曰:

> 以此者,以道也。言众甫之所自出,吾何以知其然,盖以此道而已。此等结语,亦其文字之精处。②

林希逸还指出"读者不悟其意,故不见他文字奇处,又多牵强之说"③,他认为大多读老子之书的人,看不到老子文字中奇特之处。

《列子鬳斋口义》中,如《天瑞》篇"《皇帝书》曰"一段讲道:"故生物者不生,化物者不化。自生自化,自形自色,自智自力,自消自息。谓之生化、形色、智力、消息者,非也。"林希逸注解曰:

> "生物者不生",言其不容心于生也。"化物者不化",言其不容力于化也。盈天地之间,无非自然而然。形者、色者,人与物也。智者、力者,就人中分别也。消者、息者,穷达死生得丧也。自然而然者,生而非生,化而非化,形而非形,色而非色,消而非消,息而非息,初无定名,初无实迹,若以定名实迹求之,则非矣。不曰无定名、无实迹,只下一

---

① (宋)林希逸著,黄曙辉点校:《老子鬳斋口义》,第4页。

② (宋)林希逸著,黄曙辉点校:《老子鬳斋口义》,第24页。

③ (宋)林希逸著,黄曙辉点校:《老子鬳斋口义》,第32页。

“谓”字，自是奇特。①

林希逸指出《列子》这一段文字的意思讲的就是“自然而然”，“自然而然”本身是没有确定的名字与实有的迹象，但《列子》并不直接描述其没有确定名字与实有迹象的状态，而是用一个“谓”字，以此否定“自然而然”的定名与实迹。林希逸认为这个“谓”字用得很奇特。

又如《仲尼》篇载：“亢仓子曰：我体合于心，心合于气，气合于神，神合于无。其有介然之有，唯然之音。虽远在八荒之外，近在眉睫之内，来干我者，我必知之。乃不知是我七孔四支之所觉，心腹六藏之所知，其自知而已矣。”林希逸注解曰：

> 曰“体”，曰“心”，曰“气”，曰“神”，皆归于“无”，此乃无心之用也。“介然之有”，言一介可见之微也。“唯然之音”，言一唯可听之微也。此八字下得亦好。物来干我，我则知之，即是“寂然不动，感而遂通”也，即是“物来能名，事至则应”也。“七孔四支”“心腹六藏”，所觉所知。我皆不知，即是“体合于心，心合于气，气合于神，神合于无”也。“其自知而已矣”者，言我虽自知，而有不容言者也。②

这里林希逸指出“介然之有，唯然之音”八个字用得好。原因在于只用了这八个字，形容出视觉和听觉层面的细微之处来。

再如《杨朱》篇载“实无名，名无实。名者，伪而已矣。昔者尧、舜伪以天下让许由、善卷，而不失天下，享祚百年。伯夷、叔齐实以孤竹君让，而终亡其国，饿死于首阳之山。实伪之辩，如此其省也”。林希逸注解曰：

> 此又一转，谓名皆伪也。有实德者则不近名，好名者则无实行，凡为名者皆伪也。既以名为伪，乃借尧、舜、夷、齐以立说，此所以为异端之书。“省”者，审也，言实伪之辨如此审矣。此一段，先言名可自利，却归结在一“伪”字上。“实无名，名无实”，六字亦佳……③

林希逸在这里指出“实无名，名无实”六字亦佳，因为这六个字所表达的意思就是“名者，伪而已矣”。

“三子”之中《庄子》篇幅最长，林希逸所花精力最多，《庄子鬳斋口义》中对字词的评点分析更是屡见不鲜。以下兹举几例。

《庄子》开篇《逍遥游》载：“北冥有鱼，其名为鲲。鲲之大，不知其几千里

---

① （宋）林希逸著，张京华点校：《列子鬳斋口义》，第12页。

② （宋）林希逸著，张京华点校：《列子鬳斋口义》，第89页。

③ （宋）林希逸著，张京华点校：《列子鬳斋口义》，第159页。

也。化而为鸟，其名为鹏。鹏之背，不知其几千里也；怒而飞，其翼若垂天之云。”就其中一“怒”字，林希逸曰：

> 鸟之飞也，必以气，下一怒字，便自奇特。[①]

《天地》篇载“螳螂之怒臂以当车辙”，林希逸解曰：

> 螳螂怒其臂以当车辙，言力小不足以任此大事也。曰怒而飞，曰草木怒生，此言怒臂，庄子喜下一个怒字。[②]

这里，林希逸指出《庄子》用字“奇特”，并在《庄子》全篇追溯其中“怒”的用法，得出“庄子喜下一个怒字”的结论。

《德充符》载仲尼曰：“人莫鉴于流水而鉴于止水，唯止能止众止。”林希逸注解说：

> 流水、止水，皆以喻心。流者，不能止者也，能止其心，所以独贤于人。众人以欲止之心就其求止焉，惟斯人则能之，故曰惟止能止众止。此一句盖言未能安其心之人而求教于彼，彼乃能教之而使之安。却如此下六字，岂不奇哉！[③]

林希逸指出，仲尼的意思是贤人能止自心，又能教未安自心的人使其安心，《庄子》以“唯止能止众止”这六个字便简单明了地表达其意，这即是《庄子》用字奇特的地方。紧接上文，《德充符》载申徒嘉与郑子产的对话，申徒嘉有“今子之所取大者，先生也，而犹出言若是，不亦过乎”之语。子产对曰：“子既若是矣，犹与尧争善，计子之德不足以自反邪？”就其中字词的应用，林希逸谓：“取大两字佳。与尧争善四字最奇。”[④]

《马蹄》篇载伯乐善治马，然“烧之，剔之，刻之，雒之，连之以羁馽，编之以皂栈，马之死者十二三矣；饥之，渴之，驰之，骤之，整之，齐之，前有橛饰之患，而后有鞭策之威，而马之死者已过半矣”。林希逸曰：

> 马制于人而不得自乐其乐，所以死者多矣，即元龟与其曳尾于泥中意同。但其间下数个之字，与前言二三，后言过半，文字华密，如美锦然。古今多少笔法，自此萌芽而出！[⑤]

---

① （宋）林希逸著，周启成校注：《庄子鬳斋口义校注》，第2页。

② （宋）林希逸著，周启成校注：《庄子鬳斋口义校注》，第198页。

③ （宋）林希逸著，周启成校注：《庄子鬳斋口义校注》，第85页。

④ （宋）林希逸著，周启成校注：《庄子鬳斋口义校注》，第88页。

⑤ （宋）林希逸著，周启成校注：《庄子鬳斋口义校注》，第147页。

《马蹄》言伯乐治马,使马的自然本性被外界规范所束缚,失去了真常与自由。林希逸指出,伯乐治马与神龟宁愿拖着尾巴在泥里爬而不愿“王以巾笥而藏之庙堂之上”(《庄子·秋水》)所表达的意思一样,即“外物能为身累”①,《庄子》此处用数个“之”字即把伯乐治马的情形给刻画出来,因而赞叹其“文字华密,如美锦然”。总的来看,林希逸“口义”点出了“三子”文本中字词使用巧妙的地方,并以“奇”“佳”“好”等形容词加以肯定和赞美。

(二)语句

字词组合成语句,语句是语言运用的基本单位,能表达一个完整的意思。对于“三子”文本中的精彩语句,林希逸常赞叹不已。

林希逸在《老子鬳斋口义》中指出:“老子诸章,结语多精绝。”②林氏在注释《老子》第六十一章“故大国以下小国,则取小国;小国以下大国,则取大国。故或下以取,或下而取”时亦曰:

> 以大取小曰以取,以小取大曰而取。此两句文字亦奇特。③

《老子》文本语句精短,林希逸对其中字句结合起来点评,认为句中文字奇特,而文字之奇特同样体现了句子的特色。

《列子》篇幅较长,林希逸对《列子》文本中的语句评点较《老子》更多。如《天瑞》篇载:“乌足之根为蛴螬,其叶为胡蝶。胡蝶,胥也,化而为虫,生灶下,其状若脱,其名曰鸲掇。”林希逸觉得《列子》解说“胡蝶”这一句很不错,其谓:

> 乌足之根又化而为蛴螬,乌足之叶又化为胡蝶。蛴螬,蝎虫也。胥,胡蝶之别名也。就“胡蝶”下添此一句,尤奇。④

又如,《汤问》篇言“均,天下之至理也,连于形物亦然。均发均县,轻重而发绝,发不均也。均也,其绝也莫绝。人以为不然,自有知其然者也。”林希逸注解曰:

> 此章提起一“均”字,言均,天下之至理,凡物之有形者亦然。“连”,犹凡也。“形物”,有形之物也。“亦然”者,理如是而物亦如是也。悬与发均,则虽发可以县,故曰“均发均县”。若物与发有轻有重,则发必断绝。其所以断绝者,不均也,故曰“轻重而发绝,不均也”。若轻重均平,

---

① (宋)林希逸著,周启成校注:《庄子鬳斋口义校注》,第147页。

② (宋)林希逸著,黄曙辉点校:《老子鬳斋口义》,第14页。

③ (宋)林希逸著,黄曙辉点校:《老子鬳斋口义》,第66页。

④ (宋)林希逸著,张京华点校:《列子鬳斋口义》,第18页。

> 则虽欲绝而不绝,故曰“均也,其绝也莫绝”。此一句自妙!“均也”是一句,“其绝也莫绝”是一句。此即公孙龙“发引千钧”之论。人皆以为不然,自有知其然者,言世人则不知其然,知道者则知其然也。①

林希逸认为“均也,其绝也莫绝”这一句“自妙”,而其之所以妙,是因短短一句话就表达出公孙龙发引千钧之论的核心内涵。

再有,《力命》篇谈到管夷吾重病的时候,公子小白前去探望,小白说道:“仲父之病病矣,可不讳云,至于大病,则寡人恶乎属国而可?”林希逸注解曰:

> “病病矣”,言病至甚矣。“讳云”者,言不可讳人说也。此是句绝。②

同样,《说符》篇言“人有枯梧树者,其邻父言:‘枯梧之树不祥。’其邻人遽而伐之。邻人父因请以为薪,其人乃不悦,曰:‘邻人之父徒欲为薪,而教吾伐之也。与我邻,若此其险,岂可哉?’”林希逸注解曰:

> “不祥”之告,初意本善也。因求为薪而反启其疑,近于私也。亦言世情之难必、公私之难明也。其喻亦甚美。“若此其险”,是句绝,“岂可哉”,三字一句。③

可以看到,对于《列子》文本中的精美语句林希逸多称其“绝”。

在林希逸看来,《庄子》文本中有更多让人称“绝”道“奇”的语句。如《逍遥游》载:“野马也,尘埃也,生物之以息相吹也。天之苍苍,其正色邪?其远而无所至极邪?其视下也,亦若是则已矣。”林希逸曰:

> 此三句本要形容下句,却先安顿于此,谓人之仰视乎天,见其苍苍然,岂其正色?特吾目力既穷,其上无所极止,故但见濛濛然尔。鹏之飞也,既至于天上,则其下视人间,不知相去几千万里,其野马、尘埃相吹之息亦必如此濛濛然,犹人之在下视天上也。此数句只是形容鹏飞之高,如此下得来,多少奇特!④

林希逸认为《庄子》此处数句本意只是为了表达鹏飞之高,但因在造句排序上的不同寻常,并且善于做视觉描述,让人体会到鹏之视下与人之视天的“濛濛然”,再由这种“濛濛然”表现出“鹏飞之高”。因此林希逸称《庄子》如此用语有“多少奇特”。

---

① (宋)林希逸著,张京华点校:《列子鬳斋口义》,第124页。

② (宋)林希逸著,张京华点校:《列子鬳斋口义》,第142页。

③ (宋)林希逸著,张京华点校:《列子鬳斋口义》,第203页。

④ (宋)林希逸著,周启成校注:《庄子鬳斋口义校注》,第3页。

又如，《德充符》载：“申徒嘉曰：‘自状其过以不当亡者众，不状其过以不当存者寡。知不可奈何而安之若命，唯有德者能之。游于羿之彀中。中央者，中地也；然而不中者，命也。人以其全足笑吾不全足者众矣，我怫然而怒；而适先生之所，则废然而反。不知先生之洗我以善耶？吾与夫子游十九年矣，而未尝知吾兀者也。今子与我游于形骸之内，而子索我于形骸之外，不亦过乎！’子产蹴然改容更貌曰：‘子无乃称！’”林希逸认为该段话中的数句造语很好，即曰：

> 游彀中数语极奇绝……况在战国之时，此语尤切心。幸而不中者，命也。废然，乃自失之意，言其怒至此尽失去之。反，归也，言一见先生，而归皆失其所以怒矣。洗字甚佳，言以善道告我，如洗涤我而不自知也。形骸内外一句最好，此皆前书所未有者。①

林希逸指出该段文本语句“奇绝”，并将该语句置于战国的时代背景，认为《庄子》此处数语尤其符合当时的心境。紧接其下，林希逸又提出“形骸内外一句最好”，并认为这样的语句是《庄子》之前的书本中所没有的。

此外，《天地》篇有“以道观言，而天下之君正。以道观分，而君臣之义明。以道观能，而天下之官治。以道泛观，而万物之应备”一段，林希逸指出：“此四句最妙，其语亦纯粹。”②又有“无欲而天下足，无为而万物化，渊静而百姓定。记曰：‘通于一而万事毕，无心得而鬼神服。’”一段，林希逸认为“此五句极纯粹”③。对于《天运》开篇数句，林希逸赞曰“此数行，句句精绝，五个乎字，前无古人，后无来者！”④可见，林希逸对《庄子》文中语句精美处赞叹之极，类似对语句的评点还有很多，林希逸的描述也多用“好”“奇绝”“精绝”等词来形容，但林希逸对其所用的“奇绝”等形容词的具体意义，并没有更深入的解说。

（三）段篇

从文章构成的逻辑顺序上来说，字词构成语句，语句便组成段落和篇章了。对于“三子”的段落篇章，林希逸也多有评点。

这里需要指出的是，《老子》的文体不同于《庄子》《列子》，它没有故事寓言的描述，因而在《老子鬳斋口义》中，林希逸直接对《老子》之“文”进行评点，偶尔一处论及“章”。如《老子》第二十二章言：“曲则全，枉则直，洼则盈，

---

① （宋）林希逸著，周启成校注：《庄子鬳斋口义校注》，第88页。

②③ （宋）林希逸著，周启成校注：《庄子鬳斋口义校注》，第184页。

④ （宋）林希逸著，周启成校注：《庄子鬳斋口义校注》，第226页。

弊则新,少则得,多则惑。是以圣人抱一为天下式。不自见,故明;不自是,故彰;不自伐,故有功;不自矜,故长。夫唯不争,故天下莫能与之争。古之所谓曲则全者,岂虚言哉,诚全而归之。”林希逸指出:

> 长,可久也。既如此说了,却提起前面“曲则全”一句,作如此归结,亦是文之奇处。天地之与我无所欠阙,我但当全而归之耳,又他何所事也。诚者,实也,言实当如此也。“曲”“枉”“洼”“弊”四句皆是设喻,以发明下面之意而已。①

此处,林希逸就《老子》该章的篇章作文之法做了分析,他认为该章在篇末重申开篇所言“曲则全”一句,是整篇作文的奇特之处。而开篇所提到“曲”“枉”“洼”“弊”四句的作用,即在于发明本章所要阐发的意旨。

又《老子》第五十章谓:“生之徒十有三,死之徒十有三,民之生,动之死地亦十有三。”林希逸注解曰:

> 天有十二辰,岁有十二月,日有十二时,十二者,终始之全也。十二而下又添一数,便是十三,分明只是一个一字,不谓之一而曰十三,此正其作文之奇处,言人之生死皆原于此一。②

在评点第五十四章末结尾时,林希逸称“老子之文,如此等处可谓工绝”③。至于《老子》第七十一章,林希逸直言“此一章文最奇”④。

就《列子》文本来看,《天瑞》篇讲:“有太易,有太初,有太始,有太素。太易者,未见气也;太初者,气之始也;太始者,形之始也;太素者,质之始也。气、形、质具而未相离,故曰浑沦。浑沦者,言万物相浑沦而未相离也。”林希逸注解说:

> 上面既说四个“太”字,就此又把形、气、质总之。此不特言理之妙,亦是作文机轴。文章无此机轴,则不见斡旋之妙。⑤

在此,林希逸联系前后文进行解读,认为《天瑞》篇先言太易、太初、太始、太素,用“太”字描述“始”的状态,而后又以“浑沦”将“形、气、质总之”,他指出这样的写作手法是“作文机轴”,篇章段落里有这样的“机轴”就有“斡旋之妙”。

---

① (宋)林希逸著,黄曙辉点校:《老子鬳斋口义》,第25页。

② (宋)林希逸著,黄曙辉点校:《老子鬳斋口义》,第53—54页。

③ (宋)林希逸著,黄曙辉点校:《老子鬳斋口义》,第58页。

④ (宋)林希逸著,黄曙辉点校:《老子鬳斋口义》,第76页。

⑤ (宋)林希逸著,张京华点校:《列子鬳斋口义》,第14页。

同样是《天瑞》篇载列子曰:“故有生者,有生生者;有形者,有形形者;有声者,有声声者;有色者,有色色者;有味者,有味味者。生之所生者死矣,而生生者未尝终;形之所形者实矣,而形形者未尝有;声之所声者闻矣,而声声者未尝发;色之所色者彰矣,而色色者未尝显;味之所味者尝矣,而味味者未尝呈。皆无为之职也。”林希逸注解曰:

“有生”“有形”“有声”“有色”“有味”,指天地间万物而言也。“生生”“形形”“声声”“色色”“味味”,造化也。职,主也。无为,造化也。不生者生其所生,无形者形其所形,以至色其所色、声其所声、味其所味,皆造化之所职。如此下得来,又自奇特。①

林希逸认为,这一段文字写法很是奇特,所要表达的是“造化”与“天地间万物”的关系,但作者不直言“天地间万物”,更不直言“造化”,而是描述“生生”与“有生”的关系,以致“形”“声”“色”“味”,以此来说明“造化”所主之职。另外,对于《天瑞》篇前面数段,林希逸还专门指出:“此书第一篇前头数段极妙。”②

又如《黄帝》篇讲梁鸯能养野禽兽一段,曰:“今吾心无逆顺者也,则鸟兽之视吾,犹其侪也。故游吾园者,不思高林旷泽;寝吾庭者,不愿深山幽谷,理使然也。”林希逸指出:

“心无逆顺”,即无心也。无心则能与物相忘,此意盖不过发明无心之理,极是一段好说话。③

再如《周穆王》篇,林希逸说“据此一篇,语极到,必列子之本书。”④

林希逸用同样的手法对《庄子》文本中的段篇进行了评点。针对《齐物论》整篇,林希逸说道:

此篇立名,主于齐物论,末后却撰出两个譬喻,如此其文绝奇,其意又奥妙,人能悟此,则又何是非之可争!即所谓死生无变于己,而况利害之端之意。首尾照应,若断而复连,若相因而不相续,全是一片文字。笔势如此起伏,读得透彻,自有无穷之味。⑤

---

① (宋)林希逸著,张京华点校:《列子鬳斋口义》,第16页。

② (宋)林希逸著,张京华点校:《列子鬳斋口义》,第21页。

③ (宋)林希逸著,张京华点校:《列子鬳斋口义》,第47页。

④ (宋)林希逸著,张京华点校:《列子鬳斋口义》,第85页。

⑤ (宋)林希逸著,周启成校注:《庄子鬳斋口义校注》,第45页。

此外,林希逸在注解《外物》与《寓言》两篇时,直言“此篇文亦精细”[①]、“此篇文亦细”[②]。

林希逸对《庄子》文本中段落的评点较整篇而言更多。如《大宗师》中“子祀、子舆、子犁、子来四人相与语……浸假而化予之右臂以为弹……”一段,林希逸谓:

> 此一段最奇,只浸假二字便自奇特。[③]

《应帝王》中“子舆与子桑友,而淋雨十日”一段,林希逸谓:

> 此段只言穷达有命,撰出这般说话,也是奇绝。[④]

《应帝王》篇末言:“南海之帝为倏,北海之帝为忽,中央之帝为浑沌。倏与忽时与遇于浑沌之地,浑沌待之甚善。倏与忽谋报浑沌之德,曰:‘人皆有七窍以视听食息,此独无有,尝试凿之。’日凿一窍,七日而浑沌死。”林希逸亦谓:

> 此段只言聪明能为身累,故如此形容,堕枝体,黜聪明,则为浑沌矣。本是平常说话,妆出日凿一窍之说,皆奇笔也。[⑤]

《马蹄》篇载“夫马,陆居则食草饮水,喜则交颈相靡,怒则分背相踶。马知已此矣”一段,林希逸谓:

> 此一段又是把前头许多说话,翻做数行,中间添得几句,愈是奇特。喜则交颈相靡,怒则分背相踶,分明是一个画马图也。[⑥]

《天道》篇“桓公读书于堂上,轮扁斫轮于堂下”一段,林希逸谓:

> 此段只前段之意,谓道不可以言传,而设喻如此,极为精妙。[⑦]

《天运》篇“夫白鹢之相视,眸子不运而风化”一段,林希逸谓:

> 此一段,文之极奇者![⑧]

---

① (宋)林希逸著,周启成校注:《庄子鬳斋口义校注》,第 429 页。
② (宋)林希逸著,周启成校注:《庄子鬳斋口义校注》,第 439 页。
③ (宋)林希逸著,周启成校注:《庄子鬳斋口义校注》,第 113 页。
④ (宋)林希逸著,周启成校注:《庄子鬳斋口义校注》,第 124 页。
⑤ (宋)林希逸著,周启成校注:《庄子鬳斋口义校注》,第 136 页。
⑥ (宋)林希逸著,周启成校注:《庄子鬳斋口义校注》,第 151 页。
⑦ (宋)林希逸著,周启成校注:《庄子鬳斋口义校注》,第 224 页。
⑧ (宋)林希逸著,周启成校注:《庄子鬳斋口义校注》,第 244 页。

《知北游》篇“东郭子问于庄子曰：所谓道，恶乎在”一段，林希逸谓：

此段撰得又好，虽似矫激之言，然物无精粗，同出此理，亦是一件说话。[①]

总而言之，林希逸对“三子”文本中使用巧妙的字词、语句，以及文辞优美、用语奇特的段落篇章都有专门的评点。这让读者以更加宽阔的视野阅读《老》《庄》《列》，并能从文章学的角度切入“三子”文本进而把握其思想脉络。通过分析点评的内容还可以发现，林希逸所用的概念有“奇”“佳”“好”“妙”“绝”等，这些概念混用在其对字词、语句、篇章的看法之中，比如说，字有“奇”，句也有“奇”；句有“妙”，段也有“妙”。这让读者感觉他的评点似乎不够系统。另外，林希逸对这些概念的深层意义及其之间的关系并没有进一步说明，比如，何为“奇”？为何“妙”？笔者以为，这是林希逸对“三子”文辞评点不够深入的地方。

（四）喻[②]

古今文章之中，“喻”是最常用的一种修辞手法。细言之，有比喻、譬喻、设喻等方式。简明地说，喻即是用打比方的方式，利用乙事物来说明与其有相似之处的甲事物，从而使表达更加生动鲜明，易于理解。春秋战国时期，百家争鸣，诸子在作文论辨时尤其重视“喻”这一极富表现力的语言手段。孔子还专门提出“能近取譬”这一用喻的基本原则。《论语·雍也》载：“夫仁者，己欲立而立人，己欲达而达人。能近取譬，可谓仁之方也已。”朱熹集注曰：“譬，喻也。”[③]“能近取譬”即是指以身边最熟悉的事物来作为比喻以阐明道理。作为理学家的林希逸秉承孔夫子的教诲，在注解“三子”之时也非常重视“三子”文本对喻的运用。

林希逸对“三子”文本中喻的分析与评点有所区别，他对《庄子》《列子》二书中的用喻之处多有评点，对于《老子》，则是侧重于指出并分析其中的譬喻及其作用。以下，作具体考察。

林希逸在《老子鬳斋口义·发题》中指出：“大抵老子之书，其言皆借物以明道，或因时世习尚，就以谕之。而读者未得其所以言，故晦翁以为老子劳攘，西山谓其间有阴谋之言。”[④]又谓：“然则前辈诸儒亦未尝不与之，但以其借谕之语，皆为指实言之，所以未免有所贬议也。此从来一宗未了疑案，若研究

① （宋）林希逸著，周启成校注：《庄子鬳斋口义校注》，第340页。

② 喻，古同“谕”。

③ （宋）朱熹：《四书章句集注》，中华书局，2013年，第60页。

④ （宋）林希逸著，黄曙辉点校：《老子鬳斋口义》，发题第2页。

推寻,得其初意,真所谓'千载而下知其解者,旦暮遇之'也。"[①]林希逸认为,《老子》一书,主要是用喻来阐释道理,而先世儒者没能明白这一点,把老子的借喻当作实言实语,因而对《老子》多有误解与贬低之意。林希逸指出,只有明白了《老子》一书中关于喻的运用,才能理解老子的本意。也是因此缘由,林希逸点出《老子》八十一章中57个用喻处,并探讨其在上下文中的意涵与作用。

《老子》第一章载"无名,天地之始",林希逸注解曰:

> 天地之始,太极未分之时也。其在人心,则寂然不动之地。太极未分,则安有春夏秋冬之名?寂然不动,则安有仁义礼智之名?故曰"无名,天地之始"。其谓之天地者,非专言天地也,所以为此心之喻也。[②]

林希逸指出,《老子》此处所谓"天地",并不是专门指称"天"与"地",而是以"天地"比喻人的"本心"。

《老子》第二章载:"天下皆知美之为美,斯恶已;皆知善之为善,斯不善已。故有无相生,难易相成,长短相形,高下相倾,音声相和,前后相随。"林希逸注解曰:

> 有美则有恶,有善则有不善。美而不知其美,善而不知其善,则无恶无不善矣。盖天下之事,有有则有无,有难则有易,有长则有短,有高则有下,有音则有声,有前则有后。"相生""相成"以下六句,皆喻上面美恶善不善之意。[③]

此处,林希逸认为"有无相生,难易相成,长短相形,高下相倾,音声相和,前后相随"是关于前句内容的比喻。

又如,《老子》第十八章为"大道废,有仁义;智慧出,有大伪;六亲不和,有孝慈;国家昏乱,有忠臣"。林希逸注解曰:

> 大道行,则仁义在其中,仁义之名立,道渐漓矣,故曰"大道废,有仁义"。譬如智慧日出,而后天下之诈伪生。六亲不和,而后有孝慈之名。国家昏乱之时,而后有忠臣之名。此三句皆是譬喻,以发明上一句也。[④]

这里,林希逸指出该章后三句是譬喻,其作用在于"发明"第一句"大道废,有仁义"。其类似之处还有《老子》第二十二章"曲则全,枉则直,洼则盈,弊则

---

① (宋)林希逸著,黄曙辉点校:《老子鬳斋口义》,发题第2页。

② (宋)林希逸著,黄曙辉点校:《老子鬳斋口义》,第1—2页。

③ (宋)林希逸著,黄曙辉点校:《老子鬳斋口义》,第3页。

④ (宋)林希逸著,黄曙辉点校:《老子鬳斋口义》,第20页。

新，少则得，多则惑”一段，林希逸谓：“‘曲’‘枉’‘洼’‘弊’四句皆是设喻，以发明下面之意而已。”[1]林希逸在对《老子》第六十一章解读之时，特别指出：“一书之主意，章章如此，解者多以其设喻处作真实说，故晦庵有‘老子劳攘’之论。独黄茂材解云：‘此一章全是借物明道。’此语最的当，但不能推之于他章，故亦有未通处。”[2]可见，注重对《老子》文本中“喻”的解读，是林希逸《老子鬳斋口义》的一大特色，他能看到老子“借物明道”的特点，并能“推之于他章”，因而自谓“千载而下知其解者”。

林希逸关于《庄》《列》二书中用喻处的阐释手法同他阐释“三子”字词篇章时的手法一样，除了说明何处用喻之外，还多有赞美之词。先就《列子鬳斋口义》考察。

《说符》篇载：“宋人有为其君以玉为楮叶者，三年而成。锋杀茎柯，毫芒繁泽，乱之楮叶中而不可别也。此人遂以巧食宋国。子列子闻之，曰：‘使天地之生物，三年而成一叶，则物之有叶者寡矣。故圣人恃道化，而不恃智巧’。”林希逸注解曰：

> “锋”者，叶之有锋棱也。“杀”，裁剪减削处也。“毫芒”，叶上之文理也。“繁”，文理之多也。“泽”，其色润泽也。“道化”，无为也。“智巧”，人力也。此一喻甚好。[3]

《说符》篇还讲了一则燕君使人学不死之术的故事：“昔人有言有知不死之道者，燕君使人受之，不捷，而言者死。燕君甚怒其使者，将加诛焉。幸臣谏曰：‘人所忧者，莫急乎死。己所重者，莫过乎生。彼自丧其生，安能令君不死也？’乃不诛。有齐子，亦欲学其道，闻言者之死，乃抚膺而恨。富子闻而笑之，曰：‘夫所欲学不死，其人已死，而犹恨之，是不知所以为学’。胡子曰：‘富子之言非也。凡人有术不能行者，有矣；能行而无其术者，亦有矣。卫人有善数者，临死以诀喻其子，其子忘其言而不能行也。他人问之，以其父所言告之，问者用其言而行其术，与其父无差焉。若然，死者奚为不能言生术哉？’”林希逸注解曰：

> 此章之意盖谓学不难而行之为难，知之不如行之。不死之学，其喻甚佳。“死者奚为不能言生术”者，谓其人虽死，而所言长生不死之术自

---

① （宋）林希逸著，黄曙辉点校：《老子鬳斋口义》，第25页。

② （宋）林希逸著，黄曙辉点校：《老子鬳斋口义》，第66页。

③ （宋）林希逸著，张京华点校：《列子鬳斋口义》，第184页。

是,但人不能行之尔。①

林希逸指出这一段文字以“不死之学”这一则故事来比喻“学不难而行之为难,知之不如行之”的道理,并认为如此使用比喻手法非常佳美。

紧接着,又有:“邯郸之民以正月之旦献鸠于简子,简子大悦,厚赏之。客问其故,简子曰:‘正旦放生,示有恩也。’客曰:‘民知君之欲放之,故竞而捕之,死者众矣。君如欲生之,不若禁民勿捕。捕而放之,恩过不相补矣。’简子曰:‘然’。”林希逸注解曰:

此一喻甚近人情。今世蹈此失者甚众,如孤山湖中之放鱼鳖,有一日而卖数次者。②

再有:“齐田氏祖于庭,食客千人。中坐有献鱼、雁者。田氏视之,乃叹曰:‘天之于民厚矣!殖五谷,生鱼、鸟,以为之用。’众客和之如响。鲍氏之子年十二,预于次,进曰:‘不如君言。天地万物与我并生,类也。类无贵贱,徒以小大智力而相制,迭相食,非相为而生之。人取可食者而食之,岂天本为人生之?且蚊蚋噆肤,虎狼食肉,非天本为蚊蚋生人,虎狼生肉者哉!’”林希逸注解曰:

此章乃释氏“吞啖世界”“大虫食小虫”之论。其说亦有理。人食鸡、鸡食虫螘之类是也。“非相为而生之”也,天非为人而生百物也。蚊蚋、虎狼之喻亦佳。③

亦如:“人有枯梧树者,其邻父言:‘枯梧之树不祥。’其邻人遽而伐之。邻人父因请以为薪,其人乃不悦,曰:‘邻人之父徒欲为薪,而教吾伐之也。与我邻,若此其险,岂可哉?’”林希逸注解曰:

“不祥”之告,初意本善也。因求为薪而反启其疑,近于私也。亦言世情之难必、公私之难明也。其喻亦甚美。④

还有:“人有亡鈇者,意其邻之子。视其行步,窃鈇也;颜色,窃鈇也;言语,窃鈇也;动作态度,无为而不窃鈇也。俄而扫其谷而得其鈇。他日复见其邻人之子,动作态度无似窃鈇者。”对于这一段,林希逸注解曰:

此章犹谚言“疑心生暗鬼”也。心有所疑,其人虽不窃鈇,而我以疑

① (宋)林希逸著,张京华点校:《列子鬳斋口义》,第200—201页。

② (宋)林希逸著,张京华点校:《列子鬳斋口义》,第201页。

③ (宋)林希逸著,张京华点校:《列子鬳斋口义》,第202页。

④ (宋)林希逸著,张京华点校:《列子鬳斋口义》,第203页。

心视之,则其件件皆可疑。此喻甚得世情之微。①

考察林希逸对《列子》一书中有关用喻内容的分析,可以发现:林希逸对《列子》书中喻的称赞评点几乎集中在《说符》一篇。对于《列子》书其他篇章中的比喻内容,林希逸多有提及,但仅是说明其用处。比如《天瑞》篇“形动生影,声动生响”一句,林希逸认为“此两句自好。其意盖以喻无之生有也”②。又如在《仲尼》篇中注解“公仪伯以力闻诸侯”一段,林希逸亦谓:“然此书之意,主于有若无,实若虚,犯而不校,故设为此喻尔。”③

对于《说符》整篇文字,林希逸于篇末指出:“此篇议论皆正,皆与儒书合。末后数件设喻俱佳,文字亦异于他篇……若此篇议论虽正,实非列子家数,通诸家之学者必能辩之。”④林希逸认为《说符》篇并不是《列子》原文,而是属于《列子》伪书之部分,大抵是后人“模仿庄子以附益之”。而后世流传之《列子》一书,以《天瑞》开篇,以《说符》告终。“瑞”指符瑞,代表信物,即天道的运行如符瑞之有信,“说符”即是说明人事与天道相符合。该书首尾相呼应,构成一套完整的思想体系。

可见,林希逸并不因书中内容不为原出而否定其中精美之部分,他对于《列子》之思想与《列子》之真伪是分开看待的。换言之,林希逸对《列子》一书的真伪有其自己的观点,而其对于《列子》一书的思想体系则是整体看待的。最后,还需指出的是,林希逸对《列子》书中用喻内容的评点如同他对《列子》中的文辞观点一样,也仅是作“好”“佳”等赞叹,其分析并不够深入。

《庄子》三十三篇中,林希逸在《庄子鬳斋口义》中提及“喻”字近百次,足见他对“喻”这一修辞方法的重视。关于《庄子》中的用喻之处,林希逸皆指出说明,其中精美的譬喻,亦多加评点。

《齐物论》有言:“有成与亏,故昭氏之鼓琴也;无成与亏,故昭氏之不鼓琴也。”林希逸注解曰:

既说成亏之理,却以鼓琴喻之,最为亲切。⑤

《大宗师》载:“今大冶铸金,金踊跃曰:‘我且必为镆鎁。’大冶必以为不祥之金。”林希逸注解曰:

① (宋)林希逸著,张京华点校:《列子鬳斋口义》,第204页。

② (宋)林希逸著,张京华点校:《列子鬳斋口义》,第22页。

③ (宋)林希逸著,张京华点校:《列子鬳斋口义》,第102页。

④ (宋)林希逸著,张京华点校:《列子鬳斋口义》,第205页。

⑤ (宋)林希逸著,周启成校注:《庄子鬳斋口义校注》,第29页。

铸金之喻，亦自奇绝，贾谊曰：“阴阳为炭，万物为铜。”皆自此中抽绎出。金若能言，人则必以为怪，造物之视人，亦犹大冶之视金。此等譬喻非庄子孰能之！[①]

《骈拇》载：“臧与谷二人相与牧羊而俱亡其羊。问臧奚事，则挟策读书；问谷奚事，则博塞以游。二人者，事业不同，其于亡羊均也。”林希逸注解曰：

博塞读书，二事之美恶不同，而亡羊则均，此喻最佳。[②]

对于《胠箧》篇，林希逸直言：“看此篇便见得愤悱之雄处。妆撰一段譬喻，自为奇特。”[③]

《天地》篇载“门无鬼与赤张满稽观于武王之师”一段，林希逸注解曰：

其言虽不正，譬喻处亦奇特。[④]

《天运》篇载“夫南行者至于郢，北面而不见冥山，是何也？则去之远也”一段，林希逸注解曰：

等闲小小譬喻，以发过孝、不及孝之意，亦自奇特。[⑤]

《达生》篇载“夫醉者之坠车，虽疾不死。骨节与人同而犯害与人异，其神全也”，林希逸注解曰：

醉者坠车之喻，极为精密。[⑥]

又《达生》篇载“为彘谋则去之，自为谋则取之，所异彘者何也”，林希逸注解曰：

为彘谋如彼，而自为乃如此，此语可谓善喻。[⑦]

再有，该篇载鲁庄公使东野稷御马一段，颜阖答鲁庄公：“其马力竭矣，而犹求焉，故曰败。”对此，林希逸注曰：

马力竭而驰之不已，御者虽巧必败，人之自用，又岂可过劳其神乎！

① （宋）林希逸著，周启成校注：《庄子鬳斋口义校注》，第114页。
② （宋）林希逸著，周启成校注：《庄子鬳斋口义校注》，第143页。
③ （宋）林希逸著，周启成校注：《庄子鬳斋口义校注》，第153页。
④ （宋）林希逸著，周启成校注：《庄子鬳斋口义校注》，第203页。
⑤ （宋）林希逸著，周启成校注：《庄子鬳斋口义校注》，第229页。
⑥ （宋）林希逸著，周启成校注：《庄子鬳斋口义校注》，第287—288页。
⑦ （宋）林希逸著，周启成校注：《庄子鬳斋口义校注》，第292页。

此一喻极为的切，极为端正。[①]

《山木》篇载子桑雽回答孔子，曰："子独不闻假人之亡与？林回弃千金之璧，负赤子而趋。或曰：'为其布与？赤子之布寡矣；为其累与？赤子之累多矣；弃千金之璧，负赤子而趋，何也？'林回曰：'彼以利合，此以天属也。'"林希逸注曰：

弃璧负子，此喻最佳。[②]

林希逸提出"为文莫难于譬喻"[③]，又指出"《庄子》一书，譬喻处件件奇特"[④]。以上举例可以看到林希逸注重对《庄子》文本中用喻处的评点，评点方法与其对文辞评点所用方法一样，多称之"佳""奇特"等，也没有对"佳""奇"等概念所包含的意思做深入解说。值得说明的是，笔者在文中指出林希逸"三子"之文辞譬喻方面分析不够深入，这一结论是从理论思辨的角度得出。笔者同样认为，倘若从文学与审美的角度来说，不进行深入分析，不把该说的说尽，这或许是林希逸有意为读者打开的一扇感受"三子"文辞之美的窗，而窗外的美景，全由读者各自去探索与品味。

二、章法文脉的解析

林希逸对"三子"文本的阐释，不仅仅是对其中字词段篇的评点，对"三子"文本的章法文脉之解析是"三子口义"的又一突出之处。笔者通过对"三子口义"的阅读与梳理，发现林希逸对"三子"文本章法文脉的解析主要以"法""脉""势""处"四个范畴为切入，进而把握文章的纲目关键。也可以说，这四点构成了林希逸解读"三子"文本章法文脉的主要框架。林希逸关于章法文脉的解析方式贯穿运用在他对"三子"的注释之中，而由于"三子"文本篇幅与叙述方式不尽一样，因而林希逸对"三子"章法文脉解析的用力程度也不尽相同，他对《老子》与《列子》章法文脉的解读较为简略，对《庄子》则用力颇多。本节即对林希逸解析"三子"章法文脉的方式做梳理与辨析。

（一）法

"法"是林希逸解读"三子"章法文脉的第一个着手点。"法"，在这里指方法、规范之意。在林希逸对"三子"的解读中，"法"包含"文法""笔法""句

---

① （宋）林希逸著，周启成校注：《庄子鬳斋口义校注》，第 297 页。

② （宋）林希逸著，周启成校注：《庄子鬳斋口义校注》，第 307 页。

③ （宋）林希逸著，周启成校注：《庄子鬳斋口义校注》，第 235 页。

④ （宋）林希逸著，周启成校注：《庄子鬳斋口义校注》，第 236 页。

法”三个方面。

1. 文法

“文法”是行文写作的方法。林希逸在注解“三子”时,对文本中的行文写作方法多有标识与说明。如,《老子》第四章有“道冲,而用之或不盈”一句,林希逸注解曰:

> 或盈或不盈,随时而不定也。不曰“盈不盈”,而曰“或不盈”,才有“或”字,则其意自见,此文法也。①

林希逸认为《老子》此处所表达的意思就是“或盈”“或不盈”,即“盈不盈”之意。但《老子》不提“盈不盈”,而用“或不盈”,这一个“或”字便将“或盈或不盈,随时而不定”的意思完整地表达出来,这就是《老子》文本中关于文字应用所体现的“文法”。林希逸在注解《老子》第七十二章时也指出了此类“文法”,该章载“无狭其所居,无厌其所生。夫惟不厌,是以不厌”。林希逸注解曰:

> 人皆自狭其所居,自厌其所生,不安于退而务进,不观于无而惑于有,是自狭也,自厌也。无者,戒敕之辞,言不可如此也。夫惟不厌者而能久安,故曰“是以不厌”,只就下句紬绎一“厌”字,不及“狭”字,文法也。②

在《老子》第四十章中有言“反者道之动,弱者道之用”一句,林希逸注解曰:

> 能弱而后能强,专于强则折矣。动以静为用,强以弱为用,故曰“反者道之动,弱者强之用”。如此造语,文法也。③

此处,林希逸从语句运用的角度对“文法”的概念做了说明。他认为《老子》所要表达的意思是,能够做到“弱”以后便能强大,一味求“强”,只会折败。“强”只是“弱”的施用,根本处则必须守“弱”。但《老子》偏偏不直白用语,而造出“反者道之动,弱者强之用”一句,这是《老子》造语所体现出的“文法”。

《庄子鬳斋口义》中对《庄子》文法的解析较《老》《列》尤多。此即简要举例以观其大概。《齐物论》讲人籁、地籁、天籁一段,载子綦言:“夫大块噫气,其名为风。是唯无作,作则万窍怒号。而独不闻之翏翏乎?山林之畏佳,大

---

① (宋)林希逸著,黄曙辉点校:《老子鬳斋口义》,第6页。

② (宋)林希逸著,黄曙辉点校:《老子鬳斋口义》,第77页。

③ (宋)林希逸著,黄曙辉点校:《老子鬳斋口义》,第45页。

木百围之窍穴……”林希逸注解曰：

百围，言木之大也，两手相拿曰围。上言万窍，此但以一树之大者言之，则其他可知，文法也。[①]

林希逸认为，《庄子》前文说风起则“万窍怒号”，上万种不同的孔窍因风发出怒号。及至“山林”，《庄子》只言一棵树，只形容一棵树，则“万窍”之余可知。这就是《庄子》中的“文法”。紧接子綦所言，子游问其曰：“地籁则众窍是已，人籁则比竹是已。敢问天籁。”林希逸注解曰：

比竹，笙簧之类也。人籁，岂特比竹？金、石、丝、匏之类皆是，此特举其一耳。前说地籁，后说天籁，却把人籁只一句断送了，此亦是文法。[②]

《庄子》文中，子綦解释了何为地籁、人籁。子游在此处总结子綦之前所述，谓“人籁则比竹是已”，林希逸指出，人籁哪只是比竹而已？他认为《庄子》此处乃特意只举其中的比竹而已，联系前后文来看，“地籁”“天籁”都有详细描述，而“人籁”只用一句带过，这也是《庄子》的“文法”。

林希逸对《列子》文本中的“文法”也予以指明。《黄帝》篇载：“凡有貌像声色者皆物也，物与物何以相远也！夫奚足以至乎先？是色而已。”林希逸注解曰：

前言“貌像声色”，此只言“是色”而已，四字之中只掇一字，文法也。[③]

不难看出，林希逸对《列子》文本中“文法”的解读，同上述其对《老》《列》的解读一样，大抵是某类事物只举其一，其余则省略不说。

2. 笔法

林希逸对“三子”文本中的笔法解读，主要集中在《庄子鬳斋口义》中。如《德充符》载：“虽天地覆坠，亦将不与之遗。审乎无假而不与物迁，命物之化而守其宗也。”林希逸注解曰：

天地覆坠……言天地虽坠，而我亦不与之坠落，亦犹前所谓入水不濡，入火不热。读《庄子》之书，与《语》《孟》异，其语常有过当处，是其笔法如此，非真曰天地能覆坠也。[④]

① （宋）林希逸著，周启成校注：《庄子鬳斋口义校注》，第14页。
② （宋）林希逸著，周启成校注：《庄子鬳斋口义校注》，第15页。
③ （宋）林希逸著，张京华点校：《列子鬳斋口义》，第40页。
④ （宋）林希逸著，周启成校注：《庄子鬳斋口义校注》，第83页。

《马蹄》篇载伯乐善治马：“烧之，剔之，刻之，雒之，连之以羁馽，编之以皁栈，马之死者十二三矣；饥之，渴之，驰之，骤之，整之，齐之，前有橛饰之患，而后有鞭策之威，而马之死者已过半矣。”对此中数个“之”字，林希逸注解曰：

但其间下数个之字，与前言二三，后言过半，文字华密，如美锦然。古今多少笔法，自此萌芽而出！①

针对《天地》篇“视乎冥冥，听乎无声”一段，林希逸曰：

但此两三段散语，文字精甚，他人如何有此笔法！②

又《天道》篇载：“休则虚，虚则实，实者伦矣。虚则静，静则动，动则得矣。静则无为，无为也则任事者责矣。无为则俞俞，俞俞者忧患不能处，年寿长矣。”林希逸认为：

四句以虚静无为字相生成文，此《庄子》笔法也。③

再有《天运》开篇接连数个疑问句，也不讲明这些疑问由何人所提，读者看了不知《庄子》何意。对此，林希逸解释道：“发问不言人名，又是自变个笔法。”④

从以上林希逸对《庄子》文本中所体现的“笔法”之阐释，可以总结出，林希逸所谓“笔法”，即指对字词、语句运用恰当、精湛之处，是一种遣词造句的技术手法。

3. 句法

顾名思义，“句法”即是造句的方法，这比“文法”“笔法”的概念容易理解。林希逸对“三子”文本中“句法”的解读也更加简略，整本《庄子鬳斋口义》中只有两次谈到“句法”，《列子鬳斋口义》中仅一次。但它同样是林希逸解析“三子”章法文脉的一部分，自然不能省略。

《庄子·应帝王》篇载肩吾对狂接舆曰：“告我君人者，以己出经式义度人，孰敢不听而化诸！”林希逸注解曰：

经，常也；式，法也；义，处事之宜也……度人者，仕人也……经式义句法便与和豫通同。⑤

---

① （宋）林希逸著，周启成校注：《庄子鬳斋口义校注》，第147页。

② （宋）林希逸著，周启成校注：《庄子鬳斋口义校注》，第189页。

③ （宋）林希逸著，周启成校注：《庄子鬳斋口义校注》，第210页。

④ （宋）林希逸著，周启成校注：《庄子鬳斋口义校注》，第227页。

⑤ （宋）林希逸著，周启成校注：《庄子鬳斋口义校注》，第126页。

“和豫通”出自《德充符》，其言“……故不足以滑和，不可入于灵府。使之和豫通而不失于兑”。林希逸谓：“不入于灵府者，不动其心也。和豫通三字一意。豫，悦也；通，流通也。心既不动，则使之自然和顺豫悦流通而不失其兑，兑亦悦也。此一句便是庄子之文。”①从林希逸对“经式义”与“和豫通”的解释中可以发现：此二句，各三个字，每个字都表达了某个意思，然后三个字组成一句，因此林希逸认为“经式义”句法与“和豫通”相同。同时指出，这样的造句之法，正是庄子文章所特有之处。

《知北游》载：“物物者与物无际，而物有际者，所谓物际者也；不际之际，际之不际者也。”林希逸谓：

> 不形之形，形之不形，不际之际，际之不际，此等句法，皆是《庄子》之文奇处。②

“不形之形，形之不形”也是《知北游》中的一段话，其曰：“不形之形，形之不形，是人之所同知也，非将至之所务也，此众人之所同论也。”林希逸认为这种造句的方法正是《庄子》作文的奇特之处。

林希逸在《列子鬳斋口义》中提到一次句法，《列子·说符》篇载秦穆公与伯乐的一段对话，其中秦穆公对伯乐说：“败矣，子所使求马者！”林希逸针对这句话注解到：“‘败矣，子所使求马者’，句法与‘何哉，汝所谓达者’同。”③“何哉，汝(尔)所谓达者”出自《论语·颜渊》孔子对子张的回问，白话解为：“你所谓的通达是什么意思？”孔子原话是将疑问词置于整句之首，《说符》篇则是将“败矣”这个结果置于句首。用现在的语法术语来说，此是倒装句。因而林希逸说二者句法相同。此外，从林希逸将《列子》与《论语》的句法进行对照，并且突出其中的“同”，这也可能在一定程度上调和儒道二家的关系。

（二）脉

“脉”即脉络。人体有血脉、经络贯穿全身，文章学中以此类比文意、思路在整篇文章中的贯通。文章的脉络，是贯穿全文的枢纽，古人常用“血脉”“语脉”“命脉”等加以描述，它把构成文章的例证材料、思想片段串联成一个有机的整体。

林希逸在对“三子”文本的文辞解析中，尤其注重其中文字血脉的作用。他在《庄子鬳斋口义》中提出读《庄子》有“五难”，《庄子》文章的“语脉机锋”便是“五难”之一，其谓：“是必精于《语》《孟》《中庸》《大学》等书，见理素定，

---

① (宋)林希逸著，周启成校注：《庄子鬳斋口义校注》，第92页。

② (宋)林希逸著，周启成校注：《庄子鬳斋口义校注》，第342页。

③ (宋)林希逸著，张京华点校：《列子鬳斋口义》，第193页。

识文字血脉，知禅宗解数，具此眼目而后知其言意，一一有所归着。”[①]这就是说，把握住《庄子》文本中的语脉，是读懂《庄子》的条件之一，否则很难理解《庄子》的文意。林希逸还说道：“文字血脉稍知梗概……自谓于此书稍有所得，实前人所未尽究者。”[②]

又，林希逸在《老子鬳斋口义·发题》中指出历代诸家解《老》不得其旨，唯“独颍滨起而明之，可谓得其近似，而文义语脉未能尽通，其间窒碍亦不少”[③]。林希逸认为，理解《老子》文本的语脉对领悟《老子》的思想非常重要，否则只是“得其近似”，仍会留下“窒碍”。至于《列子》，林希逸主张“庄列同源”，他对《列子》文本中的语脉关系亦多有探讨。可见，林希逸注解“三子”时十分重视文本中血脉、语脉，以下作具体考察。

《庄子·齐物论》载“汝闻人籁而未闻地籁，汝闻地籁而未闻天籁夫”一段，林希逸注解曰：

> 此段只是说地籁，却引说后段天籁，自是文势如此。说者或谓此言地籁自然之声，亦天籁也，固是如此，风非出于造化，出于何处？然看他文势，说地籁且还他说地籁，庶见他血脉纲领。[④]

《齐物论》这一段只在于说明“地籁”，但开头又引用后文所论及的“天籁”。林希逸指出，有的注家认为此段所讲的“地籁”亦是属于“天籁”，其理由为引发“地籁”的风乃是出于造化。但从文章学的角度分析，此段内容只讲“地籁”，之所以会提出“天籁”，是因为文势如此。从此段对“地籁”阐发中可以见到《庄子》文章的“血脉”，进而窥得其作文之纲领。

《齐物论》又有“为是不用而寓诸庸，此之谓以明。今且有言于此，不知其与是类乎？其与是不类乎？类与不类，相与为类，则与彼无以异矣”一段，林希逸谓：

> 此段又自为是不用一句中是字生来，故曰与是类乎？与是不类乎？此便是他下字血脉。前言言非吹也，到此换头又喝起今且有言于此一句，亦是他前后血脉。[⑤]

在这一段的注解中，林希逸提出“下字血脉”与“前后血脉”的概念。不难发

---

① （宋）林希逸著，周启成校注：《庄子鬳斋口义校注》，发题第1—2页。

② （宋）林希逸著，周启成校注：《庄子鬳斋口义校注》，发题第2页。

③ （宋）林希逸著，黄曙辉点校：《老子鬳斋口义》，发题第2页。

④ （宋）林希逸著，周启成校注：《庄子鬳斋口义校注》，第15页。

⑤ （宋）林希逸著，周启成校注：《庄子鬳斋口义校注》，第31页。

现，所谓“下字血脉”即是在前文中某一个字的基础上进行发挥，做出一段新的文章。“前后血脉”是指前后文中字句文意等有呼应的意思。其中，对文章中关键的“字”的仔细辨析是把握其“血脉”的关键。林希逸谓：“仆尝谓《齐物论》自首至尾，只是一片文字，子细看他下字，血脉便见。”①同样的例证在《秋水》篇中亦可见得。《秋水》篇载“至德者，火弗能热，水弗能溺，寒暑弗能害，禽兽弗能贼。非谓其薄之也，言察乎安危，宁于祸福，谨于去就，莫之能害也”一段，林希逸注解曰：“水火禽兽四句，着四弗能字，却以非谓一句结之，看他语脉，极是下得有力。”②

关于《老子》《列子》文本中的脉络关系，林希逸也有相关阐述。《老子》第十四章言：“视之不见名曰夷，听之不闻名曰希，搏之不得名曰微。此三者不可致诘，故混而为一。”林希逸注解曰：

> 三者，希、夷、微也。三者之名不可致诘，言不可分别也。故混而一者，言皆道也。此两句是老子自解上三句，老子自曰“不可致诘”，而解者犹以希、夷、微分别之，看其语脉不破，故有此拘泥耳。③

林希逸在这里指出了他者解《老》，因看不破其中的语脉而产生的“拘泥”之处，认为其他解《老》的学者大多是分别看待老子所说的“希”“夷”“微”。林希逸指出，从语脉上可以看出，老子对此三句自有解答，并不需要将“希”“夷”“微”分别开来。

在《列子鬳斋口义》中，林希逸主要将《庄子》《列子》的“语脉”做比较分析。如《黄帝》篇载：“鲵旋之潘为渊，止水之潘为渊，流水之潘为渊，滥水之潘为渊，沃水之潘为渊，氿水之潘为渊，雍水之潘为渊，汧水之潘为渊，肥水之潘为渊，是为九渊焉。”林希逸注解曰：

> 但《庄子》只言其三，此有其九，似非《列子》本书，必后人所增也……《庄子》曰：“渊有九名，此处其三”，正举此三者之喻以证其前言也。看此书语脉，似失本意，以此观之，二书之是非可见。④

关于“九渊”，《庄子》也有提及，但《庄子》只提到前面三名，《列子》则九名全说，林希逸认为《列子》此处的“语脉”失去了其本来的意涵，由此可以判断《庄》《列》孰是孰非。

---

① （宋）林希逸著，周启成校注：《庄子鬳斋口义校注》，第30页。

② （宋）林希逸著，周启成校注：《庄子鬳斋口义校注》，第269页。

③ （宋）林希逸著，黄曙辉点校：《老子鬳斋口义》，第15—16页。

④ （宋）林希逸著，张京华点校：《列子鬳斋口义》，第55—56页。

又《汤问》篇载“然无极之外，复无无极；无尽之中，复无无尽。无极复无无极，无尽复无无尽”一段，林希逸注解曰：

> “无极”，“复无无极”，此下数语，与《庄子》“有始也者，有未始有始也者，有未始有夫未始有始也者”一样语脉也。[①]

林希逸在这里将《庄》《列》二文进行对比，指出《汤问》此段与《庄子》语脉的相同之处，一来便于相互理解《庄》《列》二篇的文意，二来也是为“庄列同源”做例证。

（三）势

“势”，有趋势、形势之意。在文章学中，它表示一种语气、语意、文脉发展的内在逻辑趋向。林希逸用“势”的范畴阐释“三子”文本时，使用了“文势”“笔势”“语势”三个概念。

1. 语势

林希逸在注解《老子》第三十七章（林希逸注为《道常无为章》）时指出，“此章与《道常无名章》语势皆同”[②]。林希逸所谓《道常无名章》即为老子第三十二章，下面即列出《老子鬳斋口义》中此两章经文来考察林希逸所谓“语势”。

> 《老子·第三十二章》
>
> 道常无名，朴虽小，天下不敢臣。侯王若能守，万物将自宾。天地相合，以降甘露。人莫之令而自均。始制有名，名亦既有。夫亦将知止，知止所以不殆。譬道之在天下，犹川谷之于江海也。
>
> 《老子·第三十七章》
>
> 道常无为，而无不为。侯王若能守，万物将自化。化而欲作，吾将镇以无名之朴。无名之朴，亦将不欲。不欲以静，天下将自正。

通读《老子》这两章，可以发现所谓“语势皆同”的地方，有如下几处：一、两章开篇第一句的语气一样，且文字表达形式相同，皆以“道常无”开头；二、两章的第二句语言表达模式完全相同，不同的仅是“宾”“化”二字；三、两章的第三句“天地相合”与“化而欲作”都是描述一种动态，由此引出下文，后文又同用“亦将”二字在逻辑上起到递进作用；四、在前后语句的承接上，句尾和句首使用同一字词，第三十二章中使用“名”“知止”作为前后语句的承接，第三十七章中使用“无名之朴”“不欲”。不难发现，《老子》这两章在语言表达的方式

---

① （宋）林希逸著，张京华点校：《列子鬳斋口义》，第110—111页。

② （宋）林希逸著，黄曙辉点校：《老子鬳斋口义》，第40页。

上是一模一样的,它们采用同一个语言逻辑,虽然在思想主旨上不一样,但是读到相同之处所使用的语气,及语气发展的趋势是相同的,这就是林希逸所谓的“语势皆同”。而其所谓“语势”,即包含言语表达时,语气发展与走向的趋势之意。

林希逸在《庄子鬳斋口义》与《列子鬳斋口义》中同样提到“语势”的概念。对《列子・黄帝》篇载壶子曰:“吾与女既其文,未既其实。而固得道欤?”林希逸注解曰:

> 汝未尝尽见其实,固以为能得道乎?“固”字有未得谓得之意,当以语势思之。①

林希逸认为壶子这句话中的“固”字,当从“语势”的角度来思量与理解,但思量的结果是什么,林希逸并没多说。又,在对《庄子》的阐释中,《知北游》载弇堈言“今于道,秋豪之端万分未得处一焉”,林希逸指出:

> 秋毫之端,至小矣,于此而未有万分之一,少之又少可知矣,佛经算数譬喻,亦有此语势。②

林希逸指出“秋豪之端万分未得处一”这个形容“少之又少”的譬喻中有所谓“语势”,并将这种“语势”与佛经中的算术譬喻类比。这里需要指出的是,林希逸在解读“三子”时并没有对其所论及的“语势”概念做进一步阐发,我们尚且在《老子鬳斋口义》中以逻辑分析的方式总结出其所谓“语势”所包含的一部分内容,林希逸在阐释《庄》《列》时,仅仅将“语势”的概念一笔带过。这是他解读不够深入的地方,但同时也为读者提供了更多自由领会的空间。

2. 文势

《列子・汤问》篇载“大禹曰:‘六合之间,四海之内,照之以日月,经之以星辰,纪之以四时,要之以太岁。神灵所生,其物其形,或夭或寿,唯圣人能通其道。’夏革曰:‘然则亦有不待神灵而生,不待阴阳而形,不待日月而明,不待杀戮而夭,不待将迎而寿,不待五谷而食,不待缯纩而衣,不待舟车而行,其道自然,非圣人之所通也’”。林希逸注解曰:

> “神灵所生”,即日月、阴阳、太岁是也。上章以神灵结语,下章以神灵起语,可见文势。③

---

① (宋)林希逸著,张京华点校:《列子鬳斋口义》,第53页。该处与《庄子鬳斋口义》同,见《庄子鬳斋口义校注》第130页。

② (宋)林希逸著,周启成校注:《庄子鬳斋口义校注》,第343页。

③ (宋)林希逸著,张京华点校:《列子鬳斋口义》,第119页。

在该段文字中,林希逸认为,大禹以关于"神灵"的一段话结尾,夏革以关于"神灵"的一段话开头,这样一种语言与文脉发展的衔接逻辑,即是"文势"。

"势"在不同的阶段会有强弱之别,因而就表现出上下起伏的势头。文章中的"文势"亦有上下起伏的表现。在对《庄子·齐物论》"为是不用而寓诸庸,此之谓以明"一段的注解中,林希逸指出:"自物无非彼以下至非亦一无穷也,既解以明二字;自以指喻指以下至适得而几矣,又解因是二字;却直至此处,又以此之谓以明结之。文势起伏,纵横变化,纲领自是分晓。"①

又,《应帝王》载:"体尽无穷,而游无朕;尽其所受乎天,而无见得,亦虚而已。至人之用心若镜,不将不迎,应而不藏,故能胜物而不伤。"林希逸注解曰:

> 若镜数句,分明是解上面一虚字,文势起伏,岂不奇哉!平淡之中自有神巧,此等文字也。②

较《老子鬳斋口义》与《列子鬳斋口义》而言,林希逸在《庄子鬳斋口义》中更多地使用了"文势"概念,他不仅将《庄子》文本中所具有的"文势"及其特征做了解说,还从"文势"的角度指导读者阅读《庄子》文本。如林希逸在《秋水》篇中指出:"(《庄子》)把尧舜与之哙,汤武与白公相形而言,此皆愤时之激论,中间多有此类,但观其文势可也。"③林希逸认为《秋水》这段话是对于当时社会现状的激愤之言,并且《庄子》文本中多有类似的言论,对于这种情况,读者从"文势"的角度来理解《庄子》的文章即可,而不必纠结于其中激愤的情绪。

在对《老子》《列子》的注解中,林希逸也采用了从"文势"的角度辨析《老》《列》文本的方法,以期对二者作详尽的注解。《老子》第三十九章载:"是以侯王自称孤、寡、不穀,此其以贱为本邪?非乎?"林希逸注解曰:

> 非乎者,言我如此说,岂有不然者乎?庄子曰:"非乎而曾史"是也,亦是此类文势。④

"非乎而曾史"出自《庄子·骈拇》,其整句为:"枝于仁者,擢德塞性以收名声,使天下簧鼓以奉不及之法,非乎?而曾史是已。"从《老》《庄》文本来看,"非乎"是在前文表达了一系列观点之后,提出一句反问,对所提观点进行确证。

---

① (宋)林希逸著,周启成校注:《庄子鬳斋口义校注》,第30页。
② (宋)林希逸著,周启成校注:《庄子鬳斋口义校注》,第135页。
③ (宋)林希逸著,周启成校注:《庄子鬳斋口义校注》,第267页。
④ (宋)林希逸著,黄曙辉点校:《老子鬳斋口义》,第44页。

用白话文来说即:“难道不是这样吗?”林希逸从文章学的角度指出,“非乎”一词使《老子》与《庄子》中的这两段文字在语言与文脉的逻辑上产生了相同的趋势效果,因而是同样的“文势”。

《列子·天瑞》篇载“羊肝化为地皋,马血之为转燐也,人血之为野火也。鹞之为鹯,鹯之为布谷,布谷久复为鹞也。燕之为蛤也,田鼠之为鹑也,朽瓜之为鱼也,老韭之为苋也,老羭之为猨也,鱼卵之为蛊”一段,林希逸注解曰:

> 此数行乃《庄子》所无,中间又有数“也”字,文势亦不类,然亦皆为物化之事。①

林希逸认为,从文势上看,《列子》这一段各句后所加的“也”字使得整段文势不伦不类。但原因为何,林希逸并没有解释,还得读者自己体味。另外,在《庄子·达生》篇中,林希逸先后提出“看他文势起结,亦自奇特”②、“先设喻,后以二事实之,文势亦奇”③的观点,不难看出,这与林希逸对“三子”字词语句的评点一样,他为“文势”特出之处也冠上了“奇”的特征。

3. 笔势

林希逸对于“笔势”概念的运用,集中体现在其对《庄子》文本章法文脉的解析之中。

《大宗师》载“古之真人,不逆寡,不雄成,不谟士。若然者,过而弗悔,当而不自得也。若然者,登高不慄,入水不濡,入火不热”一句,林希逸注解曰:

> 两若然者,此是庄子笔势。④

“若然者”即是“像以上所说的人”之意,《庄子》介绍了“古之真人”以后,用两个“若然者”开头,来引领两句形容“古之真人”的话。林希逸认为,《庄子》在此处之所以选用两个“若然者”,乃是笔势如此,两个“若然者”即分别引导前后一节。针对《庄子》的这种行文方式,林希逸指出:“说得一节高一节,此是庄子之笔势,若圣贤之言,则平易而已。”⑤

又,《天道》篇载:“夫明白于天地之德者,此之谓大本大宗,与天和者也;所以均调天下,与人和者也。与人和者,谓之人乐;与天和者,谓之天乐。”林希逸注解曰:

---

① (宋)林希逸著,张京华点校:《列子鬳斋口义》,第19页。

② (宋)林希逸著,周启成校注:《庄子鬳斋口义校注》,第290页。

③ (宋)林希逸著,周启成校注:《庄子鬳斋口义校注》,第291页。

④ (宋)林希逸著,周启成校注:《庄子鬳斋口义校注》,第99页。

⑤ (宋)林希逸著,周启成校注:《庄子鬳斋口义校注》,第108页。

明白者，言晓然如此也，若知此天地之德，则可以与天为徒，故曰与天和者也，和，合也。大本大宗，即是赞美自然之德，与自本自根意同。均调天下，则与人合，亦犹尧曰子，天之合也，我，人之合也。既曰天和人和，又曰人乐天乐，鼓舞发越，其笔势大抵如此。①

在这里，林希逸又提出《庄子》“笔势”的特征，即“鼓舞发越”，并认为《庄子》的“笔势”基本就是如此。

如同“文势”一样，“笔势”也有起伏的特征。林希逸在总结《齐物论》全篇时，谓：“首尾照应，若断而复连，若相因而不相续，全是一片文字。笔势如此起伏，读得透彻，自有无穷之味。”②对于《刻意》篇，林希逸认为：

此篇只是一片文字，自此以下，连下许多故曰字，临末用一譬喻，却以野语有之为结，须子细看他笔势波澜。③

林希逸认为，读《庄子》，需要仔细体会其章法文脉中“笔势”起伏、波澜的地方，若能对此有所领会，则能感受到《庄子》文本中的无穷妙味。他在注解完《应帝王》整篇之后，重申道：

《庄子》三十三篇，分为内外，内篇有七，皆以三字名之，自《骈拇》而下则只掇篇头两字或三字为名，如《学而》《为政》之例。其书本无精粗，内篇外篇皆是一样说话，特地如此，亦是鼓舞万世之意。但外篇文字，间有长枝大叶处。或以为内篇文精，外篇文粗，不然也。又有以七篇之名，次第而说，如曰先能《逍遥游》，而后可以《齐物论》；既能齐物，又当自养其身，故以《养生主》继之；既尽养生之事，而后游于世间，故以《人间世》继之；游于世间，使人皆归向于我，故以《德充符》继之；内德既充，而符应于外也，人师于我，而我自以道为师，故以《大宗师》继之；既有此道，则可以为帝王之师，故以《应帝王》继之。虽其说亦通，但如此拘牵，无甚义理，却与《易》之《序卦》不同。善读《庄子》却不在此，但看得中间文字笔势出，自无穷快活。④

（四）处

在林希逸解析“三子”文本章法文脉的“法”“脉”“势”“处”四个范畴中，“处”不同于其他三个。“处”并没有从文章学角度的定义，也不像“法”“脉”

① （宋）林希逸著，周启成校注：《庄子鬳斋口义校注》，第212页。
② （宋）林希逸著，周启成校注：《庄子鬳斋口义校注》，第45页。
③ （宋）林希逸著，周启成校注：《庄子鬳斋口义校注》，第247页。
④ （宋）林希逸著，周启成校注：《庄子鬳斋口义校注》，第136页。

“势”从较宏观的视角对文本进行解析。“处”就是表示文中的某个地方，也可以说，“处”表示文章中的某些细节的地方，而某一“处”所体现的意涵则由其前面的定语决定，如戏剧处、滑稽处等。

林希逸在注解“三子”时，特别注意文本中的这些细节的地方。又，“三子”文本中《庄子》篇幅最为宏大，因而林希逸对“处”的分析主要集中在《庄子鬳斋口义》当中。经笔者梳理，林希逸对“处”的分析有 16 种之多，以下笔者将每种类别的“处”列出一例原文以及林希逸的相关注解内容，以便阅读理解。至于每一“处”的意涵，在林希逸的注解中多有阐释，此即不再复述。

	篇名	原文	林希逸“口义”	页码①
戏剧处	《逍遥游》	《齐谐》者，志怪者也。《谐》之言曰：“鹏之徙于南冥也，水击三千里，抟扶摇而上者九万里，去以六月息者也。”	《齐谐》，书名也。其所志述皆怪异非常之事，如今《山海经》之类。然此书亦未必有，庄子既撰此说，又引此书以自证，此又是其戏剧处。	3
鼓舞处	《逍遥游》	汤之问棘也是已。	棘，人名也。是已，即是也。据此一句，合结在下，以结语为起语，此其作文鼓舞处。	5
过当处	《逍遥游》	是其尘垢粃糠，将犹陶铸尧舜者也，孰肯以物为事！	尘垢、粃糠，绪余也，谓此人推其绪余，可以做成尧舜事业，岂肯以事物为意……据此一语，便是郭子玄所谓不经者，但其著书初意，正要鄙夷世俗之儒，故言语有过当处，不可以此议之。	9
滑稽处	《逍遥游》	尧治天下之民，平海内之政，往见四子藐姑射之山，汾水之阳，窅然丧其天下焉。	四子既无名，或以为许由、啮缺、王倪、被衣。或曰《山海经》云：藐姑射在寰海外。汾阳，尧都也，在尧之都而见姑射之神，即尧心也。一本，二迹，三非本非迹，四非非本迹也。如此推寻，转见迂诞，不知此正庄子滑稽处。	10

① 此处页码为林希逸注解内容在周启成校注本《庄子鬳斋口义校注》中的页码。

续表

	篇名	原文	林希逸“口义”	页码
笔端入妙处	《齐物论》	俄而有无矣，而未知有无之果孰有孰无也。	据此处合曰俄而有有矣，今不曰俄而有有，而曰俄而有无，此皆其笔端入妙处。	32
转换妙处	《齐物论》	吾恶乎知之！虽然，尝试言之。	既曰吾恶乎知之！又曰虽然，尝试言之，此皆转换妙处。	38
文势操纵省力处	《养生主》	文惠君曰：“善哉！吾闻庖丁之言，得养生焉。”	为善无近名以下，正说养生之方，庖丁一段，乃其譬喻，到此末后，遂轻轻结以得养生焉四字，便是文势操纵省力处，须子细看。	52
下语开合处	《德充符》	仲尼曰：“自其异者视之，肝胆楚越也；自其同者视之，万物皆一也。”	常人不知万物之同出于一初，虽其肝胆，亦自分楚越。知其同出于一初，则万物皆与我为一也。此两句看他下语开阖处，前后能文之士，用此机关者不少。盖《庄子》之书，非特言理微妙，而其文独精绝，所以度越诸子。	83—84
䌷绎发越处	《德充符》	哀公曰：“何谓才全？”仲尼曰：“死生存亡，穷达贫富，贤与不肖毁誉，饥渴寒暑，是事之变，命之行也……是之谓才全。”	前言死生亦大，而不得与之变，于此又以死生、存亡、穷达、贫富、毁誉、饥渴、寒暑等总言之，此是䌷绎发越处。	92
笔端逾越规矩处	《大宗师》	狶韦氏得之，以挈天地……彭祖得之，上及有虞，下及五伯；傅说得之，以相武丁，奄有天下，乘东维，骑箕尾，而比于列星。	十三句之中，却以日月斗入其间，又以彭祖、傅说证诸其后，此是其笔端逾越规矩处，不可以圣贤之书律之，当另作一眼看。	110

续表

	篇名	原文	林希逸“口义”	页码
弄笔处	《大宗师》	造适不及笑,献笑不及排,安排而去化,乃入于寥天一。	寥天之一,即前所谓其好也一,其不好也一之一也,又做成名字如此,皆庄子弄笔处。	121
归结处	《应帝王》	—	文字最看归结处,如上七篇,篇篇结得别。	136
参差处	《在宥》	然犹有不胜也,尧于是放欢兜于崇山,投三苗于三峗,流共工于幽都,此不胜天下也。	四罪而天下咸服,本舜事也,而庄子唤作尧,所以曰其辞虽参差而諔诡可观,见《天下》篇。此便是参差处,是实供吐了。	167
奇笔处	《天道》	吾服也恒服,吾非以服有服。	服,行也,吾之所行,常常如此,非以为当行而行之,谓不自知也,故曰吾服也恒服。吾非以服有服,即非曰静也善,故静之意。却如此下四个服字,皆是奇笔处。	221
作文之妙处	《徐无鬼》	庄子曰:“齐人蹢子于宋者……有遗类矣。夫楚人寄而蹢阍者……未始离于岑而足以造于怨也。”	然不结于怨也之下,而先结于此,正是其作文之妙处。	383
用意处	《天下》	—	盖著书虽与作文异,亦自有体制,起头结尾,皆是其用意处。如《春秋》之绝笔获麟,如《中庸》之“上天之载,无声无臭”,此书内篇之浑沌七窍,皆是一个体制,不可不知也。	512

三、文辞阐释方法的施用

以上，我们从文辞譬喻的评点与章法文脉的解析两个方面探讨了林希逸注解"三子"文本时所采用的文辞阐释方法。林希逸采用这样的一种阐释方法，其首要作用当然是帮助读者阅读"三子"文本，领会"三子"意旨。然而，林希逸除了用文辞阐释的方法解读"三子"文意，他还从文辞阐释的视角为"三子"异端之名作辩解、为《庄》《列》之关系作辨别，并以此反驳其他学者注解"三子"时的观点。

（一）辩解"三子"异端

林希逸在注解"三子"时，对儒道关系进行了调和，其中重要一点就是为"三子"异端之名作辩解。而林希逸所采用的文辞阐释方法，则是其辩解"三子"异端的方式之一。

宋儒多视佛老为"异端"，作为理学集大成者的朱熹，乃是南宋批驳异端的扛旗者。林希逸却不完全同意朱熹的观点，并从文辞阐释的角度进行了反驳。《老子》第六十一章以"夫两者各得其所欲，故大者宜为下"一句结尾，林希逸注解曰：

> 然则知道之大者，必以谦下为宜矣。此句乃一章之结语，其意但谓强者须能弱，有者须能无，始为知道。一书之主意，章章如此，解者多以其设喻处作真实说，故晦庵有"老子劳攘"之论。①

又《老子》第六十五章载"古之善为道者，非以明民，将以愚之"，林希逸注解曰：

> 聪明道之累也。圣人之教人，常欲使之晦其聪明，不至于自累，故曰"非以明民，将以愚之"。"愚"字下得过当，秦之愚黔首，此语误之。故晦翁所以谓之劳攘也。②

以上两处注解中，林希逸分别从"喻"与"愚"字两处着手，批判朱熹（字晦翁）讲老子"劳攘"是因为其不懂《老子》的文辞。

《庄子鬳斋口义》中，林希逸在注解《养生主》所载"为善无近名，为恶无近刑，缘督以为经，可以保身，可以全生，可以养亲，可以尽年"一句时指出：

> 晦庵以督训中，又看近名近刑两句语脉未尽，乃曰：若畏名之累己而

---

① （宋）林希逸著，黄曙辉点校：《老子鬳斋口义》，第66页。

② （宋）林希逸著，黄曙辉点校：《老子鬳斋口义》，第70—71页。

> 不敢尽其为学之力,则稍入于恶矣。为恶无无近刑,是欲择其不至于犯刑者而窃为之,至于刑祸之所在,巧其途以避之。遂以为庄子乃无忌惮之中。若以庄子语脉及《骈拇》篇参考之,意实不然。督虽可训中,然不若训迫,乃就其本书证之,尤为的当也。①

朱熹认为庄子是异端,林希逸则认为朱熹训字不甚恰当,又指出他没有看透《庄子》文中的语脉,所以对《庄子》产生误解。林希逸的这段话是从侧面反驳了朱熹的观点。此外,在注解《刻意》篇时,林希逸也指出:“此一章颇与吾书合,但说得鼓舞变动,遂成异端。”②

(二)《列子》辨伪与《庄》《列》关系论证

真伪是关于《列子》的必究问题,历史上各家有不同的说法,林希逸亦有自己的观点。这一点,笔者已有论述,在此主要是说明林希逸对文辞解释方法所施用途径之一,即是将《列子》一书的真伪与《列子》之文辞联系起来。

如在《列子鬳斋口义》中,林希逸以“笔法”精粗为判断依据,对《列子》原文进行辨伪。他在解读《仲尼》篇“颜回北面拜手”一段时说:“其笔法去《庄子》远甚,恐非列子之本书。”③

又,林希逸在注解《天瑞》开篇至“万物皆出于机,皆入于机”时,谓:

> 尝疑《列子》非全书,就此段看得愈分晓。盖自秦而下,书多散亡,求而后出,得之有先后,存者有多寡,至校雠而后定。校雠之时,已自错杂。及典午中原之祸,书又散亡,至江南而复出,所以多有伪书杂乎其间,如《关尹子》亦然。好处尽好,杂处尽杂。此书第一篇前头数段极妙,无可疑者,中间未免为人所杂,然其文字精粗亦易见也。④

关于《庄》《列》关系,林希逸认为二者同源、《列》不及《庄》,他运用文辞阐释方法来论证这一观点。例如,林氏在注解《庄子·齐物论》之“劳神明为一而不知其同也,谓之朝三。何谓朝三?曰:狙公赋芧,曰:‘朝三而暮四。’众狙皆怒。曰:‘然则朝四而暮三。’众狙皆悦。名实未亏而喜怒为用,亦因是也。是以圣人和之以是非而休乎天均,是之谓两行”一段时,曰:

> 神明,犹精神也,劳苦精神自为一偏之说,强相是非而不知理本同者,谓之朝三。此亦是做两字设譬喻起,与方生一样文法。芧,山栗也,

① (宋)林希逸著,周启成校注:《庄子鬳斋口义校注》,第49页。
② (宋)林希逸著,周启成校注:《庄子鬳斋口义校注》,第250页。
③ (宋)林希逸著,张京华点校:《列子鬳斋口义》,第87页。
④ (宋)林希逸著,张京华点校:《列子鬳斋口义》,第21—22页。

一名橡子,名三与四也,实通七数也,名实未尝变,但移易朝暮,而众狙喜怒随之。此喻是非之名虽异,而理之实则同,但能因是,则世自无争矣。洪野处云:《列子》胜于《庄子》。如此譬喻,二书皆同,但把字数添减处看,便见《列子》胜不得《庄子》。①

在《列子鬳斋口义》中,林希逸还将《庄子》《列子》的"语脉"做比较分析,以此判断《庄》《列》间的是非。林希逸曰:"但《庄子》只言其三,此有其九,似非《列子》本书,必后人所增也……《庄子》曰:'渊有九名,此处其三',正举此三者之喻以证其前言也。看此书语脉,似失本意,以此观之,二书之是非可见。"②

(三)反驳他人观点

林希逸《老子鬳斋口义》"以推寻《老子》初意为己任"③,认为"读者未得其所以言"④。非独解《老》时如此,他曾与同窗林经德曰:"余尝欲为南华老仙洗去郭、向之陋。"⑤林希逸对以往注家的言论、观点多有批驳。经笔者梳理发现,从文辞视角对他人的观点予以反驳,是林希逸采取的主要方式。

《老子》第十四章言:"视之不见名曰夷,听之不闻名曰希,搏之不得名曰微。此三者不可致诘,故混而为一。"林希逸注解曰:

三者,希、夷、微也。三者之名不可致诘,言不可分别也。故混而一者,言皆道也。此两句是老子自解上三句,老子自曰"不可致诘",而解者犹以希、夷、微分别之,看其语脉不破,故有此拘泥耳。⑥

林希逸所言"解者",即是指其他注解《老子》的人。他认为其他解《老子》的人因看不破《老子》文本中的语脉,所以拘泥于字词之间。

又如,《老子》第二十九章以"是以圣人去甚,去奢,去泰"结尾,林希逸谓:

此章结得其文又奇,"甚""奢""泰"三字只是一意,但如此下语,非唯是其鼓舞之笔,亦申言其甚不可之意。其言玄妙,则曰"玄之又玄",则曰"大",曰"逝",曰"远",皆是一样文法。读者不悟其意,故不见他文字奇处,又多牵强之说。⑦

---

① (宋)林希逸著,周启成校注:《庄子鬳斋口义校注》,第27页。
② (宋)林希逸著,张京华点校:《列子鬳斋口义》,第55—56页。
③ 任继愈主编:《道藏提要》,第502页。
④ (宋)林希逸著,黄曙辉点校:《老子鬳斋口义》,发题第2页。
⑤ (宋)林希逸著,周启成校注:《庄子鬳斋口义校注》,第513页。
⑥ (宋)林希逸著,黄曙辉点校:《老子鬳斋口义》,第15—16页。
⑦ (宋)林希逸著,黄曙辉点校:《老子鬳斋口义》,第32页。

林希逸认为《老子》此章“甚”“奢”“泰”三字是其作文鼓舞处，包含了“甚不可”的意思，并且其中还蕴藏了《老子》所特有的文法。他人因为不能领悟此中的意涵，又看不出文字奇特之处，由此导致了很多牵强的解说。

在注解《庄子》时，林希逸同样从文辞的视角对他所认为的错误观点予以了批驳。《逍遥游》载“尧治天下之民，平海内之政，往见四子藐姑射之山，汾水之阳，窅然丧其天下焉”，林希逸注解曰：

> 四子既无名，或以为许由、啮缺、王倪、被衣。或曰《山海经》云：藐姑射在寰海外。汾阳，尧都也，在尧之都而见姑射之神，即尧心也。一本，二迹，三非本非迹，四非非本迹也。如此推寻，转见迂诞，不知此正庄子滑稽处，如今人所谓断头话，正要学者如此揣摸。前后解者正落其圈䙡中，何足以读《庄子》？其实皆寓言也。大抵谓人各局于所见而不自知其迷者，必有大见识，方能自照破也。①

此处，林希逸列举了几家关于“四子”一词的解释，有以“四子”为许由、啮缺、王倪、被衣者，司马彪《庄子注》、李颐《庄子集解》即是；有提出“一本，二迹，三非本非迹，四非非本迹也”者，成玄英《南华真经注疏》即是。林希逸认为，这样的注解乃是不知《庄子》文中的“滑稽处”，以致迂阔荒诞，不合事理，如此则不足以读《庄子》。

又如《大宗师》载“且彼有骇形而无损心，有旦宅而无情死。孟孙氏特觉，人哭亦哭，是自其所以乃。且也相与吾之耳矣，庸讵知吾所谓吾之乎”，林希逸注解曰：

> 是自其所以乃，此六字最奇，言其自得之妙，所以欲简不得简，而乃随众以哭也。此句最难解，故数本以上句乃字，与下句且字，合为宜也两字，良可笑也。②

林希逸首先点明此句中“字”之奇处，然后又指出该句最难理解，认为数家解说都将“乃”字与“且”字合为“宜”字，这是可笑的见解，究其原因是不能领会《庄》文用字之奇。

① （宋）林希逸著，周启成校注：《庄子鬳斋口义校注》，第10页。

② （宋）林希逸著，周启成校注：《庄子鬳斋口义校注》，第120页。

第三节 “三子口义”之文意阐释方法

融儒释道三家于一炉，运用儒、释思想注解《老》《庄》《列》，是林希逸阐释“三子”义理的主要特色。同时，林希逸在注解“三子”之时，还特别注重前后文本互解、“三子”互解这两种方法的运用。目前，学界主要研究林希逸《庄子鬳斋口义》的阐释方法，具体研究内容主要围绕“以儒解庄”“以禅解庄”“以道解庄”几个方面进行探讨。笔者以为，若从“三子”的整体去考察，则可观测到林希逸义理阐释方法的完整性。即林希逸的阐释方法不仅仅是应用在《庄子鬳斋口义》之中，而是贯穿在对“三子”的注解中。

一、前后互解

所谓“前后互解”，即在注解过程中，运用文本前后文相互注解。既能让读者理解文章的意涵，也能帮助读者把握文章的前后脉络，加深对全文主旨的领会。“前后互解”这一义理阐释方法的运用在“三子口义”中比比皆是。

《老子鬳斋口义》中，“前后互解”是林希逸阐释《老子》思想的主要方法之一，先后运用了30余次。如，《老子》第四章载“湛兮似或存”一句，林希逸使用“前后互解”的方法阐释到：

> 湛者，微茫而不可见也。若存若亡，似有而似无，故曰“湛兮似若存”，即“恍兮惚，其中有物”是也。①

“恍兮惚兮，其中有物”出自《老子》第二十一章，整句为“道之为物，惟恍惟惚。惚兮恍兮，其中有象；恍兮惚兮，其中有物”。老子用以描述“道”之不可见，然虽不可见，但并非无物。林希逸指出“湛兮似或存”一句同样是对“道”的这一像状的描述，因而又引用“恍兮惚兮，其中有物”注解之。

《庄子鬳斋口义》中，林希逸使用“前后互解”达70余次。如《庄子·齐物论》载：“天下莫大于秋毫之末，而泰山为小；莫寿乎殇子，而彭祖为夭。天地与我并生，而万物与我为一。”林希逸指出：

> 此两句细看得出，便是若是而可谓成乎，虽我亦成也，若是而不可谓成乎，物与我无成也。若人会如此看，则大而天地与我并生于太虚之间，天地亦不得为大，而万物又与我并生于天地之间，虽一草、一木、一禽、一

① （宋）林希逸著，黄曙辉点校：《老子鬳斋口义》，第6页。

虫，亦与我相类，故曰天地与我并生，万物与我为一。①

“若是而可谓成乎”一句出自《齐物论》“有成与亏，故昭氏之鼓琴也”一段。林希逸认为，细看“天下莫大于秋毫之末，而泰山为小；莫寿乎殇子，而彭祖为夭”一句，便能发现此句与“若是而可谓成乎”一句的意思是一样的，能明了这两句就更加能够懂得《庄子》所说“天地与我并生，而万物与我为一”的道理了。“天地与我并生，而万物与我为一”即是《齐物论》的主旨，林希逸通过前后互解的方式来解读文本，能让读者更容易领会其中的思想主旨。

林希逸《列子鬳斋口义》也运用了“前后互解”的阐释方式，如其在解释《周穆王》中“鲁侯大悦，他日以告仲尼，仲尼笑而不答”一句时指出：“‘笑而不答’，即前篇所谓‘夫子能之，而能不为者也’。”②林希逸所谓“前篇”即《列子·黄帝》篇，他引用前篇的内容对此做印证，让读者对前后篇的内容都有更深的了解。但相比而言，在《列子鬳斋口义》中，林希逸使用“前后互解”这一阐释方式的频率相对少很多。

二、“三子”互解

所谓“三子”互解，是指在阐释《老》《庄》《列》之一时，援引另外二书。在林希逸注解“三子”之时，这种注释手法亦是屡见不鲜。

在《老子鬳斋口义》中，引用《庄子》来阐释《老子》有16次，但并没有引用《列子》来阐释《老子》。在第一章中，林希逸即指出老子所谓“玄之又玄，众妙之门，此即《庄子》所谓‘有始也者，有未始有始也者，有未始有夫未始有始也者’，但赞言其妙而已，初无别义”③。

在《庄子鬳斋口义》中，林希逸对《老子》《列子》都有援引。例如《庄子》所言“有始也者，有未始有始也者，有未始有夫未始有始也者。有有也者，有无也者，有未始有无也者，有未始有夫未始有无也者。俄而有无矣，而未知有无之果孰有孰无也”一段，林希逸则援引《列子》说：“列子所谓有太质，有太素，有太初，亦是此意。”④

在《列子鬳斋口义》中，林希逸同样对《老子》《庄子》都有援引，其中援引《庄子》次数达64次之多。如林希逸在阐释《列子》所谓“疑独，其道不可穷”

---

① (宋)林希逸著，周启成校注：《庄子鬳斋口义校注》，第33页。

② (宋)林希逸著，张京华点校：《列子鬳斋口义》，第89页。

③ (宋)林希逸著，黄曙辉点校：《老子鬳斋口义》，第2页。

④ (宋)林希逸著，周启成校注：《庄子鬳斋口义校注》，第32页。

时，谓：“‘疑独’者，如老子所谓‘似万物之宗’‘象帝之先’。”①

林希逸使用“三子”互解这一文意阐释方法，除了对“三子”文本中字词语义进行解释外，另外还有一个重要用途，即是通过文意阐释方法来解读与论证林希逸所主张的“三子”关系②。

三、以儒解“三子”

在阐释“三子”义理时，林希逸运用以儒解“三子”的阐释方法主要体现在四个方面，以下分别举例说明。

首先，林希逸以儒家经典原文或思想内容为“三子”文本中的字词作注解。如：

《老子》第一章言“常有，欲以观其徼”。林希逸谓：

> 徼，即《礼记》所谓“窍于山川”之“窍”也，言所自出也。③

《列子·黄帝》载蹈水者曰：“吾始乎故，长乎性，成乎命。”林希逸谓：

> 孟子曰：“言性则故而已矣”，即此“故”字。④

《庄子鬳斋口义》中同样有此种用法，《天地》篇载：“古之畜天下者，无欲而天下足，无为而万物化，渊静而百姓定。”就“畜天下”三字，林希逸谓：

> 畜天下，即孟子所谓以善养天下者。⑤

以上三例都是林希逸在字词释义层面引用儒家经典与思想，这一方法贯穿在其对《老》《庄》《列》的注解当中。

其次，林希逸以儒家经典为“三子”思想做引证。

《老子》第二章载“万物作焉而不辞，生而不有，为而不恃，功成而不居。夫惟不居，是以不去”一句，林希逸认为：

> 故曰“生而不有，为而不恃”。其意只在于“功成而不居”，故以“万物作焉而不辞”三句发明之。作，犹《易》曰“坤作成物”也。此即“舜禹有天下而不与”之意……“夫惟不居，是以不去”……《书》曰：“有其善，丧厥善。”便是此意。⑥

---

① （宋）林希逸著，张京华点校：《列子鬳斋口义》，第 10 页。

② 关于林希逸所主张的“三子”关系在后文详论。

③ （宋）林希逸著，黄曙辉点校：《老子鬳斋口义》，第 2 页。

④ （宋）林希逸著，张京华点校：《列子鬳斋口义》，第 49 页。

⑤ （宋）林希逸著，周启成校注：《庄子鬳斋口义校注》，第 184 页。

⑥ （宋）林希逸著，黄曙辉点校：《老子鬳斋口义》，第 4 页。

在这段注解中，林希逸接连引用三处儒家经典为《老子》思想做引证。其中，林希逸以《易·系辞传》的原文“坤作成物”来解释“作”字的意涵。而“舜禹有天下而不与”出自《论语·泰伯》，此意指儒家先圣舜和禹拥有天下却不占有天下，这与老子的意思是一样的。最后又引《尚书》原文来注解该章结尾一句。

又如，《列子·说符》篇载“晋文公出会，欲伐卫，公子锄仰天而笑……公寤其言，乃止”一段，林希逸认为：

> 其意盖谓“己所不欲，勿施诸人”。①

这里，林希逸引用《论语·颜渊》中的文字为《列子》作引注。需要说明的是，此处的引用在《论语·颜渊》中作：己所不欲，勿施于人。有一字的误差，鬳斋“口义”中多有类似情况。

再举《庄子鬳斋口义》中一例，《齐物论》载“与接为构，日以心斗”一句，林希逸引《孟子》注解曰：

> 日以心斗，即孟子所谓“旦昼之所为，有梏亡之”者。孟子说得便平善，被他如此造语，精神百倍亦警动人。②

“旦昼之所为，有梏亡之”，语出《孟子·告子上》，林希逸以此引证《庄子》文意。

再次，林希逸以理学核心思想概念解释“三子”中的概念。

如《老子》第二十三章开篇曰“希言自然”。林希逸解释说：

> 天地之间，只“自然”两字可以尽天地之理。希，少也。谓此二字，其言不多，而天地之理不过如此而已。③

又如林希逸为《列子·天瑞》题解时称：

> 此篇专言天理，以其可贵，故曰“瑞”。④

《杨朱》篇载：“有其物，有其身，是横私天下之身，横私天下之物。”对于此句中“横私”一词，林希逸说：

> 若以物为有，以身为有，皆逆天理而自私者，故曰“横私”。⑤

---

① （宋）林希逸著，张京华点校：《列子鬳斋口义》，第186页。

② （宋）林希逸著，周启成校注：《庄子鬳斋口义校注》，第16页。

③ （宋）林希逸著，黄曙辉点校：《老子鬳斋口义》，第25页。

④ （宋）林希逸著，张京华点校：《列子鬳斋口义》，第9页。

⑤ （宋）林希逸著，张京华点校：《列子鬳斋口义》，第174页。

《庄子·在宥》载"尸居而龙见,渊默而雷声,神动而天随",林希逸指出:

神,精神也;天,天理也。动容周旋,无非天理,故曰神动而天随。①

《秋水》载河伯曰:"何谓天?何谓人?"一段,林希逸认为:

这数句发得人心道心愈分晓。牛马四足,得于天,自然者;不络不穿,将无所用,此便是人心一段事。以人灭天,以故灭命,贪得而殉名,则人心到此流于危矣。三言无以,乃禁止之辞,犹四勿也。既知天,又知人,于此谨守而勿失,则天理全矣,故曰是谓反其真。命,天理也;故,人事也。得,得失之得也。②

"理""天理""心"是宋儒探讨的几个核心范畴。综合以上举例,可以看到林希逸在注解《老》《庄》《列》时,以理学的核心范畴解读"三子"中的字词概念,通过这种方式将儒学思想植入"三子"的文本概念当中。

此外,林希逸还引用历史上儒学大家的言论来阐释"三子"思想。《老子》第四十一章载:"上士闻道,勤而行之;中士闻道,若存若亡;下士闻道,大笑之,不笑不足以为道。"林希逸指出:

惟最下之人以之为笑,方见吾道之高。退之论文且曰"人笑之则以为喜",况道乎?③

"退之"即是大文豪韩愈,唐宋八大家之首,唐代儒家学说的代表人物之一,苏轼赞誉其"文起八代之衰"。"人笑之则以为喜"出自韩愈所作《答李翊书》,该文是因李翊曾向韩愈请教如何作文,韩愈以此文作答,并在文中阐释了自己的文学观。"人笑之则以为喜",是指韩愈会因别人哂笑自己的文章而高兴。林希逸引用韩愈的这段话与"下士闻道,大笑之"作类比论证,认为韩愈论文且以人笑而喜,比之于"道"则更加不用说了。

在《庄子鬳斋口义》中,林希逸也多次提到韩愈,如《逍遥游》载庄子语惠子曰:"今子有大树,患其无用,何不树之于无何有之乡,广莫之野,彷徨乎无为其侧,逍遥乎寝卧其下,不夭斤斧,物无害者,无所可用,安所困苦哉!"对此,林希逸引韩愈之言指出:

无何有之乡、广莫之野,言造化自然至道之中,自有可乐之地。役役人世,有福则有祸,若高飞远举,以道自乐,虽无所用于世,而祸害亦不及

---

① (宋)林希逸著,周启成校注:《庄子鬳斋口义校注》,第165页。

② (宋)林希逸著,周启成校注:《庄子鬳斋口义校注》,第270页。

③ (宋)林希逸著,黄曙辉点校:《老子鬳斋口义》,第46页。

之。即退之所谓刀锯不加,理乱不闻也。[①]

“刀锯不加,理乱不闻”,语出韩愈《送李愿归盘谷序》,表达一种不受外界约束的自在状态。林希逸以此句之意阐释《庄子》之文,有助于读者尤其是儒家学者理解《庄子》文意。

再看《列子・天瑞》篇载“齐之国氏善为盗”一段,林希逸指出:

> 此章之意,盖言人在天地之间,皆盗窃天地之所有以为其生,故如此形容,所以为异端之学。天时、地利,以至禽兽、鱼鳖,皆天地之所有,人盗而用之。圣人则曰“用天之道,分地之利”。《列子》却如此鼓舞其言。柳子厚《天说》之喻,亦原于此。[②]

“柳子厚”即是柳宗元,与韩愈并称“韩柳”。《天说》是柳宗元哲学思想的代表作,文中主张“天人不相干预”的观点,喻指天地只有客观的自然属性,没有神秘的意指特征。林希逸认为柳宗元《天说》之喻原于《天瑞》这章,意指可以通过《天说》来理解《天瑞》的旨趣。

四、以佛解“三子”

林希逸以佛解“三子”的义理阐释方法大抵与以儒解“三子”相同。同样可以从四个方面予以概括,以下依次举例说明。

首先,林希逸用佛教术语为“三子”文本中的字词作注解。

《老子》第七章载“非以其无私耶?故能成其私”一句,林希逸认为:

> 此语又是老子诱人为善之意,及释氏翻出来,则无此等语矣,故谓之真空实有,真空便是“无私”之意,实有便是“能成其私”之意,但说得来又高似一层。[③]

在注解《老子》第二十一章时,林希逸谓:

> 唯恍唯惚,言道之不可见也。虽不可见,而又非无物,故曰“其中有象”“其中有物”“其中有精”。此即真空而后实有也。[④]

在以上举例中,林希逸用“真空实有”的概念为《老子》作了两个层面的解释。其一是在世俗功用的层面,以“无私”为“真空”,以“成其私”为“实有”。其二

---

① (宋)林希逸著,周启成校注:《庄子鬳斋口义校注》,第 12 页。

② (宋)林希逸著,张京华点校:《列子鬳斋口义》,第 34 页。

③ (宋)林希逸著,黄曙辉点校:《老子鬳斋口义》,第 9 页。

④ (宋)林希逸著,黄曙辉点校:《老子鬳斋口义》,第 23—24 页。

是在“道”的描述上,认为“道”本身即具有“真空实有”的特征。在《庄子鬳斋口义》中,林希逸同样用到了这个佛教术语。《天道》篇载“休则虚,虚则实,实者伦矣”,林希逸认为:“虚则实,即禅家所谓真空而后实有也。”①

又如《列子·黄帝》篇载“九渊”之说,林希逸指出:“此一段所言‘九渊’,正‘修观’之名也。今佛家以为‘观’,而古人以为‘渊’。渊有九名,想犹今‘十二观’也。”②林希逸认为《黄帝》中记载的壶子向神巫示现的境界与佛教修持境界是一样的,只是古今名称不同。《庄子鬳斋口义》中同有此类用法,《应帝王》中有“地文”“杜德机”等名词,林希逸认为“地文者,此犹禅家修观之名……杜德机,亦是修观之名”③。

对于《庄子·养生主》,林希逸题解曰“主犹禅家所谓主人公也”④。此处所谓“主人公”,亦是禅宗术语,指真如本性。《大宗师》载孔子曰:“彼,游方之外者也;而丘,游方之内者也。”林希逸注解曰:“方外、方内,犹今释氏所谓世间法、出世间法也。”⑤在佛教思想中,世间即娑婆世界,出世间即超出三界、六道轮回的世界。佛教四圣谛中,苦、集二谛为世间法,灭、道二谛为出世间法。林希逸以此类比《庄子》所谓“方内”“方外”,为理解《庄子》字词提供了方便。

其次,林希逸以佛教经典为“三子”思想做引证。

《老子》第四章载“和其光,同其尘”,林希逸谓:

> 光而不露,故曰“和其光”。无尘而不自洁,故曰“同其尘”。此佛经所谓“不垢不净”也。⑥

佛教《心经》有言“不垢不净”,林希逸以此比附《老子》所谓“和其光,同其尘”。

《列子·天瑞》篇载黄帝曰:“精神入其门,骨骸反其根,我尚何存?”林希逸认为:

> “反其根”,言反其所始之地也。精神、骨骸,既各复其初,则今者之我尚何存乎?此即《圆觉》所谓“今我法身,当在何处”也。⑦

林希逸在此直接点名《圆觉经》,以佛典经文引证《列子》。《圆觉经》原文为:“我今此身四大和合,所谓:毛、发、爪、齿、皮、肉、筋、骨、髓、脑,垢色,皆归于

---

① (宋)林希逸著,周启成校注:《庄子鬳斋口义校注》,第210页。
② (宋)林希逸著,张京华点校:《列子鬳斋口义》,第55页。
③ (宋)林希逸著,周启成校注:《庄子鬳斋口义校注》,第131页。
④ (宋)林希逸著,周启成校注:《庄子鬳斋口义校注》,第47页。
⑤ (宋)林希逸著,周启成校注:《庄子鬳斋口义校注》,第117页。
⑥ (宋)林希逸著,黄曙辉点校:《老子鬳斋口义》,第6页。
⑦ (宋)林希逸著,张京华点校:《列子鬳斋口义》,第23页。

地;唾、涕、脓、血、津液,涎沫、痰、泪、精气、大小便利,皆归于水;暖气归火;动转归风。四大各离,今者妄身,当在何处?即知此身毕竟无体,和合为相,实同幻化。”林希逸把“妄”字写成了“法”字。前文提到林希逸引文误字情况较多,此亦不必深究。就《圆觉经》此句,林希逸在《庄子鬳斋口义》中也有多次引用。他在注解《至乐》篇“生者,假借也;假之而生生者,尘垢也”时,谓:

> 假借者,言此身乃外物假合而成也。尘垢者,言在造化之中,至微而不足贵也。释氏所谓“四缘假合”,“今者妄身,当在何处”,其意实原于此。①

又在《知北游》篇中以“《圆觉》所谓‘今者妄身,当在何处’”②注解“吾身非吾有也,孰有之哉?”一问。

最后,林希逸还引用僧人语录与禅宗公案来阐释“三子”思想。

林希逸在注解《老子》第四十八章“为学日益,为道日损”一句时,指出“道不在于见闻也。大慧云:‘读书多者,无明愈多。’亦此意也。”③

《列子·周穆王》载“老聃之弟子有亢仓子者,得聃之道,能以耳视而目听”,林希逸注解曰:

> 能以耳视目听,“六用一源”之说也。释氏以音为“观音”,杲佛日学东坡《维摩赞》,作《观音赞》一首,正是此意。其辞曰:“世间种种音声相,众以耳听非目观。唯此大士眼能观。于眼境界无所取,耳鼻舌身意亦然。善哉心洞十方空,六根互显如是义。”见《语录普说》第十五段,自解说得甚明。④

以上,林希逸引用大慧(即大慧宗杲禅师)的语录注解《老》《列》。

林希逸在注解《庄子》时更不乏对类似阐释手法的运用。《大宗师》载:“不忘其所始,不求其所终;受而喜之,忘而复之,是之谓不以心捐道,不以人助天,是之谓真人。”林希逸注解道:

> 不忘所始,不求所终,即所谓“原始要终,故知死生之说”也。或问赵州曰:“和尚百岁后向那里去?”州云:“火烧过后,成一株茅苇。”是不求其所终也。受,受其形也,得之于天,安得不喜!复,归也,全而归之,无所系念,故曰忘而复之。不以心捐道,即心是道,心外无道也。⑤

---

① (宋)林希逸著,周启成校注:《庄子鬳斋口义校注》,第280页。

② (宋)林希逸著,周启成校注:《庄子鬳斋口义校注》,第334页。

③ (宋)林希逸著,黄曙辉点校:《老子鬳斋口义》,第51—52页。

④ (宋)林希逸著,张京华点校:《列子鬳斋口义》,第87—88页。

⑤ (宋)林希逸著,周启成校注:《庄子鬳斋口义校注》,第100—101页。

赵州禅师为禅宗六祖惠能之后的第四代传人，禅宗确有让参禅者思考人死后去向哪里的问题。林希逸此处用禅宗公案阐释《庄子》“不求其所终”一句，能让读者明了庄、禅的相通之处。禅宗有“即心是佛”之语，《景德传灯录》卷七载大寂马祖道一禅师云“即心是佛”。林希逸在这里套用禅宗语言方式，提出“即心是道”，以“即心是道”注解“不以心捐道”。

第六章　“三子口义”的三教关系论研究

上一章考察分析了林希逸如何运用儒释思想来解读“三子”，可以说，以儒释思想来解读道家“三子”是林希逸融合三教思想的一种表达形式，而林希逸对儒释道三教之间的关系认识则有待进一步考察。本章即以“三子口义”为文本依据，分析林希逸关于三教关系的认识和观点。

第一节　儒道关系论

一、《老子鬳斋口义》中的儒道融合论

关于《老子》思想与儒家思想的关系，林希逸在《老子鬳斋口义·发题》中明确提出：

> 若老子所谓无为而自化，不争而善胜，皆不畔于吾书。其所异者，特矫世愤俗之辞，时有太过耳。①

林希逸这一段话，可以说是他对老儒关系的总论调。他认为老子所主张的“无为而自化”“不争而善胜”，与儒家经典的主旨是一致的，不同的仅是《老子》文辞中多带有矫世愤俗之意而已。

在林希逸《老子鬳斋口义》中，他对老儒关系的这一总论调有一套逻辑说明体系。我们可以从“什么是无为自化、不争善胜？”“怎样不畔于吾书？”“所异在哪里？”三个方面进行具体考察。

首先，什么是无为自化、不争善胜？林希逸认为“无为自化”“不争善胜”是《老子》思想的主旨。

关于“无为自化”，《老子》第三十七章讲“道常无为，而无不为。侯王若能

① (宋)林希逸著，黄曙辉点校：《老子鬳斋口义》，发题第2页。

守，万物将自化”。第五十七章讲到“我无为而民自化”。众所周知，“无为”是老子哲学中最重要的一个观念，是指顺万事万物之自然，不加以人为。这里的“人为”是指不必要的作为、妄为。万事万物顺本身之自然而发展，自我化育。这就是老子说的“道常无为而无不为”“万物将自化”。林希逸抓住老子的这一关键，指出：“无为无不为，自然而然也。侯王若能守此无为之道，则不求化万物，而万物自化矣。”①

又，在注解《老子》第十章时，林希逸认为：

> 此章之意大抵主于无为而为，自然而然。无为自然，则其心常虚，故以神载魄而不以魄载神，此圣人之事。以魄载神则着迹矣。老子一书，大抵只是能实而虚，能有而无，则为至道。纵说横说，不过此理。②

在注解《老子》第六十一章时，林希逸又谓：

> （大者宜为下）此句乃一章之结语，其意但谓强者须能弱，有者须能无，始为知道。一书之主意，章章如此。③

在林希逸这里，虚、无即是“无为”；实、有即是“自化”“无不为”。他还指出“学道者当体此意，则必以能虚能无为贵”④。林希逸认为《老子》一书的主要意旨即是能实而虚、能强而弱、能有而无，亦即其所谓“无为自化”。

关于“不争善胜”，《老子》书中“不争”的观念，是基于其“柔弱”的主张。老子说：“弱者道之用。”（第四十章）老子喜欢用水作比喻，他说：“天下莫柔弱于水，而攻坚强者莫之能胜。”（第七十八章）“柔弱”的主张落实到具体行为，那就是“不争”。《老子》载：

> 上善若水。水善利万物而不争，处众人所恶，故几于道矣。居善地，心善渊，与善仁，言善信，政善治，事善能，动善时。夫唯不争，故无尤矣。（第八章）
>
> 夫唯不争，故天下莫能与之争。（第二十二章）
>
> 以其不争，故天下莫能与之争。（第六十六章）
>
> 善为士者不武，善战者不怒，善胜者不与，善用人者为之下。是谓不争之德，是谓用人之力，是谓配天，古之极。（第六十八章）
>
> 天之道，不争而善胜。（第七十三章）

---

① （宋）林希逸著，黄曙辉点校：《老子鬳斋口义》，第40页。
② （宋）林希逸著，黄曙辉点校：《老子鬳斋口义》，第12—13页。
③ （宋）林希逸著，黄曙辉点校：《老子鬳斋口义》，第66页。
④ （宋）林希逸著，黄曙辉点校：《老子鬳斋口义》，第47页。

天之道,利而不害;圣人之道,为而不争。(第八十一章)

老子的“不争”,不是让人无所作为,而是顺应自然,利益万物而不争,以“无为”至于“无不为”。林希逸明白老子的意图,理解老子说“无为”与“不争”的对应关系,因为他在指出“无为自化”是《老子》“一书之主意”后,又提出:“圣人之道无为而无不为,而未尝自恃其有,故不与物争,而天下莫能与争。一书之意,大抵以不争为主。”①可见,林希逸说“老子所谓无为而自化,不争而善胜,皆不畔于吾书”,实质上就是主张老子的本旨与儒家思想是相同的,他试图在根本意义上将老、儒调和起来。

其次,林希逸认为的《老子》一书之主旨——无为而自化,不争而善胜,怎么就不畔于“吾书”呢?

在林希逸看来,《老子》所谓无为而自化、不争而善胜,即是能有而无、能实而虚。这也就是《老子》所言之“功成而不居”。且看林希逸在注解《老子》第二章讲“万物作焉而不辞,生而不有,为而不恃,功成而不居。夫惟不居,是以不去”时,谓:

> 此章即“有而不居”之意……故圣人以无为而为,以不言而言,何尝以空寂为事,何尝以多事为畏,但成功而不居耳。如天地之生万物,千变万化,相寻不已,何尝辞其劳?万物之生,盈于天地,而天地何尝以为有?如为春为夏为生为杀,造化何尝恃之以为能?故曰“生而不有,为而不恃”。其意只在于“功成而不居”,故以“万物作焉而不辞”三句发明之。作,犹《易》曰“坤作成物”也。此即“舜禹有天下而不与”之意。自古圣人皆然,何特老子。但老子说得太刻苦,所以近于异端。“夫惟不居,是以不去”,言有其有者不能有,而无其有者能有之,此八字最有味。《书》曰:“有其善,丧厥善。”便是此意。②

林希逸指出老子的思想不“以空寂为事”,亦不“以多事为畏”,老子同儒家一样,是主张建功立业的,在此基础上,老子提出“功成而不居”。林希逸认为,老子所谓“功成而不居”,也不是老子所特有的思想,“舜禹”等儒家先圣,自古就有与老子相同的主张。因而,《老子》的思想主张与儒家圣人是一致的,这就是林希逸所谓“皆不畔于吾书”的地方。

最后,林希逸在指出《老子》不畔于“吾书”的同时,也指出《老子》之所以被指为“异端”是因为说得“太刻苦”,即“其所异者,特矫世愤俗之辞,时有太

① (宋)林希逸著,黄曙辉点校:《老子鬳斋口义》,第85页。

② (宋)林希逸著,黄曙辉点校:《老子鬳斋口义》,第3—4页。

过耳”。这也就回答了“异在哪里?”的问题。对于《老子》书中“矫世愤俗”“太过”之辞,林希逸在《老子鬳斋口义》中有具体指明。如林希逸在注解《老子》第三章时指出:

> 老子愤末世之纷纷,故思太古之无事。其言未免太过,所以不及吾圣人也①。

对于《老子》第十九章所言“绝圣弃智”“绝仁弃义”“绝巧弃利”等话语,林希逸认为:

> 此意盖谓文治愈胜,世道愈薄,不若还淳反朴,如上古之时也。此亦一时愤世之言。②

再如《老子》第六十五章载“古之善为道者,非以明民,将以愚之”,林希逸认为:

> “愚”字下得过当③。

又如《老子》第六十六章载“是以圣人欲上民,必以言下之;欲先民,必以身后之”,林希逸认为:

> 以言下之,如曰“愚夫愚妇一能胜予”是也。以身后之,稽乎众,合己从人是也。圣人非欲上民、欲先民而后为此也。其意盖谓虽圣人欲处民上民先,犹且如此,况他人乎?语意抑扬稍过当耳。④

综上所述,林希逸对其“皆不畔于吾书”这一老儒关系的总论调,进行了阐释说明并以此调和儒道的关系,为《老子》被儒家学者所冠“异端”之说进行正名。对于以往儒家学者对《老子》的偏见之辞,林希逸则认为是“读者未得其所以言”⑤,不懂《老子》文辞语脉⑥的特点,导致“以其借谕之语,皆为指实言之,所以未免有所贬议也”⑦。

---

① (宋)林希逸著,黄曙辉点校:《老子鬳斋口义》,第5页。

② (宋)林希逸著,黄曙辉点校:《老子鬳斋口义》,第21页。

③ (宋)林希逸著,黄曙辉点校:《老子鬳斋口义》,第71页。

④ (宋)林希逸著,黄曙辉点校:《老子鬳斋口义》,第71—72页。

⑤ (宋)林希逸著,黄曙辉点校:《老子鬳斋口义》,发题第2页。

⑥ 关于林希逸对《老子》文辞语脉的观点,及其在辩解“异端”中的施用,前文中有详细论述,此处不再赘述。

⑦ (宋)林希逸著,黄曙辉点校:《老子鬳斋口义》,发题第2页。

二、《庄子鬳斋口义》中的儒道融合论

在林希逸的思想中,不只是《老子》的本旨“不畔于吾书”,《庄子》的“大纲领、大宗旨”同样“未尝与圣人异”。他在《庄子鬳斋口义·发题》中指出:

> 是必精于《语》《孟》《中庸》《大学》等书,见理素定,识文字血脉,知禅宗解数,具此眼目而后知其言意一一有所归着,未尝不跌荡,未尝不戏剧,而大纲领、大宗旨未尝与圣人异也。若此眼未明,强生意见,非以异端邪说鄙之,必为其所恐动,或资以诞放,或流而空虚,则伊川淫声美色之喻,诚不可不惧。①

“大纲领、大宗旨未尝与圣人异”即是林希逸为庄儒关系所下的总论调。在这段话中,林希逸有这样一个逻辑值得注意,即:明白《庄子》之“大纲领、大宗旨未尝与圣人异”的大前提是要“具此眼目”,如此才能避免产生“为其恐动”“资以诞放”“流而空虚”的弊端,否则,只有视之为“异端”“邪说”。林希逸在这里为先儒②对《庄子》的抨击做了一个合理的解释,但他的目的是要超越先儒对《庄子》的认识,从而为《庄子》正名。

如何摒去《庄子》“异端”之名呢?林希逸的思路是:“是必精于《语》《孟》《中庸》《大学》等书,见理素定,识文字血脉,知禅宗解数。”这也就是前文所论及的“读《庄子》之法”,以此“眼目”从对《庄子》文意的领悟上达到对庄儒一致的理解。可以说,这是林希逸融合庄儒思想的方法理路。同时,林希逸在《庄子鬳斋口义》中,还具体分析了《庄子》被抨击为“异端”的原因,指明了其中不与圣人相异的地方,并为庄子树立起尊敬孔子的形象,力图在义理与情理两方面调和庄儒之间的关系。以下逐一分析。

(一)解释庄子讥儒

林希逸承认《庄子》书中讥讽儒家的言论,他在注解《庄子》时,每每遇之,必标指出来。如:

> 此因至人又发圣人之问,且就此贬剥圣门学者。③
>
> 外曲者,外尽擎跽曲拳之礼,人人皆为之,则我亦为之,人于我亦无疵病。此因拜,下礼也,虽违众,吾从下处生。此等议论以讥诮圣门。④

---

① (宋)林希逸著,周启成校注:《庄子鬳斋口义校注》,发题第1—2页。

② 这里说的先儒,是指在林希逸之前抨击道家为异端的儒家学者。

③ (宋)林希逸著,周启成校注:《庄子鬳斋口义校注》,第39页。

④ (宋)林希逸著,周启成校注:《庄子鬳斋口义校注》,第61页。

此段因《论语》所有借以讥侮圣门也。①

此数句乃是讥诮圣贤，以形容真人之不可及，其意盖谓世无真人，不知至道，自圣人而下，无大无小，皆为非也。②

有人于此，言有个人如此也，此数句是不指名而讥侮孔子。③

庄子之为此言，自孔孟而上，以至尧舜禹汤，皆在讥侮之数。④

汝能如此，犹尚庶几。不然，身且不治，何能治人！此讥吾圣人之言。⑤

循循以诱诲学者，故以为媚一世，此皆讥吾圣人之意。⑥

对于《庄子》文本中讥讽儒家的地方，林希逸在指出后大多并不着急进行解释，以上列举即都是这一情况。有时候林希逸甚至认为庄子虽有讥侮儒者言语，但庄子所言亦是有理。如林希逸在注解《胠箧》篇“四子之贤而身不免乎戮……盗亦有道乎……”一段时，指出：

四子虽贤，而身皆得罪，盗跖反以自免，此言贤者不足自恃，而窃圣道之名者，或以自利。为盗之圣、勇、义、知、仁，此是庄子撰出这般名字，以讥侮儒者，其言虽怪，而以世故观之，实有此理。说到不善人多善人少，利天下少而害天下多处，亦是精绝。⑦

又如其在注解《天运》篇“商太宰荡问仁于庄子”一段时，谓：

以虎狼为仁，便与盗亦有道意同，此皆排抑儒家之论。但其言虽偏，亦自有理。⑧

以上等处，林希逸并不为庄子作辩解，反而指出庄子讥侮、排议儒家的言论是在理的，只是《庄子》言语“怪”“偏”，也正是因为《庄子》在言语上异于儒家言辞风格，所以导致儒家学者抨击其为“异端”。林希逸在《庄子鬳斋口义》中多次指出这一原因：

以接而生时于其心，才全而德不形，一智之所知，由前言之，三字皆

① （宋）林希逸著，周启成校注：《庄子鬳斋口义校注》，第79页。
② （宋）林希逸著，周启成校注：《庄子鬳斋口义校注》，第103页。
③ （宋）林希逸著，周启成校注：《庄子鬳斋口义校注》，第129页。
④ （宋）林希逸著，周启成校注：《庄子鬳斋口义校注》，第140页。
⑤ （宋）林希逸著，周启成校注：《庄子鬳斋口义校注》，第199页。
⑥ （宋）林希逸著，周启成校注：《庄子鬳斋口义校注》，第205页。
⑦ （宋）林希逸著，周启成校注：《庄子鬳斋口义校注》，第154页。
⑧ （宋）林希逸著，周启成校注：《庄子鬳斋口义校注》，第228页。

是好字，到此段，接、德、智又成不好字，此鼓舞其笔，不照前后，所以为异端之书。①

《庄子》之书，大抵贵无为而贱有为，前两转既说有为者不可不为，又恐人把有为无为作一例看，故于此又曰天道与人道相去远矣，不可不察也。开阖抑扬，前后照应，若看得出，自是活泼泼地，但其言语错杂，鼓舞变化，故人有不能尽知之者。兼其间如远而不可不居者义，亲而不可不广者仁，此语不入圣贤条贯，所以流于异端，须莫作《语》《孟》读方可。②

天伦即天理也，一而至于精通，则与天合，此圣而不可知之谓神也。此一章颇与吾书合，但说得鼓舞变动，遂成异端。③

林希逸所言“鼓舞”有鼓动、夸诞的意涵，他认为《庄子》的言语不如儒家文辞那般平实，因而用“鼓舞”来形容，“鼓舞”的结果就是“过当”“太过”，以致不入于“圣贤条贯”而被抨击为“异端”。

林希逸对《庄子》“异端”之名的原因分析不仅仅是停留在《庄子》文辞的表层，他试图从庄子对世事的看法入手，深入讨论庄子作文为何要用鼓舞之词与过当之论。林希逸说道：

上不敢为仁义之操，是为善无近名也；下不敢为淫僻之行，是为恶无近刑也……观庄子此语，何尝不正心修身！其戏侮尧舜夫子曾史伯夷，初非实论，特鼓舞其笔端而已。塘东刘叔平向作《庄骚同工异曲论》曰：“庄周，愤悱之雄也。”乐轩先生甚取此语。看来庄子亦是愤世疾邪而后著此书，其见既高，其笔又奇，所以有过当处。太史公谓其：“善属书离辞，指事类情，用剽剥儒墨，虽当世宿学不能自解免也。其言洸洋自恣以适己。”此数句真道着庄子。④

林希逸在此说出了庄子讥侮儒家圣人、作文鼓舞的原因，他认为庄子戏侮儒家圣贤并不是其本意，而是特意使用这种“鼓舞”的方式来凸显、强调自己的言论，而之所以要如此“鼓舞”，是因为庄子“愤世疾邪”，借此表达自己对现世的不满与愤慨。换言之，林希逸认为庄子首先是怀有一种“愤世疾邪”的处世心态，然后其著作《庄子》一书，又因见地高深、笔法奇特，以致《庄子》书中多有“鼓舞”“过当”之处。对于《庄子》书中所体现“愤世疾邪”的文字，林希逸

① （宋）林希逸著，周启成校注：《庄子鬳斋口义校注》，第95页。

② （宋）林希逸著，周启成校注：《庄子鬳斋口义校注》，第181页。

③ （宋）林希逸著，周启成校注：《庄子鬳斋口义校注》，第250页。

④ （宋）林希逸著，周启成校注：《庄子鬳斋口义校注》，第144—145页。

多有指出，以此证明自己的看法。如林希逸在注解《大宗师》所载“天之小人，人之君子；人之君子，天之小人”一段时，谓：

> 天以为君子，则人以为小人，人以为君子，则天以为小人矣。庄子之所谓君子者，有讥侮圣贤之意在于其间，盖以礼乐法度皆非出于自然，必剖斗折衡，使民不争，而后为天之君子也。此亦愤世疾邪而有此过高之论。①

作为理学传人的林希逸当然明了儒家所谓“君子”指的是言论行为合于礼乐法度的人，他也明白，在庄子的思想中，礼乐法度皆出于人为，不是自然的本性，因而合于礼乐法度的儒家“君子”，在庄子眼中则是“小人”。林希逸即是在这一层意义上指出“庄子之所谓君子者，有讥侮圣贤之意在于其间”。林希逸认为庄儒间的这种对立就是庄子“愤世疾邪”的证明。又，在注解《胠箧》篇时，林氏开篇即道：“看此篇便见得愤悱之雄处。”②至于读者该如何对待《庄子》中的愤世言论，林希逸也提出了自己的主张，他在注解《秋水》篇“昔者尧舜让而帝，之哙让而绝；汤武争而王，白公争而灭。由此观之，争让之礼，尧桀之行，贵贱有时，未可以为常也”一段时，指出：

> 把尧舜与之哙，汤武与白公相形而言，此皆愤时之激论，中间多有此类，但观其文势可也。③

林希逸这段文字表达了他对《庄子》中“愤世疾邪”所引发的“鼓舞”“过当”言论的主张，即“观其文势”，亦即领会庄子此类行文的写作方法即可。

（二）树立庄子尊孔形象

林希逸在《庄子鬳斋口义》中不仅对《庄子》书中讥讽儒家的言论作合理的解释，他在注解《庄子》的过程中还努力为庄子树立一个尊敬孔子的形象。林希逸的这一做法是以《庄子》文本中与儒家思想相一致的言论为切入点的。

林希逸曾指出《庄子》言语“怪”“偏”，由此导致被抨击为“异端”。而与“异”相对的，即是“正”。林希逸以“正”或“端正”“平正”代表儒家的言论风格，他发现《庄子》书中也不乏端正之语，与林希逸对待《庄子》书中讥讽儒家的言论一样，每每遇之，必专门指出，并以此为依据树立庄子尊敬孔子的形象。

《大宗师》开篇载：“知天之所为，知人之所为者，至矣。知天之所为者，天而生也；知人之所为者，以其知之所知以养其知之所不知，终其天年而不中道

---

① （宋）林希逸著，周启成校注：《庄子鬳斋口义校注》，第118—119页。

② （宋）林希逸著，周启成校注：《庄子鬳斋口义校注》，第153页。

③ （宋）林希逸著，周启成校注：《庄子鬳斋口义校注》，第267页。

天者，是知之盛也。”林希逸指出：

人之生也，凡事皆出于天，故曰天所为。然身处世间，人事有当尽者，故曰人所为。人事尽而天理见，是以其智之所知以养其知之所不知也。不役役以伤生，故曰终其天年；既知天又知人，故曰知之盛也。此数语甚正。①

《在宥》篇载“故贵以身于为天下，则可以托天下；爱以身于为天下，则可以寄天下”，林希逸认为“此两句，文亦奇，理亦正”②。此两句之后又有“尸居而龙见，渊默而雷声，神动而天随”三句，对此，林希逸注解曰：

尸居者，其居如尸然，即《曲礼》所谓“坐如尸”也；龙，文采也。尸居无为而威仪可则，自然有文，故曰尸居而龙见。渊，深也，静也；默，不言也；雷声，感动人也。虽不言而德动人也，禅家所谓是虽不言，其声如雷也，故曰渊默而雷声。神，精神也；天，天理也。动容周旋，无非天理，故曰神动而天随。如此三句，亦可以《庄子》为异端之书乎！理到而文又奇，所以度越诸子。③

在这一段注释当中，林希逸用儒家经典中的字词来解释《庄子》中的文词，又用宋儒主张的“天理”观念套用在《庄子》文字上，最后得出不可以《庄子》为“异端”之书，并认为《庄子》论理到位且作文奇特，其水平在诸子之上。然而，《庄子》原文的字词文意并不一定就是林希逸所注解的那般意思，他将宋儒的“天理”概念套用在《庄子》一个“天”字之上，也可看出他强解之意。但不得不说，林希逸为了调和庄儒关系是煞费苦心。

类似情况还出现在林希逸注解《天运》篇“三军五兵之运，德之末也；赏罚利害，五刑之辟，教之末也；礼法度数，刑名比详，治之末也；钟鼓之音，羽旄之容，乐之末也；哭泣衰绖，隆杀之服，哀之末也”一段，对此，林希逸注解道：

威武，文德之辅助，故曰三军五兵之运，德之末也。五兵，弓、殳、矛、戈、戟也。明刑以弼教，故曰赏罚利害，五刑之辟，教之末也。度数，等差也；刑名，名物也；比，类例也；详，纤悉也。礼法度数，钟鼓羽旄，皆非礼乐之本，犹曰玉帛钟鼓云乎哉也。哀之末也，即“与其易也，宁戚”之意。此数句甚平正。④

① （宋）林希逸著，周启成校注：《庄子鬳斋口义校注》，第97—98页。

② （宋）林希逸著，周启成校注：《庄子鬳斋口义校注》，第164页。

③ （宋）林希逸著，周启成校注：《庄子鬳斋口义校注》，第165页。

④ （宋）林希逸著，周启成校注：《庄子鬳斋口义校注》，第215页。

“玉帛钟鼓云乎哉”出自《论语·阳货》，原文为“礼云礼云，玉帛云乎哉；乐云乐云，钟鼓云乎哉”；“与其易也，宁戚”则出自《论语·八佾》，林希逸首先用儒家经典来阐释、类比《庄子》此段文意，继而得出《庄子》“此数句甚平正”。

正因《庄子》书中多有甚“正”之语，以致林希逸对《庄子》“异端”之名颇为愤慨，他在注解《达生》篇“夫畏涂者，十杀一人”一段时，强调“庄子此语，虽圣贤闻之，亦必为之首肯，此亦异端之学乎”①！对于《山木》篇“且君子之交淡若水，小人之交甘如醴；君子淡以亲，小人甘以绝”一段，林希逸更是认为其“皆说尽人世情状，此语虽入之《语》《孟》亦得”②。

从林希逸认为《庄子》一书中有“平正”“端正”之语，到感慨《庄子》岂是异端之学，笔者发现，随着林希逸注解《庄子》的进程③，林希逸对《庄子》的情感与调和庄儒关系的意图一步步加深，最后得出“庄子非不敬孔子”的结论。且看《寓言》篇载庄子与惠子的一段言及孔子的对话，末尾庄子曰：“已乎已乎！吾且不得及彼乎！”就此，林希逸称：

> 庄子既称夫子之言，乃对惠子而叹曰：已乎已乎，我安得及彼孔子哉！只此可见，庄子非不知敬吾圣人者。④

又《庄子》第三十二篇《列御寇》载“孔子曰：凡人心险于山川”一段，林希逸认为：

> 此一段议论甚正，乃借为孔子之言，可知庄子非不敬孔子也。⑤

不难发现，林希逸是以《庄子》书中谈论孔子时所带有的尊敬口吻、借用孔子之言进行端正的议论为依据，得出“庄子尊敬孔子”的结论，为庄子树立了一个尊孔形象。

（三）论证《庄子》“大纲领、大宗旨不与圣人异”

从为庄子讥儒作辩解到为庄子树立尊孔形象，这是林希逸在情理上为先儒对庄子的抨击作辩护，以此缓和庄儒之间紧张、对抗的关系。当然，这是不够的，还必须在义理上将庄儒的思想融合起来，找到两者的一致之处。为此，林希逸下了不少工夫。崔大华曾在《庄学研究——中国哲学一个观念渊源的

---

① （宋）林希逸著，周启成校注：《庄子鬳斋口义校注》，第 291 页。

② （宋）林希逸著，周启成校注：《庄子鬳斋口义校注》，第 308 页。

③ 笔者此节论述林希逸“树立尊孔形象”时，对林希逸《庄子鬳斋口义》的考察与援引内容是按照《庄子鬳斋口义》的文本顺序依次往后，从这一点发现“随着林希逸注解《庄子》的进程，林希逸对《庄子》的情感与调和庄儒关系的意图进一步加深”。

④ （宋）林希逸著，周启成校注：《庄子鬳斋口义校注》，第 434 页。

⑤ （宋）林希逸著，周启成校注：《庄子鬳斋口义校注》，第 484 页。

历史考察》中指出:“理学家对庄子思想的批评,最主要之点,也是较多的方面,是用将儒家传统的伦理道德原则升华了的理学伦理道德哲学来否定庄子的自然主义的人生哲学。理学家一一审视并尖锐批判了庄子的人生追求、精神修养方法和处世态度。”①而林希逸也正是从这几方面论证《庄子》大纲领、大宗旨不与圣人异。

既然是对《庄子》大纲领与圣人宗旨的辨析,首先得找到《庄子》大纲领何在。林希逸在注解《在宥》篇时指出:“自贱而不可不任以下,至不可不察也,此《庄子》中大纲领处,与《天下》篇同。”②《天下》篇是庄子对当时诸家学说的总结与评价,其中亦有对庄子自身与儒家学说的总论。从这句话可知,林希逸认为《在宥》篇中这一段是《庄子》的大纲领处,而《天下》篇中庄子对自己与儒家学说的总论亦可以见得其大纲领,两者表达的意思是一样的。以下做具体分析。

林希逸所谓《庄子》大纲领处,即《在宥》篇中以下三段:

> 贱而不可不任者,物也;卑而不可不因者,民也;匿而不可不为者,事也;粗而不可不陈者,法也;远而不可不居者,义也;亲而不可不广者,仁也;节而不可不积者,礼也;中而不可不高者,德也;一而不可不易者,道也;神而不可不为者,天也。
>
> 故圣人观于天而不助,成于德而不累,出于道而不谋,会于仁而不恃,薄于义而不积,应于礼而不讳,接于事而不让,齐于法而不乱,恃于民而不轻,因于物而不去。物者莫足为也,而不可不为。不明于天者,不纯于德;不通于道者,无自而可;不明于道者,悲夫!
>
> 何谓道?有天道,有人道。无为而尊者,天道也;有为而累者,人道也。主者,天道也;臣者,人道也。天道之与人道也,相去远矣,不可不察也。

林希逸就此作了以下几个方面的论述:

1. “庄子依旧是理会事底人,非止谈说虚无而已”

就处世态度来说,儒家学者以践履社会伦理道德、成就社会功业为目的,而林希逸之前的理学家针对庄子的处世态度多有批评,认为庄子隐遁于世俗、不顾及世事。例如朱熹就认为老庄之学不问世事,否认和逃避君臣之义,是无益于修身治国平天下的“为我无君,禽兽食人之邪说”③。

---

① 崔大华:《庄学研究——中国哲学一个观念渊源的历史考察》,第469页。

② (宋)林希逸著,周启成校注:《庄子鬳斋口义校注》,第181页。

③ (宋)朱熹:《朱子全书》第24册,第3873页。

然而，林希逸就不同意这种观点，他认为庄子并非不问世事。在注解《在宥》篇“大纲领”处“贱而不可不任者”时，林希逸指出：

观此一段，庄子依旧是理会事底人，非止谈说虚无而已。伊川言释氏“有上达而无下学”，此语极好，但如此数语中，又有近于下学处，又有精粗不相离之意。[①]

《在宥》篇的这一段论述了社会人事层面中“物”“民”“事”“法”“义”“仁”“礼”等范畴的必要性，同时也对“道”“德”“天”等形而上范畴进行了表述。林希逸据此指出：“庄子依旧是理会事底人，非止谈说虚无而已。”林氏进一步以伊川对佛教的评论来衬托《庄子》的优胜之处，他认为《庄子》思想中既有上达又有下学，并且“精粗不相离”[②]。

对于“庄子理会世事”这一点，除了在《在宥》篇中论及，林希逸在为《人间世》作题解时就已经进行了声明，其谓：

前言养生，此言人间世，盖谓既有此身，而处此世，岂能尽绝人事？但要人处得好耳。看这般意思，庄子何尝迂阔！何尝不理会事！便是外篇所谓物莫足为也，而不可以不为一段意思。[③]

林希逸说得很明了，直意就是以《人间世》一篇便能说明“庄子何尝迂阔！何尝不理会事！”有意思的是，林希逸在说完这段后，还提起“物莫足为也，而不可以不为”一段，认为《人间世》所表达的即是这一段的意思，而“物莫足为也，而不可以不为”一段正是林希逸所谓的“大纲领”中的文字。不难看出，林希逸对其自身思想的前后逻辑照管得比较恰当。

2. “庄子岂不知精粗本末为一之理”

理学的本体论以“理”或“天理”为最高范畴，认为“天下物皆可以理照，有物必有则，一物须有一理”[④]，且“天下只是一个理”[⑤]，又有“万物皆有此理，理皆同出一原”[⑥]等论调。因此，理学家则站在“理一”的立场批判庄子，如二程说：“盖上下、本末、内外，都是一理也，方是道。庄子曰‘游方之内’‘游方之外’者，方何尝有内外？如此，则是道有隔断，内面是一处，外面又别是一处，

① （宋）林希逸著，周启成校注：《庄子鬳斋口义校注》，第179页。

② “精粗相离”也是理学家在理论思辨上批评庄子的一点，后文细说。

③ （宋）林希逸著，周启成校注：《庄子鬳斋口义校注》，第56页。

④ （宋）程颢、程颐著，王孝鱼点校：《二程集》第1册，第193页。

⑤ （宋）程颢、程颐著，王孝鱼点校：《二程集》第1册，第38页。

⑥ （宋）朱熹：《朱子全书》第14册，第606页。

岂有此理?”①

林希逸对这种批评是不以为然的,他认为“庄子未尝不知精粗本末为一之理”。前文我们已经谈到林希逸认为《庄子》思想“精粗不相离”,在他看来,“道”是“精”,而“物”“民”“事”“法”“义”“仁”“礼”等皆是“粗”,《在宥》一段将精粗之间的关系用“不可不任”“不可不因”等词意架构起来,体现出精粗间的一种必然联系,因而,林希逸有庄子“精粗不相离”的观点,并以此反驳先儒对《庄子》不知本末精粗为一理的批评。

再看《在宥》篇“大纲领处”的第二段,其中有林希逸反复提到的“物莫足为也,而不可以不为”一句,对此,林希逸注解曰:

> 斡转从上数句,到此已尽,却又提起一物字,曰物莫足为也,而不可不为。此物字即是精者为道,粗者为物,事事物物皆在其中矣。若以道心观之,皆不足为,然而有不可以不为,此便是人心处。观此一句,则庄子岂不知精粗为一之理者!②

林希逸在这里指出“精”为“道”,“粗”为“物”,万事万物又都在“道”中,他从“道心”“人心”的角度分析庄子所谓“莫足为”与“不可以不为”的关系,由此亦得出“庄子岂不知精粗为一之理”的结论。在《在宥》篇末的阐释之中,林希逸再次强调:“今曰:庄子未尝不知精粗本末为一之理,于此篇得之。”③

对于《庄子》书中被他人批评为“不知精粗为一”言论,林希逸同样进行了具体的分析与辩解。如《让王》篇载“道之真以治身,其绪余以为国家,其土苴以治天下。由此观之,帝王之功,圣人之余事也,非所以完身养生也”一段,庄子所表达的意思是以“道”之“真”来修身,治国平天下皆是末余之事,因而帝王之功并不是真正对“道”之“真”的追求。林希逸指出此段常被他人当作靶子来批评庄子精粗分作两截,不懂其本为一,并解释道:

> 土苴,糟粕也,其意谓帝王治天下国家之功,在圣人之道,皆余事耳。身者,天下国家之本,修身则可以治天下国家,此圣贤之论也。庄子之言如此分别,人皆谓其以精粗分作两截,殊不知其意只谓知道之人,不以外物累其本心,如尧之非心黄屋,如舜禹之有天下不与,如此方可以尽无为之治,但其言抑扬太甚耳……荆公之学,真个把做两截看了,却欲以此施用,多举绪余土苴之语,所以朱文公深辨之。庄子立言之过,或误后世,

---

① (宋)程颢、程颐著,王孝鱼点校:《二程集》第1册,第3—4页。

② (宋)林希逸著,周启成校注:《庄子鬳斋口义校注》,第180—181页。

③ (宋)林希逸著,周启成校注:《庄子鬳斋口义校注》,第181—182页。

似亦可罪,然其心实不然也。①

林希逸将儒家圣贤之论与庄子之言作类比,解释庄子实意乃为教人"不以外物累其本心",只是其语言说得太过,又举出朱熹批评王安石的案例来缓和《庄子》此处言论的突兀,最后又为庄子开脱,指出庄子的心意其实并不是要误导后学。

3."庄子性地通融"

"道心""人心"是理学的一对重要范畴,二程谓:

"人心惟危",人欲也。"道心惟微",天理也。"惟精惟一",所以至之。"允执厥中",所以行之。②

朱熹言:

人只有一个心,但知觉得道理底是道心,知觉得声色臭味底是人心。③

道心是义理上发出来底,人心是人身上发出来底。虽圣人不能无人心,如饥食渴饮之类。虽小人不能无道心,如恻隐之心是。④

在上一小节中提到林希逸从"道心""人心"的角度分析庄子所谓"莫足为"与"不可以不为"的关系,而"道心""人心"这一视角也是儒家学者批判《庄子》的着力点,林希逸当然也要在这一方面为《庄子》进行辩护。

林希逸在注解《人间世》时,指出:

此篇名以人间世者,正言处世之难也。看这一段曲尽世情,非庄子性地通融,何以尽此曲折!说者以庄老只见得"道心惟微"一截,无"人心惟危"一截,此等议论果为如何!但读其书未子细尔。⑤

林希逸认为他人批评庄子只见"道心"不见"人心"的原因是读《庄子》不仔细,因为从《人间世》这一篇文章中就可以看出庄子"性地通融"。

在对《秋水》篇的注解中,林希逸又着重对《庄子》中所包含的"道心"与"人心"进行了说明:

察安危,定祸福,谨去就,便是道心中有人心,何尝皆说听之自然!

---

① (宋)林希逸著,周启成校注:《庄子鬳斋口义校注》,第442—443页。

② (宋)程颢、程颐著,王孝鱼点校:《二程集》第1册,第126页。

③ (宋)朱熹:《朱子全书》第16册,第2664页。

④ (宋)朱熹:《朱子全书》第16册,第2665页。

⑤ (宋)林希逸著,周启成校注:《庄子鬳斋口义校注》,第71页。

> 庄子到此处，何尝鹘突……而必曰知天人之行，这个知字，便从人心上起来。本乎自然而安于其所得，故曰本乎天，位乎得，此句又属道心位居之安也。蹢躅，进退也，屈伸，进退各循其理，此句又属人心。发明至此，道之至要也，理之至极也，故曰反要而语极，犹孟子曰“将以反说约”也。①

在阐释接下来的“何谓天？何谓人？”一段时，林希逸又进一步解释道：

> 这数句发得人心道心愈分晓。牛马四足，得于天，自然者；不络不穿，将无所用，此便是人心一段事。以人灭天，以故灭命，贪得而殉名，则人心到此流于危矣。三言无以，乃禁止之辞，犹四勿也。既知天，又知人，于此谨守而勿失，则天理全矣，故曰是谓反其真。命，天理也；故，人事也。得，得失之得也。②

从林希逸的论述中，可以发现，“道心”“人心”的关系，其实就是“精粗”的关系，“道心”为“精”，“人心”为“粗”，因而林希逸才会如上一节中所说，从“道心”“人心”的角度分析庄子所谓“莫足为”与“不可以不为”的关系，并由此论证“庄子岂不知精粗为一之理”。而林希逸所谓庄子“性地通融”，其实也就是“道心中有人心”，精粗不分为两截。只是宋儒理学中除了有其理本论，还有以此为基础的心性论，《庄子》的批评者从这两方面进行诘难，因而，林希逸便从这两方面进行辩驳。

4. 庄子正心修身

关于“正心修身”，《孟子》谓“寿夭不贰，修身以俟之”；《大学》谓：“古之欲明明德于天下者，先治其国。欲治其国者，先齐其家。欲齐其家者，先修其身。欲修其身者，先正其心。欲正其心者，先诚其意。欲诚其意者，先致其知。致知在格物。物格而后知至，知至而后意诚，意诚而后心正，心正而后身修，身修而后家齐，家齐而后国治，国治而后天下平。”《大学》提出“格物、致知、诚意、正心、修身、齐家、治国、平天下”八个条目。理学家们重视《大学》，将其提升到与《论语》《孟子》同等地位，并将其中的八条目作为建立理学修养功夫的主要思想基础。“八条目”中“修身”最为根本，《大学》言“自天子以至于庶人，一是皆以修身为本”，又“欲修其身者，先正其心”，“正心修身”突出代表了儒家心性修养之关键。

林希逸为什么强调“庄子正心修身”，大抵是因朱熹在《养生主说》中就《庄子》“为善无近名，为恶无近刑，缘督以为经”进行的一通批判，其谓：

---

① （宋）林希逸著，周启成校注：《庄子鬳斋口义校注》，第269页。

② （宋）林希逸著，周启成校注：《庄子鬳斋口义校注》，第270页。

老庄之学，不论义理之当否，而但欲依阿于其间，以为全身避患之计，正程子所谓闪奸打讹者，故其意以为为善而近名者为善之过也，为恶而近刑者亦为恶之过也，唯能不大为善，不大为恶，而但循中以为常，则可以全身而尽年矣。然其"为善无近名"者，语或似是而实不然。盖圣贤之道，但教人以力于为善之实，初不教人以求名，亦不教人以逃名也。盖为学而求名者，自非为己之学，盖不足道，若畏名之累己而不敢尽其为学之力，则其为心亦已不公而稍入于恶矣。至谓"为恶无近刑"，则尤悖理。夫君子之恶恶，如恶恶臭，非有所畏而不为也。今乃择其不至于犯刑者而窃为之，至于刑祸之所在，巧其途以避之而不敢犯，此其计私而害理，又有甚焉。乃欲以其依违苟且之两间为中之所在而循之，其无忌惮亦益甚矣！①

对于《养生主》中"为善无近名"一段，林希逸的解释是：

此数句正是其养生之学，庄子所以自受用者。为善无近名者，谓若以为善，又无近名之事可称；为恶无近刑者，谓若以为恶，又无近刑之事可指。此即《骈拇》篇所谓上不敢为仁义之操，下不敢为淫僻之行也。督者，迫也，即所谓迫而后应，不得已而后起也。游心斯世，无善恶可名之迹，但顺天理自然，迫而后应，应以无心，以此为常而已。缘，顺也；经，常也。顺迫而后起之意，以为常也。如此，则可以保身，可以全其生生之理，可以孝养其父母，可以尽其天年。即孟子所谓"寿夭不贰，修身以俟之"也。孟子自心性上说来，便如此端庄，此书却就自然上说，便如此快活，其言虽异，其所以教人之意则同也。晦庵以督训中，又看近名近刑两句语脉未尽，乃曰：若畏名之累已而不敢尽其为学之力，则稍入于恶矣。为恶无近刑，是欲择其不至于犯刑者而窃为之，至于刑祸之所在，巧其途以避之。遂以为庄子乃无忌惮之中。若以庄子语脉及《骈拇》篇参考之，意实不然。督虽可训中，然不若训迫，乃就其本书证之，尤为的当也。②

林希逸援引《孟子》的观点为《庄子》作注释，又明确对朱熹的观点进行了反驳，指出《孟子》是"心性上说来"，《庄子》是"就自然上说"，《庄》《孟》之间的语言表达虽不一样，但"其所以教人之意则同也"，其所教人者用《孟子》的话来说就是"修身"。

在注解《骈拇》篇载"余愧乎道德，是以上不敢为仁义之操，而下不敢为淫

---

① （宋）朱熹：《朱子全书》第23册，第3284页。

② （宋）林希逸著，周启成校注：《庄子鬳斋口义校注》，第48—49页。

僻之行也”一句时，林希逸又贯通前后地说道：

> 上不敢为仁义之操，是为善无近名也；下不敢为淫僻之行，是为恶无近刑也。道德，自然也，余恐有愧于道德，虽不为近刑之事，亦不为近名之事，近名则非自然矣，故曰余愧乎道德，是以上不敢为仁义之操，而下不敢为淫僻之行也。观庄子此语，何尝不正心修身！①

林希逸在这里先用前后互解方式，引《养生主》中“为善无近名，为恶无近刑”来作注解。又以“自然”解释“道德”，认为“近名”非“自然”，因而有悖于“道德”。“不敢为仁义之操”与“不敢为淫僻之行”都是为了不愧于“道德”，林希逸认为这就是庄子的正心修身。

综上所述，林希逸在《庄子鬳斋口义》中，从情理与义理两方面对庄儒关系进行调节。在情理上，林希逸从《庄》文言语、庄子处世态度等角度出发为《庄子》文中讥讽儒家的言论作了具体的解释说明，分析了《庄子》被抨击为“异端”的原因，并为之辩解。又以《庄子》文本中与儒家思想的言论一致处为切入点，为庄子树立了一个尊敬孔子的形象。在义理上，林希逸从庄子的处世态度、理论高度以及修养方法等方面论证《庄子》的“大纲领、大宗旨未尝于圣人异”。

三、《列子鬳斋口义》中的儒道融合论

《列子》作为道家的核心经典，也避免不了被儒家所批判。林希逸除了调解《老子》《庄子》与儒家的关系，对《列子》与儒家的调解同样是他注解《列子》时的重要工作。与为《庄子》所作的辩护一样，林希逸承认《列子》书中有讥讽儒家的言语，同时指出其中有端正之论，并为《列子》“异端”的名号作了辩解。以下作具体分析。

（一）解读列子尊孔讥儒

林希逸在《列子鬳斋口义》中指出，“《列子》之书，皆尊敬孔子，故其寓言之中多借孔子以为说”②。这段话出自林希逸对《天瑞》篇中林类与孔子、子贡三人对话的解读。紧接其后，《天瑞》篇载“子贡倦于学”一段，林希逸就点明此处即是“借孔子以为说”，曰：“此列子借圣贤之名，因‘进止’之说，而明死生之理也。”③除了《天瑞》篇，《列子》书中还有以孔子名字命名的《仲尼》篇，篇中有意借用孔子的形象和言论阐述“有易于内者无难于外”的修身理论。林

---

① （宋）林希逸著，周启成校注：《庄子鬳斋口义校注》，第144—145页。

②③ （宋）林希逸著，张京华点校：《列子鬳斋口义》，第27页。

希逸可谓眼光独到，看到《列子》一书对孔子形象的用意，提出“《列子》之书，皆尊敬孔子”，首先就从情感上将儒道二家调和起来，一反北宋理学家批判道学为异端的态度。

对于《列子》书中讥讽儒士的地方，林希逸也有意识地予以指出。如《杨朱》篇评价卫国端木叔曰：“其所行也，其所为也，众意所惊，而诚理所取。卫之君子多以礼教自持，固未足以得此人之心也。”林希逸曰：

> “众意所惊”者，言众人则以为惊怪也。“诚理所取”者，谓以自然之理观之，则其所行可取法也。此岂拘拘然以礼教自持者之所知？其意盖借此以非笑吾儒者也。①

《杨朱》篇的意思是：大家都为端木叔的所作所为感到惊讶，但却实在是合乎情理的，卫国的君子大多以礼教来约束自己，因而不能够理解端木叔的内心。林希逸认为《杨朱》篇说以礼教自持的君子不能理解端木叔对自然之理的领悟，这是对儒士的非语和讥讽。

又，《杨朱》篇载：“人肖天地之类，怀五常之性，有生之最灵者人也……身固生之主，物亦养之主。虽全生，身不可有其身；虽不去物，不可有其物。有其物，有其身，是横私天下之身，横私天下之物。其惟圣人乎！公天下之身，公天下之物，其惟至人矣！此之谓至至者也。”林希逸注解曰：

> ……我身我生，不得不全其生。身外之物非我所有，非我所有则为我之累也，不容不离去之。然身固我之所以生者，物亦资以养生者，身虽可爱，亦有时而不自由，我岂得而有之？物虽可去，而有不容去者，我亦不得而有去物之心也。《庄子》所谓“物莫足为而不可不为”者是也。若以物为有，以身为有，皆逆天理而自私者，故曰“横私”。世之圣人则如此。此语自尧、舜以下皆有讥侮之意。惟付吾身于无身，付外物于无物，无自私之心，此则至人也。“至至”者，言至此至矣，极矣，不可加也。②

在这段注解中，林希逸领悟到《列子》所说的道理：虽有物有身，不可有有身有物之心。如果以物为有，以身为有，则是与天理相背。林希逸认为《列子》此段讲世上的“圣人”即是以物为有、以身为有，皆有有身有物之心。只有“至人”才能做到“付吾身于无身，付外物于无物，无自私之心”。这里说的“圣人”，指的是儒家所尊崇的圣人。因此，林希逸认为这一段话“自尧、舜以下皆有讥侮之意”。

---

① (宋)林希逸著，张京华点校：《列子鬳斋口义》，第168页。

② (宋)林希逸著，张京华点校：《列子鬳斋口义》，第174页。

(二)辨解《列子》“异端”名号

值得注意的是,林希逸对于《列子》书中讥讽儒家的话只是用寥寥几语点出而已,并没有马上进行解释,也没有反驳与批判。相反,对于其他理学家为《列子》所扣的“异端”这一顶帽子则多有解释。

《天瑞》篇载齐之国氏告宋之向氏“吾善为盗”一段,林希逸指出:

> 此章之意,盖言人在天地之间,皆盗窃天地之所有以为其生,故如此形容,所以为异端之学。天时、地利,以至禽兽、鱼鳖,皆天地之所有,人盗而用之。圣人则曰“用天之道,分地之利”。《列子》却如此鼓舞其言。①

林希逸认为,“吾善为盗”这一段所表达的意思无非就是人因天时地利而为己所用,但《列子》则用“盗窃”这般带有与儒家所宣扬的仁义之说相违背的字眼,另外,其论说方式亦是夸张曲折。林希逸引用《孝经》中“用天之道,分地之利”一句做比较,指出《列子》之所以被认为是异端之学,乃是因为其形容与说理的方式不同于儒家所谓的端正言论,而是“鼓舞其言”,但二者所阐述的道理其实是一样的。

“鼓舞”有鼓动、夸诞的意涵,对于《列子》文中有看似夸诞且招致“异端”之名的说理手法,林希逸认为自有道理。如《汤问》篇载魏黑卵以昵嫌杀丘邴章,丘邴章之子来丹向孔周借宝剑替父报仇。章末,黑卵之子曰:“畴昔来丹之来,遇我于门,三招我,亦使我体疾而支强。彼其厌我哉?”林希逸指出该篇“盖言厌胜之术自有神异,而况学道乎!以此说而入其书,皆有意存焉,非徒夸诞大言也”②。

又,《杨朱》篇载:“实无名,名无实。名者,伪而已矣。昔者尧、舜伪以天下让许由、善卷,而不失天下,享祚百年。伯夷、叔齐实以孤竹君让,而终亡其国,饿死于首阳之山。实伪之辩,如此其省也。”这一段讲述名与实的关系,指出务实的人没有名声,追求名声的人不务实。所谓的名声不过是虚假伪作而已。林希逸明白《杨朱》此段的意思,他说:“此又一转,谓名皆伪也。有实德者则不近名,好名者则无实行,凡为名者皆伪也。”③至于《列子》为何被说为“异端”,林希逸紧接着解释道:“既以名为伪,乃借尧、舜、夷、齐以立说,此所

---

① (宋)林希逸著,张京华点校:《列子鬳斋口义》,第34页。

② (宋)林希逸著,张京华点校:《列子鬳斋口义》,第136页。

③④ (宋)林希逸著,张京华点校:《列子鬳斋口义》,第159页。

以为异端之书。”[4]林希逸认为,《列子》为了论证自己“名者,伪而已”的观点利用儒家所尊崇的尧舜、伯夷、叔齐来做反面论证,因而会被儒家人士称之为“异端”之书。

在《列子鬳斋口义》中,林希逸还列举了儒家圣贤的言论与《列子》这一“异端”的区别。《力命》篇载:“于俏而不昧然,则不骇外祸,不喜内福。随时动,随时止,智不能知也。信命者,于彼我无二心。于彼我而有二心者,不若掩目塞耳,背坂面隍,亦不坠仆也。”林希逸注解曰:

> “时动”“时止”,“偕行”“偕极”之意。而“智不能知”,无容心也。背峻坂而立,面深隍而行,至危者也。又掩其耳,塞其目,危之甚也。然知其命之在天而无所容心,则亦不危。此等言句,便与孟子“知命者不立岩墙之下”者不同,圣贤之言所以异于异端也。[1]

林希逸解释说,背对峻峭的城墙站着,面朝深沟行走,这是非常危险的,加之遮掩住耳朵,闭塞住眼睛,这样就更加危险了。但是在这种情况下,若能知道命在天而不容心于安危,则不会有危险。儒家也有涉及“命”与“墙”的论说,林希逸举出孟子所说“知命者不立岩墙之下”(《孟子·尽心》),意为知道正命的人,是不会站在危险的岩墙之下来自取覆压的灾祸。比较《列》《孟》二说,一则是知命者无容心于危险之境,另一则是知命者不会让自己处于危险之境,林希逸认为《列子》这样的说辞与孟子的不同,这即是圣贤之言与异端说法的区别。

虽然《列子》中的一些言论有“异端”之嫌,但其中也不乏端正之语。这些端正之语,体现了儒家学说与《列子》思想的一致之处,也代表着儒道二家并不是截然的对立。林希逸对此颇为重视,每每见之,必专门点出。如《汤问》篇载:“吴、楚之国有大木焉,其名为櫾,碧树而冬生,实丹而味酸,食其皮汁,已愤厥之疾,齐州珍之。渡淮而北,而化为枳焉。鸜鹆不逾济,貉逾汶则死矣,地气然也。虽然,形气异也,性钧已,无相易已,生皆全已,分皆足已。吾何以识其巨细?何以识其修短?何以识其同异哉?”林希逸认为:

> 此数语《考工记》之说,盖言形气之不定,所以见造化也。随物而观,则其性皆均,物各一性,不得而相易。物物各全其生,物物各足其分。巨者,细者,修者,短者,皆造物之理,孰为异?孰为同?此数语却自端正。[2]

《汤问》又载:“南国之人祝发而裸,北国之人鞨巾而裘,中国之人冠冕而裳。

---

① (宋)林希逸著,张京华点校:《列子鬳斋口义》,第154页。

② (宋)林希逸著,张京华点校:《列子鬳斋口义》,第116页。

九土所资，或农或商，或田或渔，如冬裘夏葛，水舟陆车，默而得之，性而成之。”林希逸指出“此语吾书中亦有之”①。

《说符》一篇，林希逸认为“此篇议论皆正，皆与儒书合”②。虽然林希逸随后指出“若此篇议论虽正，实非列子家数”③，即林氏主张《说符》一篇为《列子》中后人伪作的部分。但即便如此，自《列子》文本流传开始，《说符》篇就是《列子》中的一个部分，构成了客观存在的完整的《列子》思想体系。另外，《列子》八篇已经成为道家的核心经典，《说符》篇在道家内部具有高度的认同。因而，且不论林希逸对《列子》所作的真伪考辨，他对《说符》篇与儒家学说相合这一观点的提出，无疑使得道家与儒家在理论上的调和更进一步。

（三）论证列子“不以槁木、死灰为主”

“槁木”“死灰”出于《庄子·齐物论》，其曰：“南郭子綦隐几而坐，仰天而嘘，嗒焉似丧其耦。颜成子游立侍乎前，曰：‘何居乎？形固可使如槁木，而心固可使如死灰乎？今之隐几者，非昔之隐几者也。’子綦曰：‘偃，不亦善乎，而问之也。今者吾丧我，汝知之乎？’”

郭象注曰：

> 死灰槁木，取其寂寞无情耳。夫任自然而忘是非者，其体中独任天真而已，又何所有哉！故止若立枯木，动若运槁枝，坐若死灰，行若游尘，动止之容吾所不能一也；其于无心而自得，吾所不能二也。④

成玄英疏曰：

> 如何安处？神识凝寂，顿异从来，遂使形将槁木而不殊，心与死灰而无别。⑤

可见，在《庄子》的这段话中，“槁木”“死灰”是用以形容南郭子綦“吾丧我”的境界。它所体现的是一种精神自由的人生追求，是超越世俗的境界。

然而，北宋理学盛兴后，理学家们大力批评老庄，“槁木”“死灰”之说，则成为他们攻击的一点。程子言：“盖人活物也，又安得为槁木死灰？既活，则须有动作，须有思虑。必欲为槁木死灰，除是死也。忠信所以进德者何也？闲邪则诚自存，诚存斯为忠信也。如何是闲邪？非礼而勿视听言动，邪斯闲

---

① （宋）林希逸著，张京华点校：《列子鬳斋口义》，第122页。

②③ （宋）林希逸著，张京华点校：《列子鬳斋口义》，第205页。

④ （晋）郭象注，（唐）成玄英疏，曹础基、黄兰发点校：《庄子注疏》，中华书局，2011年，第23页。

⑤ （晋）郭象注，（唐）成玄英疏，曹础基、黄兰发点校：《庄子注疏》，第23—24页。

矣。以此言之,又几时要身如枯木,心如死灰?”[1]朱熹也认为:“老庄之学,不论义理之当否,而但欲依阿于其间,以为全身避患之计。”[2]又说:“庄子之意,则不论义理,专计利害,又非子莫之比矣。盖迹其本心,实无以异乎世俗乡原之所见。”[3]认为老庄之学不问世事,否认和逃避君臣之义,是无益于修身治国平天下的“为我无君,禽兽食人之邪说”[4]。

面对二程、朱熹等理学家们对道家思想的攻击,林希逸在注解《列子》时,基于其“庄列同源”的观点而感慨道:“以是观之,则庄、列之学何尝以槁木、死灰为主?”[5]另外,林希逸对“槁木”“死灰”所体现的“吾丧我”境界尤为赞赏,他在注解“南郭子綦隐几而坐”一段时,谓:

> 隐几者,凭几也。嗒然者,无心之貌也。丧其耦者,人皆以物我对立,此忘之也。槁木者,无生意也;死灰,心不起也。今之隐几者,言今日先生之隐几非若前此见人之隐几也。有我则有物,丧我,无我也,无我则无物矣。汝知之乎者,言汝知此理乎?吾即我也,不曰我丧我,而曰吾丧我,言人身中才有一毫私心未化,则吾我之间亦有分别矣。吾丧我三字下得极好![6]

林希逸从物、我之间没有私心之分别的角度解读“吾丧我”,“槁木”“死灰”即表示人身之中没有物我对立,没有一毫私心。

至于林希逸为何说庄、列子之学“不以槁木、死灰为主”,他在对《仲尼》篇的注解中阐释了理由。《仲尼》篇载“知而忘情,能而不为,真知真能也。发无知,何能情?发不能,何能为?聚块也,积尘也,虽无为而非理也”。林希逸注解曰:

> ……知以不知,故曰“知而忘情”。能以不能,故曰“能而不为”。不知乃真知也,不能乃真能也……若如积尘然,若如聚块然,则虽无为,而非理矣,谓无为之理不如此也。以是观之,则庄、列之学何尝以槁木、死灰为主?[7]

《仲尼》篇这一段论述“道”与外物的关系,并对如何“体道”做了一番说明,讲

---

① (宋)程颢、程颐著,王孝鱼点校:《二程集》第1册,第26页。

② (宋)朱熹:《朱子全书》第23册,第3284页。

③ (宋)朱熹:《朱子全书》第23册,第3285页。

④ (宋)朱熹:《朱子全书》第24册,第3873页。

⑤⑦ (宋)林希逸著,张京华点校:《列子鬳斋口义》,第108页。

⑥ (宋)林希逸著,周启成校注:《庄子鬳斋口义校注》,第13页。

述个体由对“道”的体悟进而落实到社会人事。《列子》认为，人在社会之中并不是要无所作为，而是要达到真知、真能。真知、真能即林希逸所谓“知以不知”，“能以不能”。“知以不知”，不是什么都不知道，而是由无知达到无所不知。“能以不能”亦复如是。其最后是要达到无为而无所不为的境地。《列子》举“聚块”“积尘”为例，认为像聚集的土块和堆积的灰尘这般无所作为，并不是至道的体现。林希逸正是领悟到了这一点，所以对于二程、朱熹对老庄列学遗落世务的批判，其大呼“庄、列之学何尝以槁木、死灰为主?”

在林希逸看来，列子不是不理会世务，而是对世事有自己的看法。他在注解《列子》之时，认为列子愤慨于世事现状，指出《列子》有“愤世”之言，亦有“矫世”之论，而此言此论就是《列子》一书“不以槁木、死灰为主”的最好例证。

《黄帝》篇载：“状不必童而智童，智不必童而状童。圣人取童智而遗童状，众人近童状而疏童智。状与我童者，近而爱之；状与我异者，疏而畏之。有七尺之骸，手足之异，戴发含齿，倚而趣者，谓之人，而未必无兽心。虽有兽心，以状而见亲矣。傅翼戴角，分牙布爪，仰飞伏走，谓之禽兽，而禽兽未必无人心。虽有人心，以状而见疏矣。”该篇指出相貌与心智两者间没有必然联系。相貌可以不同，而心智相同；相貌相同，心智也可能不同。圣人选取心智相同，世人则选取相貌相同。由此，人未必没有兽心，而禽兽也未必无人心。因为世人之浅见，虽有人心，但因相貌不同而被疏远。林希逸指出：“此意盖谓人之状貌虽异于禽兽，而其心与禽兽同者。圣人之同，不取其貌而取其心。此愤世之论。”①林氏认为，《列子》乃因对世俗现状感到愤慨而有如此之言论。

《黄帝》篇继续讲到：“庖羲氏、女娲氏、神农氏、夏后氏，蛇身人面，牛首虎鼻，此有非人之状，而有大圣之德。夏桀、殷纣、鲁桓、楚穆，状貌七窍皆同于人，而有禽兽之心。而众人守一状以求至智，未可几也……太古之时，则与人同处，与人并行。帝王之时，始惊骇散乱矣。逮于末世，隐伏逃窜以避患害……太古神圣之人，备知万物情态，悉解异类音声。会而聚之，训而受之，同于人民。故先会鬼神魑魅，次达八方人民，末聚禽兽虫蛾。血气之类，心智不殊远也。神圣知其如此，故其所教训者无所遗逸焉。”列子此处先以太古之圣人与桀、纣等暴君来论证人面与兽心的不对等关系，指出世人固守同一相貌的标准去寻求智者是行不通的，并认为太古的圣人“备知万物情态”，能把万物汇聚起来，训练它们接受调教，万物没有异类，看待它们就像看待人民一样。而列子所处的时代到了“末世”，禽兽见到人就惊恐逃窜，圣人也没有作

① (宋)林希逸著，张京华点校：《列子鬳斋口义》，第65页。

为,天下一片混乱。林希逸领会到了列子的这一层意思,因而他说:"此意盖谓上古之世,虽异类,可教与人同。而末世之人皆如异类,而圣人不作,又无以化导之。此亦愤激之言也。"①

列子不是一味地追求脱离世俗,而是通晓世人的苦难。因为他有对现世的激愤与不满,进而有矫正世风的言论。林希逸留意到《列子》书中所表达的改变世俗的观点,指出此乃"矫世之论"。《杨朱》篇载"实无名,名无实。名者,伪而已矣",林希逸很赞赏这个观点,他指出"有实德者则不近名,好名者则无实行,凡为名者皆伪也"②,并认为"'实无名,名无实',六字亦佳"③。对于"名者,伪而已矣"一句,林希逸指出:"但曰'名者,伪而已',此则矫世之论也。"④同样在《杨朱》篇中,管夷吾问晏平仲送死之事,平仲曰:"既死岂在我哉?焚之亦可,沈之亦可,瘗之亦可,露之亦可,衣薪而弃诸沟壑亦可,衮衣绣裳而纳诸石椁亦可,唯所遇焉。"林希逸注曰:"'死欲速朽',为石椁者而言,此亦矫世之论。"⑤

"死欲速朽"出自《礼记·檀弓上》:"有子问于曾子曰:'问丧于夫子乎?'曰:'闻之矣:丧欲速贫,死欲速朽。'"⑥有子认为这不是孔夫子的言论,其后子游解释说:"昔者夫子居于宋,见桓司马自高石椁,三年而不成。夫子曰:'若是其靡也,死不如速朽之愈也。'"⑦至于有子为何认为曾子之回答不是夫子的言论,有子曰:"夫子制于中都,四寸之棺,五寸之椁,以斯知不欲速朽也。"⑧从《礼记·檀弓》的这段对话可知,"死欲速朽"乃孔子针对具体过于奢靡的现象提出,含有矫正桓司马过奢的意图。林希逸即引用儒家经典中对孔子的描述来类比晏平仲所言送死之事,指出《列子》中亦有与儒家相同的矫世之论。可见,林希逸在理论上辨析了"庄、列之学何尝以槁木、死灰为主"的观点之后,又从《列子》中的"愤世"之言与"矫世"之论出发,并借用儒家的相同论述,再次申明了自己的这一观点。

综上所述,林希逸主张列子尊敬孔子,《列子》一书中多有借孔子的形象阐述其思想。尽管《列子》因论说方式夸诞,不同于儒家所谓的"正统",而被部分理学家攻击为异端。林希逸指出《列子》书中也有不少端正之语

---

① (宋)林希逸著,张京华点校:《列子鬳斋口义》,第66页。

②③④ (宋)林希逸著,张京华点校:《列子鬳斋口义》,第159页。

⑤ (宋)林希逸著,张京华点校:《列子鬳斋口义》,第165页。

⑥⑦ (汉)郑玄注,(唐)孔颖达正义,吕友仁整理:《礼记正义》上册,上海古籍出版社,2008年,第311页。

⑧ (汉)郑玄注,(唐)孔颖达正义,吕友仁整理:《礼记正义》上册,第312页。

与合乎儒家规矩的论述。同时,对于理学家强力抨击的“槁木”“死灰”一说,林希逸能切入《列子》思想的核心精神,指出庄、列之学“不以槁木、死灰为主”,认为列子不是完全不理会世事,而是愤慨于世事现状,并曾发表“愤世”之言与“矫世”之论。林希逸主张《庄》《列》同源同宗,而《庄子》之“大纲领、大宗旨未尝与圣人异”①。通过这一理路,《列子》也就自然地纳入了儒家大纲领、大宗旨的范畴之内,进一步调解了儒道间的矛盾,促进了儒道间的交流。

第二节 儒释关系论

有宋一代理学盛行,理学家们除了批判道家为异端之学,佛教同样也在被批判之列。林希逸在《庄子鬳斋口义》中较多地发表了关于儒释关系的观点,与力图为《老》《庄》所谓“异端”名号做辩解不同,对于佛教,林希逸则是支持“辟佛”。

林希逸在注解《德充符》“仲尼曰:‘死生亦大矣’”一段时表达了其关于“辟佛”的观点:

> 死生亦大矣,此五字,乃《庄子》中一大条贯。释氏一大藏经,只从此五字中出,所谓“死生事大,如救头然”是也……儒家辟以为异端者,谓其于他事皆不讲明,而终身只学此一件,其说甚正。然释氏之学,正以下愚之人贪着昏沉而不可化,故以此恐惧之,而使之为善耳。其教虽非,其救世之心亦切,为吾儒者,不容不辟其说,而亦不可不知其心也。彼以人无贵贱,所畏者死耳,故欲以此胁持之,使入于道。或谓释氏畏死而为此学,失其心矣。②

在这段话中,林希逸提出了其关于释儒关系的总论调——“为吾儒者,不容不辟其说,而亦不可不知其心也”。他认为,儒者必须“辟佛”,但是不能盲目“辟佛”,在辟佛的同时也必须明白佛教所说的中心思想。林希逸对“辟佛”的原因做了解释,认为儒家之所以辟佛教为“异端”,乃是因为佛教只讲“生死”一件事,社会责任与人伦道德则一概不谈。关于这一点,林希逸在注解《在宥》篇“贱而不可不任者,物也”一段时指出:

---

① (宋)林希逸著,周启成校注:《庄子鬳斋口义校注》,发题第2页。

② (宋)林希逸著,周启成校注:《庄子鬳斋口义校注》,第82页。

观此一段，庄子依旧是理会事底人，非止谈说虚无而已。伊川言释氏“有上达而无下学”，此语极好。①

《二程粹言·论道篇》载伊川曰：“佛氏之道，一务上达而无下学，本末闲断，非道也。”②从林希逸的注解中可知，他所理解的“上达”即是指形而上的言论，说多了就落于“谈说虚无”，而“下学”则是针对世事人伦，“上达”与“下学”是本末、体用的关系。林希逸赞成伊川关于佛学的观点，认为“有上达而无下学”说得极好，因而要“辟佛”。

对于如何“辟佛”，林希逸也有自己的主张。上处引文中林氏指出，一般的学人以为佛教徒因怕死而学佛的观点，是没有明白佛教的本心。依据这一逻辑，要“辟佛”得当，还得首先对佛学有深入了解，能明了其本心。作为儒者“辟佛”，首先得自己悟道，具“大眼目”。林希逸在注解《庄子·在宥》篇“何谓道？有天道，有人道”一段时，说道：

乐轩云：“儒者悟道，则其心愈细；禅家悟道，则其心愈粗。”此看得儒释骨髓出，前此所未有也。如《庄子》此段，把许多世间事，唤做卑，唤做粗，中间又着个不可不三字，似此手脚更粗了，便无“惟精惟一，允执厥中”气象。若分别得这粗细气象出，方知乐轩是悟道来，是具大眼目者。他人辟佛，只说得皮毛，他既名作出世法，又以绝人类，去伦纪之说辟之，何由得他服！③

林希逸引其先师陈藻的言论来表达自己的观点，他认为真正的“辟佛”得像乐轩一样“看得儒释骨髓出”，能“分别得这粗细气象出”，在这一层境界中“辟佛”才能使人信服。林希逸对乐轩给予很高的赞赏，认为乐轩的见地是“前此所未有”。接下去，林希逸批判了其他儒者的辟佛言论，认为仅仅在“绝人类，去伦纪”这个层次上辟佛，只是“说得皮毛”而已。关于其他儒者的辟佛言论，如二程曾言：

其术，大概且是绝伦类，世上不容有此理。又其言待要出世，出那里去？又其迹须要出家，然则家者，不过君臣、父子、夫妇、兄弟……若尽为佛，则是无伦类。④

朱熹亦曰：

---

① （宋）林希逸著，周启成校注：《庄子鬳斋口义校注》，第179页。

② （宋）程颢、程颐著，王孝鱼点校：《二程集》第4册，第1179页。

③ （宋）林希逸著，周启成校注：《庄子鬳斋口义校注》，第182页。

④ （宋）程颢、程颐著，王孝鱼点校：《二程集》第1册，第24—25页。

庄老绝灭义理未尽至,佛则人伦灭尽,至禅则义理灭尽……佛老之学不待深辨而明,只是废三纲五常,这一事已是极大罪名,其他更不消说。①

可见,林希逸在谈论“辟佛”的同时,把二程、朱熹也批判了。

虽然林希逸主张“辟佛”,但他又委婉地为佛教开脱,指出佛教是以“生死”之事来“恐惧”“胁持”世人,使之行善,其目的还是要“救世”。对于佛教中的言辞,林希逸认为虽出“异端”,但也有值得深入体会的部分。他在注解《德充符》篇“夫若然者,且不知耳目之所宜,而游心乎德之和”一句时,指出:

耳于听,宜也;目于视,宜也。彼能如此,则不独以耳听,不独以目视,此禅家所谓六用一原也。音岂可观,而曰观世音,此虽异端之言,而皆有深意。②

除此之外,林希逸继承了陈藻的观点,在《庄子鬳斋口义》中提到:“先师尝曰:‘佛书最好证吾书。’证则易晓也。”③林希逸将儒家经典与佛教经典拉拢起来,认为可以从佛书中领悟儒书的道理。

第三节 释道关系论

前文已探寻了林希逸与佛道的因缘,分析了其融合儒释思想来注解道家经典的来龙去脉。在“三子口义”中可以看到林希逸关于佛教与道家思想的观点,及其基于此种观点来融合佛道、调和三教的方式与手法。

本书第四章第一节指出林希逸主张庄子虽宗老子,但其言论异于老子,而多与佛书合;列子则与庄子为一宗。因此,林希逸在《老子鬳斋口义》中很少提及其关于释道关系的观点,但在注解《庄》《列》时则多有阐述,接下来的论述即主要以《庄子鬳斋口义》与《列子鬳斋口义》为文本依据,探究林希逸关于释道关系的思想观点。

一、类比佛书与《庄》《列》

前文已细述了林希逸注重从文章学的角度对“三子”进行解读,有趣的

① (宋)朱熹:《朱子全书》第18册,第3932页。

② (宋)林希逸著,周启成校注:《庄子鬳斋口义校注》,第84页。

③ (宋)林希逸著,周启成校注:《庄子鬳斋口义校注》,第144页。

是，由于林希逸主张“《庄子》多与佛书合”“庄列一宗”，因而，他在阐释《庄子》《列子》文辞时，也从文章学的角度表达了关于佛书的观点。

《庄子·大宗师》篇载“古之真人，其状义而不朋，若不足而不承”一段，林希逸说道：

> 此一段形容之语，尽有温粹处，但说得太澒洞，佛书中多有此类状容也。①

又，《天运》篇载：“夫白鶂之相视，眸子不运而风化……孔子不出三月，复见曰：‘丘得之矣。乌鹊孺，鱼传沫，细要者化，有弟而兄啼。’”林希逸注解曰：

> 此一段，文之极奇者！……有弟而兄啼，兄弟同母，必乳绝而后生，兄不得乳而后有弟，故曰兄啼，此句下得尤奇绝！佛经中多有此类，要尽文章之妙，此类皆不可不知。②

以上两段引文中，林希逸先从文章语脉的角度对《庄子》文本进行解读，进而以此类比佛教经典，由此体现出两者的相似之处。第一处引文中，林希逸指出《庄子》语言有“温粹处”，但又有“澒洞”的缺点，随即指出佛书中也有类似毛病。第二处引文中，林希逸称赞《庄子》文章之“奇绝”，又提示佛书中也有文章绝妙之处，要想领会《庄子》与佛经文章之精妙，就必须对其语句“奇绝”的特点有所把握。

不仅是文辞语句相类似，在林希逸看来，佛经中的说理方法也与《庄》《列》相同。《列子·仲尼》篇载：“子列子曰：‘得意者无言，进知者亦无言。用无言为言亦言，无知为知亦知。无言与不言，无知与不知，亦言亦知，亦无所不言，亦无所不知，亦无所言，亦无所知。’”林希逸注解曰：

> “得意”者，造道而有得也。“进知”者，造道而有知见也。此下却分三转……以无言为言，以无知为知……此是一节。“无言与不言，无知与不知”……此是一节。及至于无所不言，无所不知，而亦无所言，无所知，方为造道之妙。又是一节。此即“从心不逾矩”之说，但说得鼓舞尔。今禅家正用此机关，兼此段文字亦与《传灯录》辩义处语句同。③

林希逸在这一处注解中提到作文“机关”这一概念，认为禅家多采用类似的说话方式来表达禅意。

---

① (宋)林希逸著，周启成校注：《庄子鬳斋口义校注》，第104页。

② (宋)林希逸著，周启成校注：《庄子鬳斋口义校注》，第244页。

③ (宋)林希逸著，张京华点校：《列子鬳斋口义》，第94页。

林希逸在阐释《庄》《列》的过程中除了将佛书的文章语句、说法机关与之作类比，他还就《庄子》一书的写作宗旨进行了阐发，同样以此类比佛书的写作宗旨。在总结《庄子·天道》篇时，林希逸说道：

> 大凡著书所载所言，必非一事，此书翻来覆去，只说一个自然之理，而撰出许多说话，愈出愈奇，别无第二题目。若如此看，愈见庄子不可及处，读佛书者亦然。①

林希逸指出《庄子》一书翻来覆去只说一个理，但其中撰出各种话语来阐明这个道理，而且越撰越奇特。他认为这是《庄子》所不可企及的地方，也正是因此，林希逸多次赞《庄子》“度越诸子”②。林希逸说完《庄子》的写作特点，转而提出“读佛书者亦然”。他认为，佛书与《庄子》一样，纵其说法千万，但其所要阐明的道理就一个，而且佛书中的语言也是越撰越奇特。

二、辨析佛理源流

林希逸在对《庄》《列》的注释中，除了对《庄》《列》与佛书的文辞语句与说理方式进行类比，林氏更感兴趣的似乎是对佛理源流的辨析，相较于前一点，这部分内容所花笔墨最多。

首先，就佛教学说理论而言，林希逸确认其早有渊源。《庄子·天下》篇是对彼时各家学问的综述，其中，庄子对自己的思想主张进行了界定，庄子说：“寂漠无形，变化无常，死与生与，天地并与，神明往与！芒乎何之，忽乎何适，万物毕罗，莫足以归，古之道术有在于是者。庄周闻其风而悦之。”林希逸由此引发出庄子与佛学的关系，他认为：

> 死与生与，不知死生也。据此一句，即知释氏之学，其来久矣。③

林希逸在《庄子鬳斋口义·发题》中指出《庄子》多合于佛书，乃是因为《庄子》“自序以生与死与为主”④。在林希逸看来“释氏之学”所谈论的核心即是“生”与“死”，因而他看到庄子自序“死与生与”时则认为“释氏之学，其来久矣”。如何理解林希逸的这一论断呢？且看林希逸对《庄子·大宗师》篇“子

---

① （宋）林希逸著，周启成校注：《庄子鬳斋口义校注》，第225页。

② 林希逸在注解《德充符》篇“常季曰：‘何谓也。’仲尼曰：‘自其异者视之，肝胆楚越也；自其同者视之，万物皆一也。’”一段时，曰：“盖庄子之书，非特言理微妙，而其文独精绝，所以度越诸子。”又，在注解《在宥》篇“尸居而龙见，渊默而雷声，神动而天随”一句时，曰：“理到而文又奇，所以度越诸子。”

③ （宋）林希逸著，周启成校注：《庄子鬳斋口义校注》，第505页。

④ （宋）林希逸著，黄曙辉点校：《老子鬳斋口义》，发题第2页。

桑户、孟子反、子琴张三人相与友”一段的解释：

> 《庄子》虽为寓言，而《礼记》所载原壤《狸首》之歌，则知天地之间，自古以来，有此一等离世绝俗之学。今人但云：佛至明帝时始入中国，不知此等人不待学佛而自有也。①

从林希逸的这一段言论中，不难看出，其认为“天地之间”早有“离世绝俗之学”，并不是佛教传入中国后才有的。因而，对于林希逸所谓“释氏之学其来久”的理解是：释氏所探讨的核心问题并不是其独特发明，在佛学传入汉地前，庄子早就论及了。

其次，林希逸认为佛理之源与《庄子》相通。《大宗师》篇载“其耆欲深者，其天机浅”一段，林希逸指出：

> 嗜欲者，人欲也；天机者，天理也。曰深浅者，即前辈所谓天理人欲随分数消长也。此一段，一句是一条贯。道书佛书皆原于此，足见此老自得处，不可草草读过。惜不见大慧、张平叔与之论此。②

林希逸指出“其耆欲深者，其天机浅”是“一条贯”，也就是儒家所谓天理人欲的对应关系，他认为“道书佛书”都是源自于这一条贯。

另外，林希逸在注解《庄》《列》时，常将佛学中某些思想观点的原出处附于《庄》《列》之中。如其在《庄子鬳斋口义 · 发题》中明言“《大藏经》五百四十函皆自此中细绎出”③，又如在注解《庄子 · 大宗师》篇“仲尼曰：‘死生亦大矣，而不得与之变。’”一段时指出：“死生亦大矣，此五字，乃《庄子》中一大条贯。释氏一大藏经，只从此五字中出。”④在注解《庄子 · 山木》篇“南越有邑焉”一段时指出：“看此一段，今人礼净土，其源流在此。”⑤在注解《庄子 · 知北游》篇“自本观之，生者，喑醷物也。虽有寿夭，相去几何？须臾之说也”一段时指出：“此意盖是贬剥人身，便是释氏所谓皮囊包血之论。子细看来，《大藏经》中许多说话，多出于此。”⑥又如，在注解《列子 · 天瑞》篇“故生不知死，死不知生，来不知去，去不知来。坏与不坏，吾何容心哉！”一段时，林希逸指出：“末后一转，却曰‘来不知去，去不知来’，盖以学道之人不当容心于有无去

---

① （宋）林希逸著，周启成校注：《庄子鬳斋口义校注》，第115—116页。

② （宋）林希逸著，周启成校注：《庄子鬳斋口义校注》，第99页。

③ （宋）林希逸著，周启成校注：《庄子鬳斋口义校注》，发题第1页。

④ （宋）林希逸著，周启成校注：《庄子鬳斋口义校注》，第82页。

⑤ （宋）林希逸著，周启成校注：《庄子鬳斋口义校注》，第302页。

⑥ （宋）林希逸著，周启成校注：《庄子鬳斋口义校注》，第337页。

来也。今之禅家却出于此后面一转。”[①]在注解《列子·仲尼》篇“无用而生谓之道,用道得终谓之常。有所用而死者亦谓之道,用道而得死者亦谓之常”一段时,林希逸又谓:“此意盖谓知道者乃是常人,未足为高,知以不知者乃谓之道也。庄、列之论,大抵皆如此翻腾其说。释氏‘断常’之论,亦必源流于此。”[②]

对于林希逸的上述言论,容易让读者理解为佛书乃至整部《大藏经》是从《庄》《列》中引发出来的,从而产生一种没有《庄》《列》就没有佛书的感觉。然而,笔者以为,林希逸的本意并非如此,林希逸所说的“原”指的应当是逻辑上的原点,他是试图从佛教所说理论的究竟处出发,在理论逻辑的原出处,将释道统一起来。且看林希逸在注解《庄子·骈拇》篇“吾所谓聪者,非谓其闻彼也,自闻而已矣;吾所谓明者,非谓其见彼也,自见而已矣”一段时,曰:

> 此数语之中,如所谓聪者,非谓其闻彼也,自闻而已矣,所谓明者,非谓其见彼也,自见而已矣。一《大藏经》不过此意,安得此语!若此等语,皆其独到不可及处。[③]

林希逸认为整部《大藏经》的核心宗旨即是教人自己认识自己,也就是《骈拇》所言“自闻”“自见”,所以林希逸说“一《大藏经》不过此意”。由此来看,林希逸是从义理的逻辑上将佛经的原旨与《庄》《列》之核心融合起来。

林希逸也指出了佛学与《庄》《列》在理论使用上的不同,在注解《庄子·天运》篇“夫白鶂之相视,眸子不运而风化……夫丘不与化为人!不与化为人,安能化人”一段时,林希逸曰:

> 不与化为人者,言知人而未知天,不能与造化为一也。此章以造化生生之理喻自然之道,盖谓儒者所学皆有为之为,而非无为之为,无为之为,则与造化同功也。佛经所言胎生、卵生、化生、湿生,其原必出于此。其意却欲人知此身自无而有,与万物皆同,所以破世俗自私自恋之心,又与此不同也。[④]

《庄子·天运》这一段前部分讲述“白鶂”“眸子”等的生化过程,这与佛经所谓“胎生、卵生、化生、湿生”并无直接关联,林希逸是将“白鶂”“眸子”等生化过程所体现的生化方式与佛经所言“四生”对应起来,所以他认为佛经所言

① (宋)林希逸著,张京华点校:《列子鬳斋口义》,第32页。
② (宋)林希逸著,张京华点校:《列子鬳斋口义》,第98—99页。
③ (宋)林希逸著,周启成校注:《庄子鬳斋口义校注》,第143—144页。
④ (宋)林希逸著,周启成校注:《庄子鬳斋口义校注》,第244页。

“四生”之“原必出于此”。同时,林希逸发现佛经提出“四生”的目的是让人明白人与万物都是从无到有,以此破除“自私自恋之心”,其说理目的与《庄子》阐述自然之道不同。

第四节　炼养之学与“老庄”

中国道家的流传,经由先秦古典道家到东汉末年产生制度道教,形成了以“道”为基本信仰、以延年益寿和羽化登仙为目标的宗教体系。古典道家的思想也就在制度道教中得到传续。本文第二章探讨了南宋时候的道教发展情况以及林希逸与道教的因缘,彼时,“内丹”修炼已经成为道门炼养方式的主流,而在南宋教派分化中兴起的金丹派南宗正在福建一带传播。在“三子口义”中,林希逸不仅常常使用“丹基”“婴儿”等内丹术语,他对道教炼养之学与“三子”的关系也提出了自己的看法。

首先应指出,林希逸对道教炼养是有一定认识的。林希逸在“三子口义”中并不提道教或道派的名号,他将彼时盛行道家内炼派称为“修炼家”或“修养家”,把道家内炼理论则称为“道书修养之论”。他在注解《庄子·大宗师》篇“古之真人,其寝不梦,其觉无忧,其食不甘,其息深深。真人之息以踵,众人之息以喉。屈服者,其嗌言若哇。其耆欲深者,其天机浅”一段时,指出:

> 其息深深,真人以踵,众人以喉,道书修养之论其原在此。神定,则其出入之息深深,皆自踵而上,至于口鼻,所以有数息之法……嗜欲者,人欲也;天机者,天理也。曰深浅者,即前辈所谓天理人欲随分数消长也。此一段,一句是一条贯,道书佛书皆原于此,足见此老自得处,不可草草读过。惜不见大慧、张平叔与之论此。①

林希逸认为,就道书里的修养之论来说,其本原即是《庄子》对“真人”的描述,所有道书所依据的根本原则同佛书一样,即“其耆欲深者,其天机浅”。林希逸在这里提到道教内丹修炼的“数息之法”,又提及金丹派南宗初祖张平叔(张伯端),足见其对丹道修炼之术有一定的了解。

“数息”之“息”即是“气息”,“气”是内丹“三宝”精、气、神之一,张伯端的弟子石泰即明确指出:“气是形中命,心为性内神,能知神气穴,即是得仙

① (宋)林希逸著,周启成校注:《庄子鬳斋口义校注》,第99页。

人。”①道门炼养功夫中还有“服气”之法。林希逸对此也不陌生，他在《庄子鬳斋口义》中还引用“服气道人”作注解，如《逍遥游》载“藐姑射之山有神人居焉，肌肤若冰雪，绰约若处子”，林希逸认为：

冰雪，莹洁也。所养者全阳，气伏而不动，故凝然若冰雪，今之服气道人亦有能为此者。②

又如《达生》篇载“至人潜行不窒，蹈火不热，行乎万物之上而不栗……是纯气之守也”一段，林希逸解释说：

潜行不窒，嘿运而无所障碍也。行乎万物之上而不栗，如御风而行是也。纯气之守，守元气而纯一不杂也……此语似为迂阔，而实有此理，看今伏气道人，便可见。③

从以上两处引文可以看出，林希逸认同“服气”可以“肌肤若冰雪，绰约若处子”，也认可“至人潜行不窒，蹈火不热”，并且他了解何以如此的机理，即其所谓“所养者全阳，气伏而不动”“守元气而纯一不杂”。另外，从其对“今伏气道人”的援引来看，可知林希逸确实见过有这般功夫的人。

再有，《庄》《列》之中都提到列子引郑巫季咸见壶子，壶子曾曰：“乡吾示之以天壤，名实不入，而机发于踵。是殆见吾善者机也。”对此，林希逸解释说：

天壤，亦是观名，天田也，天上之田，非壤之壤，即自然之壤也，犹今修养家以舌间为天津，以顶上为泥丸之类，此是生意萌动而上之意。④

“天津”“泥丸”是道家炼养的术语，从这段注释中，可以得知林希逸对道家炼养之术有一定了解，他明白术语的具体指称，知道道家炼养的一般步骤。又，《庄子·刻意》篇载“形劳而不休则弊，精用而不已则劳，劳则竭”，林希逸指出：“形劳则弊，精用则劳，此养生家切实之语，即前篇不摇其精，乃可长生是也。”⑤他还对《庄子》所谓“养神之道”解释说：“养神即是养生，提起一个神字便亲切了。此便是道家之学。”⑥可见，林希逸对道教重视“养生”以求“长生”的宗旨把握得很准确。通过以上的论述，可以知道林希逸对道家炼养之学在

---

① 《修真十书》卷二《杂著指玄篇》，《道藏》第4册，第610页。

② （宋）林希逸著，周启成校注：《庄子鬳斋口义校注》，第8页。

③ （宋）林希逸著，周启成校注：《庄子鬳斋口义校注》，第287页。

④ （宋）林希逸著，周启成校注：《庄子鬳斋口义校注》，第132页。

⑤ （宋）林希逸著，周启成校注：《庄子鬳斋口义校注》，第248页。

⑥ （宋）林希逸著，周启成校注：《庄子鬳斋口义校注》，第249页。

感性和理性上都有所认识，这也就是他试图发表关于炼养家与“三子”之关系言论的认知基础。

在林希逸看来，炼养家与“三子”的关系即是：炼养之法源于《老》《庄》。《老子》第五十章载：“出生入死。生之徒十有三，死之徒十有三，民之生，动之死地亦十有三。夫何故？以其生生之厚。”林希逸注解曰：

> 出生入死，此四字一章之纲领也。生死之机有窍妙处，出则为生，入则为死。出者，超然而脱离之也。入者，迷而自汩没也。能入而出，惟有道者则然。天有十二辰，岁有十二月，日有十二时，十二者，终始之全也。十二而下又添一数，便是十三，分明只是一个一字，不谓之一而曰十三，此正其作文之奇处，言人之生死皆原于此一。一者，几也。即其几而求之，养之得其道，则可以长生久视。养之不得其道，则与万物同尽……此数语为今古养生者学问之祖，故老子于此说得亦郑重。①

林希逸指出《老子》这一段是“今古养生者学问之祖”，能明白其中真意，即养之得道，就可以长生久视。从林希逸的解说来看，他将老子所言“十有三”进行了剖析，自认为从中领悟出生死之“几”，也正是由此，他才能肯定地说“此数语为今古养生者学问之祖”。

道家修养，除了对生死的领悟，还有一套养生实践的方法，即修养功夫。上文已经说明林希逸对此种功夫有一定的了解。基于这种了解，林希逸对修养功夫的源出也提出了自己的看法。《老子》第六章载“谷神不死，是谓玄牝。玄牝之门，是谓天地根。绵绵若存，用之不勤”，林希逸认为“此章乃修养一项功夫之所自出”②。

上文还提到了“气”在丹道修炼中的重要作用，林希逸在注解《庄子》时对此也发表了他的看法。《大宗师》载“道”是有情有信，先天地生而不为久，长于上古而不为老，“伏戏得之，以袭气母”，林希逸指出：“气母，元气也。袭，合阴阳之气而在我也，此又是修炼家之所祖。”③林希逸将道家对“气”的养炼之原则处追溯到《庄子・大宗师》。需要说明的是，笔者这里用的是“原则处”而不是“源出处”，即，林希逸所说的“祖”，是指逻辑上的原则标准，不是“祖先”的祖。这与林希逸关于佛理源流的观点是相同的，这在他对《庄子・在宥》篇的注解中可以得证：《庄子・在宥》篇载“至道之精，窈窈冥冥；至道之极，昏昏默默。无视无听，抱神以静，形将自正。必静必清，无劳汝形，无摇汝精，乃可

① （宋）林希逸著，黄曙辉点校：《老子鬳斋口义》，第53—54页。

② （宋）林希逸著，黄曙辉点校：《老子鬳斋口义》，第8页。

③ （宋）林希逸著，周启成校注：《庄子鬳斋口义校注》，第110页。

以长生。目无所见,耳无所闻,心无所知,汝神将守形,形乃长生”一段,对此,林希逸说道:

> 今修炼之学,皆原于此。如仙如佛,自古以来,必皆有之,亦不是庄子方为此说也。①

可见,林希逸认为道家成仙、佛教成佛是自古以来就有的,并不是老庄或释迦创造出来的,而他们是阐释出了理论逻辑上原点与原则,所以林希逸有“道书佛书皆原于此”“今古养生者学问之祖”等言论。这是很有新意和见地的观点。

有趣的是,在“三子口义”中,林希逸谈论道家修养之学的内容相较儒佛来说是很少的。也就在其少量的论说当中,林希逸自认为是掌握了修炼之学的关键,但林希逸为何没有在道家修炼及对其理论的阐释上多下笔墨呢?笔者以为,这与他的儒者身份及其心中所信奉的“天理”有直接关系。林希逸在注解《庄子·山木》篇“庄周曰:吾守形而忘身,观于浊水而迷于清渊”一句时指出:

> 守形,养生者也,我为养生之学,忽因逐鹊而忘其身,是以欲而汩其理也。浊水,喻人欲也;清渊,喻天理也。②

理学家在精神境界上追求对“天理”的领悟与认识,进而以此追求在社会人生中的伦理道德之践履,以实现“修身、齐家、治国、平天下”为生活的全部内容。林希逸将养生之学视为“人欲”,这与“天理”是相对立的;而“长生久视”作为道家养生的根本目的看上去也与“治国平天下”没有多大关系,所以林希逸在“三子口义”中较少谈及道家修养之术。但他的目的很明确,将道家丹道修炼一派的理论原点归入《老》《庄》,然后统一在儒家“大纲领”之中,试图通过这一途径求得三教的融合。

---

① (宋)林希逸著,周启成校注:《庄子鬳斋口义校注》,第170页。

② (宋)林希逸著,周启成校注:《庄子鬳斋口义校注》,第313页。

第七章 “三子口义”的历史影响

林希逸在自身生命经历的基础上传承艾轩学派思想特色，在宋朝“三教合一”的时代文化背景中，完成了对道家“三子”的注解，将儒释的思想因子以文学品评的方式汇集在“三子口义”之中。在研究了“三子口义”文本内容之后，本章即探究“三子口义”在文化史上产生的历史影响。

第一节 后世学人对“三子口义”的评议与征引

“三子口义”中，《庄子鬳斋口义》最先完成，该书完成后即获得时人的称赞。林经德在景定改元(1260)为《庄子鬳斋口义》所作后序中称：

> 南华之书，斯世所不可无，竹溪之解，亦南华所不可无者也……竹溪既尽其师之传，又搜猎释老诸书于《六经》子史之外，故能究此老之隐微，尽此老之机解。使南华而可作，必以竹溪为知我者也，读此书者，今可以无憾矣。[①]

林同亦将林希逸注《庄》之功与朱熹相较量，认为“鬳斋之功，当不在朱子下矣”[②]。又有徐霖《跋》言：

> 鬳翁著此书，解若江海之浸，膏泽之润，情其情而思其思，梦其梦而觉其觉，故能言其言而指其指。声音笑貌，身亲出之而人之亲觌之，然则是讵可以幸取力致哉……今鬳翁所著，卓然起庄子于朽骨，发千古之宝藏，鬳翁亦博大弘伟，豪杰巨儒哉！[③]

林希逸的《庄子鬳斋口义》出版后不久，即有人为之改版重刻，陈梦炎在

① (宋)林希逸著，周启成校注：《庄子鬳斋口义校注》，第514页。

②③ (宋)林希逸著，周启成校注：《庄子鬳斋口义校注》，第515页。

其为《庄子鬳斋口义》所作后序中描述前版“旧锓于樵，翻阅则便，巾笥为难，今本之大者中之，字之疏者密之，使一览义见”①，可见，时人为了流传《庄子鬳斋口义》费心不少。

“三子口义”中《列子鬳斋口义》最后完成，是书完成后，林希逸嘱其门生王庚，曰：“自吾闲居十年，而《三子口义》成，《列子》近方脱稿，子宜序。”②王庚读后，感叹林希逸“是真心契列子者”③，并认为“先生之不幸，三子之大幸也。天不使先生早年大用者，为三子之计甚巧也”④。这是林希逸注解完“三子”后，第一次将所注之书合称为“三子口义”。此后不久，南宋末年文学评论家刘辰翁集结林希逸的三本“口义”分别进行评点。至元、明时期，刊印的“三子口义”大多以刘辰翁评点本为底本。

明朝有施观民、张四维、何汝成等人将“三子口义”集合刊刻成本。其中，张四维对“三子口义”进行“补注”，何汝成为之进行校刊。此后多次重刊重印，可见“三子口义”的流传颇为兴盛。除了刊刻发行外，明朝的学者对此亦多有评议。例如：

罗钦顺(1465—1547)，字允升，号整庵，泰和人。弘治六年(1493)进士科探花，官至南京吏部尚书，后隐居乡里专心研究理学，时称“江右大儒”。他在《困知记·三续》中就发表了其对“三子口义”的评议：

> 宋儒林希逸，尝著《三子口义》。近有以刻本贶余者，因得而遍览之。其于庄、列两家，多用禅语以释其义，往往皆合。余尝谓：“庄子、列子，出入老佛之间。”乃知昔人固有先得我心者矣。希逸高才能文，学博而杂，亦是无奈胸中许多禅何，故假庄、列之书以发之。然于二子本意，十可得其七八，明白条畅，贤于郭、张之注远矣。
>
> 至于《老子》，殊未见得，只是以己意凑合成文。盖此书劈初便说“无名，天地之始；有名，万物之母”两句。至第二十章乃曰：“我独异于人，而贵食母。”五十二章又曰：“天下有始，以为天下母。既得其母，以知其子。既知其子，复守其母，没身不殆。”五十九章又曰：“重积德则无不克。无不克则莫知其极。莫知其极，可以有国。有国之母，可以长久。是谓深根、固柢、长生、久视之道。”五千言中，母字凡屡出，词皆郑重，则此一字当为一书之要领无疑。中间许多说话，皆是作用工夫。其言取天下，言

---

① (宋)林希逸著，周启成校注：《庄子鬳斋口义校注》，第516页。

② (宋)林希逸著，张京华点校：《列子鬳斋口义》，第6页。

③④ (宋)林希逸著，张京华点校：《列子鬳斋口义》，第7页。

> 治国，言用兵，诸如此类，皆是譬喻，其道不出乎深根固柢而已。希逸于譬喻之言亦看得出，但不知其要领之所在耳。三子者之言，皆非正当道理，本无足论。顾其言颇有切中事情者，至于造化之妙，亦时或窥见一二，要在明者择之。①

罗钦顺对林希逸的才学给予了充分的肯定，认为其“高才能文，学博而杂”，也认同林希逸在禅学上的领悟，并且觉得自己和林希逸在对《庄》《列》的认识上有相同的心得与见解，称《庄子鬳斋口义》与《列子鬳斋口义》二书得庄、列本意十之八九，这是很高的评价。与此相比，罗钦顺觉得《老子鬳斋口义》则未见得有特殊之处，只是以林希逸自己的意思凑合而成。罗钦顺认为《老子》一书的要领是一个“母”字，《老子》中治国用兵等用语是用来譬喻“母”的重要性。林希逸在《老子鬳斋口义》中提到了老子之书皆借物以明道，或因时世习尚，就以谕之。在罗钦顺看来，林希逸看到了《老子》对譬喻的运用，但是还没抓住“母”字这一要领。

陆完（1458—1526），字全卿，号水林，长洲人。成化二十三年（1487）进士，官至兵部尚书、吏部尚书。陆完好读《庄子》，曾著《庄子通》一书，现已不存。但在其《在惩录》中保留了《庄子通序》一篇，其中讲述了陆完对林希逸《庄子鬳斋口义》的看法，《序》曰：

> 予幼名元贞，十七八岁时，令名未定，先柱国好读《庄子》，至“不以物挫志之谓完”，爱其语，因命以名。且曰西汉而下无此文章，论物理莫有能过之者，取其精到而略其荒唐可也。完奉教读之，颇恨郭象注不足以发，而诸家之说间见于音义中者亦多芜杂，更出郭氏下。遂使奇文粤百郁而不畅，为之开卷辄废者，屡矣。及得罪戍镇海将，行客曰：“箧中有庄子乎鬳斋口义可读。”乃求得之，行且读焉。于是乎向之不能通者，渐可以通。犹在迷途而得指南也。引而伸之，时时造乎所适，则夫所谓“独与天地精神往来，而不敖倪万物”者，恍然若有会于心焉。鬳斋曰此书自可独行天地间，初无得罪圣门者，其知庄子深矣。然曰：所言仁义礼乐之类，字义皆与吾书不同。又曰：必知禅宗解数，而后知其言意。窃以为未然。夫此书不论道德、性命、仁义、礼乐，谓不与吾书同固不可，谓果与义异亦不可。东坡云“阳诋阴助，实予而文不予”，斯言得之。且后战国数百岁，中国始有佛法，谓佛氏之言出于此，则可谓必知禅宗而后知此书之言意，然则不有佛书，《庄子》不可读乎？盖鬳斋从佛悟入，故其论若此

---

① （明）罗钦顺著，阎韬点校：《困知记》，中华书局，1990年，第99—100页。

耳。又庄子之学无所不窥，其用字非苟。鬳斋每曰：以庄子读《庄子》可也。而直以己意释之，坐是误亦不少。完既藉《口义》以通，复加深思，觉有所得。盖分章断句、训字析言，与《口义》不能同者无下二三百处，恐久而忘之，乃效注疏体，录以成编，名之曰《庄子通》。使鬳斋有灵，必谓予为益友。惜予衰矣，旧所涉猎，漫不复记，而海戍荒落，无书可借，莫从考订，缺漏尚多，不知它日复得谁为益友。①

从陆完的《庄子通序》中，可知林希逸《庄子鬳斋口义》对其影响很大，他认为郭象之注不足以发明《庄子》之意，而其他诸家之说亦多芜杂。唯有读到《庄子鬳斋口义》之时，以往不明白之处才渐渐通晓。对于林希逸的“《庄子》大纲领不与圣人异”的观点，陆完很是赞同。陆完在《庄子鬳斋口义》的帮助下理解了《庄子》之意，又有与之观点不同者达二三百处，此《序》中只列举了陆完不同意林希逸关于《庄子》与“儒书”《庄子》与“佛书”的观点。陆完以林希逸为“益友”，足见《鬳斋口义》对其影响之大，只可惜陆完之书不存，不能得见陆完对这位“益友”思想的认识与发展。

张四维（1526—1585），字子维，号凤磐，蒲州风陵人。嘉靖三十二年（1553）进士。张四维官历翰林学士、吏部左侍郎，万历十年（1582）张居正逝世后，代为明朝内阁首辅。明朝的这位高官为林希逸的“三子口义”重新刊刻，并为之作《重刻三子口义序》。张四维在《序》中讲述了重新刊刻“三子口义”的缘起，及其对“三子口义”的看法，《序》曰：

宋竹溪林希逸所著《三子口义》，嘉靖初刻于信州，分宁陈大夫携一帙至蒲，余得而卒业焉。则见所谓《庄子义》者最优当。宋末士大夫崇尚庄学，师友间乃有一种见解传授，即竹溪亦自谓得之陈乐轩、林艾轩氏，云：庄书正言本意处甚少，其书中固自明其为寓言、重言、卮言，乃笺释之者往往随语脚妄生意识，多不得本旨，或为所鼓动，则茫洋自失、极力尊信，或厌其诙诡又不能绎其中之所存。竹溪既知庄意有在，探其困奥而又不为所摇眩，故其注释较诸家为善。若老、列二义，则似当时不甚讲究，漫为之者。老视庄尤邃，《口义》既不中其窾窍，故章旨率未融贯，且每以正说为借喻，至如以“鬼神分三才”、谓“十三为一”，尤鄙浅不类；列文本杂，《口义》亦卒成之而已，无甚发明也。大夫谓是书世所希传，乃命工梓之，郡斋属余为序。夫庄、列虽祖老子，其指归亦微异，老子固贵无为，然不忘用世；庄列则全欲委之自然，以死生为解。盖老子当春秋时，

① （明）陆完：《在惩录》，旧抄本。

文武之迹熄，世方遂外饰而忘内真，故以芰华伪、崇朴素立教；庄列当战国时，诸侯力争，异说纷起，世士方以纵横、狎阖、坚白、攻守之术干时取声利，扬扬自矜诩，二子既耻与同轨，而见当时事变，又惮于措手，故一切为谬悠不羁之谈，以自恣纵要其意，盖皆有以为之。但所立论过当，时得罪于名教，遂为儒者所绌，诋其书为异端，多不复视。竹溪乃章析句解，阐其指趣，而一以儒家折中之。合所同、离所异，使读者得以知其道之所在，而且不惑于其说，用意亦良勤矣。三义固庄义为优，然亦时小有出入，或古今异文、传录脱误，余皆存疑不论，间有文义淆讹较然明著者，则随览辄标置简端。大夫谓可为林注补也，因并梓入之。①

张四维指出，在“三子口义”中《庄子口义》最为优当。何以此书最优？张四维认为首先是有宋朝大夫崇尚庄学的影响，其次为艾轩一派关于《庄子》见解之传授。张四维指出，《庄子》本书很少直言本义，以往的注解者往往妄生意识，而林希逸则知道《庄子》本义所在，能探究《庄》文奥义而不为其所摇眩，因此，《庄子鬳斋口义》善于其他注《庄》之书。

至于《老子鬳斋口义》和《列子鬳斋口义》，张四维则认为此二书“不甚讲究，漫为之者”。他认为《老子鬳斋口义》不中窾窍、章旨不通，指出林希逸对《老子》文本多“借喻”的观点太极端，以致将“正说”判为“借喻”，并详举“鬼神分三才”“十三为一”为例。“鬼神分三才”出自林希逸对《老子》第六十章的注解。《老子》载：“治大国，若烹小鲜。以道莅天下，其鬼不神。非其鬼不神，其神不伤人。非其神不伤人，圣人亦不伤。”林希逸注解曰：

烹小鲜者，搅之则碎。治国者，扰之则乱。清净无为，安静不扰，此治国之道也。既提起一句如此，下面却言三才之道，皆是不扰而已。以道莅天下，此“天下”字包三才而言之。凡在太虚之下，临之以道，天则职覆，地则职载，圣人则职教，三者各职其职而不相侵越，则皆得其道矣……②

林希逸认为老子所言“治大国，若烹小鲜”即是讲述清净无为的治国之道，而“以道莅天下”指的是以“道”治国，治国即包含了天、地、人“三才”。“三才”各职其职而不相侵越，即是“其鬼不神”。《老子》原文中并没提及“三才”，林希逸大抵是因《老子》提到“治国”与“圣人”便想到引用“三才”的概念加以解释，而张四维看到这里则认为“鄙浅不类”。

---

① （明）张四维著：《条麓堂集》卷二十，明万历二十三年张泰徵刻本。

② （宋）林希逸著，黄曙辉点校：《老子鬳斋口义》，第64页。

“十三为一”出自林希逸对《老子》第五十章的注解。《老子》载：“出生入死。生之徒十有三，死之徒十有三，民之生，动之死地亦十有三。”林希逸注解曰：

> 出生入死，此四字一章之纲领也……天有十二辰，岁有十二月，日有十二时，十二者，终始之全也。十二而下又添一数，便是十三，分明只是一个一字，不谓之一而曰十三，此正其作文之奇处，言人之生死皆原于此一。一者，几也。即其几而求之，养之得其道，则可以长生久视。①

对于老子所谓“十有三”，林希逸从日月的计时上作发挥，认为老子有意以十三比作一。从林希逸的注解来看，他的说法并没有准确的根据，只是以老子作文之“奇”来解释。这也引起张四维的批评。至于《列子鬳斋口义》，张四维似乎更是无话可说，直接认为其“卒成之而已，无甚发明”。但即便如此，张四维认为“三子口义”还是有其值得肯定的价值，即以儒家之说折中“三子”之意，由此能使读者明白“三子”的本意所在，不至于被其中的言论所迷惑。

历代学者除了对林希逸“三子口义”进行评议，还有将“三子口义”中的观点进行征引用以证实或证伪某一思想观点。例如：

沈士荣，洪武年间为翰林院待诏，福建建瓯人。曾作《原教论辩解》意欲调和儒佛，对明代学者产生了较深影响。他在《续原教论卷下·错说诸经解》篇中，对儒家学者关于佛学的论点进行了辩解，其中就引用了林希逸《列子鬳斋口义》中的观点。《错说诸经解》中有一条为：

> 朱子曰：“《圆觉经》云：‘四大分散，今者妄身，当在何处。’是窃《列子》‘骨骸反其根，精神入其门，我尚何存？’语。”②

沈士荣对此辩解道：

> 《列子》所谓“精神入其门，骨骸反其根，我尚何存？”者，即原始反终之义，明生死之说而已。若《圆觉经》言四大各有所归，即今妄身，了不可得，乃即色明空不待灭也，与《列子》“人死即灭”，是灭色方空，理正相反。鬳斋林氏曰：“天地间自有一种议论如此，佛生西方，岂来剽窃其说？文公诋之太过，是不公也。”③

① （宋）林希逸著，黄曙辉点校：《老子鬳斋口义》，第53—54页。

②③ （明）沈士荣：《续原教论》卷二，《嘉兴大藏经》第20册，第325页。

朱熹认为佛教经典《圆觉经》所谓“四大分散,今者妄身,当在何处”是对《列子·天瑞》篇“精神入其门,骨骸反其根,我尚何存”这一观点的剽窃。朱熹的这一段说话出自《晦庵先生朱文公别集》卷八《释氏论》。对于《列子》这一段,林希逸在注解《列子》时提出了自己的看法,并对朱熹观点进行了反驳。林希逸曰:

> 精神属于天,骨骸属于地,《圆觉》“四大”之说也。“分”者,分与之也。“入其门”,言归其所自出之地也。“反其根”,言反其所始之地也。精神、骨骸,既各复其初,则今者之我尚何存乎?此即《圆觉》所谓“今我法身,当在何处”也。朱文公于此谓释氏剽窃其说,恐亦不然。从古以来,天地间自有一种议论如此,原壤即此类人物。佛出于西方,岂应于此剽窃?诋之太过,则不公矣。①

林希逸在注解《列子》此段时正是以《圆觉经》类比《列子》以融合三教思想,也就此对朱熹的观点进行批判。可见,沈士荣就在《错说诸经解》中援引了林希逸对朱熹的批判。

胡应麟(1551—1602),字元瑞,号少室山人,后又更号为石羊生,浙江金华人。胡应麟是明代中叶著名的学者,其论学专著《少室山房笔丛》中有《九流绪论》三卷,专以考论诸子百家之源流。此中,胡应麟对庄列关系进行考辨时,谓:

> 庄列二家。谈者优劣往往异同。柳子厚、洪景卢。左袒郑圃者也。高似孙、林希逸。左袒漆园者也。然率举一端。未极二家之造。大抵列之文法。庄之文奇。②

胡应麟对于庄列关系有自己的看法,但他在引论“庄胜列”这一观点时举出林希逸,这看似不起眼,但史上论《庄》者不可胜数,而从中举林希逸之名,着实反映出这位明朝中期的博学家对林希逸的关注和重视以及林希逸《庄子鬳斋口义》的影响。

清朝的学术注重考据,此时期的学者推崇汉儒之学的质朴,在思想的创新发展上显得保守,明显不同于宋明时期的义理之学。因而,这一时期的学者对“三子口义”的评论并不多见,经笔者搜集检索,目前仅发现钱澄之《内七诂引》中提到:“予少时好读《庄子》,见郭子玄注,苦不得其解。有示以林希逸

---

① (宋)林希逸著,张京华点校:《列子鬳斋口义》,第23—24页。

② (明)胡应麟:《少室山房笔丛》,中华书局,1958年,第347页。

《口义》者,览之略有端绪。”①可见,钱氏对《庄子》的理解是从林希逸《庄子鬳斋口义》悟入。

第二节 “三子口义”对老、庄、列学的影响

就《老子鬳斋口义》《庄子鬳斋口义》《列子鬳斋口义》来说,它们分别在老学史、庄学史、列学史上产生了较大的影响。以下我们具体论述。

一、《老子鬳斋口义》对后世老子学的影响

以儒释思想注解《老子》,融三教思想为一炉,这样的解《老》方式自唐以来已成风气。唐初道士成玄英援佛释《老》,以此探讨心性、情理等问题。唐末道士杜光庭作《道德真经广圣义》,以三教思想释《老》,其“所释之理,诸家不同,或深了重玄,不滞空有;或溺推因果,偏执三生;或引合儒宗;或趣归空寂。莫不并探骊室,竞掇珠玑”②。北宋王安石父子亦是以儒道汇通的方式注解《老子》,将之纳为经世政治之学。苏辙的《老子解》更是“明显地带有融会佛儒思想于道家的特点”③。就连宋徽宗在其《御解道德真经》中也是力图融通儒道。在老学史上,林希逸的《老子鬳斋口义》承袭了以儒释思想解《老》的风气,并对后世老学的发展产生了一定的影响,以下逐一论述。

南宋有刘辰翁作《老子道德经评点》。刘辰翁是最早引用与评点林希逸《老子鬳斋口义》的学者,他的《道德经评点》即是针对《老子鬳斋口义》所作。《道德经评点》不仅有刘辰翁的评点内容,而且每章都照录《老子鬳斋口义》原文。从该书的评点内容来看,刘辰翁基本认同《老子鬳斋口义》中的观点,甚至在某些章节中,只录《老子鬳斋口义》的内容,并不发表意见。刘辰翁的大部分评点,可以说是对林希逸《老子鬳斋口义》的补充与发挥。刘辰翁对林希逸的观点也有批评,例如在注解《老子》第四章“道冲而用之或不盈。渊乎似万物之宗”一句时,林希逸曰:“万物之宗,即庄子所谓‘大宗师’也。”④刘辰翁则认为:

冲字形容道字最妙。至微至弱,如一缕之息,愈用而愈积,无盈时。

---

① (清)钱澄之撰,彭君华校点:《田间文集》,黄山书社,1998年,第310页。

② (唐)杜光庭:《道德真经广圣义》,《老子集成》第2卷,宗教文化出版社,2011年,第3页。

③ 熊铁基、马怀良、刘韶军:《中国老学史》,福建人民出版社,2005年,第349页。

④ (宋)林希逸著,黄曙辉点校:《老子鬳斋口义》,第6页。

> 此道字与气字合，皆非偶然。《训故》比宗字，又岂可与《大宗师》同日语哉？林盖无见于此。①

对于刘辰翁对林希逸《老子鬳斋口义》的批评，清人黄文莲在其《老子道德经订注》中对此指出：“愚按，刘氏每以林解为非，而不知此处所解亦误。”②我们暂且不论刘辰翁批评之正误与否，只看其在众多注《老》作品中，独取林希逸《老子鬳斋口义》，足以得见《老子鬳斋口义》在彼时的影响。

明代有刘惟永作《道德真经集义》。刘惟永是宋元之际的道士，元初为常德路玄妙观提点。他与丁易东合作，搜罗历代七十八家解《老》之精华，加以考校集成《道德真经集义》。书中有张与材《跋》曰：“若仙若儒若释，若隐若显，以至鸾笔恍惚微妙之辞，亦所不弃。”③而林希逸的《老子鬳斋口义》即是其中“若儒”之代表，该书开篇即引石潭曰：“《老子》之解多矣，以学儒者解之，多以儒之所谓道者言之，若程泰之、林竹溪之类是也。”④

明代还有州道纪司官员危大有，他汇集河上公、林希逸等十二家《老子》注释，集成《道德真经集义》一书。该书有道教第四十三代天师张宇初作序，认为老子《道德经》内则葆炼存养，外则修齐平治。危大有在张宇初的观点上进一步认为《道德经》“非特道经之祖也，三教诸经，亦岂外此而别有其理哉”⑤。对于该书的编纂，张宇初《序》曰：“古今注疏凡百余家，各持其见，而必以辞理该贯者为善，苟理塞义晦，辞虽工无取焉。”⑥由此采拾诸注的标准来看，从百余家注解中挑出十二家，而林希逸《老子鬳斋口义》占其中之一，可见林氏解《老》的影响不小。

此外，还有两本以林希逸《老子鬳斋口义》为主的注《老》之作，即赵统的《老子断注》与郭良翰的《老子道德经荟解》。赵统是嘉靖十四年(1535)进士，官至户部郎中，后被人诬陷入狱达二十五年。赵统在《老子断注自叙》中阐明了他对《老子》及其注本的认识与《断注》的目的：

> 统寡陋，久殢患难，仅见河上公及林鬳斋二家注耳。河上公不知为谁，或安期韩众之徒与，其注赝而无谓，其《圣纪图》记其跃空之辞，尤为鄙俚野语。若林注则多所发明。统因参为断注，又多为之博引群书，相

① (宋)刘辰翁：《老子道德经评点》，《老子集成》第5卷，第111页。

② (清)黄文莲：《老子道德经订注》，《老子集成》第9卷，第756页。

③ (明)刘惟永：《道德真经集义大旨》，《老子集成》第5卷，第423页。

④ (明)刘惟永：《道德真经集义》，《老子集成》第5卷，第145—146页。

⑤ (明)危大有：《道德真经集义》，《老子集成》第6卷，第32页。

⑥ (明)危大有：《道德真经集义》，《老子集成》第6卷，第31页。

质相形，以为之断。非欲援老而入儒，正欲后学因儒而不异老子耳。[①]

从赵统的《自叙》中可以看出，其注《老》的参考文献是有限的，他注重林希逸的《老子鬳斋口义》并以此为主要参考，对河上公的注解则持鄙夷的态度。就其《断注》的目的来说，即是“非欲援老而入儒，正欲后学因儒而不异老子耳”。不难发现，赵统继承了林希逸的观点和主张，认为老子与儒家思想本不相异。

郭良翰是福建莆田人，万历中以荫官太仆寺寺丞。郭氏所著《道德经荟解》采拾了苏辙、林希逸、严君平等人的解《老》之文荟于一册。该书主张老子《道德经》之宗旨重在精于用世治国，并非守道隐德。郭良翰对林希逸《老子鬳斋口义》特别推崇，其《道德经荟解凡例》指出：

注大抵以林鬳斋希逸《口义》为准，其有发挥未尽、意指稍颇者，别采名公精解，附以肤见，要于洞彻章旨而止。

是经古今解者，无虑百十家，由汉晋历宋迨明，苏子由辙与林希逸最著，诸如严君平遵、王辅嗣弼、鸠摩罗什上人、陆希声鸿磬、李约存博、司马君实光、陆师农佃、吕吉甫惠卿、王元泽雱、李息斋嘉谋、刘须溪辰翁、王纯甫道、邵若愚□□、吴幼清澄、程俱致道，近之焦弱侯竑、李宏甫贽、陶周望望龄、张明成位诸家，皆根极玄与，并摘其议论之有发明者录之，单词只语有裨训诂，弁入注中，吉光片羽不忍遗也。[②]

郭良翰对林希逸《老子鬳斋口义》给予了很高的评价，他将《老子鬳斋口义》作为注《老》的标准应用在《道德经荟解》之中。又指出在古今解《老》的百十家注中，苏辙与林希逸为最著名。且不论郭氏所言真实与否，但就其对《老子鬳斋口义》的尊崇态度来看，即可见得林希逸影响甚大。

又，明代僧人憨山德清作《老子道德经解》。该书融合儒释道三教思想，其认为“是知三教，圣人所同者心，所异者迹也……心迹相忘，则万派朝宗，百川一味”[③]。如果说林希逸《老子鬳斋口义》是儒者对三教思想的融合，则憨山德清则是从佛教角度力图对三教思想进行融合。憨山德清的《老子道德经解》虽没有直接引用林希逸《老子鬳斋口义》，但二者在内在方法上有着密切的联系。憨山德清在该书开篇的《发明趣向》中指出：

愚谓看老庄者，先要熟览教乘，精透《楞严》，融会吾佛破执之论，则

① （明）赵统：《老子断注》，《老子集成》第6卷，第506页。

② （明）郭良翰：《道德经荟解》，《老子集成》第8卷，第341页。

③ （明）释德清：《老子道德经解》，《老子集成》第7卷，第395页。

不被他文字所惑。然后精修静定,工夫纯熟,用心微细,方见此老工夫苦切。①

从以上文字中,可以发现,憨山德清要求读者“熟览教乘”“不被他文字所惑”的方法,与林希逸所谓“不可以寻常文字蹊径求之”“知禅宗解数”可谓同出一辙。

有明一代,还有道士何道全的《太上老子道德经》、散文家归有光的《诸子汇函》、著名学者焦竑编纂的《新锲翰林三状元二十九子品汇释评》、官员徐学谟的《老子解》等老学著作,都对林希逸《老子鬳斋口义》进行了采拾与援引。

清政府统治时期,时人思想普遍僵化,老学研究受考据之风的影响表现为此时期的老学著作主要是对《老子》之书进行考证。因学术风气与有宋一代差距较大,所以林希逸《老子鬳斋口义》在此时期的被关注与援引程度也随之下降。大环境虽如此,但《老子鬳斋口义》的影响依旧是存在的。顾如华、孙承泽的《道德经参补注释》即是其中之一。该书卷首收录十五种《道德经》注本的序言,即包括林希逸《老子鬳斋口义·发题》,在全书正文中每章必引林希逸《三子口义》。此外,还有黄文莲撰《道德经订注》,黄氏此书对林希逸《老子鬳斋口义》也多有引用与评论,例如前文已提及的他对刘辰翁批评林希逸的再批评。

二、《庄子鬳斋口义》对后世庄子学的影响

有宋一代,林希逸以前的庄子学大抵分两个阶段:先是北宋初年,此时的思想文化基本上是对唐五代的直接传承,表现在庄子学上,“一是其研究者多数为由五代入宋的人,二是在研究方面大多仍比较偏重于文字训释和文本校勘”②。到北宋中期,整个庄子学因王安石与苏轼而出现了新的面貌。王安石提出“庄子岂不知圣人者哉”的看法,苏轼则明确指出“庄子盖助孔子者”,显示了庄子学“儒学化”的倾向。林希逸明显受到了王、苏的影响。自支遁即开以佛解庄之先风后,宋朝社会思想文化中三教合流的势态更加强劲,林希逸对佛教义理有一定的把握,加之艾轩学派对文章学的重视,因而林希逸“更在利用林光朝、林亦之、陈藻的庄学成果的基础上写出了集大成著作《庄子口义》,为宋代庄子学乃至整个庄子学史增添了不少光辉”③,对后世庄子学的发展产生了很大的影响。

---

① (明)释德清:《老子道德经解》,《老子集成》第7卷,第393页。

② 方勇:《庄子学史》第2册,第10页。

③ 方勇:《庄子学史》第2册,第24页。

林希逸《庄子鬳斋口义》问世十二年后，即1270年，南宋道士褚伯秀搜集包括林注在内的十三家注释集成《南华真经义海纂微》。褚伯秀所集成的这本书中经常整段引录林希逸《庄子鬳斋口义》，此外，褚伯秀在引录时，常加以节录改写。林希逸《庄子鬳斋口义》在注解《逍遥游》载“北冥有鱼”一段时使用了七百余字，褚伯秀将之进行了缩减，其文如下：

> 鲲鹏变化之论，只是形容胸中广大之乐。盖谓世人见小，故有纷纷之争。若知天地外有如许世界，则自视其身，不啻太仓粒粟也。鲲鹏亦寓言，不必拘阴阳之说。鸟之飞也必以气，下一“怒”字便自奇特。“三千”“九万”只形容其高远；“去以六月息者”，一举必歇半年也。“野马”“尘埃”“生息相吹”三句正发明下文，视天无极以形容鹏飞之高，却如此下语，可见笔力。①

褚伯秀将林希逸的注文改写成仅剩一百三十余字，这虽然改变了林注的原貌，但并没有改变林希逸的意思，而是使之更加简练、鲜明。

对《庄子》文本中字词、文法的评析是林希逸《庄子鬳斋口义》的一个重要特点。宋末罗勉道的《南华真经循本》，继承了林希逸文评《庄子》的这一特点。罗勉道认为“庄子为书，虽恢恑谲怪，佚宕于六经外，譬犹天地日月，固有常经常运，而风云开阖，神鬼变幻，要自不可阙，古今文士，每每奇之”②。因而“顾其句法字面”乃是寻得《庄子》本旨的要点之一。他在注解《庄子》时常常分析其文法，如其在阐释《逍遥篇》时说道：

> 转接处多用“且夫”“请试言之”等，读者若知此机括，亦使文字不断。③
>
> 二“知”字皆平声，缀上“知”字起下，庄子文法多如此。④
>
> 旧解以此三句为上文结句，不知乃是下文起句。⑤

不难看出，罗勉道的《南华真经循本》，可以说正是在林希逸《庄子鬳斋口义》评析庄子“文法”方向上的进一步探索。

刘辰翁对林希逸《庄子鬳斋口义》极为推崇，他以《庄子鬳斋口义》为蓝本作《庄子南华真经点校》。刘辰翁的著作既有对林希逸《庄子鬳斋口义》的批

---

① （宋）褚伯秀：《南华真经义海纂微》，《道藏》第15册，第178页。
② （宋）罗勉道：《南华真经循本》，《道藏》第16册，第22页。
③ （宋）罗勉道：《南华真经循本》，《道藏》第16册，第24页。
④ （宋）罗勉道：《南华真经循本》，《道藏》第16册，第25页。
⑤ （宋）罗勉道：《南华真经循本》，《道藏》第16册，第26页。

评与驳正，又有对其的继承与发展。就批评来说，刘辰翁多处指出林希逸注《庄》不当，如其言："林解多不通。""林解每欲求异，于其本领无见，而纤悉致意。"方勇《庄子学史》从"对林希逸所作训释的驳正""对林希逸以儒解庄思想方法的批评""对林希逸以佛解庄思想方法的批评"[①]三个方面总结分析了刘辰翁对林希逸《庄子鬳斋口义》的批驳。而就其继承与发展来说，刘辰翁承袭了林希逸的特色，并在其基础上进行了发展，这主要体现在以下两个方面。

其一，在本书第五章，我们分析了林希逸对"三子"文本中字词、章法的评点与解析，指出林希逸对"三子"文本中使用巧妙的字词、语句，以及文辞优美、用语奇特的段落篇章都有专门的评点，并以"奇""佳""好"等评点范畴加以赞美。其中不足之处则是评点不系统、不够深入。刘辰翁就是在林希逸评点"三子"的基础上，以"奇"作为评述《庄子》的最重要审美范畴，并将之作为其所追求的重要审美理想。《庄子学史》指出："从中国古代文学批评史上来看，他标举这一审美理想，正是对魏晋以来批评家偶以'奇'字评论诗文这一做法的积极推进，更是对林希逸在《庄子口义》中每以"奇特"为审美范畴来评论《庄子》这一思维模式的进一步发展。应当承认，刘辰翁大力标举"奇"字，并以此作为一个重要审美范畴来评论具有'谬悠''荒唐''諔诡'特征的《庄子》，无疑收到了比较好的效果。"[②]

其二，刘辰翁在其以"奇"为审美范畴的基础上，提出以"画意"之类的审美范畴来评论《庄子》。这一点应当是对林希逸的直接继承。《庄子·齐物论》载"山林之畏佳，大木百围之窍穴……激者，谪者，叱者，吸者，叫者，譹者，宎者，咬者，前者唱于而随者唱喁"，对此，林希逸注解曰：

> 一部书中，此为第一文字。非特《庄子》一部书中，合古今作者求之，亦无此一段文字。诗是有声画，谓其写难状之景也，何曾见画得个声出！自激者至咬者八字，八声也；于与喁，又是相和之声也。天地间无形无影之风，可闻而不可见之声，却就笔头上画得出，非南华老仙，安得这般手段！[③]

又如《马蹄》篇载"夫马，陆居则食草饮水，喜则交颈相靡，怒则分背相踶。马知已此矣"一段，林希逸认为：

---

① 方勇：《庄子学史》第2册，第179—184页。

② 方勇：《庄子学史》第2册，第186页。

③ （宋）林希逸著，周启成校注：《庄子鬳斋口义校注》，第15页。

此一段又是把前头许多说话，翻做数行，中间添得几句，愈是奇特。喜则交颈相靡，怒则分背相踶，分明是一个画马图也。[①]

从林希逸的注解中，我们看到他采用“画”的概念来描述《庄子》文章之奇特，以此突显出《庄》文所展现出来的意境之美。刘辰翁在《庄子南华真经点校》中同样多次使用“画”的概念来评论《庄子》。如他认为《在宥》篇所谓“万物炊累”之意“直自描画出来”[②]，认为《天运》篇所载“孔子见老聃归，三日不谈”是“又画余意”[③]。他又对《山木》篇“庄周游乎雕陵之樊”评论道：“此与《战国策》同。《战策》不及者，又弹黄雀故也。作文如画，画者当留不尽之意，如执弹而留是也。此间妙意，在捐弹而走。”[④]林希逸认为《庄子》能在笔头画得出“奇”，刘辰翁同样认为《庄子》的种种“画意”也构成了“奇”的审美形态，他在评点《齐物论》中林希逸所谓“画得个声出”一段时，说：

“翏翏”一语，便有描模。其下不过山、木二物，举其概甚疏，杂以七八“者”字，而形与声若不可胜数。妙在“于喁”一语，映带前后皆活，重出愈奇。“调调”“刁刁”，又画中之远景，形容之所不尽也。[⑤]

毫无疑问，刘辰翁继承了林希逸《庄子鬳斋口义》以“画”来形容《庄子》文本之精美奇绝的方法，并将之发展成为与“奇”相关联的审美范畴。

明代的庄子学上承宋元之绪余以肇其端始，明朝初期的庄子学稍显生气，明中叶之后，随着政治、经济等方面的变化，整个社会出现了近代化的人文启蒙思潮，庄子学也因之活跃起来。而林希逸《庄子鬳斋口义》在此一时同样有着深远的影响。

明代中后期道士陆西星的《南华真经副墨》是此时期最重要的一部庄子学著作。该书对郭象与林希逸最为称道，当然也认为二者有不足之处，陆西星在《南华真经副墨自叙》中仅提郭、林二家，其曰：

呜呼！文字上起唐虞以逮邹鲁，称性之谭，精绝闳肆，孰逾《南华》矣？亦其矢口寓言，正而若反，从心曼衍，废而中权，以通神明之德，以类万物之情……昔晋人郭象首注此经，影响支离，多涉梦语；鬳斋《口义》颇称疏畅，而通方未彻，挂漏仍多。是知千虑一失，在贤知犹不能免；商赐

① （宋）林希逸著，周启成校注：《庄子鬳斋口义校注》，第151页。

② （宋）刘辰翁：《庄子南华真经点校》，《无求备斋庄子集成续编》第1册，台北艺文印书馆，1974年，第217页。

③ （宋）刘辰翁：《庄子南华真经点校》，《无求备斋庄子集成续编》第1册，第288页。

④ （宋）刘辰翁：《庄子南华真经点校》，《无求备斋庄子集成续编》第1册，第380—381页。

⑤ （宋）刘辰翁：《庄子南华真经点校》，《无求备斋庄子集成续编》第1册，第26—27页。

启予,回非助我,仲尼大圣,不无望于人人,而况其散焉者乎?

星款启寡闻,素无前识,而二氏之学,载之末年,颇窥堂奥,乃复添注是经,补救偏弊,以匡昔贤之不逮,名之《副墨》,相与二家之说,参订异同,而一二同志佥谓发所未发,勉令卒业……①

陆西星指出林希逸《庄子鬳斋口义》之优点为“颇称疏畅”,同时也存在“通方未彻”的缺陷。陆氏实际上已将《庄子鬳斋口义》置于历代注《庄》的最高位置,他的《南华真经副墨》亦是以郭、林二家为基础“参订异同”而成。对于《庄子鬳斋口义》中的“通方未彻”之处,陆西星多有指出,如在注解《齐物论》篇“昭氏之鼓琴”一段时称:“林鬳斋自谓看得《庄子》精到,此处却说不透彻,不知此老如何着眼?”②又如在《在宥》篇“慎守汝身”一段的注解中,陆西星谓:“林鬳斋自谓看《庄子》颇精到,到此漫尔说过,盖缘此老不曾于丹书上究心,是以茫无印证,只将《南华》作为言语文字等闲读过,大是可惜。”③另外,陆西星在《南华真经副墨》中也对《庄子》文脉进行了探究,可以说,这也是对林希逸的承袭与发展。

明代又有儒家学者杨起元作《南华经品节》,《庄子学史》指出:“杨氏的《南华经品节》作为一部庄子学著作,又较多地吸收了林希逸《南华真经口义》和陆西星《南华真经副墨》这两部具有明显佛理化思想倾向的庄子学著作中的成果。如《庄子·大宗师》有‘古之真人,其状义而不朋’一段文字,林希逸解释说:‘此一段形容之语,尽有温粹处,但说得太澒洞,佛书中多有此类状容也。’杨起元接过林氏的意思说:‘如一片飞跃景象,佛书中多有此类状容。’《列御寇》篇有语云:‘贼莫大乎德有心而心有睫,及其有睫也而内视,内视而败矣。’林希逸解释说:‘禅家所谓渗漏心,又曰第二念,便是此意。’杨起元接过林氏的意思说:‘即释所谓渗漏心,第二念也。’也认为佛教禅宗主张于参悟时须保持正念,心无所住,心空境空,而不得离此起渗漏心(即第二念),这与庄子所谓有心为德则败道的说法正是一回事,可见其承因林说之迹甚明。”④

明朝僧人释德清著有《庄子内篇注》《观老庄影响论》,他的庄学思想也颇受林希逸《庄子鬳斋口义》的影响。前文中分析了林希逸解《庄》时注意分析《庄》文中的“鼓舞处”“戏剧处”,并指出其中往往有“过高”“过当”之论。释

① (明)陆西星撰,蒋门马点校:《南华真经副墨》,中华书局,2010年,第2—3页。

② (明)陆西星撰,蒋门马点校:《南华真经副墨》,第31页。

③ (明)陆西星撰,蒋门马点校:《南华真经副墨》,第156页。

④ 方勇:《庄子学史》第2册,第384页。

德清继承了这一观点,如他在《庄子内篇注》中评析《逍遥游》时,说道:“故此篇立意,以‘至人无己,圣人无功,神人无名’为骨子,立定主意,只说到后,方才指出。此是他文章变化鼓舞处。学者若识得立言本意,则一书之旨了然矣。”①而作为僧人的释德清,对林希逸引用佛经比附《庄子》的做法则表示了遗憾之情,他在《观老庄影响论·叙意》中指出:“追观诸家注释,各徇所见,难以折衷。及见《口义》《副墨》,深引佛经,每一言有当,且谓一《大藏经》皆从此出,而惑者以为必当,深有慨焉。”②

有明一代的庄学著作中,还有诸如焦竑的《庄子翼》、孙应鳌的《庄义要删》、李廷机的《庄子玄言评苑》、方以智的《药地炮庄》、陈深的《庄子品节》、方虚名的《南华真经旁注》等等,都在不同程度上受到林希逸的影响,这些著作或多或少对《庄子鬳斋口义》的原文或观点进行了引用。

关于清代庄子学概况,《庄子学史》总结道:“清代的庄子学肇始于明遗民,多为借阐释《庄子》以抒发其遗民胸臆。自康熙中后期直至乾隆时期,庄子学得到了进一步发展,尤其在《庄子》艺术阐释方面取得了前所未有的巨大成就,但在义理阐释方面却普遍存在着比较严重的儒学化或理学化倾向,不过并不像宋明庄子学那样较多地掺杂着佛教思想。而随着乾嘉学派的兴起,《庄子》考据之学便异军突起,著作接连问世,但自嘉庆直至同治时期,对《庄子》义理、艺术的阐释却逐渐走向低谷。到了清末,庄子学又出现了复兴的景象,在义理、艺术阐释和考据方面都有高水平的著作问世,其中不少著作还自觉引进了近代的思想和学理,从而成为民国时期新庄子学的先声。”③在整个清朝的庄子学著作中,著名的有林云铭的《庄子因》、宣颖的《南华经解》、陆树芝的《庄子雪》、刘鸿典的《庄子约解》以及光绪时期在《庄子》散文阐释方面集大成的刘凤苞的《南华雪心编》,这些庄子学名著使得清代庄子学“在《庄子》艺术阐释方面取得了前所未有的巨大成就”。然其都与林希逸《庄子鬳斋口义》有着千丝万缕的联系。

林云铭的《庄子因》是清朝初期的庄子学代表作。《庄子学史》评价该时期的著作“除了林云铭的《庄子因》因在散文评析方面大具开拓性而足以成为清代《庄子》散文研究的实际开创者以外,其余则大都未能在庄子学史上争得一席之地”④。林云铭推崇陆西星,他吸收了陆西星《南华真经副墨》中的诸多

① (明)释德清著;黄曙辉点校:《庄子内篇注》,华东师范大学出版社,2009年,第2页。

② (明)释德清:《观老庄影响论》,《憨山老人梦游集》卷三十,清顺治十七年毛褒等刻本。

③ 方勇:《庄子学史》第3册,第13页。

④ 方勇:《庄子学史》第3册,第8页。

说法,前文已分析了陆西星对林希逸的推重与承袭,可以说,林云铭是林希逸以文评《庄》这一路数的发展。另外,林云铭解《庄》时注重对文中"法"的分析,并将之贯穿于《庄》文的"字面""句读""段落"之中,他指出:

> 《庄子》全部以《内七篇》为主,《外篇》《杂篇》旨各分属,而总不离其宗。今人诵其文止在字法、句法上着意,全不问其旨之所在,此大过也。①

进而认为:

> 庄子学问是和盘打算法,其议论亦用和盘打算法,读者须知有和盘打算法。
>
> 庄子学问有进一步法,其议论亦每用进一步法,读者须知有进一步法。②

本书第五章论述林希逸使用的文辞阐释方法时,指出了"法"是林希逸解读"三子"章法文脉的着手点之一。依此来看,林云铭解《庄》时对"法"的概念的重视无疑是对林希逸注《庄》方式的承袭与拓展。

宣颖的《南华经解》是清康熙末年的庄学著作。宣颖在注《庄》过程中,常引用佛教典籍,在这与林希逸《庄子鬳斋口义》多有类似,有些时候几乎是直接从《庄子鬳斋口义》中摘取出来。如《骈拇》载"夫不自见而见彼,不自得而得彼"一句,林希逸注曰:"这一彼字,不是轻可下得,禅家所谓狂犬逐块,所谓幻花又生幻果,便是这个彼字。"③宣颖则说:"彼字妙,无端相逐,不可定其为谁也,禅家所谓狂犬逐块,又所谓幻花又生幻果是也。"④不难看出,二者的注释如出一辙。其次,在对《庄子》的散文评析方面,宣颖注重对《庄》文艺术手法的分析,他认为在庄子所使用的各种艺术手法中最见长的是"譬喻",并指出"《庄子》之文,长于譬喻。其玄映空明,解脱变化,有水月镜花之妙。且喻后出喻,喻中设喻,不啻峡云层起,海市幻生,从来无人及得"⑤。而林希逸对《庄子》中"譬喻"的重视早已开启这一先风。可以说,宣颖对《庄》文中"譬喻"的重视,同样是对林希逸解《庄》观点的继承与发展。再有,林希逸在《庄子鬳斋口义》中指出《庄子》文中多有"戏剧处",林希逸的这一观点由宣颖进

---

① (清)林云铭著,张京华点校:《庄子因》,华东师范大学出版社,2011 年,第 7 页。
② (清)林云铭著,张京华点校:《庄子因》,第 10 页。
③ (宋)林希逸著,周启成校注:《庄子鬳斋口义校注》,第 144 页。
④ (清)宣颖:《南华经解》,《无求备斋庄子集成续编》第 23 册,第 197 页。
⑤ (清)宣颖:《南华经解》,《无求备斋庄子集成续编》第 23 册,第 16 页。

行发挥，他指出：“庄子从来止是以文为戏，所云‘寓言十九’者也。”①

此外，陆树芝的《庄子雪》与刘鸿典的《庄子约解》分别在多处引用了林希逸的《庄子鬳斋口义》，尤其是在刘鸿典《庄子约解》所引诸家中《庄子鬳斋口义》的比重很大，可见其对林希逸的重视。刘凤苞集《庄子》散文研究大成之作——《南华雪心编》，除了引用自林希逸以来受其影响的诸多庄学研究者的观点外，还从字词、语句、段篇等方面对《庄子》全篇进行了详尽分析。本书第五章已指出并分析了林希逸从字词、语句、段篇方面对“三子”的解读，由此看来，林希逸对刘凤苞的影响无疑是挥之不去的。

三、《列子鬳斋口义》对后世列子学的影响

中国文化史上，历代诸家对《列子》的研究较之《老》《庄》要少，但这并不影响《列子》在道家文化中的地位。唐朝，《列子》被尊为经典，至宋代，《列子》的研究逐渐繁荣起来。林希逸的《列子鬳斋口义》即是此时的代表作，它在《列子》研究史上占有重要地位。明代的科举制度使得学子们在以儒家经典为主的前提下还需掌握诸家学问，这种情况下就产生了《列子》研究作品的选编书籍，如陈深的《列子品节》、归有光的《列子汇函》、焦竑的《列子品汇释评》等，这些作品对林希逸的《列子鬳斋口义》都有摘引。清代的治学风格与宋明迥异，对《列子》的研究偏向于辨伪与文字考证，此时的列子学著作与林希逸《列子鬳斋口义》的联系则不那么紧密。

归有光的《列子汇函》，属于其所编纂的《诸子汇函》。《列子汇函》是从《天瑞》《汤问》《力命》《杨朱》四篇中选取相关文字进行汇集整理，正文中采用张湛注释，并援引林希逸等三十九家注语进行解读。有趣的是，该书所引的诸家注语，其署名虽不同，但引用内容均采用林希逸《列子鬳斋口义》。该书的编纂方式实际是套用《列子鬳斋口义》而依托诸家姓名，又对林注原文进行了窜改、简化，有的地方已经失去了林希逸的原意。

焦竑的《列子品汇释评》，属于其所编纂的《新锲翰林三状元二十九子品汇释评》。《列子品汇释评》同样采用张湛的注释，又援引林希逸等四十九家《列子》注语。该书所采用的各家评语中，林希逸《列子鬳斋口义》占了大部分。而书中所引诸家注解亦是托名，其引用内容来自张湛与林希逸。关于以上二书的具体情况，刘佩德在《〈列子〉学史》中，将其所引诸家注解与原文出处进行了详细对照，读者可依刘书览其详情。另外，陈深的《列子品节》同样是截取林希逸《列子鬳斋口义》的内容作为该书的注文。

---

① （清）宣颖：《南华经解》，《无求备斋庄子集成续编》第23册，第156页。

第三节 “三子口义”在日本

一、“三子口义”在日本历史上的研究情况概述

林希逸“三子口义”除了在国内产生了深远的影响,在它问世之后,传播到东南亚各国,在日本文化史上也产生了不小的影响。关于“三子口义”在日本历史上的传播情况不少学者对此进行了研究。

附于周启成《庄子鬳斋口义校注》书末的,由日本学者池田知久于1986年所作《林希逸〈庄子口义〉在日本》一文最早对《庄子鬳斋口义》在日本的历史情况进行了介绍。方勇的《庄子学史》也对林希逸《庄子口义》在日本历史上的影响作了简要介绍。福建师范大学2015届博士学位论文《林希逸文献学研究》,更是搜集了“三子口义”在日本历史上的版本刊刻信息,考察了“三子口义”在日本的知见情况。

《老子鬳斋口义》在日本的流传情况,国内学者没有专文研究。尚有刘韶军在《日本现代老子研究》中指出:“德川时代,庆元之时,出版了许多典籍,其中就有河上公注本与林希逸注本。其后不久,林罗山对原文加上训点的林注《老子》和用口语解释的抄本也出版问世,自此以后,河上公注就绝迹了,只有林注流行,可知自足利时代到德川时代的老庄学已完全转变。其后,《老子》注释如中井履轩《老子雕题》、金兰斋《国字解》、山本洞云《谚解大成》,皆本于林注,可见其影响之大。可以说,德川时代的老子学完全是以林注为主的。”①

至于《列子鬳斋口义》在日本的流传情况,至今也没有专文研究,笔者也因时间、材料及治学能力的限制,对其流传与影响不甚了解。期待以后深入研究。但从《林希逸文献学研究》中对《列子鬳斋口义》在日本的知见版本介绍来看,现存最早的《列子鬳斋口义》是日本南北朝(1336—1392)刊本,其后在庆长、宽永、万治等年间又有不同的刊本出现,由此可以推断出,《列子鬳斋口义》在其问世后不久即传入日本,同样在日本历史上流传广泛。

二、“三子口义”与日本道观

历史的车轮总是不断地前进,“三子口义”除了在日本历史上有着深刻的

---

① 刘韶军:《日本现代老子研究》,福建人民出版社,2006年,第191页。

影响，也在当代日本社会继续流布。其中，日本道观就是这种流布空间的一大标志。

日本道观是当今日本普及道家思想的团体，由日本早岛天来道长于1980年在福岛县磐市创立。日本道观是一座有着悠久文化渊源并充满生机的道教宫观，特别重视学术研究与文化传播，重视造像、绘画、书法、经典文献等文物的收藏。林希逸“三子口义”作为道教基础性典籍注释本，其多种古代珍本被日本道观收藏，其中有几种是有关林希逸著作文献的新发现，现介绍如下：

日本道观所藏有关林希逸文献，首先有一种为山本洞云的《老子经谚解大成》，日本延宝九年(1681)刊本，五册，上下两卷，每卷分五部分。

图1

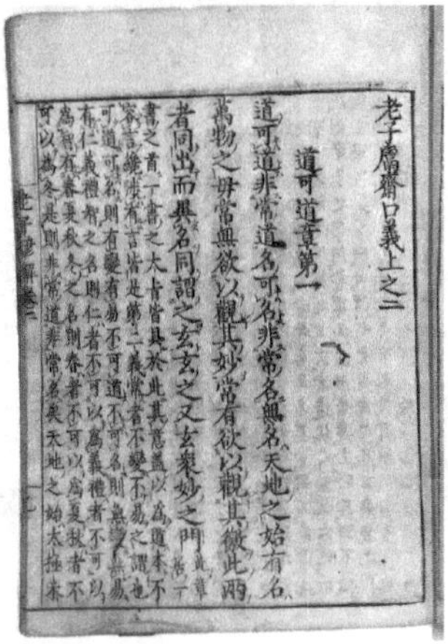

图2

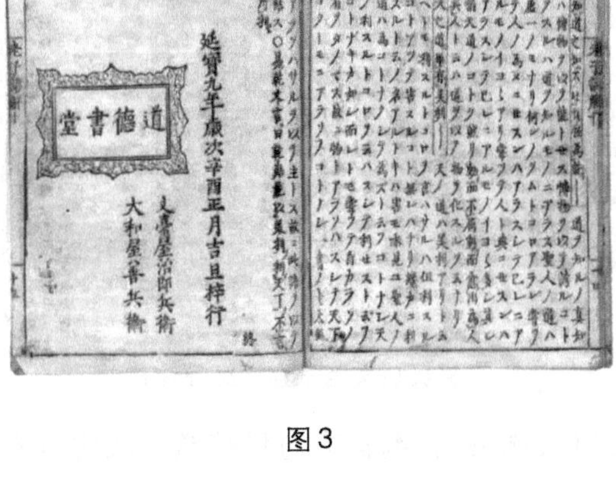

图3

《老子经谚解大成》

此书开篇为山本洞云所作《老子经谚解大成序》,《序》后为林希逸《老子鬳斋口义·发题》,《发题》下署名“梅室洞云谚解”。正文以《老子鬳斋口义上之二》为标题,以林希逸《老子鬳斋口义》为蓝本,在林注之后用日语加以解读,并引吕吉甫、河上公等诸家注释。书末载“道德书堂”“延宝九年岁次辛酉正月吉旦梓行”,又署“丈台屋治郎兵卫”“大和善兵卫”。

次有一种为吉田利行编辑的《林氏口义老子道德经补注》,乾坤(上下)两册,明治十七年(1884)林磊落堂刊本。王晚霞在《林希逸文献学研究》中提到一种《林氏口义老子道德经补注》的版本,同为日本明治十七年林磊落堂刊。但其所见为一册,该本为两册。

图4

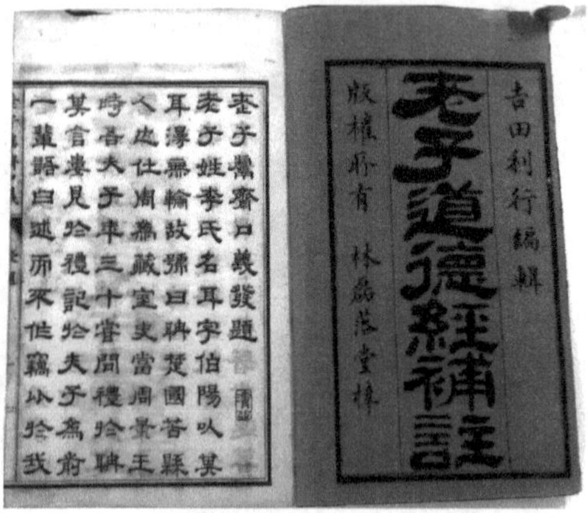

图5

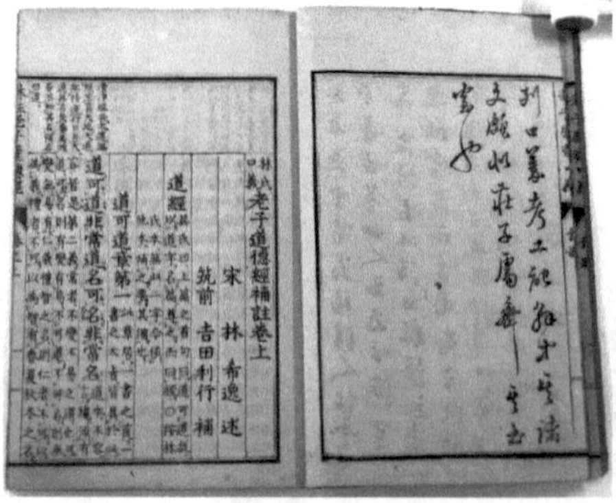

图6

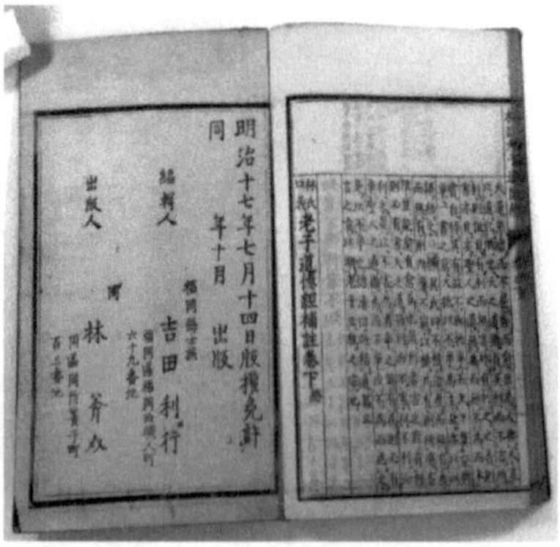

图7

《林氏口义老子道德经补注》

此书扉页为红色,题书名、编辑人与付梓堂。次为林希逸《老子鬳斋口义·发题》,《发题》末署名“福陵水香村书”。次为林希逸生平小传,次为正文。正文卷首题为《林氏口义老子道德经补注卷上》,题下分两行并列署名

“宋林希逸述”“筑前吉田利行补”。正文以林希逸《老子鬳斋口义》为蓝本，字句间有日文训读。又援引《清静经》《易经》等经典及严遵等诸家注语于书眉。书末则注明出版时间及编辑人、出版人等信息。

再有一种为《音释文段批评庄子鬳斋口义大成俚谚钞》，九册十四卷，日本元禄十五年(1702)刊本。

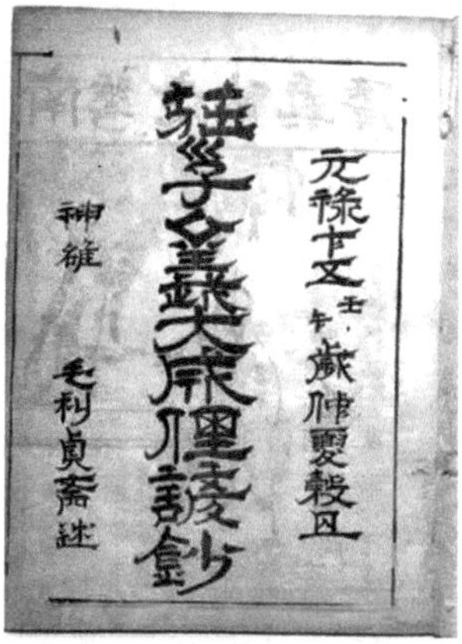

图8

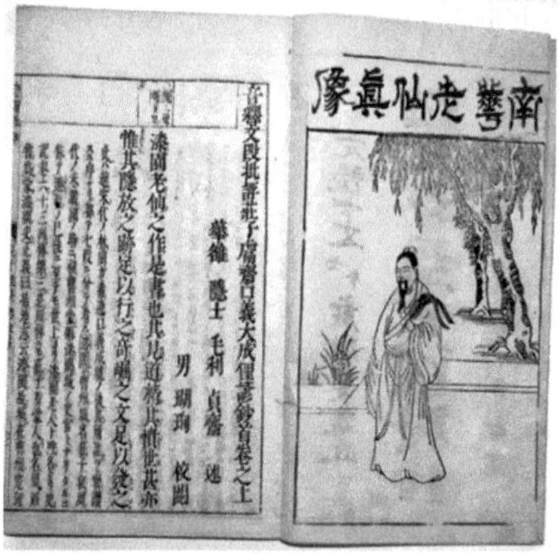

图9

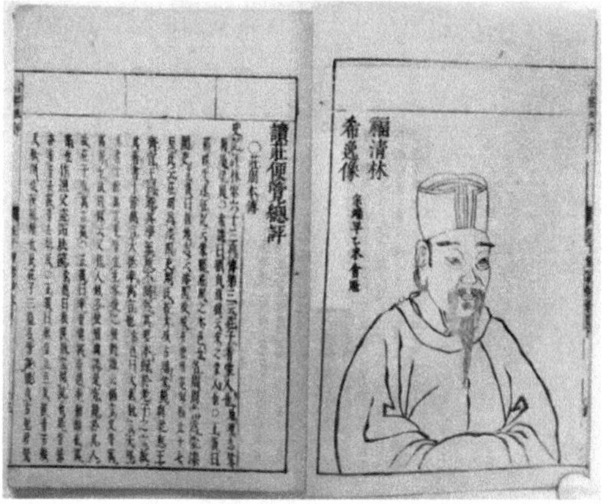

图10

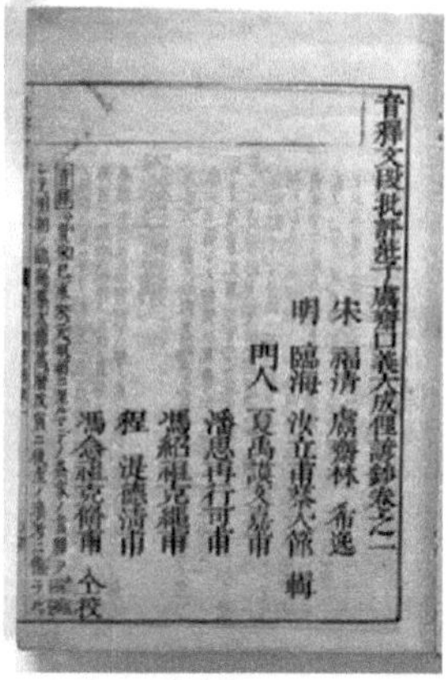

图11

《音释文段批评庄子鬳斋口义大成俚谚钞》

该书卷首扉页题书名《庄子口义大成俚谚钞》、时间为元禄十五年(壬午)仲夏、毛利贞斋述。后有“南华老仙真像”。卷首题《音释文段批评庄子鬳斋口义大成俚谚钞首卷之上》，署名“华洛隐士毛利贞斋述”“男瑚珣校阅”，随后为林同《序》、林希逸《庄子鬳斋口义发题》，文中有日文解说内容。《音释文段批评庄子鬳斋口义大成俚谚钞首卷之下》卷下则有《穆陵宸翰》、林希逸像、《读庄便览总评》。正文题为《音释文段批评庄子鬳斋口义大成俚谚钞首卷之一》，署名"宋福清鬳斋林希逸""明临海汝立甫蔡大节辑""门人夏禹谟文嘉甫、潘思再行可甫、冯绍祖克绳甫、程湜德清甫、冯念祖克修甫仝校"。

以上是日本道观所藏与林希逸"三子口义"有关的文献。日本道观作为当代日本社会中的道教实体组织，它正在实施包括以上文献在内的学术研究和文化传播工作，这搭建起了林希逸"三子口义"与当代日本道教、日本社会的新的联系。

结　　语

近40年来，学界对林希逸的相关研究已取得了不少的成果，本文即在前人成果的基础上，以文献考据为展开研究的根本，交互使用实地走访、数据分析、阐释学、比较研究等方法，将林希逸“三子口义”置于特定的历史背景与文化史的长河中进行探讨与研究。

从时代背景来看，南宋官方以理学为尊，然而文化史的潮流与社会政治经济的关系使得释、道思想在彼时并不消沉。毋庸赘言，从时代背景来了解一个人的思想是学术研究的基本思路之一，而把南宋这一时代背景与林希逸《庄子鬳斋口义》以及其中的“以儒解庄”“以禅解庄”之关系为研究点，前人学者屡次提及。本书则是将着眼点从“三子口义”之一拓展到“三子口义”整体，在南宋的大时代背景下，从更细微的视角入手，在分析彼时政治地域环境与宗教思想氛围的基础上，继而将彼时之社会环境具体到林希逸的生活圈及其自身的生命经历之中，并结合林希逸从小生活、求学等经历，指出林希逸注解“三子”、融合三教的内外因素。

在对林希逸“三子口义”的诞生背景与原因作了详细考述之后，本书第三章以“三子口义”的文本为依据，从引书的视角，采用数据分析与比较研究的方法，对“三子口义”中的引书成分进行梳理统计，以此获得对林希逸知识背景的认识。有了从前三章中获得的对林希逸的时代环境、生命经历、知识背景等方面的认识与同情的理解，并以此为后续研究的铺垫，乃可稳妥地着眼于“三子口义”本身的思想内容与其特出之处，以至探究其所产生的历史影响。

本书第四、五、六章即是对“三子口义”思想内容与其特出之处的研究。第四章分析林希逸对“老子”“庄子”“列子”其人其书的看法，第五章解读林希逸在“三子口义”中所运用的阐释方法，第六章探究林希逸关于三教关系的认识和观点。这三章的研究内容有其内在的逻辑关系与先后次第。这一次第，即首先明确林希逸对道家“三子”的认识，进而从林希逸对“三子”的具体认识进入到他对“三子”思想的阐释与解读。考察发现，也就是在林希逸阐释与解读"三子"思想的过程中,他融入了儒、释的思想内容,将道家"三子"的视野拓展到儒、释、道三教。最后,基于林希逸"三子口义"中所引用的三教思想内容与表达的对"三教"的看法与观点,展开"三子口义"中三教关系论的研究。通过对这一内在逻辑的探索,概观林希逸在特定的历史背景中对三教思想的认识与融合三教的实践。

我们知道,任何事物都是发展的,这一发展不仅仅是事物本身从无到有的产生过程,也包含对其他事物所产生的影响以及这种影响的延续。要想对一事物有整体的全面的把握,就必须进一步探究其在历史中的影响。本书第七章即是在这一方向上的探究。

总括而言,本书运用多种研究方法,从政治与地域文化的历史背景上、从林希逸"三子口义"的外部对其进行审视,再从"三子口义"的内部对其进行解构,梳理解读其中的思想观点,进而将其置于文化史的长河中,分析其在中华文化史中的影响,对林希逸"三子口义"进行一个多方位的立体式的综合研究,借此展现林希逸"三子口义"在我国文化史上的较完整的面貌,并在最后介绍其在日本的流传状况与新发现的文献。

学术研究的目的不单纯是追求对历史与思想的更深入的了解,而是要通过这种了解着眼当下、展望未来。本书的研究也是期望能在某种意义上充实和丰富我国道家思想史的研究。同时,笔者相信,类似对林希逸"三子口义"的从历史到当代、从国内到国外的研究,能在一定程度上促进文化自觉、提高文化自信,能从中寻找对当今世界文化大融合的借鉴意义。林希逸"三子口义"在海外的影响远大于国内,本书的研究还没大量涉及其在海外的情况,一是因为对"三子口义"本身思想内容及其在国内的历史影响的研究,是进一步研究其在海外情况的基础;二是时间和科研能力的制约。对于一些有价值的文献资料与研究方法,由于各种条件的限制,笔者还没有足够的驾驭能力,唯愿以此铺垫未来的深入研究。

参考文献

一、古典文献

(一)丛书析出文献

1.《道藏》,上海:上海书店;北京:文物出版社;天津:天津古籍出版社,1988年。

[1]《修真十书》,《道藏》第4册。

[2](宋)褚伯秀:《南华真经义海纂微》,《道藏》第15册。

[3](唐)成玄英:《南华真经疏序》,《道藏》第16册。

[4](宋)王元泽:《南华真经新传》,《道藏》第16册。

[5](宋)罗勉道:《南华真经循本》,《道藏》第16册。

[6](元)黄元吉等编:《净明忠孝全书》,《道藏》第24册。

[7]《静余玄问》,《道藏》第32册。

[8](宋)洪知常编集:《海琼传道集》,《道藏》第33册。

[9]《吕祖志》,《道藏》第36册。

2.《宋集珍本丛刊》,北京:线装书局,2004年。

[1](宋)林光朝:《艾轩先生文集》,《宋集珍本丛刊》第45册。

[2](宋)杨万里:《诚斋集》,《宋集珍本丛刊》第53册。

[3](宋)林亦之:《网山集》,《宋集珍本丛刊》第62册。

[4](宋)真德秀:《西山真文忠公文集》,《宋集珍本丛刊》第76册。

[5](宋)魏了翁:《重校鹤山先生大全文集》,《宋集珍本丛刊》第77册。

[6](宋)林希逸:《竹溪鬳斋十一稿续集》,《宋集珍本丛刊》第83册。

[7](宋)马廷鸾:《碧梧玩芳集》,《宋集珍本丛刊》第87册。

3.《景印文渊阁四库全书》,台北:商务印书馆,1986年。

[1](宋)梁克家:《淳熙三山志》,《文渊阁四库全书·史部》第484册。

[2](宋)潜说友:《咸淳临安志》,《文渊阁四库全书·史部》第490册。

[3](宋)邓牧:《洞霄图志》,《文渊阁四库全书·史部》第587册。

[4](宋)真德秀:《大学衍义》,《文渊阁四库全书·史部》第704册。

[5](宋)陈藻:《乐轩集》,《文渊阁四库全书·集部》第1152册。

[6](宋)韩元吉:《南涧甲乙稿》,《文渊阁四库全书·集部》第1165册。

[7]（宋）黄干:《勉斋集》,《文渊阁四库全书·集部》第1168册。
[8]（宋）魏天应:《论学绳尺》,《文渊阁四库全书·集部》第1358册。
[9]（清）黄宗羲:《明文海》,《文渊阁四库全书·集部》第1453—1458册。
4.《老子集成》,北京:宗教文化出版社,2011年。
[1]（唐）杜光庭:《道德真经广圣义》,《老子集成》第2卷。
[2]（宋）刘辰翁:《老子道德经评点》,《老子集成》第5卷。
[3]（明）刘惟永:《道德真经集义大旨》,《老子集成》第5卷。
[4]（明）危大有:《道德真经集义》,《老子集成》第6卷。
[5]（明）赵统:《老子断注》,《老子集成》第6卷。
[6]（明）郭良翰:《道德经荟解》,《老子集成》第7卷。
[7]（明）释德清:《老子道德经解》,《老子集成》第7卷。
[8]（清）黄文莲:《老子道德经订注》,《老子集成》第9卷。
5.《无求备斋庄子集成续编》,台北:艺文印书馆,1974年。
[1]（宋）刘辰翁:《庄子南华真经点校》,《无求备斋庄子集成续编》第1册。
[2]（清）宣颖:《南华经解》,《无求备斋庄子集成续编》第32册。
6.《子藏》,北京:国家图书馆出版社,2011年。
[1]（清）刘鸿典:《庄子约解》,《子藏·庄子》第122册。
7.《大正新修大藏经》,东京:大藏出版株式会社,1988年。
[1]（宋）大慧宗杲:《大慧普觉禅师语录》,《大正新修大藏经》第47册。
[2]（宋）释志磐:《佛祖统记》,《大正新修大藏经》第49册。
[3]（唐）宗密:《大方广圆觉修多罗了义经略疏》,《大正新修大藏经》第39册。
8.《卍新纂续藏经》,东京:国书刊行会,1975—1989年。
[1]（五代）法眼文益:《宗门十规论》,《卍新纂续藏经》第63册。
[2]（元）熙仲:《历朝释氏资鉴》,《卍新纂续藏经》第76册。
[3]（宋）正受编:《嘉泰普灯录》,《卍新纂续藏经》第79册。
[4]（宋）道融:《丛林盛事》,《卍新纂续藏经》第86册。
9.《嘉兴大藏经》,台北:新文丰出版公司,1987年。
[1]《大慧普觉禅师年谱》,《嘉兴大藏经》第1册。
[2]（明）沈士荣:《续原教论》,《嘉兴大藏经》第20册。
[3]（宋）释惠洪:《石门文字禅》,《嘉兴大藏经》第23册。

（二）单行本文献

[1]（汉）司马迁:《史记》,北京:中华书局,2014年。
[2]（汉）班固撰,（唐）颜师古注:《汉书》,北京:中华书局,1962年。
[3]（晋）陈寿撰,（宋）裴松之注:《三国志》,北京:中华书局,1959年。
[4]（南朝宋）范晔撰,（唐）李贤等注:《后汉书》,北京:中华书局,1965年。
[5]（南朝梁）释僧祐撰,苏晋仁、萧炼子点校:《出三藏记集》,北京:中华书局,1995年。

[6]（唐）李吉甫撰，贺次君点校：《元和郡县图志》，北京：中华书局，1983 年。

[7]（唐）韩愈撰，马其昶校注，马茂元整理：《韩昌黎文集校注》，上海：上海古籍出版社，1986 年。

[8]（宋）李心传编：《道命录》，清知不足斋从书本。

[9]（宋）吴潜：《许国公奏议》，清抄本。

[10]（宋）李俊甫：《莆阳比事》，清嘉庆宛委别藏本。

[11]（宋）陈淳：《北溪外集》，明抄本。

[12]（宋）王溥：《唐会要》，北京：中华书局，1955 年。

[13]（宋）欧阳修、宋祁撰：《新唐书》，北京：中华书局，1975 年。

[14]（宋）叶适：《习学记言序目》，北京：中华书局，1977 年。

[15]（宋）程颢、程颐著，王孝鱼点校：《二程集》，北京：中华书局，1981 年。

[16]（宋）庄绰著，萧鲁阳点校：《鸡肋编》，北京：中华书局，1983 年。

[17]（宋）陆九渊：《陆象山全集》，北京：中国书店，1992 年。

[18]（宋）林希逸著，周启成校注：《庄子鬳斋口义校注》，北京：中华书局，1997 年。

[19]（宋）乐史撰，王文楚等点校：《太平寰宇记》，北京：中华书局，2007 年。

[20]（宋）刘克庄撰，王蓉贵、向以鲜点校，刁忠民审定：《后村先生大全集》，成都：四川大学出版社，2008 年。

[21]（宋）林希逸著，黄曙辉点校：《老子鬳斋口义》，上海：华东师范大学出版社，2009 年。

[22]（宋）朱熹：《四书章句集注》，北京：中华书局，2013 年。

[23]（宋）林希逸著，张京华点校：《列子鬳斋口义》，上海：华东师范大学出版社，2016 年。

[24]（元）脱脱等：《金史》，北京：中华书局，1975 年。

[25]（元）脱脱等：《宋史》，北京：中华书局，1977 年。

[26]（明）张四维：《条麓堂集》，明万历二十三年张泰征刻本。

[27]（明）陆完：《在惩录》，旧抄本。

[28]（明）释德清：《憨山老人梦游集》，清顺治十七年毛褒等刻本。

[29]（明）胡应麟：《少室山房笔丛》，北京：中华书局，1958 年。

[30]（明）罗钦顺著，阎韬点校：《困知记》，北京：中华书局，1990 年。

[31]（明）黄仲昭修纂，福建省地方志编纂委员会主编：《八闽通志》，福州：福建人民出版社，1990 年。

[32]（明）释德清著，黄曙辉点校：《庄子内篇注》，上海：华东师范大学出版社，2009 年。

[33]（明）徐弘祖：《徐霞客游记》，上海：上海古籍出版社，2010 年。

[34]（明）陆西星撰，蒋门马点校：《南华真经副墨》，北京：中华书局，2010 年。

[35][乾隆]《福州府志》，清乾隆十九年刊本。

[36]（清）吴宜燮等：[乾隆]《龙溪县志》，清乾隆刊本。

[37][乾隆]《福清县志》，清光绪二十四年刻本。

[38]（清）徐松：《宋会要辑稿》，北京：中华书局，1957 年。

[39]（清）永瑢、纪昀主编：《四库全书总目提要》，北京：中华书局，1965 年。

[40]（清）黄宗羲原著，（清）全祖望补修，陈金生、梁运华点校：《宋元学案》，北京：中华书局，1982 年。

[41]（清）钱澄之撰，彭君华校点：《田间文集》，合肥：黄山书社，1998 年。

[42]徐公喜、管正平、周明华点校：《闽中理学渊源考》，南京：凤凰出版社，2011 年。

[43]（清）陈澧著，钟旭云、魏达纯点校：《东塾读书记》，上海：上海古籍出版社，2012 年。

二、近人论著

[1]吕澂：《中国佛教源流略讲》，北京：中华书局，1979 年。

[2]侯外庐、邱汉生、张岂之主编：《宋明理学史》，北京：人民出版社，1984 年。

[3]朱维干：《福建史稿》，福州：福建教育出版社，1985 年。

[4]陈垣编纂，陈智超、曾庆瑛校补：《道家金石略》，北京：文物出版社，1988 年。

[5]张念宏主编：《中国教育百科全书》，北京：海洋出版社，1991 年。

[6]任继愈主编：《道藏提要》，北京：中国社会科学出版社，1991 年。

[7]崔大华：《庄学研究——中国哲学一个观念渊源的历史考察》，北京：人民出版社，1992 年。

[8]郎擎霄：《庄子学案》，上海：上海书店，1992 年。

[9]程章灿：《刘克庄年谱》，贵阳：贵州人民出版社，1993 年。

[10]唐文基：《福建古代经济史》，福州：福建教育出版社，1995 年。

[11]吕思勉：《理学纲要》，北京：东方出版社，1996 年。

[12]卿希泰主编：《中国道教史》，成都：四川人民出版社，1996 年。

[13]胡昭曦、蔡东洲：《宋理宗·宋度宗》，长春：吉林文史出版社，1996 年。

[14]谢水顺、李珽：《福建古代刻书》，福州：福建人民出版社，1997 年。

[15]麻天祥：《中国禅学思想发展史》，长沙：湖南教育出版社，1997 年。

[16]卿希泰：《续·中国道教思想史纲》，成都：四川人民出版社，1999 年。

[17]何忠礼、徐吉军：《南宋史稿》，杭州：杭州大学出版社，1999 年。

[18]洪修平：《禅宗思想的形成与发展》，南京：江苏古籍出版社，2000 年。

[19]唐大潮：《明清之际道教"三教合一"思想论》，北京：宗教文化出版社，2000 年。

[20]方立天主编、华方田副主编：《中国佛教简史》，北京：宗教文化出版社，2001 年。

[21]葛金芳：《中国经济通史》，长沙：湖南人民出版社，2002 年。

[22]詹石窗：《道教文化十五讲》，北京：北京大学出版社，2003 年。

[23]刘固盛、肖海燕、熊铁基：《中国庄学史》，长沙：湖南人民出版社，2003 年。

[24]张文利：《理禅融会与宋诗研究》，北京：中国社会科学出版社，2004 年。

[25]卢美松、阮雪清主编，福建省地方志编纂委员会编：《福建省志·武夷山志》，北京：方志出版社，2004 年。

[26]熊铁基、马良怀、刘韶军:《中国老学史》,福州:福建人民出版社,2005年。

[27]林文芳主编:《诗苑撷粹》,福州:海潮摄影艺术出版社,2006年。

[28]卿希泰、唐大潮:《道教史》,南京:江苏人民出版社,2006年。

[29]孔令宏:《宋代理学与道家、道教》,北京:中华书局,2006年。

[30]刘韶军:《日本现代老子研究》,福州:福建人民出版社,2006年。

[31]徐晓望主编,徐晓望撰:《福建通史》,福州:福建人民出版社,2006年。

[32]杜继文、魏道儒:《中国禅宗通史》,南京:江苏人民出版社,2007年。

[33]钱钟书:《谈艺录》,北京:生活·读书·新知三联书店,2007年。

[34]蒙文通:《儒学五论》,桂林:广西师范大学出版社,2007年。

[35]苏树华:《中国佛学各宗要义》,北京:中华书局,2007年。

[36]方勇:《庄子学史》,北京:人民出版社,2008年。

[37]范寿康:《中国哲学史通论》,武汉:武汉大学出版社,2008年。

[38]黄忏华:《中国佛教史》,北京:东方出版社,2008年。

[39]何俊、范立舟:《南宋思想史》,上海:上海古籍出版社,2008年。

[40]何忠礼:《南宋政治史》,北京:人民出版社,2008年。

[41]张在普、林浩编著:《福建古市镇:闽台古乡间商品市场》,福州:福建省地图出版社,2008年。

[42]政协福清市文史资料委员会编:《福清文史资料》第26辑,2008年。

[43]杨军:《宋元三教融合与道教发展研究》,成都:巴蜀书社,2009年。

[44]刘固盛:《老子学文献及其思想研究》,长沙:岳麓书社,2009年。

[45]詹石窗主编,黄永锋副主编:《梦与道——中华传统梦文化研究》,北京:东方出版社,2009年。

[46]卿希泰主编,詹石窗副主编:《中国道教思想史》,北京:人民出版社,2009年。

[47]冯友兰:《中国哲学史》,重庆:重庆出版社,2009年。

[48]〔日〕池田知久:《道家思想的新研究——以庄子为中心》,王启发、曹峰译,郑州:中州古籍出版社,2009年。

[49]何爱先主编:《福清市道教志》,北京:宗教文化出版社,2009年。

[50]赖永海主编,陈秋平译注:《金刚经》,北京:中华书局,2010年。

[51]赖永海主编,徐敏译注:《圆觉经》,北京:中华书局,2010年。

[52]赖永海主编:《中国佛教通史》,南京:江苏人民出版社,2010年。

[53]汪圣铎:《宋代政教关系研究》,北京:人民出版社,2010年。

[54]许地山著,詹石窗讲评:《道教史》,南京:凤凰出版社,2010年。

[55]漆侠:《宋学的发展和演变》,北京:人民出版社,2011年。

[56]詹石窗:《中国宗教思想通论》,北京:人民出版社,2011年。

[57]陈鼓应:《庄子今注今译》,北京:商务印书馆,2011年。

[58]福清市民间文艺家协会编:《福清民间文学》第5辑,2011年。

[59]熊铁基、陈红星主编:《老子集成》,北京:宗教文化出版社,2011年。

[60]〔日〕内藤湖南著,刘克申译:《日本历史与日本文化》,北京:商务印书馆,2012 年。

[61]盖建民:《道教金丹派南宗考论——道派、历史、文献与思想综合研究》,北京:社会科学文献出版社,2013 年。

[62]刘佩德:《〈列子〉学史》,北京:学苑出版社,2015 年。

[63]魏名庆主编:《福清风物纪略》,福州:福建人民出版社,2015 年。

[64]杨倩描主编:《宋代人物辞典》,保定:河北大学出版社,2015 年。

[65]毛胤云编著:《史迹福清》,武汉:武汉大学出版社,2015 年。

[66]叶蓓卿评注:《列子》,北京:商务印书馆,2015 年。

[67]蒋维乔:《中国佛教史》,北京:商务印书馆,2015 年。

[68]程民生:《宋代地域文化史》,合肥:安徽文艺出版社,2017 年。

[69]王晚霞:《林希逸文献学研究》,北京:中国社会科学出版社,2018 年。

[70]郑天熙:《林希逸〈三子口义〉及其文艺思想研究》,上海:东方出中心,2022 年。

三、学位论文

[1]林溪:《〈庄子口义〉研究》,硕士学位论文,河北大学,2012 年。

[2]王倩倩:《林希逸〈庄子鬳斋口义〉研究》,硕士学位论文,山东大学,2013 年。

[3]王伟倩:《林希逸的三教融合思想研究》,硕士学位论文,河北大学,2013 年。

[4]安江:《林希逸〈庄子口义〉点评研究及其对外传播》,硕士学位论文,山西大学,2015 年。

[5]周翡:《林希逸律诗艺术研究》,硕士学位论文,辽宁师范大学,2016 年。

[6]黄云:《林希逸〈老子鬳斋口义〉研究》,硕士学位论文,辽宁师范大学,2016 年。

[7]张卜天:《林希逸〈庄子口义〉研究》,硕士学位论文,河北大学,2019 年。

[8]刘俊洁:《林希逸诗歌研究》,硕士学位论文,山东师范大学,2019 年。

[9]孙红:《〈庄子〉阐释之研究》,博士学位论文,中国社会科学院,2002 年。

[10]周群华:《〈庄子〉散文评点研究》,博士学位论文,华东师范大学,2006 年。

[11]杨文娟:《宋代福建庄学研究》,博士学位论文,华东师范大学,2006 年。

[12]肖海燕:《宋代庄学思想研究》,博士学位论文,华中师范大学,2009 年。

[13]刘佩德:《列子学研究》,博士学位论文,华东师范大学,2013 年。

[14]王晚霞:《林希逸文献学研究》,博士学位论文,福建师范大学,2015 年。

[15]李京津:《林希逸庄学思想研究》,博士学位论文,湖南师范大学,2015 年。

[16]任立:《〈庄子鬳斋口义〉及其在日本的影响》,博士学位论文,武汉大学,2017 年。

四、期刊论文

[1]杨黛:《〈庄子口义〉的理学观》,《浙江学刊》1989 年第 3 期。

[2]陈庆元:《宋代闽中理学家诗文——从杨时到林希逸》,《福建师范大学学报》1995 年第 2 期。

[3]杨黛:《〈庄子口义〉的注庄特色》,《中国文学研究》1997 年第 4 期。

[4]杨黛:《林希逸〈庄子口义〉知见版本考》,《文史》1998 年总第 47 辑。

[5]孙红:《以禅解庄——林希逸〈庄子口义〉对〈庄子〉的阐释》,《河南师范大学学报》2003 年第 4 期。

[6]孙红:《林希逸以儒解庄及其原因》,《北方论丛》2003 年第 5 期。

[7]〔日〕池田知久:《林希逸"三子鬳斋口义"与日本朱子学》,载王勇等《中日"书籍之路"研究》,北京:北京图书馆出版社,2003 年。

[8]陈少明:《另类的庄学——论林希逸、释德清从儒释两端对〈庄子〉的诠释》,载郭齐勇、吴根友编《萧萐父教授八十寿辰纪念文集》,武汉:湖北教育出版社,2004 年。

[9]张梅:《〈庄子口义〉对〈庄子〉文学的分析》,《北京科技大学学报》2004 年第 3 期。

[10]李波:《评点视角下的林希逸〈庄子〉散文研究》,《重庆社会科学》2006 第 11 期。

[11]周启成:《林希逸〈三子口义〉的主要观点、方法及其对中国老庄注释的影响》,载复旦大学中文系编《朱东润先生诞辰一百一十周年纪念文集》,上海:上海古籍出版社,2006 年。

[12]邱敏捷:《林希逸〈庄子口义〉"以禅解庄"论析》,《玄奘佛学研究》2006 年第 4 期。

[13]李见勇:《庄子研究的新突破——论林希逸〈庄子口义〉》,《内江师范学院学报》2007 年第 1 期。

[14]李见勇、王勇:《三教归一终归理学——论林希逸〈庄子口义〉的思想倾向》,《内江师范学院学报》2008 年第 1 期。

[15]石明庆:《林希逸诗学思想的特色及其学术基础简论》,《新国学》2008 年第 6 期。

[16]杨文娟:《林希逸〈庄子口义〉的散文点评特色》,《诸子学刊》2009 年第 3 辑。

[17]丁丹:《林希逸与江湖诗人交游考》,《文教资料》2010 年 6 月号下旬刊。

[18]李秋芳:《林希逸〈鬳斋考工记解〉及其价值》,《河南师范大学学报》2011 年第 2 期。

[19]邢华平:《论诠释者的解经视域——以林希逸〈庄子口义〉为例》,《读者欣赏》(理论版)2012 年第 1 期。

[20]林溪:《略论〈四库全书总目〉对林希逸〈庄子口义〉的评价》,《黄河科技大学学报》2012 年第 1 期。

[21]刘思禾:《林希逸解庄论——自然天理说的辨析为中心》,《古籍整理研究学刊》2012 年第 2 期。

[22]王伟倩:《论林希逸〈老子鬳斋口义〉的注解特色》,《衡水学院学报》2012 年第 6 期。

[23]陈德和:《论林希逸对老子〈道德经〉形上思想的解读——以〈老子鬳斋口义〉为中心》,载淡江大学中文系主编《第一届"新儒家新道家学术研讨会"论文集》,高雄:春晖出版社,2012 年。

[24]刘思禾:《南宋林希逸的理学思想》,《兰州学刊》2013 年第 4 期。

[25]杨秀礼:《刘辰翁〈道德经评点〉刍论》,《宗教学研究》2013 年第 2 期。

[26]沈扬:《林希逸诗学思想的渊源与独创》,《集美大学学报》2014 年第 1 期。

[27]周炫:《刘克庄与王迈、林希逸的文学交游述考》,《湖南社会科学》,2014 年第 4 期。

[28]蔡锦宽:《林希逸〈庄子口义〉以文学解〈庄子〉之探析》,《新竹教育大学人文社科学报》2014 年第 1 期。

[29]蔡锦宽:《林希逸〈庄子口义〉"以儒解庄"之阐释》,《人文社会科学研究》2014 年第 4 期。

[30]王晚霞:《林希逸〈列子鬳斋口义〉知见版本考》,《河南师范大学学报》2015 年第 1 期。

[31]黄云:《以心论老——以林希逸〈老子鬳斋口义〉为切入点》,《金田》2015 年第 3 期。

[32]王晚霞:《林希逸的佛教观》,《南昌大学学报》2015 年第 3 期。

[33]王晚霞:《林希逸的文学思想》,《福州大学学报》2015 年第 4 期。

[34]王晚霞:《南宋文人的文化生活——以林希逸与文人雅士的交游为中心》,《闽江学院学报》2016 年第 1 期。

[35]王晚霞:《林希逸生卒年考辨》,《东南学术》2016 年第 1 期。

[36]尚建飞:《儒家之乐与尚自然:〈庄子口义〉中的德性论》,《内蒙古大学学报》2017 年第 4 期。

[37]孙明君:《林希逸〈老子鬳斋口义・发题〉释读》,《北京大学学报》2017 年第 2 期。

[38]张京华:《宋本〈列子鬳斋口义〉考》,《图书馆》2017 年第 4 期。

[39]胡瀚霆:《林希逸〈老子鬳斋口义〉的思想特点及其历史影响》,《老子学刊》2018 年第 1 期。

[40]王晚霞、陈琼莲:《即非如一校刊之〈老子鬳斋口义〉考述》,《闽江学院学报》2018 年第 3 期。

[41]王晚霞:《林希逸〈三子口义〉在日本江户时代的流行因缘》,《闽东学刊》2018 年总第 27 期。

[42]张淼:《林希逸的三教会通思想——以〈老子鬳斋口义〉为考察中心》,《齐鲁学刊》2019 年第 6 期。

[43]高鹏越:《从论诗诗看林希逸的诗学观》,《新乡学院学报》2019 年第 7 期。

[44]郑腾尧:《论林希逸的散文创作理论》,《绵阳师范学院学报》2020 年第 3 期。

[45]郑腾尧:《论南宋林希逸散文创作的特色》,《三门峡职业技术学院学报》2020 年第 3 期。

[46]郑天熙:《林希逸解庄中的理学思想》,《老子学刊》2020 年总第 15 期。

[47]郑天熙:《林希逸〈老子鬳斋口义〉的老学思想及其解老得失》,《宗教学研究》2020 年第 1 期。

[48]胡瀚霆:《林希逸与道教关系考论》,《宗教学研究》2022 年第 1 期。

五、外文文献

[1]〔日〕芳贺幸四郎:《中世禅林の学問および文学関に関する研究》,日本学术振兴

会,1951 年。

[2][日]梅野茂:《近世における老子口義》,《支那学研究》1968 年第 33 号。

[3][日]荒木见悟:《林希逸の立場》,载《中国思想史の諸相》,中国书店,1989 年。

[4][日]大野出:《日本の近世と老莊思想——林羅山の思想をめぐって》,ぺりかん社,1997 年。

[5][日]山城喜憲:《〈老子鬳齋口義〉伝本攷略》,《斯道文库论集》2004 年第 39 辑。

[6][韩]崔在穆. "朝鮮時代における林希逸〈三子鬳齋口義〉の受容," 양명학, no. 10 (2003).

[7][韩]김형석. "林希逸의〈老子鬳斋口义〉에 드러난 노자사상 이해," 대동문화연구, no. 86(2014).

[8][韩]김호. "The Entry of the Zhuangzi kouyi 莊子口義 by Lin Xiyi 林希逸 into Joseon, the Publication of the Commentary, and Its Cultural Significance," *Journal of Confucian Philosophy and Culture*, vol. 30(2018).

[9][韩]노요한. "조선전기 庄子书의 유입과 간행," 우리문학연구, no. 64(2019).

[10] Röllicke, Hermann – Josef. "Orthodoxy and Heterodoxy in the Exegesis of the Zhuangzi: A Case – Study of Lin Xiyi's (ca. 1210 – ca. 1273) Preface to His Commentary on the Zhuangzi, Zhuangzi Kouyi Fati," *Asiatische Studien I Etudes asiatiques*, vol. 51 (1997).

[11] Machek, David. "Is Freedom in Necessity or in Happiness? Guo Xiang's and Lin Xiyi's Controversial Readings of Zhuangzi's Free Rambling," *Studia Orientalia Slovaca*, vol. 9. 2 (2010).

后　　记

这本书稿是在我博士论文基础上稍加修改增删而成。而在它问世之前，冥冥中早已种下一个因缘的种子。那是我在厦门大学念硕士的时候，那时，林观潮老师常带我去福清走访，当时可没想到在博士阶段做的研究将会与这个地方有联系。也许这就是缘分，即便后来到川大求学，相隔数千里，也因研究的需要多次回到福清，看看那里的山水和友人，踏寻林希逸当年的足迹。

在厦门待了三年后，我便来到川大宗教所。在这里，除了课程学习、科研写作乃至工作生活中学到的各种学问知识、生活经验，让我收获最大的，是一种“胸怀良知璞玉，心忧根柢国脉，笔成道德文章”的精神，是一种“使树德不孤，斯文犹在”的使命。这两句话来自被誉为国学研究最高奖的“汤用彤学术奖”为宗教所创办者、道教学泰斗卿希泰先生所撰写的颁奖词。卿公虽已仙逝，但老先生的精神和使命在这里传承与发扬，影响着我们一届又一届的学子，鼓舞着我们在学术道路上勇往直前。

我是非常幸运的，能跟随导师詹石窗教授学习。恩师道高德重，在我的学术道路上，凝结着恩师的无数心血；在我的人生道路上，灌注着恩师的智慧指引。此生当以恩师为榜样，学习做人做事，修为道德真谛。

除了感谢导师，我要感谢师母林凤燕老师，她给予我母亲般的关爱。至今还记得第一次见到师母的情形，那是十年前的秋天，我去给师母送厦门易学会的会议邀请函。在厦大海滨的石阶尽头，师母站在台阶上等我，我顺石阶而上，远远地就看到阳光下一位长者用慈祥的眼光注视着我的到来。

感谢宗教所的老师们一直以来对我的指导和帮助。尤其记得盖建民老师教导我们要怀有“学术报国”之理想，这让我一直铭记在心。我还要感谢硕士导师许共城老师、林观潮老师、黄永锋老师，是三位老师的鼓励和指引让我从东南来到西南，从此踏上学术的道路。在这里还要感谢李远国老师，我的论文三经李老师之手，他给予我悉心的指点和无私的帮助，让我受益匪浅。在我成长的路上，老师们给予我的关怀，永生难忘。

感谢学界前辈学者的相关研究和论著，为我的论文撰写提供有益的思路和参考。感谢国家图书馆出版社赵嫄老师、王雷老师和潘云侠老师对书稿的认真审读与精心编辑，她们对本书的出版提出了很多有益的建议，她们的敬业精神与专业水平也让我受益良多。

感谢我的家人、所有亲戚长辈；感谢我的同学、我的师兄弟姐妹们。

感谢命运。

人生道路不管坎坷与平坦，总得勇猛精进，炼就平静如湖面之心境、广阔如瀚海之心胸、万钧如雷霆之心力，砺得海纳百川、有容乃大之襟怀。

珍惜，感恩，自强。

胡瀚霆谨识

2025 年 4 月 15 日于桃林公寓